미   중
패권전쟁은
없   다

미 중

G2 시대 한국의 생존 전략

패권전쟁은

한광수 지음

없 다

한겨레출판

미국은 미국을 배반한다

이제 중국은 더 이상 미국과 서구 사회가 나서서 자신들이 어떻게 발전해나가야 하는지 가르쳐주기를 원하지 않는다. 중국이 가는 시장경제의 길은 미국이 원하는 방향과는 다르다. 미국을 꿈꾸던 중국에서 '서양 오랑캐 스승'[1] 시대가 저물고 있는 것이다.

그 여학생은 아닙니다

미래학자이며 중국 전문가인 존 나이스비트John Naisbitt가 충칭의 한 고등학교에서 강연할 때다. 나이스비트는 학생들에게 지금 현재 가장 중요하게 생각하는 게 무엇인지 물었다. 17세의 어느 남학생이 일어나 떨리는 목소리로 이렇게 말했다. "한 여학생을 좋아하고 있는데 그 여학생은 아닙니다." 그 말을 들은 나이스비트는 나중에 이렇게 술회했다.

그 학생은 대답 없는 사랑을 얻고자 했다. 이 얘기는 중국이 서구 사회를 대하는 태도와 비슷하다. 그러나 대답을 듣지 못했다. 그 남학생의 경우 중요한 건 서로에 대해 더 잘 이해하는 것이었고, 그건 중국의 미래를 얘기할 때도 마찬가지다. 그 후 중국에 대해 얘기할 때마다 그 남학생의 일화는 우리와 독자를 잇는 감정적인 연결고리가 되어주었다.[2]

마오쩌둥은 젊은 시절부터 혁명 기간 내내 미국의 국부 조지 워싱턴을 존경했다. 그의 일생은 미국과 얽혀 있다. 미국을 꿈꾸고, 협력하고, 좌절하고, 전쟁을 하고, 그리고 마침내 화해했다. 마오쩌둥의 뒤를 이은 덩샤오핑도 미국과 손잡고 시장경제를 시작했으며, 그다음 지도자들도 그 길을 묵묵히 걸어왔다. 그러나 그들이 꿈꾸던 미국과 실제 미국은 달랐다.

중국이 문을 열고 나서, 미국의 현실을 직시하는 데는 그다지 오랜 시간이 걸리지 않았다. 개혁개방 10년이 지날 무렵, 어느 중국인 교수가 미국을 찾아 6개월간 무려 30개 도시와 20개 대학을 방문했다. 그리고 미국 정부와 민간 전문가들을 상대로 미국을 주제로 토론했다.

그 결과물을 1991년에 논문 〈미국은 미국을 반대한다美國反對美國〉로 정리했다. 현실 속의 미국과 관념 속의 미국은 서로 다르며, 현실의 미국은 상상 속의 미국을 반대한다는 내용이었다. 이러한 역설이 미국의 본질이라는 것이었다. 중국이 사랑한 미국의 내면을 해부한 것이다. 이 교수는 푸단대학에서 비교정치학을 가르치는 왕후닝王滬寧이었다. 그는 오늘날 '살아 있는 제갈량'으로 통하는 당대 최고의 미국 전문가로, 장쩌민과 후진타오에 이어 시진핑까지 3대에 걸쳐 중국 국가주석을 보좌해오고 있다. 그를 보면 중국의 당면 과제에서 미국이 차지하는 비중이 드러난다. 언제나 미국을 의식하면서 당의 진로를 건의한다.

그는 시장경제 체제하에서, 당의 역할과 위상에 대한 밑그림을 그려왔다. 그 첫 작품이 장쩌민 시대에 나온 '3개 대표론'이었다. 당이 시장경제를 주도한다는 이론이다. 이어서 후진타오 시대에는 '과학발전관'과 '조화사회론'을 내놓아, 시장경제 시대의 다양한 사회 요구에 대비하였다. 그리고 시진핑 시대에는 '아메리칸 드림'을 연상하게 하는 '중국의 꿈中國夢'을 제시하며 미국과 같은 초강대국의 꿈을 담았다. 또한 미국을 향해 충돌하지 말고, 대항하지 말고, 상호 존중하자, 그래서 미국과 서로 당당한 대국 시대를 열자는 '신형대국관계新型大國關係'를 주장한 사람도 왕후닝이었다. 2017년 가을에 열린 제19차 전국대표대회에서 정치국 상무위원으로 선출된 그는 대북 외교도 담당하고 있다. 미국을 바라보는 눈길로 북한을 보는 것이다.

중국에 왕후닝이 있다면, 미국에는 누가 있는가? 반중국을 외치며 대통령에 당선된 도널드 트럼프는 미국 외교의 원로이자 중국통인 헨리 키신저의 조언을 듣곤 한다. 키신저는 일찍이 이렇게 말했다. "중국의 발전은 운명이다. 견제하는 것보다 협력하는 것이 미국의 국익에 도움이 된다."

글로벌 경제의 최대 공동 수혜국

21세기 내내 미중 양국은 글로벌 경제의 흐름을 압도할 것이다. 양국 경제를 합하면 세계 경제의 약 40퍼센트를 차지한다. 그들의 희비에 세계도 같이 울고 웃는다. 종합국력에서는 미국이 월등하고, 시장 규모에서는 중국의 추격이 매섭다. 양국 모두 이런 치열한 경쟁 구도를 잘 인식하고 있으며 세계를 'G2 체제'로 재편해나가기를 멈추지 않는다. 그들은 대결에 임하는 자세도 진지하지만, 타협을 위한 협상에도 진지하다. 대결과 협력, 양 구도가 모두 탄탄한 것이다.

이런 과정을 거치며 그들은 글로벌 경제의 최대 공동 수혜국으로 자리 잡았다. 양국은 경제 각 분야의 국제화, 블록화, 글로벌화를 선도하면서 수많은 국가들을 그들의 글로벌 체인 안으로 끌어들인다. 이런 상황을 놓고 미중관계를 대결 위주로만 본다면 위험한 시각이다. 특히 우리 한국에게 이들 양국처럼 중요한 파트너는 없다. 미중 무역전쟁이 격화된다며 한쪽으로 치우치는 것은 '금지된 장난'이다. 앞으로도 미중 양국은 거칠고 험난한 대결이 불가피하겠지만 그들의 대결에는 한계가 있다. 미국의 제1위 수입국은 중국이고, 중국의 제1위 수출국은 미국이다. 그들은 이미 서로 깊이 의존하고 있으며 그들 앞에 놓여 있는 절묘한 보완구조를 외면할 수도 없다. 요컨대 그들은 불안정한 발전을 지속해나가는 딜레마에 빠졌다. 세계 경제도 같은 운명이다. 우리 한국이 유의해야 할 것은 그들의 대결 가운데 숨겨져 있는 협력을 주시하고 활용하는 것이다.

2019년 9월

한광수

그들은 왜
할퀴고 껴안는가

지금까지 한국경제가 발전한 힘은 어디서 온 것일까? 여러 요인 중에 미중 양국의 거대 시장을 잘 활용해온 것이 결정적이다. 우리가 양국 관계에서 눈을 뗄 수 없는 이유가 여기에 있다. 그러나 지금 미중관계는 1979년 수교 이래 지난 최악의 시기를 지나는 중이다. 앞으로 중국의 맹추격이 지속되면서 양국의 격차가 좁혀질수록 미국이 내미는 창은 더욱 날카로워질 것이다. 이런 격변기에는 자칫 큰 줄거리를 놓치기 쉽다. 이런 회오리 속에서 우리가 유의할 점은, 그들이 상대국을 대하는 구조적인 전략의 틀에는 변함이 없다는 사실이다.

미국은 중국의 체제 전환을 꿈꾸기를 멈춘 적이 없다. 그러면서도 중국시장을 외면할 수 없는 입장이다. 시장경제로 질주하는 중국 역시 미국의 거친 공격을 받으면서도 미국과의 협력을 이어가는 데 힘을 쏟

고 있다. 양국 모두 상대방의 거대 시장과 잠재력을 무시할 수 없을 뿐
아니라, 상호의존관계는 날로 깊어지는 것이 현실이다. 이제 양국 간
에 이런 흐름은 과거에서 미래로 나가는 하나의 분명한 경로로 자리
잡고 있다.

오늘날 우리는 트럼프 미 정부가 중국에 대하여 으름장을 놓는 배
경에 중국의 맹추격이 있음을 잘 알고 있다. 미국은 초조하고 중국은
긴장한다. 미국은 예리한 창을 겨누고, 중국은 늘 그래왔듯이 방패를
들고 우회 전략을 모색한다. 그들의 경제 전쟁에 이해가 걸려 있지 않
은 나라는 드물다. 그러나 미중관계를 대결로만 본다면 곤란하다. 그
들이 사활을 걸고 있는 국익의 핵심은 '전쟁'이 아니라 '시장'에 있기
때문이다.

우리 한국은 전력을 다해 이들 양국 시장을 활용하고 있다. 그렇게
해서 1인당 국민소득 3만 달러의 경제도 일구어냈다. 그들이 벌이는
어떠한 대립이나 갈등에도 우리는 예민할 수밖에 없다. 미국의 관세
폭탄이나 기술견제가 우리에게 어떤 형태의 유탄으로 날아올지, 사드
THAAD로 날카로워진 중국의 태도는 어떻게 변해나가는지 하루하루
신경을 곤두세운다.

한편으로는 한미동맹을 목청껏 외치고, 다른 한편으로는 중국시장
에 올인하고 있는 것이 오늘날 우리의 생존방식이다. 중국 대륙과 마
주한 우리 서해안은 그 생생한 현장이다. 미국 최대의 해외 군사기지
와 세계 최대의 반도체 단지가 평택에 위치해 있고, 인천에서 제주도
까지 미중 양국의 군사기지와 경제·관광단지가 촘촘하게 엮여져 있다.
이처럼 G2 시대를 극적으로 보여주는 글로벌 무대는 세계 어디에도
없다. 무역을 보자. 세계에서 중국에 수출을 가장 많이 하는 나라는 어

디인가? 최근 6년 연속 중국 수출에서 세계 1위를 차지한 나라는 바로 우리 한국이다. 누가 미중 양국의 치열한 대결 구조를 모르는가? 그러나 우리는 힘겹게 외줄타기 곡예를 계속한다. 그 곡예 중에 겪은 재앙도 하나둘이 아니다.

아직도 깊은 상처로 남아 있는 IMF 강제편입을 보자. 사람들은 그 원인을 '천민자본주의' 탓으로 돌렸지만 그것으로는 충분하지 않다. IMF는 한중 수교 5년을 지나는 시점에 터졌다. 그 당시 우리는 처음으로 중국시장의 뜨거운 열기에 빠져들고 있었다. 당시 미국 클린턴 정부는 한중 양국의 이런 열기를 매의 눈을 번뜩이며 바라보고 있었다. 그리고 1997년 홍콩 반환을 계기로 터진 미중 자본전쟁의 와중에 '중국과 밀착 조짐을 보이는' 허술한 한국 자본주의에 가차 없이 메스를 가했다(6장 참조). 사드 배치를 보자. 그것은 한중 FTA 발효로 양국 간에 새로운 무역 열기가 시작된 지 6개월 만에 기습적으로 발표되었다. 그러자 중국의 보복이 뒤따랐다. 온 대륙이 열광하던 드라마 〈별에서 온 그대〉를 비롯하여 온 대륙을 뜨겁게 달궜던 한류는 하루아침에 싸늘하게 식었다. 명동과 제주도를 들썩이던 유커遊客(중국인 관광객) 붐도 사라졌다. 그러나 상품무역은 오히려 증가했다. 우리는 중국이 이처럼 제한적 보복을 택한 이유를 생각해야 한다.

1972년 미중 화해를 전 세계가 반겼지만, 우리에게는 재앙이었다. 박정희 정부에게는 권력 지속이 중요했다. 그들은 서둘러 7·4 남북공동성명을 내걸고 억지 화해 쇼를 벌였다. 그리고 영구 독재 권력을 챙긴 지 7년 후, 10·26 정변을 맞았다. 미중 양국이 수교한 해였다. '반공'을 권력의 안전판으로 착각한 청와대 참모들을 향해, 당시 《뉴욕 타임스》는 '그들의 무지가 대통령을 죽였다'고 지적했다. 그것이 '반공 근대화'의 마지막 모습이었다. 뒤이은 신군부는 박정희 정부의 착오를 알 아차렸다. 그리고 정반대의 생존 방식을 찾아냈다. 공산국가들을 향하 여 '북방정책'에 전력으로 질주하기 시작한 것이다. 그들에게도 권력은 반공보다 중요했다.

대외의존도가 높은 우리에게 해외시장은 생명선이다. 우리 국민은 보수와 진보 정권을 번갈아 선택하면서도, 미국 시장과 중국시장을 동 시에 활용하는 안목과 전략을 일관되게 지켜왔다. 그러나 시장과 안보 두 측면에서 우리가 지금 겪는 이 불안한 곡예는 일찍이 동서고금에 없는 일이다. 이런 점을 유의하면서 지금부터 미중관계로 들어가보자.

2018년 여름, 트럼프 정부는 관세 폭탄을 휘두르며 중국을 거칠게 압박했다. 바로 그 시기, 백악관의 김을 빼는 세계경제에 관한 전망 보 고서가 나왔다. 시장 규모 면에서 2030년에 중국이 미국을 추월한다 는 전망이었다. 발표한 기관은 세계적인 홍콩상하이은행HSBC이었다.[1] HSBC는 2030년에 중국 국내총생산GDP이 미국을 8,000억 달러 앞 설 것이라고 발표했다.

〈2030년 미중 시장 규모 전망〉

	2017년	2030년(예상)
중국 GDP	14조 1,000억 달러	26조 달러
미국 GDP	20조 4,000억 달러	25조 2,000억 달러

이 전망이 던지는 메시지는 간단하다. 관세 폭탄으로 중국을 몰아붙

인다 해도, 미국이 중국의 시장 규모 추격을 막기는 불가능하다는 것이다. 트럼프가 '중국이 더는 단기간에 미국을 따라잡을 궤도에 있지 않다'고 큰소리치던 바로 그때였다. 우리 한국의 경제계와 대부분의 언론도 미국과 일본에 맞추어 중국의 심각한 기업 부채와 경기 침체, 그리고 '중국경제 위기설'에 푹 빠져 있던 때였다. 이 보고서가 발표된 직후부터 트럼프 정부는 매우 거칠어졌다. 신냉전을 연상케 하는 초강경 발언을 쏟아내며, 중국의 '시장'이 아닌 '체제'를 향하여 공격하기 시작했다.

> 필연이라고 생각했던 자유중국의 탄생은 실패했다. 중국은 여전히 모든 형태의 자유를 탄압하는 전체주의 공산주의 국가다.[2]
>
> – 마이크 펜스 미 부통령(2018. 10)

> 이 세계가 중국과 새로운 냉전 상황에 있다고 말하고 싶다.[3]
>
> – 존 볼턴 백악관 국가안보보좌관(2018. 10)

> 전 세계에 수많은 위협이 있다. 특히 중국의 국가 중심 경제 모델, 중국의 이웃 국가에 대한 호전적인 태도, 중국의 전체주의 등이 대표 사례다.[4]
>
> – 마이크 폼페이오 미 국무장관(2019. 1)

이런 가운데 2018년 12월 1일, 트럼프와 시진핑은 아르헨티나의 부에노스아이레스에서 만찬을 겸한 정상회담을 가졌다. 회담이 끝나자 박수 소리가 밖으로 흘러나왔다. '중국을 갈기갈기 찢어야 한다'고 기세를 올리던 백악관이 아닌가? 끝장을 볼 것 같았던 백악관이 왜 협상

미중 패권전쟁은 없다

국면으로 전환했을까? 백악관 뒤에는 무엇이 있는 것인가? 거기에는 언제나 글로벌 시장을 주도하는 월스트리트가 있다. 피터 나바로Peter Navarro처럼 눈치 없는 일부 백악관의 강경파 참모들은 여전히 파열음을 내고 있었다. 만찬을 곁들인 미중 정상회담은 백악관이 월스트리트를 통해서 중국시장의 무게를 새삼 느끼는 자리였다.

미국의 수많은 초국적 기업들이 중국시장에서 시선을 뗄 것이라고 생각하면 오산이다. 트럼프 정부가 그동안 중국과의 패권 게임으로 국내 정치판에서 상당히 먹혀드는 장사를 해온 것은 사실이다. 여론을 등에 업은 대중국 공격에 대한 지지는 초당적이다. 그러나 시장의 힘을 외면할 수는 없다. 월스트리트의 존재감도 거기에 있다.

대결과 타협의 국면 전환을 수없이 반복해온 미중 양국은, 서로 할퀴는가 하면, 어느새 서로 끌어안는 희한한 게임에 익숙한 지 오래다. 지난 40년 동안, 그들의 관계는 이런 거친 방식과 함께 발전해왔다. 아직 종합국력 면에서, 중국과 미국을 비교하는 것은 무리다. 그러나 시간은 중국 편이다. 시장 규모에서 추월이 일어나게 되면 그것은 동서양 교류사상 획기적인 변곡점이 될 수 있다. 지금까지 미국 중심으로 운영되어온 글로벌스탠더드와 문화적 주도권은 점차 흔들리게 될 것이다. 그렇게 되면 새로운 스타트 라인이 열린다. 이미 양국 관계에 대한 인식에 변화가 시작되었다. 우선, 오늘날 미중 양국의 지도자들이 스스로 어떻게 생각하는지 몇 개 신호를 들여다보자.

우리는 진정한 친구도 아니고, 진정한 적도 아니다.[5]

– 왕지스 베이징대학 국제전략연구원 원장

미국과 중국 간 파워 경쟁은 꼭 적대감을 의미하진 않는다.[6]

– 마이크 펜스 미 부통령, 보수 강경파

중국의 발전은 운명이다. 견제하기보다 협력하는 것이 미국에 이롭다.[7]

– 헨리 키신저 미국 외교 원로, 중국통

친미반미는 전략이 아니다.[8]

– 중국 외교부 고위 관리

미국과 중국이 손을 잡으면, 엄청난 성과를 이룰 수 있다.[9]

– 짐 로저스, 싱가포르 거주 세계적인 투자가

　　중국처럼 미국과 손잡기 힘들었던 나라도 드물다. 지난 20세기 이래, 중국 지도자 중에 미국을 중시하지 않은 사람은 없다. 중국이 바라보는 미국은 언제나 가시 돋친 장미였지만, 중국의 꿈은 늘 미국과의 협력에 있었다. 중국공산당이 미국 정부와 처음 만난 것은 1940년대 초였다. 마오쩌둥이 시작한 이 만남은 덩샤오핑과 그 후계자들로 이어졌다. 그들의 미국 접근을 들여다보자.

　• 마오쩌둥

독서광 마오쩌둥은, 청년 시절부터 미국의 국부 조지 워싱턴 대통령을 존경했다. 1940년대 항일전쟁에서 미국과 연합하여 협력했고, 건국 무렵에는 미국 방문을 여러 차례 희망했다. 응답은 없었다. 그 후 한국전쟁에서 미국과 정면으로 충돌했으나, 말년에는 미국과 화해했다. 조지 워싱턴을 존경하던 청년이 미중 협력의 초석을 놓고 떠난 것이다.

• 덩샤오핑

포커 챔피언 덩샤오핑은, 실권을 잡자마자 미중 수교와 개혁개방을 한데 묶어 전광석화처럼 처리했다. 수교 협상을 성공시키기 위해 대만에 미국의 무기를 판매하는 것을 묵인하는 조건도 받아들였다. 1960년대부터 대외개방을 주장한 덩샤오핑은 마오쩌둥 아래서 경제개혁과 시장의 꿈을 키웠다. 극비리에 한중 수교를 준비한 것도 덩이었다. 그에게 한국은 미국을 활용하여 성공한 보기 드문 나라였던 것이다.

• 장쩌민

다재다능한 장쩌민은, 미국 폭격기가 유고연방 주재 중국 대사관을 폭격하고, 미국 최신예 정찰기가 중국 해안을 정찰하는 위기를 전화위복의 기회로 삼았다. 2008년 베이징올림픽 개최를 반대하는 미국을 설득했고, 홍콩반환을 둘러싼 미국과의 자본전쟁도 극복했으며, 세계무역기구WTO 가입을 위한 미국과의 협상도 성사시켰다. 그는 미국과 협력하며 초기 시장경제를 안착시켰다.

• 후진타오

젠틀맨으로 이름난 후진타오는, 미국 최고의 슈퍼 리치인 빌 게이츠를 친구로 삼았다. 2008년 베이징올림픽 직후 터진 글로벌 금융위기는 양국 관계에 갈림길이 되었다. 한편으로 미 국채를 사들여 미국을 지원하고, 다른 한편으로는 초고속 성장가도를 질주했다. 이를 눈여겨본 오바마 정부는 긴장했다. 그리고 '피봇 투 아시아Pivot to Asia'를 내걸고 중국 포위 전략을 착수했다. 트럼프가 뒤를 이었다.

- 시진핑

럭비공처럼 제멋대로 튀는 트럼프와 경제전쟁을 벌이고 있는 시진핑은
머지않아 시장 규모에서 미국을 추월하게 될 험한 항해를 앞두고 있다. 과
연 미국이 벼르는 무역전쟁과 기술전쟁, 금융전쟁 등 수많은 파고를 어떻
게 넘을 것인가? '미국을 100퍼센트 따라하지 않겠다'는 중국에 대하여
백악관 참모 피터 나바로는 "갈기갈기 찢어야 한다"고 맞선다. 그러나 미
국과의 협력은 여전히 중요하다.

이러한 미중관계를 과거 냉전시대의 미소 대결구조와 비교하는 것
은 난센스다. 미중 양국은 결코 대결 구도에만 초점을 맞추어 이익을
놓치는 어리석은 나라들이 아니다. 서로 상대국의 시장 매력에 초점
을 맞추고 있다. 우리가 유의할 것은 양국의 정부와 시장을 동시에 접
근해야 한다는 것이다. 시장을 외면할 수 있는 정부는 없다. 그들은 시
장의 모든 분야에서 협력하고, 때론 모든 분야에서 대립한다. 협력하
지 않는 분야도, 대립하지 않는 분야도 없다. 그들의 경쟁은 마치 찰스
다윈이 일찍이 설파한 자연법칙인 '협력성 경쟁'을 닮아가고 있다. 같
은 줄기에서 나온 나뭇잎 하나하나도 햇빛을 얻기 위해 서로 협력하는
동시에 서로 다투기를 멈추지 않는다. 그들도 오늘날 보편적인 국제관
계의 틀을 벗어나지 않고 있는 것이다. 그들도 가속화하는 글로벌 시
장에서, 치열하게 경쟁하고 서로 의지하며 상생하는 자연 현상을 닮아
가고 있다.

미중 양국이 벌이는 협력의 실체는 경제다. 지금까지 그들이 쌓아올

린 경제 협력은 그 속도와 규모 면에서 단연 세기적인 사건이다. 중국이 시장경제를 착수한 1992년 양국 무역은 고작 300억 달러에 불과했으나, 그로부터 25년이 지난 2017년 양국 무역은 6,000억 달러를 넘어섰다.[10] 거기에 1조 달러가 훨씬 넘는 금융 협력과 수천억 달러의 직접 투자를 진행 중이다. 협력이 주축이라면 대립은 부산물일 뿐이다.

이처럼 협력과 대립으로 엮인 경쟁 구도는 과거 세계 역사에 떠올랐던 어떤 제국의 패권 전쟁에서도 찾아볼 수 없는 전혀 새로운 모습이다. 앞으로 이들 양국이 벌여나갈 패권 게임도 과거 역사적 사례들과는 판이하게 다를 수밖에 없다. 어느 한쪽이 다른 한쪽을 완전히 누르고 이기거나 지는 경우를 상상하기 어렵다(5장 참조). 양국의 경쟁이 '협력성 경쟁'을 벗어나기 어렵기 때문이다.

양국의 협력을 끌어올리는 동력을 체크해보자. 우리가 유의해야 할 것은, 양국 경제가 절묘한 상호 보완구조라는 사실이다. 그들은 세계 최대의 선진 시장과 세계 최대의 개도국 시장이라는 보완 구조로 만났다. 서로 문화적 DNA부터 체제와 관습 등 거의 모든 분야가 다를 뿐 아니라, 경제적 수준의 격차도 확연하다. 이처럼 서로 극명하게 다른 점들은 갈등의 원인인 동시에, 협력을 이끌고 가는 핵심 동력으로도 작용한다.

중국이 제조업 분야에서 강국으로 발돋움한다면, 미국은 광범위한 첨단 서비스업 분야에서 단연 세계의 제왕이다. 중국처럼 값싸면서 질 좋은 제품을 만드는 나라는 없고, 미국만큼 거의 모든 서비스 분야에서 세계를 압도하는 나라도 없다. 미국의 입장은 중국이 계속해서 저렴한 제조업 하청업자로 남아주기를 원하지만 중국은 미국의 첨단 기술을 맹추격하는 것이 현실이다.

이들의 보완구조를 더욱 절묘하게 만드는 것은 양국의 거대한 시장 규모에 있다. 양국의 시장 규모를 실질 구매력 기준으로 보면 2018년 현재, 각각 20조 달러 수준으로 비슷하다. 서로 비슷한 초거대 시장이 파트너로 만난 것은 자석 같은 힘을 갖는다. 그 뒤를 따르는 일본과 독일의 시장 규모는 4~5조 달러 수준으로, 두 초강대국과는 비교가 안 된다. 바로 이 점이 미중 양국을 독점적인 '글로벌 이익 공동체'로 안내하는 21세기 세계질서의 배경이다. 그들이 G2 질서를 만들고, 유지하고 싶은 유혹은 여기서부터 출발한다. 양국이 최고위급 전략대화에 집중하는 배경이기도 하다(4장 참조). 이런 절묘한 상호 보완성은 양국의 갈등 구조에 안전판 역할을 한다. 그것은 마치 빙산의 물밑 부분처럼 묵직하게 움직이면서 양국의 시장 협력을 이끌어가는 충실한 동력 역할을 지속해오고 있다.

현장에서 시장협력이 어떻게 작용하는가를 보여주는 좋은 예로, 세계적인 전기 자동차 업계의 선두주자인 테슬라가 있다. 미중의 관세전쟁이 한창이던 2018년 7월, 테슬라는 중국에 50억 달러를 투자하겠다고 발표했다. 상하이 인근에서 2020년부터 새로운 '모델 3' 차량을 생산할 계획이다. 이에 트럼프는 분노했지만, 시장의 힘이 어디로 움직이는가에 대해서는 새삼 감지했을 것이다. 우리는 지금 중국시장이 기술과 인재, 투자를 블랙홀처럼 빨아들이고 있는 시대를 살고 있다.

중국의 추격에 대해 미국은 두려움과 초조감을 감출 길이 없다. 최근 하버드대학의 그레이엄 엘리슨Graham Allison 교수가 제기한 '투키디데스의 함정론(새로운 강대국과 기존 강대국은 결국 충돌한다는 것)'에서 다시 나왔지만, 미국이 미중관계를 전쟁으로 접근하기 시작한 가설은 어제오늘 일이 아니다. 그동안 미중관계를 이처럼 대결 위주로 보아 온 독

미중 패권전쟁은 없다

자들에게 이 책이 도움이 되기를 바란다.

　앞으로도 미중 양국은 쉼 없이 할퀴고 껴안으며 현란하게 그들의 시대를 열어나갈 것이다. 새로운 세상에는 새로운 시각이 필요하다.

CONTENTS

100퍼센트 따라할 이유는 없다 | 시장경제는 당이 주도한다 | "공산당원이라 미안해요" | 중국문화, 시장경제의 동력인가 | 빌 게이츠, 후진타오와 친구가 되다

2부 미중, 친구도 적도 아니다

좀도둑과 강도가 만나다 | 미국, 거칠고 조직적인 압박 | "중국 고기는 개도 안 먹는다" | 20세기 가장 어려운 협상의 타결 | 조지 W. 부시, 중국의 부상을 막지 못한 이유 | WTO 가입, 중국 부상의 신호탄이 되다

흔들리는 미국, 질주하는 중국 | G2, 글로벌 경제의 최대 공동 수혜국 | 분출하는 미중경제 보완구조 | 미중, 거대한 대화 네트워크 구축 | 전략 협의체 개설 | 미중, 군사협력의 진전 | 무역전쟁, 협력과 대결의 양면을 드러내다 | 무역 불균형은 어디서 오는가 | '차이메리카' 현상은 끝나지 않았다 | '중국 서구화'에 대한 낙관론의 정체 | 위안화, 달러와의 공존 전략 | 미국 대통령은 달러 파수꾼, 페트로 달러의 미래 | 시장 규모, 중국이 미국을 추월하면 | 중국, 성장전략을 전환하다 | 미중, 새로운 패러다임을 향하여

중국,
미국을 사랑한
100년

1부

미국은 어떤 나라인가? 뉴욕주지사를 3번 연임한 마리오 쿠오모Mario Cuomo는 미국을 가리켜 '힘센 사춘기 소년' 같다고 말했다. 자국의 이익을 위해서라면 무엇이든 가리지 않는 나라가 미국이다. 그것은 세기를 뛰어넘어 패권을 누리는 비결이기도 하다. 중국공산당은 이처럼 '힘센 미국'과 손을 잡기 위해 오랫동안 전력을 다했다. 중국에게 친미나 반미는 전략이 아니다. 대등한 관계가 핵심이다. 마오쩌둥을 비롯한 역대 중국 지도부는 거칠고 사나운 미국을 붙들고 협력을 끌어내는 데 앞장섰다. 오늘날 양국이 치열한 경쟁 속에서도 중국의 이런 노력이 지속되고 있음을 우리는 목도하고 있다.

마오쩌둥,
조지 워싱턴을 존경하다

오늘날 미중관계의 기본 골격은 마오쩌둥 시대에 확립된 것이다. 마오는 한국전쟁에서 미국과 정면으로 충돌하여, 우리에게 반미 성향을 상징하는 인물로 각인되어 있다. 마오쩌둥은 엄청난 공과 돌이킬 수 없는 과를 동시에 남긴 인물이다.

어려서부터 마오는 게릴라 출신인 조지 워싱턴을 존경했다. 워싱턴의 강인한 의지력이 마오를 끌어당겼다. 그 자신도 그런 영웅이 되고 싶었다. 혁명 시절, 중국 산시성 북부에 있는 옌안延安의 열악한 토굴에서 마오는 게릴라 조지 워싱턴이 지휘하던 허술한 사령부를 가슴에 새겼다. 미국 중앙정보국CIA의 전신인 전략사무국OSS 국장을 처음 만난 곳도 옌안이었다.

마오쩌둥의 일생은 미국과의 애증으로 얽혀 있다. 존 듀이John

*Dewey*의 실용주의에 심취하기도 하고, 장제스를 지원하는 미국에 쫓기기도 했으며, 항일을 위해 미국과 손을 잡기도 하고, 건국 즈음해서는 여러 차례 미국 문을 두드리기도 했다. 마침내 그의 말년에 미중 화해를 성취했다. 이런 행적들은 마오를 단순한 반미주의자로 인식하기 어렵게 한다.

마오, 평생 영어에 빠지다

마오쩌둥은 틈틈이 영어 공부에 열중했다. 사람들 앞에서도 허공을 응시하며 생각에 잠겨 나지막하게 말하는 버릇이 있는 마오는 외국인들을 만날 때나, 국사를 논의할 때도 수시로 영어 단어를 섞어서 사용했다.

1975년 4월, 북한 김일성 주석이 베이징으로 마오를 찾아왔을 때도 마찬가지였다. 베트남전쟁 종전을 10여 일 앞둔 시점이었다(당시 한국은 유신체제 아래 있었다). 마오는 영어로 김일성과 인사했다.

Welcome! 내 영어 발음이 그다지 좋지 않아요.

회담이 끝나고 마오는 한마디 덧붙였다.

당신들은 밥 먹을 때 아직도 젓가락을 사용합니까? Two Sticks ?[1]

김일성은 웃으면서 그렇다고 대답했다. 미국과 화해한 지 3년이 막 지날 무렵이었다. 당시 마오는 미국이 진짜로 베트남전쟁을 끝내는지,

미국과의 화해가 허사는 아닌지 주시하고 있었다. 김일성은 이런 상황이 그에게 기회인지 위기인지를 파악해야 했다. 그는 한국을 비롯하여, 중국, 미국, 소련 등과 바쁘게 접촉하고 있었다. 박정희 정부와 '7·4 남북공동선언'(1972. 7)을 계기로 남측과 함께 종신 권력체제를 확립해 놓고, 밖으로는 미국과 밀고 당기면서 소련과도 긴밀하게 접촉 중이었다. 이날 마오는 김일성에게 영어 단어를 두 차례 사용했다. 전문가들은 마오가 던진 질문 'Two Sticks(두 젓가락)'가 김일성이 중국과 소련을 사이에 놓고 벌인 삼각외교를 지적한 것이라고 보았다.

당시 마오는 미국과의 관계 개선에 집중하고 있었다. 김일성과 만나기 한 해 전, 마오는 덩샤오핑을 유엔에 파견하여 미국과 손을 잡고 싶다는 신호를 다시 한 번 보냈다. 그 무렵, 마오는 베이징을 오가던 백악관 외교안보 보좌관 헨리 키신저에게 말했다.

하나님의 초청장을 받았습니다.[2]

마오는 죽기 전에 미국과 확실하게 손잡는 것을 목표로 마지막 힘을 쏟고 있었다. 김일성에게 두 차례 영어 단어를 사용한 것이 의도적이었는지, 평소 영어를 즐겨 쓰는 버릇에 불과했는지는 알 수 없다. 그러나 이미 신변 정리를 마친 마오는 김일성에게 중국과 미국의 새로운 시대를 알리고 싶었을 것이다.

마오는 미국과 씨름한 만큼 영어 공부에도 매진했다. 그는 영어 공부를 컨디션 조절용으로 삼았다. 아침에 막 일어났을 때나, 잠들기 전, 식사 전후, 등산이나 산책 중간에, 휴식을 취할 때, 그리고 수영을 한

뒤 햇볕을 쬘 때 등등 그럴 때마다 틈을 쪼개서 영어 공부에 빠져들었다. 장시간 회의를 한 후, 업무 혹은 외빈 접대 후에도 늘 영어 공부에 빠져들었다. 마오에게 영어 공부는 휴식과도 같았다. 지독한 독서광인 마오에게 영어 공부도 독서의 일부였다.[3] 어쩔 수 없을 때를 제외하고는 영어 공부를 멈춘 적이 없다.

17살 무렵(1910) 마오쩌둥은 신식 학당인 동산소학東山小學에서 일본 유학생 출신 젊은 교사에게 처음 영어를 배웠다. 1930년대, 옌안을 혁명 근거지로 삼은 시기(1935~1947)에는 독학으로 공부했다. 영어 공부를 여유롭게 취미로 삼게 된 것은 건국 이후부터였다.

70세가 넘어서도 마오는 영어 공부를 멈추지 않았다. 왜 영어를 열심히 공부하느냐고 물으면 '죽은 뒤 마르크스와 토론하기 위해서'라고 웃으며 말했다. 비록 농담이었지만 영어를 단순히 미국만을 의식한 것이 아니라 서양 문명 전체를 이해하기 위한 수단으로 삼은 것이다.

마오가 영어를 어떻게 공부했는지 짐작할 수 있는 증언이 있다. 1954년부터 12년 동안, 마오의 국제문제 비서 겸 영어교사를 지낸 린커林克의 기억은 이렇다.[4]

1959년 11월(66세), 마오가 항주에서 등산할 때였다. 마오는 기분이 좋아 난가오봉南高峰, 베이가오봉北高峰, 위황정玉皇頂, 모간산莫幹山 등을 연달아 올랐다. 도중에 멈춰서 짬을 내어 쉴 때마다 영어 공부를 했다.

비행기를 탄 짧은 시간에도 영어 공부는 이어졌다. 비행기로 쉬저우徐州에서 난징南京으로 가던 한 시간 동안 마오는 원대元代의 사詞 '서주회고徐州回顧'를 쓰고 나서 곧바로 영어 공부를 했다.

미중 패권전쟁은 없다

1960년(67세), 마오는 2차 세계대전 영웅인 영국의 몽고메리 육군 원수와 상하이에서 회견했다. 두 사람은 대화가 잘 통했다. 휴식할 때 함께 영어 문장을 읽었다.

1970년, 외국어에 관심이 많았던 마오는 60세 이하 공무원은 영어를 공부해야 한다고 주장했다. 영어 공부를 하는 태도에 그의 우직한 성격이 잘 드러나 있다. 내용이 어렵고 생소해도 겁내지 않았다. 마오는 영어 공부에 관해 다음과 같이 말했다.

한 글자 한 글자 익힙니다. 계획을 세워 5년을 더 공부하고 나면, 그때는 정치, 경제, 철학 분야의 글을 볼 수 있게 될 것입니다. 이제 절반 정도 배웠는데 책 보기가 쉽지 않습니다. 마치 길을 걷는 것처럼 도처에서 돌부리에 걸리니 여간 귀찮은 게 아닙니다.

마오가 영어 단어 한마디로 덩샤오핑의 정치적 입지를 결정적으로 지지한 얘기는 유명하다. 문화혁명 막바지인 1974년, 서거 2년 전, 죽음을 감지한 마오가 고향인 후난성 창사長沙로 내려가 신변을 정리하고 있었다. 그는 뒤늦게 문화혁명이 당초 그의 의도와는 딴판으로 흘러가고 있음을 감지했다. 마오는 저우언라이와 함께 문화혁명 4인방의 한 사람인 부주석 왕훙원王洪文을 창사로 불렀다. 왕훙원은 '4인방' 중에서도 마오의 후계자 물망에 오를 정도로 가장 잘나가는 사람이었다. 마오는 왕훙원에게 "덩샤오핑의 폴리틱politic이 자네보다 강하네"라고 말하고, 왕훙원에게 당파 조성의 책임을 물어 창사에 남아 반성문을 쓰라고 명했다. 가장 강력한 후계자 물망에 올라 있던 왕훙원을 베이징에서 격리시켜 연금 상태로 가두고 덩샤오핑에게 힘을 실어 준 것이다. 이 '폴리틱' 한마디로 덩샤오핑은 재기의 길이 열렸다.[5] 마오는 이처럼 정치적으로 민감한 결정을 할 때에도 영어 단어를 사용했다. 영어는 마오에게 생활 도구이자 정치적 언어이기도 했던 것이다.

70세 때, 마오는 베이징외국어학원의 여교사로부터 영어 개인지도를 받기 시작했다. 장한즈章含之(1935~2008), 그녀는 당대 12명의 미인 중 한 사람으로 꼽히는 미인이었다. 70회 생일을 맞아 마오가 네 명의 동향 노인을 초청한 자리에 변호사 장스자오章士釗가 입양아인 장한즈를 데려온 것이다. 마오는 열두 살 위인 장스자오를 늘 극진하게 존경했다.[6] 장스자오는 상하이에서 형편이 어려운 소송인으로부터 부탁을 받고 그녀를 입양했다. 그녀는 영국인들도 인정하는 세련되고 우아한 영국식 영어를 구사하여 평판이 높았다. 이때부터 그녀는 마오에게 매주 한 번씩 영어를 가르쳤다. 그 후, 그녀는 여성 외교관이 되어 1970년대에는 유엔의 중국 대표단에서 일했다. 외교부장 차오관화의 부인이 된 것은 그 후의 일이다. 1972년 2월, 닉슨 미 대통령이 미중 화해를 위해 베이징을 방문했을 때, 그녀를 보자마자 자신의 통역을 부탁했다는 일화가 있다. 닉슨은 그녀를 '가장 훌륭한 통역사'라고 찬사를 보냈다. 그 후에는 키신저 장관의 통역을 전담했다. 그들은 그녀가 마오의 영어 교사라는 것을 알았을까?

신문화운동에서 미국을 만나다

마오쩌둥이 베이징에서 신문화운동을 접하기 전, 처음 서양에 눈뜨게 된 것은 14~15살 무렵 읽은 정관잉鄭觀應의 《성세위언盛世危言》을 통해서였다. 이 책이 최근 다시 주목을 받은 이유는 '도광양회韜光養晦'라는 용어 때문이다. '도광양회'는 본래 '자신의 재능을 밖으로 드러내지 않고 인내하면서 기다린다'는 고사성어로, 1980년대 중국이 외교 전략으로 내세운 말인데 바로 이《성세위언》의 자서自序에서 유래된 것이다.[7]

이처럼 마오가 정관잉을 비롯하여 웨이웬魏源, 량치차오梁啓超, 후스胡適 등 개혁을 외친 사상가들로부터 영향을 받은 것은 중국공산당의 선구자 리다자오李大釗와 천두슈陳獨秀 등을 통하여 마르크스를 알게 되기 훨씬 전이었다. 이런 점을 감안하여, 혁명가 마오가 처음에는 개혁을 꿈꾸었다고 해석하기도 한다.

마오가 신문화운동을 처음 접하게 된 것은 베이징 방문이 계기가 되었다. 1918년 8월, 그의 나이 25세였다. 때마침 신해혁명의 후폭풍이 신문화운동의 열기를 타고 5·4 운동으로 꽃필 무렵이었다. 중국의 지식층과 젊은이들은 1917년 11월 사회주의 혁명의 열기를 내뿜는 소련과 자본주의를 통해 힘차게 떠오르는 미국에 빠져들고 있었다. 당시 소감을 마오는 이렇게 묘사했다.[8]

베이징은 마치 하나의 큰 용광로 같다. 여기서는 변화가 불가능한 인간도 개조될 수밖에 없을 것 같다.

베이징에서는 미국을 훨씬 직접적이고 감각적으로 느낄 수 있었다. 청년 마오는 미국을 비롯한 서양의 문화와 정신에 때로는 빠져들었고, 때로는 반박하면서 호기심을 채워나갔다. 마오의 생각은 매우 복잡했다.

이 무렵 나는 자유주의, 민주 개량주의, 공상적 사회주의에 관한 생각에 빠져 있었다. 19세기적인 민주주의와 구식 자유주의 같은 모호한 열정에 사로잡혀 있었는데, 군벌과 제국주의에 대한 반대는 확고했다.

마오는 스승 양창지楊昌濟의 소개와 베이징대학 교수 리다자오의 도움으로 베이징대학 도서관에서 사서보조로 일하며,[9] 신문화운동을 주도하는 걸출한 인물들을 접촉할 수 있었다. 도시 노동자보다 농민에 기대를 걸었던 리다자오, 새시대를 알린《신청년新靑年》의 주필 천두슈, 유럽 유학에서 돌아와 베이징대학을 이끌며 신문화운동을 일구어낸 차이위안페이蔡元培, 그리고 미국 유학에서 돌아와 중국 한문을 구어체로 현대화하자는 백화문 운동을 주창한 후스 등을 만났다. 마오는 그들로부터 다양한 사상과 시대 조류를 만났다. 미국에 대한 관심은 미국 유학에서 돌아온 후스를 통해서 채웠다. 당시 지식인들이 가장 주목하는 간행물인《신청년》의 애독자였던 마오는, 이 잡지에 나오는 후스의 글을 많이 읽었다. 이를 계기로 마오는 한동안 후스를 흠모했다 (당시 미국에서 온 후스는 공산주의를 전파하는 천두슈와 절친이었다).

내가 창사에서 사범학교를 다닐 때《신청년》을 읽기 시작했다. 후스와 천두슈의 글에 푹 빠졌다. 그들은 내가 실망한 량치차오와 캉유웨이를 대신하여 선망하는 대상이 되었다.

마오는 두 살 위인 후스와 친해졌다. 마오가 미국 실용주의 사상을 받아들이기 시작한 것은 후스가 설립한 '철학연구회'에 참가하면서부터였다. 미 컬럼비아대학 철학과를 유학한 후스는, 미국 실용주의 정신을 대표하는 존 듀이의 제자였다. 존 듀이는 1919~1921년 중국을 찾아 11개 성을 순회하면서 강연했다. 그 2년 동안 후스는 그의 통역과 안내를 맡았다.

존 듀이가 베이징에서 행한 다섯 차례 강연은 출판되어 10판을 넘겼다. 중국과 서양의 학술적 접촉에서 이처럼 한 사람의 학자가 커다란 반향을 일으킨 적은 없었다.

고향 창사로 돌아온 마오는 존 듀이로부터 받은 실용주의 영향을 《상강평론湘江評論》에 창간 선언문 형식으로 게재했다(1919. 7). 후스는 마오의 글을 보고 '좋은 형제가 배출되었다'면서 기뻐했다. 당시 마오는 후스의 영향을 받아 '문제연구회'를 설립하기도 했다. 마오는 우파 후스와 좌파 리다자오 간에 '문제와 주의問題與主義'를 둘러싸고 벌어진 논쟁에서 한 발 뺐으나, 문제연구회 입장에서 보면 마오는 분명히 후스 편향이었다.[10] 1919년 봄, 호남으로 돌아온 마오는 존 듀이의 사회 개량주의를 토대로 '신촌新村' 건설계획이라는 이름으로 이상 사회를 그렸다.[11] 또한 1919년 12월, 베이징에서 마오는 후스로부터 존 듀이의 교육계획을 배웠으며, 이듬해 5월 상하이에서 존 듀이의 강연을 듣기도 했다. 이처럼 당시 미국의 실용주의 사상은 마오에게 적지 않은 영향을 미쳤다. 훗날 마오는 연설 중에 "우리 중국은 자본주의 단계를 거치지 않았기 때문에 미국을 활용할 필요가 있다"(1947. 7)라고 말하거나 "러시아의 혁명 열정과 미국의 실용 정신을 결합해야 한다"(1959. 2)고 강조했다. 이는 오늘날 중국의 '사회주의 시장경제'에 그대로 반영되어 있다.

마오가 두 번째 베이징을 찾았을 때, 후스는 마오에게 존 듀이의 실용주의 실천을 위하여 호남에 자수대학自修大學 설립을 권했다. 1920년 3월 마오가 그의 지인 저우스자오周世釗에게 보낸 편지를 보면, 마오는 '후스가 만든 자수대학'을 중심으로 신학교, 신교육, 신가정, 신사회를 구상했다. 이 자수대학 모델은 존 듀이가 미국 시카고대학에서 실험한 '듀이학교'와 맥이 통하는 것으로, 마오가 한때 미국 방식의 사회 실험을 꿈꾸었음을 보여준다.[12] 마오는 1920년 7월 후스에게 존경을 표하는 편지를 보내기도 했다.

그러나 마르크스주의가 소련의 카라한선언을 계기로[13] 중국에 급속하게 확산되고, 이를 계기로 마오가 마르크스주의를 수용하면서 미국 실용주의 사상과는 멀어지게 되었다.[14]

중화인민공화국을 건국할 즈음, 마오는 후스에게 베이징대학 총장을 맡아달라고 요청했으나 후스는 이를 거절하고 베이징을 떠나 대만으로 갔다. 이 사실은 후스의 후배교수이자 원자바오 총리의 스승인 지셴린 베이징대학 부총장이 그의 수필집《다 지나간다閱世心語》에 상세하게 남겼다.[15]

서양을 배우고자 하는 중국 지식인들의 열망은 '낡은 전통은 모조리 없애자'는 신문화운동으로 불타올라, 그 정점에서 5·4 운동을 낳았다. 이 흐름 속에서, 미국과 소련 양국은 각각 중국 국민당과 공산당을 통하여 동시에 중국의 '서양 오랑캐 스승'의 위치에 있었던 것이다.

마오가 마음껏 사상적으로 배회할 수 있었던 신문화운동은 오늘날 '중국 특색의 사회주의 시장경제'라는 체제를 태동시킨 요람 역할을 했다고 볼 수 있다. 말년의 마오는 미중 화해를 성사시키기 위해 사력을 다했다. 그가 미국 실용주의 사상에 심취했던 젊은 날의 기억을 잊

미중 패권전쟁은 없다

지 않았던 것일까?

조지 워싱턴을 존경하다

마오가 조지 워싱턴을 알게 된 시기는 향학열에 불이 붙은 17살 무렵
이었다. 어린 마오에게 130년 전 독립전쟁을 하던 미국의 모습은 당시
중국의 현실과 유사한 것이었다. 고향을 떠나 샹샹둥산湘鄉東山고등소
학에 입학한 마오는 서구식 교육과정을 밟으며 독서에 빠져들었다. 그
에게 미국은 반식민주의의 기치를 들고 영국과 투쟁하여 독립을 쟁취
한 나라였다.

　조지 워싱턴도, 마오쩌둥과 같은 게릴라 출신이었다. 무릇 게릴라는
'교사인 동시에 전사'를 말한다. 그것은 피식민 지식인들이 조국을 사
랑하는 피할 수 없는 방식이다. '교사'로서 수많은 저술과 '전사'로서
기적 같은 승전보들을 남긴 마오는, 미국의 게릴라 조지 워싱턴을 가
슴속 깊이 새겼다. 사회주의 전문가인《뉴욕 타임스》의 해리슨 솔즈베
리Harrison Salisbury 대기자도 "이 무렵 마오는 이미 조지 워싱턴의 길
을 걷기 시작했다"고 그의 대표작《새로운 황제들The New Emperors》에
서 지적했다.

　신해혁명이 일어난 1911년, 18세의 마오는 창사長沙의 상상주성湘鄉
駐省 중학으로 옮겼으나, 학교를 자퇴하고 매일 성립省立 도서관에 나가
혼자 공부했다. 여기서 서양과 미국에 관한 지식을 폭풍처럼 흡입해
나갔다. 그 내용은 대부분 18~19세기 서방 자산계급의 민주주의 사상
과 과학적 성과에 관한 것들이었다. 당시를 마오는 이렇게 회고했다.

이 자습기간에 나는 많은 책을 통하여 세계 지리와 세계 역사를 학습했다. 나는 거기서 한 폭의 세계 지도를 보았으며, 세계를 연구해보고 싶은 관심을 갖게 되었다.[16]

1913년 봄, 마오는 호남사범학교에 들어가 1918년에 졸업했다. 이 시기 마오는 미국과 관련된 서적을 쉽게 구할 수 있었다. 예컨대 마오가 잘 아는 호남 출신 학자 웨이웬魏源의 《해국도지海國圖志》에는 미국의 역사, 지리, 사회제도, 경제발전 등이 수록되어 있었다.[17] 량치차오의 《신대륙유기 및 기타新大陸遊記及其他》는 미국 견문서였다.

이 무렵 마오는 미국의 영웅들을 주목하기 시작했다. 게릴라 조지 워싱턴을 비롯하여, 남북전쟁의 에이브러햄 링컨, 서부 개척을 이루어낸 시어도어 루스벨트, 건국의 아버지 중 한 사람인 벤저민 프랭클린, 발명왕 토머스 에디슨 등 기라성 같은 인물들은 마오에게 건국정신과 모험정신 등 영웅주의를 심어주기에 충분했다. 특히 조지 워싱턴은 당시 중국 젊은이들 사이에서 미국을 상징하는 인물로 자리 잡고 있었다. 마오도 예외가 아니었다. 허름한 오합지졸 게릴라들을 지휘하여 당시 세계 최정예를 자랑하는 영국 정규군을 상대로 독립전쟁을 승리로 이끈 영웅이라는 점이 마음에 들었다. 1944년 50세가 넘은 마오는 옌안에서 미국 기자에게 이렇게 말했다. '총구에서 정권이 나온다'는 유명한 말도 여기에 들어 있다.

외국인들이 보기에 옌안의 모든 사정이 너무 낙후한 것이 사실이지만, 이는 마치 조지 워싱턴의 사령부가 초라했던 것과 다르지 않습니다. 외국인들이 만약 워싱턴의 사령부를 보았다면 승리를 외치는 워싱턴의 주장을

　　　　　　　　　　　　　　미중 패권전쟁은 없다

믿지 못했을 것입니다. 조지 워싱턴은 비록 기계설비나 전기시설이 전혀 없었지만 올바른 정치사상으로 인민이 무장하면, 총구에서 정권이 나온다는 것을 알고 있었습니다. (…) 조지 워싱턴은 현대 게릴라전의 새로운 학설을 창안했습니다.[18]

마오는 조지 워싱턴의 인품에 대하여 무한한 매력을 느꼈다. 이런 사실은 22세 청년 마오가 1915년 9월 6일 그의 동창 샤오즈성蕭子升에게 보낸 편지에 잘 나타나 있다.[19] 마오는 편지에서 조지 워싱턴을 영국의 청교도 장군 올리버 크롬웰Oliver Cromwell과 비교하면서, 워싱턴이 지위가 낮을 때도 인품이 뛰어났음을 칭송했다.

마오는 조지 워싱턴이 굳은 의지력으로 실천하는 인품을 지녔다는 점에 찬사를 보냈다.[20] 실제로 워싱턴이 아니었다면 미국 독립전쟁은 얼마 안 가서 끝장났을 것이라는 평가가 전문가들의 중론이다. 마오는 조지 워싱턴이 직면했던 매우 열악한 전투 조건과 중국의 현실을 자주 비교하곤 했다. 이 점은 인간 의지와 주관적 역량에 대한 신념이 마오쩌둥 사상의 핵심으로 자리 잡는 데 큰 영향을 미쳤다. 그가 조지 워싱턴을 주목한 것도 바로 열악한 환경을 의지력으로 극복했다는 점에 있다.

1944년, 항일전쟁 시기에도 마오는 조지 워싱턴을 떠올렸다. 미국 정부의 제안으로 중국공산당이 미국과 함께 항일전쟁에 참여할 무렵, 마오는 미국기자 모리스 우드와의 회견에서 조지 워싱턴과 링컨을 민주정치의 모범이라고 칭송하기도 했다.[21] 마오쩌둥의 장정 발자취를 그대로 답사한《뉴욕 타임스》의 대기자 해리슨 솔즈베리는 마오가 혁명기간 내내 조지 워싱턴의 길을 걸었다고 썼다. 중국혁명의 성공 과정에도 미국이 작용한 것인가?

마오, OSS에 관계 개선을 제안하다

당시 프랭클린 루스벨트 정부는 중국국민당에 염증을 느끼고 있었다. 미 군부에서도 국민당 군대가 오합지졸이라는 혹평이 지배적이었다. 게다가 장제스는 '공산당과 싸움을 완전히 끝내기 전에는 일본과 전쟁하지 않는다'며 고집을 꺾지 않았다. 장제스는 버마 전투에서처럼 미국이 지원하는 장비의 상당량을 빼돌려 공산당과의 싸움에 대비해나갔다. 이와 대조적으로, 마오쩌둥의 공산당 군대는 열악한 환경에서도 일본군과 매우 잘 싸웠다. 이런 점을 파악하게 된 루스벨트 정부는 막바지 항일전을 앞두고 중국공산당으로 기대를 옮겨가고 있었다.

1944년, 미국 군부와 정보기관 일각에서 중국공산당과의 협력을 공개적으로 주장하기 시작했다. 이러한 움직임은 장제스와 앙숙인 친공산당 성향의 '스틸웰 그룹'이 주도했다. 이들은 미국 국무부가 군사고문단으로 충칭에 파견한 사람들이었는데, 그들은 1943년부터 비공개리에 중국공산당의 옌안 기지를 왕래하며 마오쩌둥을 비롯한 공산당 지도층을 접촉하고 있었다.[22] 이들이 보낸 보고서에는 중국에서 장제스 정부만이 친미적인 정부가 아니라는 지적이 들어 있다.[23] 이런 상황에서 국민당과 공산당을 엮어서 연합정부를 만들어보자는 '국공연합정부론'이 대안으로 제기된 것이다. 마오쩌둥은 국공연합정부의 수립을 희망하는 미국의 제안에 깊이 감동받았다. 이듬해 열린 중국공산당 제7차 전국대표대회(1945. 5)에서 마오는 이렇게 강조했다.

자본주의 단계를 거치지 않은 우리 중국의 발전을 위하여 발전된 미국과 협력할 필요가 있다.[24)

결국, 장제스는 연합정부론을 반대하는 데 한계가 있음을 감지하고 '울며 겨자 먹기'식으로 끌려갔다.

미국 정부와 중국공산당의 공식적인 첫 만남은 1944년 7월 22일 옌안에서 이루어졌다. 이 만남이 이루어지기까지 미 정보기관과 중국공산당은 물론, 미국 대통령과 부통령도 모두 나섰다. 미 부통령 헨리 월리스Henry Wallace가 1944년 6월 충칭을 방문하여 장제스를 설득하고, 7월 초 루스벨트 대통령은 전체 중국군 지휘자로 스틸웰 장군을 파견했다. 이 무렵 중국공산당은 이미 미국 군 정보기관 측과 수많은 사전 접촉을 진행 중이었다. 미국은 '딕시 사절단Dixie Mission'이라는 이름으로 군사시찰단 9명과 언론인들을 7월 옌안으로 보냈다. 주중 미군총사령부의 지시에 따른 이 방문은 8월 초 제2차 방문으로 이어졌다. 그들이 옌안을 방문한 주목적은 중국공산당과의 군사 협력이었다. 시찰단은 마오쩌둥, 주더, 저우언라이를 비롯한 공산당 최고위층과 회담했다. 이어서 팔로군과 신사군의 전투 상황을 브리핑하고, 공산당 홍군의 항일 근거지도 시찰했다.[25) 옌안에서 발간하는 《해방일보解放日報》는 〈우방 미국 군사사절단 환영友邦美國軍事使節團〉이라는 제목의 사설을 게재하고, 시찰단이 중국공산당의 항일운동에 대하여 미국 정부에 호의적으로 전달하기를 기대한다고 밝혔다.

이때부터 중국국민당으로만 가던 전쟁 물자가 중국공산당에도 들어가기 시작했다. 미국 정부는 국민당과 공산당의 군대 통합을 원했다. 이 일은 미국이 새로 창설한 민간 정보기관인 OSS가 맡았다. OSS

는 비밀리에 1943년 12월부터 공산당과 접촉을 진행해왔다(김구 선생과 장준하 선생 등 우리 독립운동가들 중에도 OSS와 관련 있는 인물들이 적지 않았다).[26] 기존의 정보기관들은 OSS가 창설되자 첩보의 혼선을 야기한다며 이를 강력히 반대했고, 특히 미 육군 정보부 및 해군 정보부는 장제스 편에 서서 이들의 활동에 노골적인 방해를 가했다. OSS 핵심 멤버들은 딕시 사절단과 합류했으며, 중국에 도착한 OSS의 수장 윌리엄 도너번 William Donovan은 옌안의 마오쩌둥과 적극적으로 접촉했다.

미국의 군사고문단과 언론인들이 찾아오자 마오쩌둥은 그들 일행을 진지하게 맞이했다. 청년시절부터 미국의 국부 조지 워싱턴을 존경하며 그의 게릴라 전략을 흠모해온 마오에게 미국 정부와 새로운 관계를 맺을 수 있는 절호의 기회였던 것이다. 처음 찾아온 그들에게 마오는 옌안에 미국 영사관을 설치할 것을 제안했다. 이때 마오와 면담한 사람은 친 공산계의 스틸웰 그룹에 속하는 존 서비스였다.[27]

이 무렵(1944년 7~11월), 미국은 대통령 선거 시즌이었다. 루스벨트 대통령은 쇠약한 몸을 이끌고, 보수파의 계략으로 전격 교체된 러닝메이트 해리 트루먼과 함께 4선에 나섰다. 마오와 미국 사절단의 만남이 미국의 대선 직전이었다는 점을 감안할 때, 사절단이 언론과 함께 공개적으로 옌안을 방문한 것은 당시 미국 국내 여론을 의식한 것으로 해석된다. 당시 많은 미국인들은 전쟁의 조속한 승리를 위하여 중국공산당과의 협력을 지지하고 있었다.

딕시 사절단을 앞세운 OSS는 중국공산당과 긴밀하게 협력해나갔다. 마오쩌둥은 OSS 수장 윌리엄 도너번에게 정보와 자금, 무기 지원을 요청했으며, 이 밖에도 그를 통하여 미국에 관계 개선을 겨냥한 중대 신호를 보냈다. 마오는 공개적인 외교관계로 미국으로부터 공식적으로 정권을 인정받기를 원했으며, 상호 관계를 협의하기 위해 저우 언라이와 함께 워싱턴을 방문하고 싶다고 요청했다.[28] 루스벨트 정부가 중국공산당 정부를 공식적으로 인정한다면 소련을 멀리하고 미국의 진정한 동맹국이 될 것이라는 점도 덧붙였다. 또한 OSS와 공산당 홍군이 일본이 장악하고 있는 산둥반도에 대한 공동 상륙작전을 추진하기로 합의했다.[29] 딕시 사절단도 본국 정부에 대한 보고에 현재 중국의 주도권이 마오쩌둥의 중국공산당으로 넘어가고 있는 과도기적인 상황이어서 장제스에게 미련을 두면 중국이 소련에 통째로 넘어갈지도 모른다고 보고했다. 공산당과의 연합이 중요하다는 점을 강조한 것이다.[30]

미국이 주도하는 '국공연합정부' 이름 아래, 중국공산당은 루스벨트 미 정부와의 관계 개선에 심혈을 기울였다. 그러나 당시 루스벨트 정부는 소련과 야합하여 중국 대륙을 국민당과 공산당으로 분할하여 관리하는 방향으로 협력하고 있었다. 여기에 루스벨트가 1945년 5월 갑자기 서거하여 우파 트루먼이 권력을 승계하고, 미국의 양해를 얻은 소련의 스탈린 정부가 일본 항복 전날 중국국민당과 우호조약을 체결하는 등의 일들이 겹치면서 미국 정부와 중국공산당은 멀어져갔다. 미국은 마오의 제안을 1970년대에 와서야 받아들였다.

믿을 수 없는 나라, 미국

일본이 항복하자, 충칭에서 장제스와 마오쩌둥은 직접 만나 화평 교섭을 벌여 쌍십협정雙十協定을 맺었다. 이때부터 미국과 중국공산당의 관계는 순조롭지 못했다. 장애물은 미국 내부의 해군정보부였다. OSS와 경쟁관계에 있던 미 해군정보부가 중국공산당과 OSS가 약속한 산둥 공동상륙작전과 마오쩌둥의 미국 방문 계획을 가로막고 나선 것이다. 장제스와 절친한 패트릭 헐리Patrick Hurley 대사도 방해에 가세했다. 미 해군정보부를 통해 산둥반도 상륙계획을 사전에 알게 된 장제스는 상륙작전을 취소하지 않으면 일본과 전쟁을 끝내고 평화조약을 맺겠 다며 반발했다.

　OSS는 루스벨트 대통령이 마오쩌둥과 만나 새로운 관계로 진전할 수 있기를 바랐다. 그러나 주변의 반대 세력, 특히 국민당 정권과 친국 민당계 미국 외교관들 그리고 OSS와 밥그릇 싸움을 벌이던 미 해군정 보부 등 반공주의 여론에 밀려 상황은 반전되었다. 결국 루스벨트 정 부는 중국공산당과의 협력을 진전시키지 못하고 마오쩌둥이 제안한 워싱턴 방문도 무시했다.

　실제 루스벨트는 딕시 사절단을 파견한 후, 1944년 9월 패트릭 헐리 소장을 새로운 주중 대사로 파견하면서,[31] 그에게 국민당과 공산당을 중재하는 임무를 부여했다. 그러나 이 대목에는 쉽게 풀리지 않는 의 문이 있다. 패트릭 헐리는 공산당을 증오하는 인물이었다. 헐리는 장 제스가 루스벨트에게 요청하여 앙숙인 스틸웰 장군과 교체한 사람으 로, 헐리 자신이 스틸웰의 소환을 주장한 사람이었다. 반면에 스틸웰 은 마오쩌둥과의 협력을 제안한 인물이다. 이 당시 루스벨트 정부는 공산당과의 협력을 성사시키기 위하여 연합정부 방안을 장제스에게 압박하고 있었다. 그런데 왜 공산당과의 협력을 훼방할 가능성이 높은 이런 인물을 중국에 보냈을까?

　얼핏 앞뒤가 맞지 않는 조치였음에 틀림없다. 한 가지 추정해볼 수 있는 가설은, 여론에 민감한 루스벨트가 대통령 4선을 앞두고 미국 언론과 중국공산당을 엮어서 이용했을 가능성이다(실제 그는 많은 사람의 예상대로 그 이듬해 4월 뇌출혈로 급사했다). 미국의 '국공연합정부' 제안이 대선을 6개월 앞둔 시기에 이루어졌고, 이 무렵 《뉴욕 타임스》, 《크리스천 사이언스 모니터》 등 주요 언론들은 일제히 옌안의 마오쩌둥과 중국공산당을 대대적으로 찬양하고 있었다. 아무튼 헐리는 장제스와 힘을 합쳐 루스벨트 정부가 추진해온 국공연합정부를 무산시키고, 미국 정부와 중국공산당을 떼어놓은 장본인이었다.

이런 사정을 전혀 모르고 있던 마오쩌둥은 중국대사로 부임하여 옌안을 찾아온 헐리와 화기애애하게 회담했다(1944. 11). 딕시 사절단 단장 데이비드 배럿David Barrett 대령과 함께 패트릭 헐리 대사는 3일 만에 '연합정부' 협상을 마쳤다. 그는 연합정부 수립을 위한 5개 항목으로 된 '중국국민당정부와 중국공산당 합의서'에 합의하고, 서명은 중국공산당 중앙집행위원회 마오쩌둥 주석과 증인 자격으로 헐리 자신이 서명했다. 주요 내용은 국공 양당이 일본 격퇴와 중국 재건을 위하여 모든 군사력을 통합하도록 노력한다는 것이었다. 그리고 마오는 헐리의 건의에 따라 루스벨트에게 보내는 서한을 썼다.

이 협정에는 그동안 우리 당과 인민이 항일투쟁 중에 추구한 목적이 들어 있다.[32]

그리고 대통령 연임을 축하한다고 덧붙였다. 그러나 회답이 없자 2개월 뒤 마오는 다른 채널을 통하여 새로운 제안을 했다. 워싱턴을 방문하여 루스벨트와 회담하기를 희망한다는 내용이었다. 미국과 국교를 맺으면 소련과 관계를 끊겠다는 의사도 밝혔다. 그러나 이 제안도 성사되지 못했다. 장제스를 지지하는 패트릭 헐리가 마오의 서한을 루스벨트에게 보내지 않았던 것이다. 이 어이없는 일 역시 수수께끼로 남아 있다. 한술 더 뜬 헐리는 공산주의자들과 협상하지 말라고 루스벨트에게 권고했다.[33]

루스벨트에 이어 대통령에 오른 보수 성향의 해리 트루먼은 장제스를 선택했다. 이런 미국의 태도에 대하여 마오는 배신감을 느꼈다. 마오는 미국에 대한 기대를 완전히 버리지는 않았으나, 이 사건을 계기로 미국을 신뢰할 수 없는 나라로 인식하기 시작했다. 그리고 미국에 대하여 협력과 적대를 놓고 고민에 빠져들었다(오늘날도 양국의 협력과 적대의 두 축은 지속되고 있다).

트루먼이 등장하면서 갑자기 공산당에 등을 돌린 미국에 대하여 당시 중국공산당은 어떤 시선으로 바라보고 있었는가? 그들은 당시 미국이 민주세력과 반민주세력으로 나누어져 있는 것으로 보았다. 따라서 중국공산당은 장제스를 지지하는 반민주세력을 견제하고 미국의 민주세력과 손을 잡아야 한다는 쪽으로 입장을 정리했다. 미국이 친공세력과 반공 세력으로 나누어져 있다고 본 것이다.

이 무렵 마오쩌둥의 생각은 그의 글 〈연합정부론에 대하여關於聯合政府論〉에 잘 나타나 있다.[34] 1945년 4월부터 6월까지 개최된 제7차 당 대회에서였다. 마오는 중국과 마찬가지로 미국 내에도 진보세력과 반동세력이 존재한다고 보았다. 미국이 파시즘을 반대하는 민주국가이기는 하지만 미국 내에 존재하는 반민주세력을 우려한다는 것이다. 그는 한편으로 항일전에 대한 미국의 지원에 감사하면서도, 중국인들의 외침과 미국에 대한 우정에 흠이 되지 않도록 유의할 것을 요구했다. 당 대회 폐막에 즈음하여 마오는 이렇게 밝혔다.

첫째, 미국 인민과 정부를 구별한다. 둘째, 미국 정부의 정책 결정자들과 정부 내 하부 직원을 구별한다.

이러한 입장 표명은 당시 마오가 미국 측과 접촉하면서 미국 내 친 공파와 반공파에 대한 경험, 즉 주중 대사 헐리와 OSS의 도노반과 접촉한 후, 그의 뜻이 제대로 루스벨트에게 전달되지 않았던 지휘계통의 난맥상을 토대로 한 것이다. 이 무렵의 마오에 대해 당시 옌안에 간 미국인 통역관 시드니 리텐버그Sidney Rittenberg는 마오가 가장 좋아하는 나라가 미국이었으나 애증이 교차했다고 회고했다.

그러나 마오는 미국에 대한 기대를 완전히 버리지 못했다. 마오는 미국이 참전한 한국전쟁에서 그 개인에게 가장 큰 비극이었던 장남 마오안잉毛岸英을 잃고 나서도, 여전히 중국의 국익에 미국의 협력이 필요하다고 생각했다. 이를 두고 사람들은 마오가 '감정을 초월해 미국에 희망을 걸었던 인물'이라고 평했다. 리텐버그는 이렇게 회고했다.

마오는 마르크스와 레닌을 알기 전에 프랭클린과 제퍼슨을 연구했다.[35]

마오가 미국인과 처음 접촉한 곳은 옌안이었다. 그는 에드거 스노 Edgar Snow를 비롯한 많은 서방기자들과 회견을 가졌으며,《해방일보》 등 옌안의 언론에서는 조지 워싱턴에서 루스벨트에 이르기까지 미국 대통령들에 대한 찬사가 이어졌다. 그중에는 미군 병력이 중국에 들어와 대일본 항전을 해야 한다는 내용도 들어 있었다. 마오는 미군장교들이 가져온 필름을 통해 미국 영화를 관람하기도 했다. 해리 트루먼이 장제스의 손을 들어주자 충격에 빠졌던 마오의 모습을 리텐버그는 이렇게 회고했다.

> 마오로서는 매우 충격적인 일이었다. 허탈 상태에 빠져 업무 수행도 쉽지
> 않았다. 미국에 배신당했다는 생각은 불신을 넘어 전투적으로 변했다.[36]

마오는 미국 정부가 자신을 등지고 장제스를 지원하고 있다는 첩보
를 입수하고 이렇게 말했다.

> 녹슨 총이지만 이걸로 일본과 싸웠다. 그리고 미국과도 싸울 것이다.[37]

루스벨트와 스탈린, 중국 공동 관리에 나서다

소련의 스탈린과 미국의 루스벨트는 어떤 사이였을까? 이 시기는 냉
전 이전이었음을 주목할 필요가 있다. 제2차 세계대전 연합국인 미소
양국의 지도자로 만난 이들은 내전으로 혼란한 중국 대륙을 통제하기
위해 서로 손을 잡았다.

28년의 중국 혁명 기간 중(1921~1949), 많은 부분이 소련 서기장 스탈
린의 재임기간(1924~1953) 및 미국 대통령 루스벨트 재임기간(1933~1945)
과 겹쳐져 있다. 특히 루스벨트와 스탈린은 개인적으로 매우 호의적이
었으며, 이런 관계는 중국 내전 중에도 상세하게 드러나 있다. 게다가
마오쩌둥은 시종일관 스탈린과 매우 껄끄러운 관계였다. 루스벨트 대
통령과 스탈린 서기장의 재임기간은 12년이 겹쳐져 있다. 이들의 밀월
은 루스벨트가 죽고, 텍사스 매파 출신 트루먼이 대통령직을 승계하기
전까지 지속되었다. 루스벨트는 파시즘에 대해서는 강경했던 반면, 사

회주의 및 공산주의에 대해서는 개인적으로나 정치적으로나 유화적인 입장이었다. 이런 이유로 2차 세계대전 중에 이루어진 몇 차례 회담에서 루스벨트와 스탈린은 서로 다른 이념 체제를 대표하면서도 호의적인 관계를 유지하면서 서로 협력했다.

그들의 협력은 중국 대륙에 대한 전략에서도 나타났다. 당시 중국 대륙은 일본군과 국민당, 공산당 등 3개 지역으로 되어 있었다. 루스벨트와 스탈린은 이런 중국 대륙을 놓고 은밀하게 손잡고 중국국민당의 장제스를 지원하며 중국 대륙을 관리하고자 했다. 이 과정에서 중국공산당은 허공에 뜨는 위기를 맞았다. 앞에서 언급한 바와 같이, 젊은 시절 마오는 다른 중국의 젊은이들과 마찬가지로 미국의 문화와 정신에 많은 관심을 가졌다. 그러나 그에게 '미국으로 통하는 길'은 없었다. 루스벨트는 1940년대 중국공산당을 끌어들여 중국 대륙에서 막바지 항일전쟁을 수행했지만, 거기까지였다. 그는 스탈린과 협력하며 중국 대륙을 공동 관리하는 미련을 버리지 않았다. 미소 양국이 서로 협력하면서 한반도를 38선으로 분단하자 대륙 분단의 위기감에 사로잡힌 중국인들은 이렇게 외쳤다.

우리는 조선도 아니고 독일도 아니다![38]

그 후 트루먼은 스탈린과 함께 중국 대륙을 분단하기 위해 국민당과 공산당의 분할선을 만리장성에서 황허黃河로, 그리고 다시 양쯔강으로 바꾸면서 협력을 도모했으나 좌절하고 대만으로 밀려났다. 1949년 4월 21일, 마오쩌둥은 양쯔강 도하를 명령했다. 후에 마오는 이렇게 말했다.

우리들은 그들(스탈린)의 말을 듣지 않고 양쯔강을 건넜다. 미국은 출병하

지 않았고, 중국에 분단 정권도 출현하지 않았다.[39]

한국전쟁은 그로부터 14개월이 지나 발발했다. 중국과 미국의 적대 관계는 한국전쟁에서 극에 달한 이후 20여 년간 지속되었다. 그러나 마오가 미국을 향한 손을 놓은 것은 아니었다. 1940년대 옌안 시절 항일전쟁에서 미국과의 연합, 1949년 건국을 전후한 세 차례 미국 방문 희망, 그리고 말년의 미중 화해 노력에서 마오의 미국에 대한 집념을 읽을 수 있다. 여기서 우리는 미국과 소련 사이에 선 마오를 볼 수 있다.

중국 인민이 일어났다!

미소 양국이 긴밀하게 결탁된 상황에서, 중국공산당과 중국국민당 양당이 어느 한 나라의 일관된 지원을 받는다는 것은 착각이자 환상이었다. 마오는 항일전에서 미국과 연합하여 싸우기도 했고, 루스벨트에게 관계 개선의 의지를 전달하기도 했으나, 응답은 없었다.

중국공산당은 창당에서 건국에 이르기까지 그 파란만장했던 여정으로 유명하다. 특히 징강산井岡山에서 출발하여 370일에 걸친 1만 2,500킬로미터의 장정長征, 그리고 옌안으로 이어지는 투쟁의 시기는 오늘날 많은 중국인들의 가슴속에 전설로 남아 있다. 그러나 수많은 고비들 중에서도 가장 험난하고 드라마틱한 마지막 고비는 미국과 소련이 국민당과 결탁하여 중국을 분할하고자 한 시도였다. 그런 곡절을 극복한 힘은 중국 인민의 절대적인 지지였다. 중국공산당은 마침내 '중화인민공화국'을 건국했다. 1949년 10월 1일이었다.

우리 중국 인민이 일어났습니다!

그러나 험난한 앞날은 지난 혁명 과정을 방불케 했다. 세계 초강대
국으로 우뚝 선 미소 양국과 껄끄럽기 짝이 없는 관계가 시작된 것이
다. 건국 과정에서 중국 정부는 이들 양국에 협력의 손을 내밀었다. 그
들에게 미소 양국은 모두 '서양 오랑캐 스승'이었다. 그러나 미국과 소
련 양국은 중국공산당의 대륙 장악 가능성을 거의 마지막 단계까지도
믿지 않았으며 이를 저지하는 데 손을 잡았다.[40] 표면적으로나마 중국
공산당을 지지했던 소련공산당 서기장 스탈린은 노골적으로 장제스
의 중국국민당과 거래하면서 오히려 마오쩌둥의 중국공산당을 견제했
다. 루스벨트는 이런 스탈린과 친밀한 관계를 유지하며 장제스의 중국
국민당을 위해 긴밀하게 협력해나갔다.[41] 미소 양국은 중국 대륙의 두
세력을 견제와 지원의 양면 작전으로 대처하며 대륙의 꿈을 이어나갔
다. 그들의 목표는 중국 대륙을 나누어 관리하는 것이었다.

이러한 양국의 움직임을 간파하고 있으면서도, 중국공산당 지도부
는 이들 미소 양국과의 접촉에 최선을 다하였다. 다른 길은 없었다. 소
련은 중국보다 앞서 사회주의 혁명을 성공시킨 나라였으며, 미국은 두
차례 세계대전 이후 세계 패권을 향해 승승장구하고 있었다. 그러나
중국공산당은 그들 양국으로부터 협력을 얻어내지 못했다. 오히려 그
들의 노회한 견제와 장애를 뛰어넘어야 했다. 바로 이 점을 유의할 필
요가 있다. 건국 과정에서 보이는 것처럼, 중국은 '서양 오랑캐 스승'을
단순하게 학습하거나 의지하는 것이 아니라, '오랑캐 스승'을 딛고 뛰
어넘는 것이 중요했다.

두 차례 세계대전 이후 수많은 나라가 독립하는 과정에서, 수많은

신생국들이 미국이나 소련의 지원과 관리를 받았고, 독립 이후 그들의 세력권으로 남게 되었다. 이와 반면에 중국은 그들 자신의 힘으로 건국했으며, 이 점에서 독특하고 험난한 과정을 거쳤다.[42] 스스로 홀로 서야 했다. 독립이다. 지금 중국의 국가國歌를 들어보라. 그들은 '일어나라'로 시작하고 '전진'으로 끝나는 혁명 시절의 〈의용군 행진곡義勇軍進行曲〉을 국가로 부른다.[43] 미국과 함께 G2로 올라선 지금도 '일어나라'와 '전진'을 계속 외친다. 2014년 국가주석 시진핑은 프랑스 방문 중에 '이제 중국이라는 사자는 깨어났다'고 선언하기도 했다.[44] 그들이 보는 '서양 오랑캐 스승'에 대한 시각도 달라지고 있음은 물론이다.

미국의 중국 철수와 한국전쟁

중국 현지 상황을 검토하고 대륙으로부터 철수할 것을 최종 건의한 사람은 조지 마셜George Marshall 장군이었다. 그는 제2차 세계대전 당시 미국 최고의 영웅이었다. 1945년 12월, 트루먼 대통령은 그를 중국 특사로 파견하여 국공연합정부를 조정하려 했으나 실패했다. 마오쩌둥은 마셜이 둥베이東北 장춘의 쓰핑四平 전투에서 공산당을 속이고 국민당을 도왔다고 맹비난했다(1946. 7). 1947년 1월 귀국한 마셜은 국무장관이 되어 3월, 잿더미가 된 서유럽경제를 지원하여 사회주의의 확산을 저지하기 위한 마셜플랜Marshall Plan을 제안하고, 6월에는 냉전선언을 단행했다.

마셜플랜과 냉전선언은 중국 대륙과 유럽을 겨냥한 미국의 새로운 세계 전략이었다. 당시 미국은 전쟁의 폐허에 선 유럽 지식인들이 제국주의에 대한 깊은 회의에 빠져 '사회주의 열풍'이 고조되고 있는 현실에 직면했다. 마셜플랜은 이런 유럽 내 사회주의 열풍을 저지하기 위해 기획되었다. 이를 통해 유럽에 지원한 자금 규모는 당시 130억 달러(현재 가치로 대략 1,290억 달러)였다.[45] 마셜플랜의 힘으로 미국은 수출 시장을 확대해 경제침체 조짐에서 벗어났고, 폐허가 된 유럽 경제를 재건하는 데 기여했으며, 공산주의 확산도 막았다. 이어서 마셜플랜은 북대서양조약기구NATO의 창설에 경제적 기반이 되었다. 이는 사회주의권의 단결을 낳아 베를린 봉쇄를 계기로 전쟁의 위기가 다시 고조되었으나, 스탈린의 평화 제안을 고비로 유럽은 전쟁 위기를 벗어났다.

냉전의 격화는 유럽에서 한반도로 옮겨왔다. 1949년 스탈린은 핵실험을 성공했다. 그리고 성난 미국의 예봉을 피하기 위해 북한의 남침을 부추기고 중국 참전을 유도하며 자신은 뒤로 빠지는 전략을 구사했다. 이것은 아직도 풀리지 않은 한국전쟁의 기원과 관련하여, 미국의 함정론과 함께 소련의 음모론으로 남아 있다.

중국 대륙에서 철수한 미국 국무부는《중국백서China white paper-United States relations with China, with special reference to the period 1944~1949》를 발간했다. 도대체 왜 미국이 중국에서 물러났는가에 대한 변명이었다. 그리고 다음 해 미국은 한국전쟁에서 중국과 충돌했다. 미중 양국이 직접 전쟁으로 맞붙은 것은 한국전쟁이 유일무이하다. 이 전쟁으로 미국 군인 4만 명, 중국 군인 17만 명, 그리고 한국인은 350만 명이 사망했다.

휴전 후, 그들은 19년 만에 화해했다. 그들이 화해하면서 약속한 전제조건은 한반도 분단의 현상유지였다. 그것이 밀약으로 남아 있다(6장 참조).

중국의 핵실험 성공, 미국은 어떻게 대응했나

중국이 핵실험에 성공한 것은 1964년 10월이었다. 미국보다 19년, 소련보다는 15년 뒤늦은 것이었다. 이처럼 뒤늦은 핵실험을 계기로 미국과 소련으로부터 어떠한 대가를 치를지 모를 위험천만한 시기가 기다리고 있었다. 중국이 핵실험을 성공하기 두 달 전인 1964년 8월, 통킹만 사건을 조작하여 베트남전쟁을 착수한 미국은 중국을 겨냥하기 시작했고,[46] 격분한 소련은 중국 대륙에 핵공격을 검토하며 위협하기 시작했다. 이듬해인 1965년 4월, 린든 존슨 미 대통령은 베트남전쟁을 디딤돌 삼아 중국을 정조준 했다.[47]

> 이 전쟁에는 또 하나의 진실이 있다. 바로 점점 더 어두워지고 있는 공산주의 중국의 그림자다. 베이징의 지도자들은 하노이의 지도자들을 부추기고 있다. (…) 베트남전쟁은 공격적인 목적을 지닌 좀 더 폭넓은 패턴의 일부이다.[48]

미국은 베트남전쟁 개입에 대하여 '공산주의는 사악하고 부도덕하기 때문에 그 위협에서 미국 민주주의와 미국식 생활양식을 지켜야 한다'고 주장했다. 핵보유국이 된 중국에 대한 위협이었다. 존슨은 중국에 인접한 베트남에 미군을 집결시켰다. 당시, 중국 주변 상황은 소련 이외에도 최악이었다. 한국과 대만, 일본도 미국의 영향력 아래 있었으며, 인도와도 적대적이었다.

마오쩌둥은 베트남전쟁을 피해야 했다. 마오는 전통적인 '원교근공遠交近攻' 전략을 택했다. 가까운 소련으로부터 핵 위협에 직면한 상태

미중 패권전쟁은 없다

에서, 태평양 건너 먼 곳에서 중국을 겨냥하는 미국을 향하여 부드러운 신호를 보냈다. 1965년, 마오는 그의 오랜 미국 친구이자 언론인인 에드거 스노를 베이징으로 초청했다.[49] 미국의 베트남 전략을 의식하면서, 마오는 스노에게 이렇게 말했다.

나는 지난 15년 동안 미국인과 중국인들이 역사적인 이유로 분리되어 모든 형태의 의사소통이 단절되어 있다는 사실을 몹시 유감스럽게 생각합니다. 오늘날 그 간극은 과거 어느 때보다도 더 큰 것 같습니다. 그러나 나는 이 사태가 전쟁이라든지 역사상 큰 비극으로 끝나지는 않을 것으로 믿습니다.[50]

마오는 존슨 미 정부에 꼭 알려야 한다는 심정으로 덧붙여 설명했다.

중국은 국내 문제로 바빠서 정신이 없습니다. 국경 너머의 싸움에 개입한다는 것은 범죄행위나 다름없어요. 왜 중국이 그런 짓을 해야 하오. 베트남도 얼마든지 그들의 상황을 타개할 수 있지 않소.[51]

실제, 마오는 베트남전쟁에 전투병을 파견하지 않았다. 다만 비전투 보급 분야에서 10만 명의 병력을 지원했을 뿐이다.

우리 쪽에서 전쟁을 일으키는 일은 없을 것입니다. 미국이 공격해오는 경우에 한해서만 우리는 대응할 겁니다. 이미 말한 것처럼, 우리가 미국을 공격하지는 않을 테니 안심해도 좋을 겁니다.[52]

그러나 존슨 미 정부는 마오가 보낸 이런 화해 신호를 철저히 무시했다. 궁극적인 표적은 핵보유국이 된 중국이었다. 당시 백악관 국가안보보좌관 맥조지 번디McGeorge Bundy는 '공산체제 중국은 골칫거리이며 중대한 문제'라고 비난했고, 존슨은 '베이징의 지도자들이 하노이를 부추기고 있다'고 공격을 퍼부었다.

중국의 내부 사정도 매우 심각했다. 경제부흥운동인 대약진운동大躍進運動 실패에 대한 책임을 지고 마오는 권력 일선에서 물러나 있었다. 새로 올라선 국가주석 류샤오치劉少奇와 당 총서기 덩샤오핑은 노력 끝에 대약진의 재앙을 벗어나 경제회복의 전기를 마련했다. 하지만 미소 양국의 외부 위협에 내부의 권력 불안이 겹쳐 있었다. 여기서 마오가 기획한 것이 '문화혁명'이었다.[53]

문화혁명은 미국이 베트남전쟁을 착수한 지 1년이 지난 후에 시작되었다. 마오는 미국에 전쟁을 피하겠다는 신호를 보내는 한편, 국내에서는 류샤오치를 비롯하여 대대적인 숙청을 단행했다. 10년간 대륙을 휘몰아친 문화혁명의 광기가 절정을 지날 무렵(1966~1969), 중국의 대내외 상황에 변화가 일어나기 시작했다. 안으로는 문화혁명의 광기가 다소 진정되고, 미국에서는 수렁에 빠진 베트남전쟁으로 반전운동이 격해지면서 전쟁 중단이 대통령 선거의 핵심 이슈가 되었다.

미국 시민들은 야만적이고 잔인한 미군의 행동을 TV를 통해 목격하고 분노했다. 네이팜탄으로 화상을 입고 거리에서 울부짖는 어린 소녀들과 도망가는 난민들의 참혹한 광경을 TV로 본 미국의 젊은이들과 지식인, 예술인들은 '이게 미국 정신이냐?'며 반전 시위에 나섰다. 결국 린든 존슨은 다음 대선에 나서지도 못했다. 결국 베트남 철군을 공약한 공화당의 리처드 닉슨이 백악관의 주인이 되었다. 1969년 연초, 닉슨은 대통령 취임사에서 곧바로 중국을 향해 개방 신호를 보냈다.

> 우리 정부의 의사소통 라인이 활짝 열려 있다는 사실을 세계만방에 알립
> 니다. 우리는 열린 세계를, 모든 사상과 재화와 인간 교류에 열려 있는 세
> 계를, 그리고 크든 작든 그 어떤 인간도 분노의 고립 속에서 살지 않는 세
> 계를 추구합니다.[54]

닉슨 미 정부의 이런 태도 변화에 마오는 신중하게 접근했다. 무엇
보다도 우려스러운 것은 중국이 미국과 가까워지면 소련이 중소 국경
분쟁을 더 악화시킬 수도 있었다. 닉슨 정부는 계속해서 화해의 신호
를 보냈다. 그해 7월, 닉슨은 괌에서 베트남 철수를 공식화하는 '닉슨
독트린'을 선언했다. 이 신호에 마오는 반응을 보였다. 미국과 관계 개
선을 검토하기 시작한 것이다.

1969년 3월, 소련은 중국과 무력 충돌에 나섰다.[55] 그리고 소련은
중국 대륙에 대한 핵공격 검토에 들어갔다. 마오는 곧바로 최고위층
장군들에게 직면한 외교전략 문제를 검토하도록 지시했다. 장군들의
면모를 보면, 초대 상하이 시장으로 지금도 그를 기념하는 동상이 남
아 있는 천이陳毅, 대원수 칭호를 받은 녜룽전聶榮臻, '개국원수' 10인
에 이름을 올린 쉬샹첸徐向前, 덩샤오핑의 재기를 결정지은 예젠잉葉劍
英 등이었다. 그들은 명령을 받고 한 달 동안 중국의 대외 전략에 획기
적인 변화를 불러올 분석 보고서를 완성했다. 보고서의 핵심은 소련의
라이벌인 미국과의 화해 여부였다. 장군들은 닉슨이 보내는 화해 신호
를 수용할 것인지부터 검토했다. 그들은 모두 마오와 중국 혁명을 함
께한 군 원로들이었으며, 문화혁명으로 시골로 하방당했다가 마오의

요청으로 다시 복귀한 인물들이었다. 그들의 보고가 올라왔다.

미국과 소련의 관계는 마치 중소 관계처럼 극도로 악화되어 있다. (…) 미
국과 소련이 직면한 문제는 그들 상호 간의 위협이다. 다른 나라들이 직면
한 위협은 이들 두 나라에서 나온다. 중국을 반대하기 위해 미국과 소련은
서로 협력하기도 하고 동시에 서로 싸우기도 한다. 그러나 그들 사이의 모
순은 협력한다고 줄어들지 않는다. 상대에 대한 적대감은 그 어느 때보다
심각하다. (…) 미국과의 교류는 중국의 방어를 위하여 꼭 필요하다. 소련
이 전쟁으로 중국에 승리한다면 미국보다 더 큰 제국을 이루게 될 것이며,
이것은 미국도 바라지 않을 것이다.[56]

장군들은 소련이 미국 때문에 중국을 침공하지 못할 것이며, 미국은
'산꼭대기에 앉아 중국과 소련, 두 호랑이의 싸움을 지켜볼 것'이라고
보고했다. 마오는 보고가 불충분하다고 느꼈다. 마오는 5월에 추가 분
석과 대안을 제시할 것을 요청했다. 때마침 7월에 미국이 베트남전쟁
에서 철수하겠다는 내용의 닉슨 독트린이 발표되었다. 이를 반영하여
9월에 나온 추가 보고는 보다 적극적이었다.

중국과 소련 사이에 전쟁이 나면 소련이 더욱 강대해질 것이고 미국은 이
를 두고 볼 수 없을 것이다. 중국은 국내에서 아무리 혹독한 비난을 받더
라도 방어를 위해서 미국과 반드시 교류가 필요하다.[57]

이런 건의는 문화혁명 당시 반미를 강조한 마오의 외교 정책을 고려
한다면 놀랍고 획기적이었다. 중국이 적극적인 대미 외교로 전환할 것

을 촉구한 것이다. 소련의 위협은 무엇보다 심각했다. 보고서를 작성한 장군들은 '소련이 중국을 전면적으로 공격할 경우 미국 카드를 써야 하는가'라는 문제를 놓고 동서양의 여러 역사적 사례를 검토했다. 그들은 미국과 소련 모두 위협이기는 하나, 소련이 보다 더 심각한 위협이라는 데 의견을 모으고, 소련의 위협에 대처하기 위해서는 미국과 긴밀한 접촉이 필요하다고 건의했다. 이 건의 중에는 미국이 솔깃할 만한 당근 같은 내용이 들어 있었다. 그동안 주장해왔던 대만의 중국 반환이라는 전제조건을 포기한다는 내용이었다.

> 격상된 중미회담은 전략적인 중대 의미를 갖는다. 우리는 그 어떤 전제조건도 내세워서는 안 된다. (…) 대만 문제는 고위회담에서 단계적으로 해결할 수 있다.[58]

사실, 중국 건국 이래 미중 양국은 치열하게 맞서왔다. 그런 중국이 지쳐가고 있었다. 1940년대부터 1960년대까지 국민당 축출을 비롯하여, 한국전쟁, 베트남전쟁을 치르면서 30여 년의 기간을 미국과 싸웠다. 그 와중에 소련의 위협까지 겹쳤다. 반면 이 무렵 미국은 베트남전쟁의 수렁에 빠져 있었다. 여기에 미중 양국의 이해가 더욱 맞아떨어지게 된 것은 소련의 산발적이고 무모한 군사적 도발이었다. 미중 양국은 전략적 이해에 공감했다. 중국 입장에서 초강대국인 미소 양국을 모두 적으로 삼는 것은 외교가 아니었다. 두 나라 중 한 나라가 중국을 치고 다른 한 나라가 방관할 수도 있는 위험한 상황이었다. 마오쩌둥은 서둘러 미중 화해의 방침을 정하고 팔을 걷었다. 요컨대, 중국의 핵실험이 베트남전쟁을 거치면서 미중 화해로 방향을 바꾼 것이다.

미중 화해, 미국과의 첫 결실

미중 화해는 미국과 중국 두 나라의 관계 개선은 물론, 아시아의 냉전 구조를 해체하는 초석이 되었다. 그러나 당장 그것은 우리 한국에게 비극으로 다가왔다. 우선, 영구독재체제로 시작하여 '10·26 정변'과 신군부 등장으로 이어지는 대재앙을 안겨준 원초적 배경이기도 했다(6장 참조).[59]

앞에서 본 바와 같이, 미중 화해의 배경은 1965년으로 거슬러 올라간다. 이 해는 중국이 첫 핵실험을 성공한 이듬해였으며,[60] 건국 이후, 마오가 미국을 향하여 처음으로 손짓을 한 해이기도 했다. 1968년, 미국 대선에서는 중국에 화해의 신호를 보낸 닉슨이 승리했다.

이 무렵 일흔 살을 넘긴 마오는 죽음을 예감하기 시작했다. 양국 정부는 냉정하게 현실에 토대를 두고 서로의 의중을 신중하게 타진해나 갔다.[61] 닉슨과의 회담을 한 달 앞두고 마오는 갑자기 심장병에 걸렸다. 하지만 그의 협상 의지는 확고하여 회담시간 20분을 넘기지 말라는 의료진의 권유에도 불구하고, 실제 닉슨과 만나서는 한 시간이 넘도록 얘기했다. 회담장은 마오의 수영장을 개조한 것이었다. 그 일부를 서재로 만들고, 배경이 된 커튼 뒤에는 만일의 사태에 대비해 의료진이 비상 대기했다. 마오와 회담을 하기 위해, 닉슨은 성공한 게릴라 마오쩌둥과의 미중 화해를 사전에 꼼꼼하게 준비했다.[62] 중난하이에서 마오를 처음 만난 닉슨은 마오에게 이렇게 인사했다.

마오 주석, 당신은 저서를 통하여 중국 인민을 감동시키고 세계를 변화시키지 않았습니까?

미중 패권전쟁은 없다

마오는 짤막하게 대답했다.

천만에요, 나는 이 근처를 변화시키는 데 그쳤소.[63]

이렇게 시작된 화해를 위한 첫 미중 정상회담은 성공적이었다.[64] 미국은 베트남전쟁의 수렁에서 벗어나는 계기를 잡고, 중국은 소련의 위협에 대처하는 수단을 찾은 것이다. 그러나 더욱 중요한 것은 양국이 첫 발자국을 뗀 긍정적인 공동의 미래 설계였다. 이는 곧바로 한반도를 비롯한 아시아 지역의 역학구도에 일대 변혁으로 이어졌다. 이 미중 화해는 오늘날 미중관계를 있게 한 머릿돌이 되었다. 중국공산당과 미국이 이룬 첫 결실이었다.

우리가 유념해야 할 것은, 그것이 그들만의 화해로 끝났을 뿐, 남북 화해로 이어지지 못하고 한국전쟁 이래 가장 좋지 않은 상처를 안겨주었다는 것이다. 그들은 화해의 전제조건으로 대만 문제와 함께 한반도 분단의 '현상유지'에 합의했다. 이러한 합의를 토대로, 양국은 새로운 방식의 세계전략을 찾아 나섰다. 미국은 아시아 냉전 전략을 조정할 수 있게 되고, 중국은 외교적 고립에서 벗어나게 되었다.

주목되는 점이 또 하나 있다. 중국과의 관계 개선에 노력한 미국과 일본의 두 정치인이 곧바로 역사 밖으로 밀려났다는 점이다. 일본의 다나카 총리도 1972년 중일 수교를 성사시킨 후 곧바로 뇌물죄로 물러났다. 닉슨 미 대통령은 미국 선거의 고질병인 도청사건이 빌미가 되어 탄핵으로 대통령 자리에서 물러났다.[65] 미중 화해와 중일수교 이후 미일 양국은 이처럼 후유증으로 국내의 정치적 몸살을 앓기도 했다.

마오 사상, 재검토가 필요하다

자본주의 제국인 미국이 중국공산당과 손을 잡는다는 것은 상식적으로 맞지 않는 얘기였다. 그러나 오늘날 중국은 미국과 협력과 대립을 반복하며 발전하고 있으며, 그 단초는 마오쩌둥의 미중 화해에서 시작되었다. 마오쩌둥은 미국에 대한 시각을 어떻게 형성했을까? 그가 말년에 보여준 미국과의 관계 개선에 대한 집념의 불꽃은 어디서 나온 것일까?

마오의 사상적 토대는 흔히 '중국의 전통문화'에 '마르크스주의'를 접목했다는 게 지금까지의 공식적인 정설이다. 그러나 이런 견해로 그의 사상 전체를 평가하는 것은 미흡하다. 마오가 그토록 중시한 '미국'이 빠진 것이다. 특히 조지 워싱턴을 좋아한 마오는, 건국에 즈음해서도 미국 방문을 그토록 원했으며(51~56세), 한국전쟁과 베트남전쟁을 거쳐 마침내 미국과 화해했다(79세). 건국 전부터 마오는 가능한 한 미국을 붙들고 싶었던 사실을 분명하게 보여준다. 미중 화해 2년 후, 마오는 미국에 협력 의사를 거듭 분명하게 전달했다.

이렇게 볼 때, 마오쩌둥의 진정한 사상적 토대는 중국의 전통문화라는 기둥에 소련의 사회주의와 미국의 자본주의 이 두 가지의 접목을 시도한 것이라고 보는 것이 합리적이다. 다만 그 과정에서 전쟁도 거쳤고, 살얼음을 딛는 어려움이 많았지만, 미중 화해를 계기로 미국 자본주의를 도입하는 토대를 마련한 것은 분명하다. 요컨대 마오의 사상은 중국 전통문화의 토대 위에 외부에서 들어온 두 가지 사상, 사회주의와 자본주의를 접목하여 구성된 것이다.

마오에 대한 평가는 쉽지 않다. 마오를 지지하는 학자들도 착잡한 생각이 교차하는 게 일반적이다. 칭화대학 교수 펑유란馮友蘭은 공산당이 집권한 후 대륙에 남아 중국 현대 철학계를 대표한 학자로 꼽히는 사람이다. 그는 마오에 대해서 이렇게 평했다.

> 마오쩌둥은 중국 역사상 가장 권위 있는 인물이다. 그는 중국공산당의 지도자로 재임한 40년 동안 중국 전통문화에서 말하는 '군주와 스승'의 지위와 그에 걸맞은 능력을 겸하여 가졌다. 이 때문에 그는 중국 현대 혁명에서 남이 세울 수 없는 공적을 세웠으며, 또한 남이 범할 수 없는 잘못을 범하기도 했다.[66]

미국인으로서 영국 런던대학 교수로 재직한 스튜어트 슈람Stuart Schram은 마오쩌둥을 평생 연구한 학자였다. 그는 이렇게 말했다.

> 많은 역사학자가 마오쩌둥을 스탈린, 히틀러, 폴 포트 같은 세계적인 악당 축에는 끼워 넣지 않는데 그 이유가 무엇일지 생각해보았다. 여러 면에서 그의 정치적인 경향은 건전했고, 그는 중국 인민을 위하여 헌신하려고 노력했다. 그러나 개인적으로는 감정적이고, 외고집이며, 히스테릭한 성격을 지녔는데, 이러한 성질은 1950년대 후반 들어 더욱 심해졌다.[67]

이처럼 슈람도 마오 일생의 후반에 실책이 있음을 지적하고 있다. 슈람은 마오쩌둥이 1958년에 '대약진'을 서둘다가 실패하여 4,000만 명에 가까운 사람을 굶어죽게 만들고, 1966년부터 10년 동안 문화혁명을 일으켜 막대한 손실을 가져오게 한 점을 놓고 '왜 그렇게 되었을까?'에 대하여 깊이 생각하였다고 전해진다.[68]

마오를 모순에 찬 인물로 본 《뉴욕 타임스》의 해리슨 솔즈베리 대기자는 그의 저서 《새로운 황제들》에서 마오의 성격을 이렇게 평했다.

마오는 총체적인 해결을 선호한 사람이었다. 그는 변화의 수단으로서 철학을 신봉했고, 사회는 항상 안정기와 혼란기 사이에서 끊임없이 변화한다고 믿었다. 변화는 혼란 상태에서 생기는 것이었다. 안정은 정체를 의미했다. 격동 속에서 진보가 이루어지며 새롭고 유능한 인재와 사상도 출현한다는 것이다.[69]

실제, 마오에 대한 평가는 두 시기로 나뉜다. 마오가 빛나는 업적을 쌓은 시기는 1949년까지의 건국과정에 있다. 이 시기 마오의 행적를 다루어 고전의 반열에 오른 서적은 미국 기자 에드거 스노의 《중국의 붉은 별Red Star Over China》이다. 이 책은 중국공산당이 왜 승리했는가를 잘 보여준다. 그러나 1958년 이후 말년 마오의 실책을 보려면 《마오쩌둥의 사생활》, 《새로운 황제들The Private Life of Chairman Mao》 같은 서적을 같이 보는 게 도움이 된다.

덩샤오핑과 동갑내기 혁명 1세대인 천윈陳雲은 마오와 격렬한 토론을 벌이며 맞섰던 인물이며, 덩샤오핑의 개방정책이 착수되자 보수적 입장을 지킨 인물이다. 그는 마오를 이렇게 평했다.

마오가 1956년에 죽었더라면 중국에서 가장 위대한 지도자로 칭송받았을 것이다.[70]

많은 사람들이 천윈의 이 말에 동의한다. 사람들은 마오가 문혁 전에 죽었더라면 역사는 그를 더 높이 평가했을 것이라고 말한다. 그러나 마오는 문혁을 일으킨 10년 후에 세상을 떴다.

마오의 평가를 정치적 측면에서 평가한 사람은 덩샤오핑이었다. 덩은 신중한 공식 절차를 밟아 마오쩌둥을 당 차원에서 평가했다. 덩은 계급투쟁으로 날을 지새우던 문화혁명의 악령을 씻어내고 싶었다. 그러나 40년 동안 중국공산당을 이끌며 중국혁명을 이룩한 마오쩌둥을 평가하는 것은 쉬운 일이 아니었다. 마오 자신도 스스로 탄식하듯 나라를 멸망으로 몰고 간 수양제가 한탄한 말에 동의한 적이 있다.

마오에 대한 평가는 쉽지 않다. 중국의 미래에 산적한 문제가 남아 있는 한, 마오가 남긴 궤적은 오래도록 중국 특유의 평가 기준으로 남아 있게 될 것이다. 마오는 끊임없이 새로운 체제를 모색하는 실험 정신에 휩싸여 산 인물이다. 마오쩌둥이 그치지 않은 실험의 종점에는 칼 마르크스와 함께 존 듀이의 미국이 있었던 것은 아닐까.

덩샤오핑,
반드시 미국을 따라잡아라

덩샤오핑은 타고난 시장주의자였다. 1960년대 초부터 중국의 자원을 팔아 해외 기술 도입을 주장했던 그는, 실권을 장악하자마자 곧바로 미중 수교를 전광석화처럼 성사시켰다. '가난이 사회주의는 아니다'라고 외치면서 미국과의 협력에 집중했다.

덩을 마오와 분리하여 생각하기는 어렵다.[1] 그들은 함께 천하를 평정한(打天下) 중국 혁명의 동지였으며, 마오는 언제나 덩을 신임하며 국가의 중대사를 맡겼다. 그러나 마오는 덩의 우경화 성향을 끝까지 경계하면서도, 말년에 덩을 문혁파의 공격으로부터 보호하기도 했다. 말년의 마오가 문화혁명으로 실패한 데 반해, 덩은 시장경제로 찬사를 받았다. 덩은 개혁개방과 미중 수교를 동시에 성사시켰다. 그리고 그가 1960년대부터 꿈꾸어오던 시장경제의 길로 질주하기 시작했다.

포커 챔피언의 전광석화

어린 시절 덩샤오핑은 개구쟁이였다. 아버지의 극진한 사랑을 받으며 유복한 환경에서 자랐다. 덩이 프랑스로 유학을 떠날 때, 아들의 신변을 염려한 아버지는 자신의 동생을 보호자로 보냈다. 그의 고향은 우거진 삼림과 바위 사이로 흐르는 두 개의 강을 끼고 있는 쓰촨성 광안廣安이다.

젊었을 때부터 집중력이 남달랐던 덩은 브리지 카드 게임을 유별나게 좋아했다. '신체운동은 수영, 정신운동은 브리지'라면서 '브리지 덕에 치매에 걸리지 않고 즐겁게 살 수 있을 것 같다'라고 말할 정도다. 남부 윈난 지역에서 게릴라로 활동하던 시절, 카드 게임에 얽힌 일화가 있다. 덩샤오핑은 온종일 산과 바위를 타며 유격전을 벌이고 난 후 동굴에서 잠을 잤다. 긴급한 일로 한밤에 부관이 덩을 찾아가면 그의 잠자리는 으레 비어 있었다. 깊은 밤, 카드 판을 벌이고 있었던 것이다. 그는 경지를 넘어선 '포커 게임의 고수'였다. 원자바오 총리도 일찍이 그의 포커 게임 파트너였다. 원자바오가 덩의 추천으로 당 중앙 판공청 주임으로 일할 때였다. 국정에 관한 보고를 받기 전에 먼저 게임을 하고 난 다음 의견을 듣는 게 순서였다.

미 CIA는 덩샤오핑의 건강과 능력에 대해 궁금했다. 고령의 덩샤오핑이 어떻게 건강을 유지하면서 격변의 시기에 보통사람들은 상상도 못할 엄청난 스트레스를 견디면서, 그처럼 성공적으로 체제개혁과 미중관계 개선을 이끌어냈을까? 오랜 연구 끝에 CIA가 내린 결론은 의외로 간단했다. 포커 게임이었다. 덩의 특징은 엄청난 몰두였다. 게임에 몰두하면서 스트레스를 해소하고 두뇌를 단련한 것이 그를 강인하게 이끌었다는 것이다.

덩은 축구에도 광팬이었다. 프랑스 유학 시절, 그는 축구 경기를 보려고 자신이 아끼던 코트를 팔아 표를 산 일화도 있다. 코트 없이 추위에 떨며 경기를 관람했다. 은퇴한 후, 노년에도 유럽 프로 축구, 그중에서도 특히 거칠기로 유명한 이탈리아 프로축구를 TV로 즐겨 시청하곤 했다.

수많은 고초를 겪은 덩샤오핑은 '때가 아니면 나서지 말라'는 말을 좌우명으로 삼았다. 그러나 '때'가 오면 곧바로 전광석화로 변했다. 포커와 축구에서 터득했는지도 모른다. 일의 타이밍을 중시한 덩은 대형 과제들을 한데 묶어 처리하는 데 능했다.

1976년 마오가 서거한 후, 실권을 잡자마자 덩은 곧바로 두 개의 역사적 과제를 동시에 착수했다. 미중 수교와 체제개혁이 두 마리 토끼였다. 서로 시너지를 내게 될 두 과제는 모두 체제의 방향을 결정짓는 중대사였다. 덩은 이 두 역사적 과제를 놀라운 스피드로 전광석화처럼 추진했다. 두 사업 모두 어렵기는 마찬가지였다. 개혁개방 추진을 두고 무엇보다 당내 보수세력의 저항이 만만치 않았다. 중국을 흘겨보기는 미국의 보수세력도 만만치 않았다. 모두 거대하고 무거운 납덩어리들이었다. 그들을 설득하고 제압하여 변화의 물꼬를 터야 했다.

팔을 걷어붙인 덩은 1978년 11월 10일부터 12월 15일까지 무려 36일 동안 쉬지 않고 중앙경제공작회의를 열었다. 그리고 회의 폐막 사흘 후 이렇게 선언했다.

> 당의 노선을 '계급투쟁'에서 '경제발전'으로 바꾸고, '개혁개방'으로 체제변혁을 착수하겠습니다.[2]

그리고 2주 후 베이징의 덩샤오핑과 워싱턴의 지미 카터는 동시에 미중 수교를 선언했다(1979. 1.). 덩은 마치 조커 두 장을 한 손에 넣고 판을 흔드는 카드 챔피언을 방불케 했다. 대외개방과 미중 협력은 그렇게 동시에 시작되었다.

개방정책을 서방에 알리다

마오쩌둥은 중국의 개방정책을 서방에 알리기 위해 덩샤오핑에게 유엔 특별연설을 맡겼다. 그것은 덩에게나, 중국에게나 분수령이 된 기회였다. 1974년 덩이 농촌 하방에서 돌아온 지 얼마 되지 않았던 시점이었다. 덩이 베이징에 돌아와 유엔 연설을 맡게 되기까지의 과정을 살펴보자.

미국과의 화해가 순조롭게 성사되자, 총리 저우언라이는 덩샤오핑의 베이징 복귀를 위해 마오를 설득했다. 덩샤오핑도 움직였다. 미중 화해가 성사된 다음 달인 1972년 3월, 덩샤오핑은 당시 하방된 농촌 장시江西에서 마오에게 장문의 편지를 썼다. 6개월 전에 터진 린뱌오 사건을 감안하여 덩은 조심스럽게 글을 썼다. 한때 후계자로 지목되었던 린뱌오林彪는 덩이 하방당한 후, 1971년 9월 마오를 제거하는 음모를 꾸미다 발각되어 소련으로 망명하던 중 몽골 상공에서 추락사했다. 덩샤오핑은 망명을 시도하다 죽은 린뱌오의 상세한 죄목을 설명하고, 린뱌오로부터 자신을 보호해준 마오에게 감사를 표했다. 마오는 덩샤오핑만 한 인물이 없다는 것을 누구보다도 잘 알고 있었다. 1972년 12월, 저우언라이는 덩의 자리를 준비하도록 지시했고 1973년 2월, 덩샤오핑은 베이징으로 돌아왔다. 3월 29일 오후, 마오는 6년 만에 덩을 만났다. 마오가 물었다.

　그동안 뭘 했소?

　덩에게서 풍기는 그 '우경화 성향'에 대한 반성 여하를 물은 것이었다.

　기다렸습니다.

　덩은 종종 마오를 헛갈리게 했다. 덩의 타고난 실용주의 성향은 이
상주의에 매달려 있는 마오와는 거리가 멀었으나, 마오는 언제나 일처
리가 물샐 틈 없는 덩을 '낭중지추囊中之錐(주머니 속의 송곳)'라면서 최고
의 인재로 인정했다. 마오는 저우언라이 총리와 협의하여 덩의 자리를
국무원 부총리로 정했다. 마오는 덩을 격려했다.

　열심히 하도록! 건강 조심하고.[3]

　덩은 암 투병 중인 저우언라이를 보좌하면서 빠르게 실세로 자리 잡
았다. 하방에서 복귀한 다음 해인 1974년, 마오는 덩에게 중요한 임무
를 부여했다. 유엔에서 중국의 개방 전략을 알리는 특별 연설을 구상
하고, 이를 덩에게 맡긴 것이다. 미중 화해 이후, 마오는 '개방 전략'으
로의 전환을 미국과 세계에 다시 한 번 강조할 필요를 느꼈다. 이는 서
방과 적대관계를 청산하고 경제협력을 희망하는 강력한 신호였으며,
덩이 평소 주장해온 신념과 일치하는 것이었다. 마오는 극비리에 덩의
출국을 준비하도록 했다.

1974년 4월 6일, 덩은 유엔 제6회 특별총회에서 연설했다. 개방을 향한 중국 전략의 분명한 전환을 서방에 알린 이 연설은, 미중 화해 이후 양국 관계의 진전을 서두르는 마오쩌둥의 속마음이기도 했다. 유엔 총회 참석은 덩샤오핑의 위상을 강화하는 절호의 기회였다. 마오가 문혁 세력을 분명하게 누르고 덩샤오핑을 선택한 것이다. 그 과정을 좀 더 들여다보자.

당시, 덩은 마오의 전폭적인 후원을 받고 있었다. 암으로 투병 중임에도 불구하고 저우언라이 총리는 덩의 출국행사를 직접 지휘했다. 비행기 트랩에는 외국 원수급에 준하는 레드 카펫을 깔아 의전상 최고의 예우를 갖추었다. 4월 6일 오전 7시, 총리 저우언라이는 베이징 서우두首都 공항에서 수천 명의 군중들과 함께 덩샤오핑을 환송했다. 유엔 특별연설에서 덩은 마오가 주창한 '제3세계론'을 중심으로 중국의 대외 전략의 변화를 알렸다. 아래는 그 요지다.

제1세계는 미국과 소련이다. 미국과 소련은 원자탄이 많고 비교적 부유한 나라다. 제2세계는 유럽, 일본, 호주, 캐나다 등이다. 원자탄은 그리 많지 않고 그렇게 부유하지 않다. 그러나 제3세계보다는 부유하다. 제3세계에 속하는 우리는 인구가 대단히 많다. 일본을 제외한 아시아와 아프리카, 라틴 아메리카는 제3세계다. 중국은 제3세계에 속한다. 중국은 정치, 경제, 각 방면에서 부국과 대국이 아니라 일단의 비교적 가난한 국가와 함께할 것이다.

유엔연설이라는 세계무대에서 덩샤오핑은 '저우언라이의 가장 좋은 대리인', '줄곧 가장 중대한 사업을 추진해온 고위 지도자'라는 평을 받왔다. 서방 언론에 강렬하고 좋은 인상을 남긴 것이다.

연설의 핵심은 중국의 변화된 미국관을 분명하게 알리고 미국과 협력을 제안한 데 있었다. 그 논리적 배경은 인류가 다음 전쟁을 피할 수 있다는 '제3차 세계대전 가피론可避論'이었다. 세계가 3개의 세계로 나뉘어져 있지만, 협력한다면 제3차 세계대전은 피할 수 있다는 것이다. 종래 중국이 제국주의의 탐욕과 해외시장 경쟁을 들어 주장해온 '3차 대전 불가피론'을 '가피론'으로 전환한 선언이었다. 핵심은 미국과의 협력이었다. 이 주장은 그 후 상하이 국제문제연구소에서 이와 관련된 논문을 통하여 보다 자세히 발표되었다. 그 요지는 다음과 같다.

제2차 세계대전 이후 세계는 국가 간 직접투자 협력이 활발해지면서 이전과 전혀 다른 세계 정치경제 질서가 형성되고 있다. 이러한 직접투자 교류는 선진국 간에 더욱 왕성하다. 만약 국가 간에 이해관계가 충돌하여 전쟁이 벌어지면, 상대국에 투자한 자기네 기업도 손실을 입게 된다. 이런 충돌은 가능성이 낮을 수밖에 없다. 서로 협력한다면 전쟁을 피하고 함께 발전하는 것도 가능해지는 방향으로 변하는 것이다. 국가 간 직접투자의 발전은 제3차 세계대전을 피하는 데 중요한 요인이다.[4]

여기서 유의할 것은, 이 무렵 중국은 이미 직접투자 활용에 주목하고 있었다는 사실이다. 개혁개방 선언이 있기 약 4년 6개월 전이었다. 개혁개방이 이미 내부적으로 준비되고 있었던 것이다. 이런 방식으로 덩은 미국과 서방에 경제협력을 희망하는 마오쩌둥의 신호를 전했다. 그러나 미국과 국교를 정상화하는 데는 이로부터 다시 5년이 걸렸다. 결국 마오는 미중 수교의 결실을 보지 못하고 서거했다. 그러나 마오는 이 유엔연설로 미국에 대하여 양국의 나아갈 길이 '협력'이라는 신호를 분명하게 보냈다.

덩은 기대에 어긋나지 않았다. 마오가 대만 문제(1국 2체제)를 극복하고 미중 화해를 이루어냈듯이, 덩은 마오가 서거하고 3년 후 대만 문제(무기수출 양해)를 뛰어넘어 미국과의 수교를 성공시켰다.

덩, 마오쩌둥 아래서 시장경제를 준비하다

마오는 언제나 덩이 가까이 있지 않으면 마음이 편하지가 않았다. 무슨 일에 직면할 때면 마오는 으레 혼잣말로 '덩샤오핑, 이 친구 어디 갔어?'를 연발하며 덩을 찾았다. 덩의 실용주의 성향을 경계하여 문혁 때 하방의 고초를 치르게 한 후에도, 다시 중용하여 권력의 길을 열어줄 정도였다. 오늘날 우리가 마오와 덩의 관계를 주목해야 하는 이유는 분명하다. 중국이 어떻게 계획경제체제에서 시장경제체제로 성공적으로 전환했는가를 이해하는 열쇠가 거기에 있기 때문이다.

이 두 거인은 1936년 옌안 시절부터 건국 후 1997년까지 60여 년 동안 대륙을 통치하며 현대 중국의 기틀을 세운 '새로운 황제들'이다.[5] 덩샤오핑은 마오의 신임을 바탕으로 국가적으로 중대한 과제들을 거의 도맡아 처리했다. 그중에는 대륙 장악을 결정지은 '양쯔강 도하작전'(1949), '티베트 진입'(1951)과 달라이 라마의 베이징 방문, 미국 핵 공격에 대비하여 내륙 깊숙이 은밀하게 건설한 '3선 전략'(1964~1980),[6] 중국 개방을 전 세계에 알린 '유엔 특별 연설'(1974) 등이 포함된다.

마오가 서거한 후, 덩이 수행한 두 개의 과제, 미중 수교와 체제개혁은 모두 마오와 밀접한 관계가 있다. 미중 수교는 마오가 이룬 미중 화해를 토대로 한 과제였고, 체제개혁은 마오가 벌인 문화혁명을 청산하고 시장경제로 전환하는 과제였다. 마오가 남긴 두 개 유산 중에서 하나(미중 화해)는 디딤돌이었고, 다른 하나(문화혁명)는 걷어내야 할 장애물이었다.

덩과 마오는 모두 양쯔강 지역 출신이다(나관중의《삼국지연의》의 주 무대도 양쯔강이었다). 여름에 비가 많고 습한 지역이다. 이런 지역에서 나오는 고추는 영락없이 지독하게 맵다. 두 사람 모두 맵고 마른 고추를 좋아했다. 건강을 위해 수영을 즐긴 점도 같고, 지독한 골초였다는 점도 똑같다(담배 독을 해독하는 데는 매운 고추가 특효라는 설도 있다). '때'를 중시했다는 점에서도 덩과 마오는 닮았다.[7]

그다지 알려지지 않았지만, 사실 개방경제에 대한 덩의 생각은 마오쩌둥의 측근으로 활동하던 시절부터 시작되었다. 이 점에 대해서 하버드대학의 에즈라 보걸Ezra Vogel 교수도 그의 저서《덩샤오핑 평전Deng Xiaoping and the Transformation of China》에서, "덩샤오핑이 마오쩌둥 아래서 미래를 계획했다"고 밝히고 있다.[8]

혁명 초기부터 덩은 마오의 심복 부하였다. 마오가 이상에 치우친 체제를 모색한 반면, 덩은 철저히 현실에 토대를 두고 체제를 접근했다. 중국혁명에 앞장서서 전설 같은 승리를 거둔 마오는, 새로운 중국 체제를 모색하는 데 몰두했다. 문제는 마오가 추구한 체제가 과도한 이상주의에 빠진 것이라는 데 있었다. 현실에서도 마오는 사실상 과거 황제들을 능가하는 권위를 누리며, 중국의 여건과 동떨어진 과도한 철학적 이상주의에 빠져들었다. 그것은 돌이킬 수 없는 화근이 되었다.

일찍부터 덩은 개방경제를 주장했다. 덩의 이런 주장을 마오가 받아들일 리는 없었지만, 덩 또한 그의 주장을 굽힌 적이 없다. 마오와 갈등 속에서 덩의 생각은 다듬어지고 있었던 것이다. 덩은 언제나 마오를 묵묵히 뒤따르며 굵직굵직한 실무를 매번 빈틈없이 깔끔하게 처리했다. 현실 감각이 뛰어난 덩은 중국의 낙후한 경제 현실을 절박하게 생각했다. 그런 절박함은 현실에 기반을 둔 실용주의 신념으로 굳어져 시장경제를 싹틔우는 기반이 되었다.

　마오의 급진주의는 대약진운동으로 시작되었다. 대약진운동은, 건국 이후 순조로운 경제 재건으로 자신감을 얻은 마오쩌둥이 내세운 대대적인 공업화 정책이었다. 영국과 미국을 10년 내에 따라잡자는 비현실적인 목표도 내걸었다. 지나친 과욕이었고 비현실적이었다. 때마침 연속적인 자연재해가 겹치고, 소련 기술고문단도 철수했다. 재앙은 예고된 것이었다. 현실을 외면한 집단농장화, 어이없는 철강 생산 강행 등으로 수천만 명이 굶어죽는 참담한 재앙이 뒤따랐다. 지방 농촌 관료들의 허위 보고도 가세했다. 이 운동의 처참한 실패로 비난의 표적이 된 마오는 뒤로 물러설 수밖에 없었다. 덩은 류샤오치와 함께 당 총서기와 국가주석으로 경제개혁에 나섰다. 이때 덩샤오핑은 '중국의 자원을 수출하여 선진 외국의 자본과 기술을 도입하자'고 주장했다.

　급진적인 대약진으로 질주하면서, 마오는 유연성을 잃고 과격한 이상주의에 빠져들었다. 마오의 측근들은 '마오가 1958년까지만 살았더라면 중국의 진정한 영웅이 되었을 것'이라고 한숨을 쉬었다. 그리고 문화혁명의 재앙이 이어졌다. 마오 자신도 '내가 혁명으로 건국하자 좋아하는 사람들이 많았는데(好的多), 문화혁명을 하자 좋아하는 사람이 적었다(好的少)'면서 실책을 인정했다.[9] 문혁 시기, 마오는 그의 심복 덩을 하방시켰다.

　마오쩌둥은 류샤오치에 이어 덩샤오핑을 '제2호 주자파走資派(자본주의를 따르는 무리)'로 지목했다. 그리고 1969년 덩샤오핑을 장시성 난창(南昌)으로 보냈다. 트랙터 공장이었다. 문화혁명의 광풍이 최악의 고비를 넘길 무렵이었다.

다행히 덩이 하방했던 1969년은 안팎으로 세상이 달라질 확연한 변화의 물결이 감지되고 있었다. 안으로는 문화혁명의 광풍이 잦아들고 밖에서는 미국이 베트남전쟁을 끝내겠다는 '닉슨 독트린'이 발표(1969. 7)되며 훈풍이 불고 있었다.

덩이 시골로 하방당하자, 그 가족을 보살핀 사람은 저우언라이 총리였다. 저우는 언제나 덩에게 강력한 후원자였다. 마오는 총리 저우언라이에게 '우파로부터 50보밖에 떨어져 있지 않다'고 비난하기도 했지만(1958. 1), 저우는 문혁 기간에 희생당한 수많은 가족들을 섬세하게 보살폈다. 이러한 태도는 많은 사람들이 저우를 존경하지 않을 수 없게 하는 이유가 되었다. 말년의 저우는 건강이 악화일로였지만 수술을 거부하며 업무에 매진했다. 저우언라이가 서거한 후, 부인 덩잉차오(鄧穎超)는 주변 인물에게 당시 상황을 이렇게 말했다.

> 그때 저우언라이는 줄곧 덩샤오핑의 일에 마음을 놓지 못했어요. 그는 장칭이 자신이 입원해 있는 틈을 이용하여 덩에게 손을 쓸까 봐 걱정했지요. 때문에 부득불 업무현장에서 떠날 수 없었습니다.[10]

앞서 말했듯이 덩샤오핑의 시장경제 구상은 마오쩌둥과 치열한 갈등을 거치며 성장해나갔다. 덩의 구상은 선진국들과 교류를 통한 경제발전이었으며 중국의 토양에 바탕을 둔 것이었다. 이런 덩샤오핑에게 실제 기회가 온 것은, 마오가 추진한 대약진운동이 처참한 실패로 드러난 직후였다. 덩은 류샤오치와 함께 전면에 나서 경제 회복을 이끌었다. 1961년 대약진운동으로 파괴된 경제를 정비하기 위해 먼저 '공업 17조'를 만들었다.[11] 그것은 공업체계 전반에 새롭고 기본적인 틀을 세우기 위한 것이었다. 오늘날 미중 경제전쟁에서 미국 정부가 예민하게 문제 삼는 '중국제조 2025'를 연상케 하는 것이기도 하다. 1961년 덩은 '공업 17조'에 관한 자신의 견해를 이렇게 밝혔다(이 내용은 17년 후, 1978년에 착수한 개혁개방 정책에 그 뼈대가 거의 그대로 포함되어 있다).

공업을 발전시키기 전에 반드시 농업 증산이 필요하다. 이를 위해 인민공사에 농기계를 제공해야 한다. 중국 공업은 상품 수출 능력이 없다. 기술 도입을 늘리기 위해 우선 석유, 석탄, 수공예품을 수출하도록 해야 한다. 우선 채광설비를 도입하면 석유와 석탄 생산량을 늘릴 수 있다.[12]

그러나 덩의 이러한 노력은 마오가 일으킨 문화혁명 광풍으로 좌절되었고, 덩은 농촌으로 하방당했다. 덩이 새롭게 뜻을 펼칠 기회가 다시 찾아 온 것은 하방에서 복귀한 1975년이었다. 마오가 문혁파의 왕홍원을 제치고 덩샤오핑에게 당 대회를 주관하도록 지시한 것이다. 이 해는 덩이 하방에서 돌아와 부총리로 업무를 복귀한 지 2년째 되던 해로, 마오가 서거하기 1년 전이었다. 이 시기 마오는 문혁파보다 덩샤오핑을 더 신임했다. 죽음 앞에서 마오가 가장 걱정한 것은 문화혁명이 실패한 것으로 남게 되는 것이었다. 마오는 이 문제를 해결할 능력자가 덩샤오핑뿐이라는 것, 덩이 아니면 평가를 내릴 인물이 없다는 것을 너무나 잘 알고 있었다. 마오 입장에서는 덩을 설득하여 공개적으로 긍정적인 평가를 얻어내야 했다.

마오는 덩을 한편으로 설득하고, 다른 한편으로는 압박했다. 마오는 그가 평생 아껴온 심복인 덩샤오핑을 문혁파와 대립시키며 중용했다. 마오는 부인 장칭江靑이 끈질기게 요구한 덩샤오핑의 당적 박탈로부터 덩을 보호했다. 그런 마오가 늘 염려한 것은 덩의 '우경화 성향'이었다.

당 대회 주관을 계기로 기회를 잡은 덩은 가까운 인재 7인을 끌어모아 '정치연구실'을 만들어 직접 관리했다. 그들 7인은 모두 당내에서 인정받는 원로 지식인이자 창의적인 전략가들이었다. 그들은 마오의 신경을 건드리지 않도록 조심하면서도 과감하게 움직였다. 한편으로는 마오가 중시하는 당의 이론을 정비하고, 다른 한편으로는 저우언라이가 주창한 '4개 현대화' 경제정책을 과감하게 추진해나갔다. 그들은 개혁을 위한 체제와 내용을 준비했다.

덩은 우선 1961년에 만든 '공업 17조'를 기본 토대로 삼아, 1975년에 '공업 20조'로 발전시켰다. 15년 후에 부활한 '공업 20조'의 틀이 후에 시장경제의 기본적 토대가 되었음은 물론이다. 그것은 위기에 직면하여 나온 임기응변이 아니었다. '공업 20조' 수립 과정에서 특히 주목해야 할 것은 과학기술의 회복과 발전이었다. 과학기술을 다시 세우기위해 문화혁명 기간 중 망가져 버린 중국과학원을 집중적으로 지원하여 '4개 현대화'의 주요 임무를 할당했다. 그리고 기업 관리 및 생산 품질, 문화 예술 분야에 대해서도 새로운 바람을 일으켜나갔다.

이 혁신적인 작업을 수행하기 위해 덩은 마오가 맡긴 당 대회 준비를 최대한 활용했다. 무엇보다 조심스러운 것은 문혁파의 공격을 피하는 일이었다. 8월에 '공업 20조' 초고가 나오고, 9월에는 대형 국유기업 간부들의 의견을 취합했다. 10월에는 '공업 20조'와 함께 '10개년 경제규획'을 작성하여 마오의 동의를 얻어 전국 각 성에 배포했다.

　　　　　　　　　　　　　　　미중 패권전쟁은 없다

결국 문혁파가 움직였다. 장춘차오張春橋 등의 공격에 대하여, 덩샤오핑의 오랜 측근인 후차오무胡喬木가 마오의 어록을 이용하며 기민하게 방어했으나 공격은 집요했다. 죽음을 앞둔 마오는 문혁파와 덩샤오핑의 갈등을 적절히 이용하여 자신의 권력을 끝까지 이어가고 있었다. 마오는 덩을 문혁파의 공격으로부터 보호하는 한편, 덩으로부터 문화혁명에 대하여 긍정적인 평가를 얻어내는 데 주력했다. 마오의 임종이 임박했음을 감지한 덩은 마오의 최대 과오인 문혁에 대해 끝까지 입을 다물었다. 위험을 무릅쓰고 자신의 신념을 지킨 것이다. 이런 강인한 태도는 마오가 서거한 후, 덩 자신이 '개혁개방' 노선을 강력하게 밀고 나가는 데 결정적인 힘으로 작용했다. 그만큼 동조자가 많았다는 의미도 된다.

죽음을 앞두고 마오는 변덕이 심했다. 1975년 덩은 비교적 순조로웠다. 덩은 실질적인 총리 역할을 하면서, 외교정책에 관한 권한도 부여받았다. 덩은 그해 5월 프랑스를 국빈 방문했다. 마오가 밝힌 '3개 세계론'에서, 제1세계를 견제하는 데 필요한 제2세계(유럽 선진국)와의 연대를 위한 것이었다. 덩은 중국공산당 관리가 서구를 국빈 방문한 최초의 인물이 되었다.

그러나 11월이 되자 덩에 대한 마오의 생각이 바뀌었다. 덩은 오락가락하는 최고권력자 마오의 위엄에 시달리며 신임과 의심이 반복되는 고통을 감내해야 했다. 덩의 업무에 대해서는 '옳다'고 평가하면서도, 덩이 '문혁 이전 체제'로 돌아갈 위험이 있다고 의심했다. 이런 식으로 마오는 최후까지 권력에 대한 확고한 장악력을 보여주었다. 마오는 덩이 지나치게 많은 원로 간부를 업무에 복귀시켰다고 비난했다. 이른바 '우경번안풍(우파 인물들이 문혁 이전 옛 자리로 복귀하는 풍조)'이었다.

마오와 덩의 관계는 급속하게 악화되었고, 이때부터 덩은 2개월에 걸친 혹독한 자아비판을 거친 후 마침내 실각했다(1976. 1). 마오 서거 5개월 전이었다.

마오의 후임자로 문혁 수혜자이자 그의 동향 출신인 화궈펑華國鋒이 등장했다. 경력이 별로 없는 화궈펑이 총리서리가 된 것이다. 그가 처음 맡은 업무는 그동안 덩샤오핑이 추진했던 원로 간부의 복직, 이른바 우경번안풍을 비판하는 일이었다. 서거 직전에 마오는 덩이 추구하는 경제중심의 현실주의에 대항하여 그가 평생 관철하고자 했던 과격한 이념적 이상주의를 지키려고 했다. 그 후 심근경색으로 몇 차례 사경을 헤매던 마오쩌둥은 눈을 감았다. 1976년 9월 9일 0시 10분이었다. 각종 추도행사에서 배제된 덩샤오핑은 집 안에 마오쩌둥의 위패를 모시고 제를 올렸다.

한 달 후 문혁 4인방이 차례로 체포되었다. 10월 6일 저녁 8시 정치국 상임위원회가 열린다고 예고된 중난하이 화이런탕懷仁堂에서였다. 4인방에 대한 재판은 국민적 의식이 되었고, 마오쩌둥식 급진주의에 대한 책임은 4인방의 몫이었다. 덩샤오핑은 마오가 서거한 이듬해인 1977년 7월 업무로 돌아왔다. 복귀한 그의 직위는 당 부주석, 총참모장 및 국무원 부총리였다. 덩의 시대가 시작된 것이다.

이렇게 해서 덩샤오핑은, 30년에 걸쳐 자신의 소신을 지킨 끝에 시장경제를 중국 현실에 도입했다. 그 의미를 짚어보자.

우선, 중국 시장경제는 갑자기 출현한 것이 아니다. 오랜 준비가 축적된 것이다. 그리고 오랫동안 정치적 갈등과 곡절을 겪은 끝에 계획경제를 시장경제로 전환한 것이다. 이런 과정을 통해서 중국은 시장개혁에 실패한 러시아와 달리 비교적 큰 혼란 없이 평화적으로 시장경제

　　　　　　　　　　　　　　　미중 패권전쟁은 없다

토대를 마련할 수 있었다.

덩의 시장경제 노선은 갑작스런 임기응변이 아니라, 오랜 갈등과 시련을 거친 작품이다. 마오가 서거한 후, 실제 개방경제의 시행과정은 전광석화처럼 빠르고 과감하게 진행되었다. 악전고투하면서도 그동안 준비해온 것이 토대가 된 것이다. 중국 정부의 개혁개방 시기는 소련과 동구 사회주의권에 위기가 닥친 1980년대 말이 아니라, 이보다 10년 앞서 1978년에 시작되었다. 중국 체제 변화의 계기는 소련과 동구권의 혼란에 의한 영향이 아니라 마오의 서거가 전환점이 되었다. 당시 중국은 주변 국가인 한국, 대만, 싱가포르, 홍콩 등을 '네 마리 작은 용四小龍'에 비유하며 그 눈부신 경제발전을 주목하고 있던 때였다. 그 중에서도, 한국은 유일하게 비화교권 국가였다.

경제학자들이 사상 처음으로 공개적으로 '시장경제'라는 용어를 사용하기 시작한 것도 마오 서거 직후인 1976년 가을, 쓰촨성 충칭에서 열린 경제 세미나로 전해진다. 이 자리에서 많은 경제학자는 비록 조심스럽고 비공식적이었지만 시장경제에 대해서 열띤 토론을 벌였다.[13] 이런 움직임은 이미 그 당시에 지식인들 사이에서 개혁을 지향하는 열기가 얼마나 축적되고 있었는가를 보여준다. 다만 마오쩌둥의 서거가 계기가 되어 표면화되었던 것이다. 덩샤오핑은 그 맨 앞에 선 지도자였다. 이 무렵 시장경제는 아직 외부적으로는 물론 내부적으로도 제대로 알려지지 못한 상태였지만, 덩의 경제 정책에서 조용히 싹이 돋아나고 있었던 것이다. 결코 엉겁결에 갑자기 태어난 것이 아니다.

이를 다시 정리하면, 중국의 시장경제는 덩의 주도하에 최소한 15년(1961~1975)의 기초 작업과, 15년(1978~1992)의 상품경제라는 과도기를 거쳐 태어났다. 계획경제를 시장경제로 전환하여 성공하는 것은 결코 갑자기 이루어질 수 없다. 첫 15년은 마오와의 갈등을 이겨내야 했고, 다음 15년은 개방의 부작용과 천안문 사태 같은 험한 고비를 겪기도 했다. 이 과정에서 본 바와 같이, 중국시장경제는 하늘에서 굴러떨어진 것이 아니라 처절한 고통 끝에 세상에 나온 것이다. 이처럼 두 개의 험난한 단계를 거쳐, 덩은 시장경제 도입을 선언할 수 있었다.

덩이 마오를 뛰어넘은 과정을 보자. 장시에서 덩은 마오를 아주 존경하게 되었다. 그리고 마오의 장정에 따라나섰다(跟著走). 이어서 덩은 혁명전쟁과 계획경제의 기둥이 되었고, 그것을 기초로 하여 시장경제를 개척하였다.[14]

덩은 저우언라이와 함께 마오의 가장 가까운 심복이기도 했다. 그러나 국가 경영면에서 덩은 일찍부터 마오와 전혀 생각이 달랐다. 덩은 공업과 기술을 중시한 반면, 마오는 공업 발달이 가져올 부패와 빈부격차를 염려했다. 말하자면, 덩은 중국 지도부에서 가장 먼저 시장경제에 눈을 떴고, 마오는 공업 발달이 가져올 폐해를 우려했다. 이는 오늘날 중국이 안고 있는 경제발전과 빈부격차라는 두 개의 지상 과제를 그대로 반영하고 있는 것이기도 하다. 그리고 중국인들이 마오를 좋아하는 사람과 덩을 좋아하는 사람으로 나뉘는 배경이기도 하다.

덩샤오핑, 마오쩌둥을 평가하다

덩샤오핑은 그 자신이 마오쩌둥을 평가해야 하는 운명을 순순히 받아들였다. 그에게 스승이자 지도자였던 마오를, 덩은 누구보다도 잘 알고 있었다. 문제는 문화혁명의 과오였다. 마오에 대한 평가는 덩의 주도로 당 차원에서 진행되었다. 체제 변혁을 위해서 반드시 거쳐야 할 국가적 과제였다.

한마디로 마오를 딛고 가야했다. 마오쩌둥은 스스로 '공功은 7이고 과過는 3'이라고 말한 적이 있다. 덩샤오핑은 그것을 그대로 공식화했다. 덩은 '내게도 잘못이 있다. 공이 6이고 과는 4이다'라고 자신을 낮췄다.

구체적인 작업은 1980년 3월부터 1년여 동안 '역사결의'[15] 편찬이라는 방식으로 진행되었다. 핵심은 마오쩌둥과 문화혁명을 당의 입장에서 비판하고 새 지도부가 추진하는 개혁개방 정책의 정당성을 강조하는 데 있었다. 덩샤오핑은 이 작업을 심혈을 기울여 신중하게 지휘했다. 4,000명의 당 간부가 참여하여 초고를 작성하고, 덩 자신도 이 모임에 아홉 차례 참석해 자신의 의견을 개진했다. 마오는 서거했지만, 중국 인민들의 마음속에 남아 있는 마오 시대를 정리하는 것은 체제 개혁에 필수적인 대전제였다. 아래 인용들은 '역사결의'에서 덩샤오핑이 강조한 내용들이다.

마오쩌둥 사상은 마르크스-레닌주의를 중국에 적용하여 발전시킨 우리 당의 지도사상입니다. 우리 당은 마오쩌둥 사상 교육을 통해 혁명전쟁에서 승리를 했고 중화인민공화국을 세웠습니다. 이 부문을 잘못 기록한다면 결의안은 작성하지 않는 것만 못합니다.

마오쩌둥 동지의 공과에 대해 적절하게 평가하지 않으면 중견 노동자들이 받아들이지 않을 것이고, 빈농과 중하층 농민들이 받아들이지 않을 것입니다. 마오쩌둥 사상이란 깃발을 내던지는 것은 우리 당의 빛나는 역사를 부정하는 것입니다.

마오쩌둥 동지는 고립된 개인이 아닙니다. 마오 동지의 오류에 대해 도가 지나치게 써서는 안 됩니다. 도를 넘게 되면 마오 동지의 얼굴에 먹칠을 하게 될 뿐만 아니라 우리 당과 우리 중국의 체면에도 먹칠을 하게 됩니다.

덩은 가능한 한 마오를 높이 평가하려 노력했다. 이렇게 해서 그 후의 정치 지도자들은 선배 지도자들을 존경하는 전통을 수립해나가야 했다. 그러나 문화혁명에 대해서는 신랄하게 비판했다.

문화혁명은 확실히 커다란 착오였습니다. 우리는 지금 혼란을 수습하고 올바른 길로 들어서는 작업을 하고 있습니다. 이는 린뱌오와 4인방이 불러온 혼란을 평정하고, 마오 동지의 만년의 착오를 비판하여 마오쩌둥 사상이 정확한 궤도에 올라서도록 하는 작업입니다.

마오쩌둥 동지의 착오를 결코 모호하게 비평하면 안 됩니다. 실사구시적 차원에서 개개의 상황을 고려해 분석해야 하며, 문제를 개인 문제로 돌려서는 안 됩니다. 대체로 1957년 전반까지 마오 동지의 지도는 옳았으나 1957년 여름 반우파 투쟁[16]부터 오류가 점점 늘어났습니다.

이러한 마오에 대한 평가를 토대로 덩은 체제 변혁에 대한 여론의 지지를 얻는 데 성공했다. 마오에 대한 평가는 앞으로도 이어질 것이다. 지금도 시장경제를 내세운 경제발전 방식의 명암이 거론될 때마다 단골 메뉴로 등장하곤 한다. 그 큰 흐름은 마오의 평등주의적 입장에 대한 지지 세력과 비판 세력으로 갈라진다. 시장경제 과정에서 터져 나오는 빈부격차와 부패를 어떻게 극복해나가야 하는지가 관건이 될

미중 패권전쟁은 없다

것이다.

미국에 대만 무기판매를 허용하다

덩샤오핑이 미국 문제에 관심을 집중한 시기는 마오가 서거하기 전후 18개월 동안 칩거하고 있을 때였다. 복귀한 덩샤오핑은 전속력으로 개혁개방과 미중 수교를 동시에 밀어붙였다. 미중 수교와 체제개혁은 불가분의 관계에 있었다. 협상 과정에서 미국 정부는 대만에 무기를 팔겠다는 태도를 꺾지 않았다. 명분은 '평화를 위한다'는 것이었다. 양국 관계 개선의 마지막 관문이었다. 국무장관 사이러스 밴스Cyrus Vance는 중국 외교부장 황화黃華에게 이렇게 제안했다.

> 만약 미국인과 대만인의 문화와 상업 교류를 계속 유지하고 대만 문제를 평화롭게 해결할 수 있다면, 카터 대통령은 중국이 선포한 세 가지 원칙[17]의 틀 안에서 관계 정상화를 실현할 준비가 되어 있습니다.[18]

미국은 대만에 무기를 팔 수 있어야 한다고 생각했으나, 중국으로서는 받아들이기 어려웠다. 중국의 협상 대표는 외교부장 황화였다. 그는 미국과 협상하는 데 타의 추종을 불허하는 인물이었다. 그의 능력은 그의 경력에 잘 드러나 있다.[19] 1936년 마오쩌둥이 미국의 젊은 기자 에드거 스노를 만났을 때 통역을 맡았고, 1971년 중국이 유엔에 가입하자 초대 유엔 대사를 지냈다. 미국과의 수교 협상 과정에서는 미국 측에 덩샤오핑의 입장을 섬세하게 전달하는 데 뛰어났다.

미국 측 협상 책임자인 중국 주재 연락사무소장 레너드 우드콕Leonard

Woodcock도 적극적이었다. 노조 회장을 역임하며 화해 조정 전문가로 이름을 날린 그는 워싱턴의 두터운 인맥으로 의회와도 가까웠다. 우드콕은 베이징과 워싱턴의 정치 지도자들 모두가 신임하는 인물이었다. 그를 둘러싼 보좌진에는 중국어와 중국 문제에 능통한 전문가들이 포진했다. 미국 정부는 베이징에서 우드콕이 보내오는 정보를 토대로 협상에 임했다.

1978년 7월부터 덩샤오핑은 적극적으로 협상에 나섰다. 그는 여러 미국 대표단을 만날 때마다 평화적인 방식으로 대만 문제를 해결할 것이며, 양국의 수교가 소련에 대처하는 데 양국 모두 크게 이익이 된다는 점을 강조했다.

남은 것은 미국이 대만에 무기를 수출하겠다는 문제였다. 미국은 방어용 무기라고 해명했으나, 중국은 '하나의 중국' 정신에 부합하지 않는다면서 대만에 대한 무기 수출을 완강하게 반대했다. 10월이 지나자 미국은 대만에 F-5E 전투기를 계속해서 판매할 것이며, 그보다 고성능 전투기는 팔지 않을 것이라고 발표했다.

양국은 국교 정상화 선언을 다음 해 1월 1일에 하기로 결정했다. 양국이 수교 성명서 초안을 교환하고, 12월 13일 덩샤오핑은 인민대회당에서 우드콕을 만나 대만 문제를 정리하면서 미국이 더 이상 대만에 무기를 팔지 않기를 원하며, 성명서에 반패권주의 조항을 넣어달라고 요청했다. 덩샤오핑의 미국 방문도 결정되었다. 카터는 백악관 내부에서 기밀 누설 조짐이 보이자 미중관계 정상화 성명서를 다음 해 1월 1일에서 12월 15일로 앞당기기로 했다. 잘못되면 의회가 발칵 뒤집힐 판이었다.

시간을 맞추느라 준비 팀은 정신없이 뛰고 또 뛰었다. 베이징의 미

연락사무소도 정신없기는 마찬가지였다. 당시 직원 33명 중(현재 주중 미국대사관 직원은 1,000명이 넘는다) 협상 준비 팀은 불과 몇 명이었다. 덩샤오핑과 우드콕은 12월 14일 오후 4시, 그리고 저녁 9시에 다시 만났다. 그들은 공동 성명서의 어휘 수정, 정상화 일정표와 덩샤오핑의 방미 계획 등을 살폈다. 우드콕은 워싱턴에 이렇게 보고했다.

> 덩샤오핑은 회담 결과에 고무되어 이를 가장 중요한 사건이라고 말했다. 그리고 대통령과 밴스 국무장관, 즈비그뉴 브레진스키Zbigniew Brzezinski 박사에게 감사의 말을 전해달라고 말했다. 회담은 대단히 잘 진행되고 있다.[20]

바로 이 시기에 대만에 대한 무기 수출 문제가 다시 불거졌다. 브레진스키와 워싱턴 주재 중국연락사무소장 차이쩌민柴澤民은 이 문제에 대한 양측의 이견이 그대로 남아 있음을 확인했다. 덩샤오핑이 흔들릴 수 없는 '원칙'이라고 못 박은 사안에 대해, 의회를 의식한 백악관은 향후 대만에 무기 판매를 재개하기로 결론을 내린 상태였다.

이처럼 가장 핵심적인 문제가 막판에 다시 불거져 나오게 된 배경은 미국 측에 있었다. 백악관이 의회의 압력을 받았을 가능성이 가장 컸다. 중대한 국제 협상에서 단순 실수로 벌어진 일이라고 하기에는 너무 허술했다. 어쨌든 백악관은 시치미를 떼고 오해를 막기 위해서라며 대만 문제를 다시 제기했다. 덩샤오핑은 우드콕의 긴급 요청으로 베이징 시간 12월 15일 오후 4시에 만났다. 우드콕은 감사를 표한 후 조심스레 백악관에서 보내온 성명을 읽고 설명했다. 미국 측은 정치적 필요에 따라 앞으로도 계속 대만에 무기를 팔 것이라는 내용이었다.[21]

덩샤오핑: 도대체 왜 또다시 무기 판매 문제를 거론하는 것이오? 대통령이 기자들의 질문에 답할 때 미국은 1979년 1월 1일 이후에도 계속 대만에 무기를 판매하겠다고 말할 수 있다는 것이 아니오?

우드콕: 그렇습니다.

덩샤오핑: 그렇다면 우리는 동의할 수 없소. 대만 문제를 평화적으로 해결할 수 없다면 최종적으로 무력을 사용할 것이오.

덩샤오핑은 불같이 화를 냈다. 협상 결렬이 우려되는 순간이었다. 한 시간쯤 지나 덩샤오핑이 분노를 누그러뜨리고 우드콕에게 '우리가 어떻게 하면 좋겠소?'라고 물었다. 우드콕은 성의를 다해 설명했다.

관계 정상화 이후 시간이 흘러가면 미국인들도 대만이 중국의 일부이며, 중국의 통일이 몇 년 내에 이루어질 것이라는 사실을 받아들일 것이며, 가장 중요한 과제는 관계 정상화를 완수하는 것입니다.

숙고를 거듭하던 덩샤오핑의 입에서 '하오好!'라는 말이 떨어졌다. 막바지 고비를 넘긴 것이다.

그러면 예정된 날짜에 수교 문건을 공개합시다.

덩샤오핑은 미 대통령 카터에게 선선히 양해했다. 화해 이후 7년간 가장 큰 쟁점으로 남아 있던 대만 무기 수출 문제는 이렇게 매듭지었다. '매듭을 푸는 사람이 아시아를 지배한다'는 신탁이 붙어 있던 고르디아스의 매듭을 단칼에 베어버린 알렉산더처럼 덩샤오핑은 결단을

미중 패권전쟁은 없다

내렸다. 미중 수교 28주년을 맞은 2007년, 지미 카터는 베이징의 한 강연회에서 협상 과정의 뒷얘기를 이렇게 공개했다.

미국과 중국의 국교 정상화는 대만에 대한 미국의 무기 판매를 묵인한 덩 샤오핑 당시 부총리의 결단 때문에 가능했다. (…) 공식 문서는 이미 공개 됐지만 알려지지 않은 얘기가 있다. 우리가 대만과 관계를 유지한다고 한 다면 과연 중국 지도자들이 국교 정상화를 받아들일지 알 수 없는 상황이 었다. 그것은 대단히 어려운 문제였다. 하지만 덩 부총리가 대만 문제를 평화적으로 풀겠다는 미국의 주장에 공개적으로 반박하지 않을 것이며, (미국과 대만 간의) 조약 만료 이후에도 (미국이) 대만에 무기를 파는 것을 이해 하기로 함으로써 협상은 순조롭게 진행됐다.[22]

카터는 1978년 12월 14일자 일기를 청중들에게 읽어주었다.

그들(중국)은 공개적으론 반대하겠지만, 암묵적으로는 무기판매를 용인 했다.[23]

당시 덩샤오핑은 우드콕에게 '만약 카터가 대만에 대한 무기판매를 공개적으로 선언한다면 중국은 이에 대응하지 않을 수 없으며, 공개적 인 논쟁은 관계 정상화의 중요성을 훼손시킬 것'이라고 경고했다. 왜 이러면서까지 덩샤오핑은 무기 판매에 동의했을까?

덩샤오핑은 중국이 미국의 무기 판매를 막을 만한 역량이 없다는 사 실을 잘 알고 있었다. 미국은 세계 최고의 무기 수출국이며, 군수산업 의 비중과 영향력이 경제의 모든 분야를 압도하는 나라다. 이런 미국에 자존심을 접고 대만 무기 수출을 양보한 것은 덩샤오핑이 미국 군수산업의 계산을 간파한 현실적인 정치인임을 잘 보여주는 것이었다. 그러나 그것은 미국을 벤치마킹하는 데 불가피하면서도 결코 만만치 않은 비용이었다. 중국으로서는 기회가 있을 때마다 미국이 대만에 무기 판매를 줄이도록 설득하는 것이 고작이었다.

미국의 아시아 전략과 무기산업은 불가분의 관계에 있다. 하버드대학 교수 폴 케네디Paul Kennedy의 지적처럼, 미국의 군수산업은 비중이 지나치게 커져, 미국의 건강한 발전에 가장 다루기 힘든 아킬레스건으로 작용하고 있다. 미국으로서는 중국시장도 놓칠 수 없고, 대만 무기 시장도 지나치기 힘들다. 미국은 세계무기 시장에서 압도적인 1위 국가다. 학생들이 교실에서 죽어나가고, 시민들의 시위가 이어져도 자국민에게까지 무기 판매를 멈추지 못하는 나라가 미국이다.

백악관의 기밀이 누설될 것을 우려하여 앞당겨진 양국 관계 정상화 공동 성명서 발표는 베이징과 워싱턴에서 동시에 발표되었다. 워싱턴 시간 12월 15일 오후 9시, 베이징 시간 12월 16일 오전 10시였다. 미중관계 정상화 발표가 있고 난 이틀 후, 중국공산당은 제11기 3중 전회를 소집했다(1978. 12). 이 자리에서 덩샤오핑은 당의 진로 변경을 선언했다. '계급투쟁'을 '경제발전'으로 바꾼 것이다. 그리고 2주일 후인 이듬해 1월 1일, 미중 양국은 정식으로 국교 정상화를 선언했다. 세계의 초점이 중국의 덩샤오핑과 미 대통령 지미 카터의 미소, 그리고 중국공산당의 변화에 모아졌다. 이렇게 덩샤오핑은 미중 수교와 당 노선 변경을 동시에 해치웠다. 시장경제로 가는 '개혁개방'이 시작된 것이다.

미중 패권전쟁은 없다

6·4 천안문 사건에서 시장경제로

중국의 개혁개방이 한국이나 일본보다 훨씬 파격적이라는 말은 금융 분야를 제외한다면 거의 정확하다. 중국이 이처럼 동아시아 3국 중에서도 가장 화끈하게 개혁개방과 시장경제로 나서게 된 결정적인 계기는 무엇일까? 아이러니하게도, 그 현실적 계기는 다름 아닌 '6·4 천안문 사건'과 소련 체제의 붕괴라는 일대 위기를 극복하는 과정에서 나왔다.

6·4 천안문 사건은 개혁개방 10년 만에 터졌다. 그리고 그로부터 다시 2년 6개월이 지나 중국은 시장경제 도입을 선언했다. 극적인 드라마를 방불케 하는 이 전체 과정의 중심에는 80대 노인 덩샤오핑이 있다. 그 전 과정은 한마디로 '전화위복'이었다.

1989년 봄, 베이징의 학생과 시민들은 천안문 광장으로 뛰쳐나왔다. 개혁개방 선언 이후 10년 동안 누적된 문제점이 터져 나온 것이다. 가장 직접적인 도화선은 일부 군 장성의 부정부패였다. 그들이 밀수에 손을 뻗은 것인데, 밀수 행태는 안하무인이었다. 백주 대낮에 TV, 냉장고, 오디오 등 주로 일제 가전제품들을 베이징 천안문 옆 왕푸징(우리의 서울 명동에 해당) 상가로 산더미처럼 실어 날랐으며, 주행거리 30~40만 킬로미터가 넘은 폐차 시기가 지난 일제 중고 자동차를 밀수입해 주요 호텔을 상대로 택시 영업에 나서기도 했다. 1988년 겨울, 필자는 중국을 방문했을 때 왕푸징 상가의 밀수 현장과 밀수로 들여온 중고 택시들의 호텔 앞 영업 현장을 직접 볼 수 있었다.

또 하나는 치솟는 물가였다. 가난 속에서도 물가 안정이 가장 큰 자랑거리였던 중국사회에 1980년대 중반부터 연 20퍼센트가 넘는 물가 폭등이 몰아닥쳤다. 이전에 경험하지 못한 것이었다. 도시 중산층 시민들은 더 이상 정부 정책을 믿기 힘들게 되었다. 여기에, 대학 출신 지식인들은 건국 이래 계속해서 일용직 노동자들과 엇비슷할 정도로 푸대접을 받아왔다. 지식인의 푸대접과 부정부패 그리고 물가 폭등이 복합되어 있었던 것이다.

먼저 대학생들이 들고 일어났고, 다음은 시민들이었다. 이런 저항은 중국공산당이 처음 경험하는 것이었다. 천안문에서 마주친 학생들과 군인들의 충돌은 혈기 넘치는 젊은이들의 피범벅으로 끝났다. 사건은 심각했다. 인민해방을 외치던 중국 인민해방군이 인민을 향해 총을 겨눈 것이다. 중국 내부는 침통했고, 외부 시선은 매섭고 따가웠다.

곧바로 미국을 비롯한 서방 세력의 경제재제가 뒤따랐다. 미국 정부는 중국 정부와 오가던 일체의 교류를 끊고 불안정한 중국 정국을 주시하며 관망 자세로 들어갔다. 긴박감은 유럽에서도 터져 나왔다. 6월 천안문 사건에 이어, 그해 11월에는 동독과 서독을 가르는 베를린 장벽이 무너지는 것을 신호로 동유럽 사회주의권 전체가 흔들리기 시작했다. 소련공산당도 뒤숭숭했다. 냉전체제가 사회주의의 자멸로 끝나가고 있었다. 이런 분위기가 중국의 미래에도 어떤 방향이든 영향을 미칠 것이었다. 그러나 중국공산당은 이 진땀 나는 고비를 극복했다. 위기를 시장경제 전환의 계기로 역이용한 것이다. 이런 극적인 반전은 어떻게 가능했던 것일까?

덩샤오핑은 6월 4일 천안문에서 벌어진 사건을 주시했다. 시위 군중 속에는 미국의 '자유의 여신'과 비슷한 모습을 한 '평화의 여신'이 등장했다. '여신'이 미국에만 있으란 법은 없다. 성난 비판 세력의 분노와 새로운 시대를 향한 열망을 이 '여신'이 대변했다. 천안문 광장에서 보따리를 손에 든 한 젊은이는 나를 밟고 지나가라는 듯 줄지어가는 탱크들을 가로막았고, 모두가 개혁개방을 하려면 제대로 하라고 외쳤다. 마오쩌둥이 늘 버릇처럼 자주 하던 말이 떠올랐다.

인민이 등을 돌리면 중국공산당도 하루아침 이슬이다.

시위는 참혹하게 끝났다. 85세의 노인 덩샤오핑에게도, 중국공산당에게도 위기였다. 문화혁명 같은 혼란을 되풀이할 수도 있는 갈림길이었다. 그러나 덩은 침착하고 기민하게 사태를 진정시켜나갔다. 천안문 사태 5일 후, 덩은 베이징 계엄부대 장성급 간부들을 격려하고, 이번 충돌이 불가피한 것이었다고 말했다. 이어서 6월 16일에는 덩 자신이 공직에서 물러나겠다면서 후임자들에게 당부했다.

폭란을 평정하라. 사회주의 기본 원칙은 바꿀 수 없다.[24]

3주가 지난 후, 중앙위원회 13기 4중 전회를 개최하고(6월 23~24일) 새로운 당 총서기로 장쩌민을 임명했다. 장쩌민은 덩샤오핑이 개척한 길을 계속 전진할 것이라고 맹세했다.[25] 천안문 시위에 동정적이었던 자오쯔양趙紫陽은 모든 직무에서 파직당했다. 그런 와중에 당내에서는 안정을 원하는 분위기가 압도했다. 시시비비를 떠나서 이 사건이 계기가 되어 당이 분열하는 사태가 촉발되어서는 안 된다는 쪽으로 분위기가 잡혀나갔다.

그로부터 4년 후, 필자는 중국공산당 고위 관료로부터 당시 내부 수습이 비교적 신속하게 이루어진 배경 설명을 들을 수 있었다. 그들은 무엇보다 당의 분열을 우려했다. 책임론을 둘러싸고 당이 분열한다면 그것은 '제2의 문혁' 사태를 초래할 뿐이라는 데 의견을 같이했다. 엄중한 현실 앞에서 당 내부가 빠르게 정리되어 나갔다. 그들이 '대재앙'으로 규정한 문혁 같은 분열과 혼란의 재발을 막아야 했다. 당은 신속하게 단합된 모습으로 정리되기 시작했다. 혼란의 극을 달렸던 문화혁명의 '재앙'이 이번에는 '거울'이 된 것이다.

공식적으로 공직을 물러났지만 덩은 여전히 최고 실권자였다. 우선, 천안문에서 터져 나온 인민들의 분노를 수습하고 열망을 수렴해야 했다. 덩은 당 중진들과 협의한 끝에 당면과제를 두 개의 전략으로 정리했다.

하나는, 사회주의를 통해 중국공산당 체제를 견고하게 지킨다는 것이며, 또 하나는 개혁개방을 가속화하는 것이었다. 아직까지 시장경제는 꺼내놓고 논의되지 않았다. 그러나 이 과정에서 시장경제를 공식화하는 움직임이 싹텄을 가능성이 상당히 높다. 그 이듬해인 1990년, 덩샤오핑은 공식석상에서 '시장경제'라는 용어를 처음으로 사용했다. 상하이를 방문하여 당시 상하이 시장 주룽지朱鎔基의 보고를 받는 자리였다. 덩샤오핑이 시장경제를 정부 정책으로 대대적으로 공식화한 것은 소련이 붕괴된 직후였다.

이와 동시에 덩샤오핑은 천안문 사건으로 미국 등 서방 열강이 묶어놓은 경제제재를 뚫어야 했다. 덩은 무슨 일이 있더라도 미국과의 협력을 다시 끌어내야 한다고 생각했다. 당이 안정되자 덩은 곧바로 미국 정부와 접촉에 들어갔다. 그리고 미국의 우방인 한국과 이스라엘의 문을 두드렸다. 수교가 목표였다. 시장경제를 추진하는 데 특히 한국은 매우 긴요한 나라였다. 그동안 이스라엘과 한국을 '저우언라이 4원

칙'[26])으로 엮어 '절대 접촉 불가'를 견지해온 중국공산당의 정책에 일
대 변화가 일어난 것이다.[27]

이스라엘과는 2차 세계대전을 계기로 특수한 우호 관계를 유지해오
던 차에 수교로 방향을 잡았고,[28] 한국과는 수교를 전제로 무역대표부
교환에 합의했다(1990. 10). 이런 흐름을 타고 1991년 4월 초, 필자는 베
이징에 위치한 사회과학원 경제연구소에 방문학자 신분(산업연구원 파견
현지 주재원)으로 주재하게 되었다. 이와 동시에 한국대표부를 찾는 수많
은 한국 기업인들에게 자문 역할을 수행하고,[29] 대표부에서 중국시장
의 변화를 전하는 월간지《한중경제》의 발간을 도왔다. 당시 중국 변화
의 핵심은 시장경제의 도입이었다.

중난하이, 소련 붕괴에 환호하다

중국 정부가 가까스로 천안문 사태를 정리해나가는 중에도 중국의 사
회 분위기는 좀처럼 활기를 찾기 어려웠다. 소련과 동구사회주의권도
점점 심각해지고 있었다. 사회주의권 내부에 전반적으로 위기감이 고
조되는 가운데, 그 영향이 속속 중국으로 밀려오고 있었다. 베이징에
주재하는 많은 서방 대사관은 중국 관리들과 접촉을 꺼리며, 상황을
지켜보는 분위기였다. 그러던 중 보리스 옐친과 미하일 고르바초프 사
이에서 아슬아슬하게 줄타기하던 소련체제가 마침내 붕괴되었다(1991.
12). 그러자 세계의 눈은 다시 중국으로 쏠렸다.

중국공산당은 언제 끝날 것인가? 당시 우리 한국 언론도 서방 언론
과 함께 소련의 붕괴가 중국공산당의 붕괴로 이어질 것이라 보는 분위
기가 확산되고 있었다. 일부 서방 정부와 언론들은 중국공산당의 운명

을 카운트다운하기 시작하기도 했다.

　필자는 베이징 베이산환루北三環路에 있는 아파트에서 가족과 함께
TV를 지켜보며 이런저런 상념에 잠기곤 했다. 그 무렵 사회과학원 경
제연구소와 우리 무역대표부 사이를 오가며 중국 관료와 학자들을 부
지런히 만나고 있었다. 천안문 사건이 발생한 후 2년 반이 지난 시점
이었다. 베이징의 많은 대사관들도 긴장감이 감돌았다. 한국을 포함한
서방 언론들은 다투어 중국공산당의 곤경에 대해 나름대로 자유로운
상상력을 동원하고 있었다.

　소련이 붕괴된 다음 날 아침, 한국의 주요 일간지들은 일면 톱 제목
으로 '덩샤오핑, 이제 우린 어떻게 하나?' 등 중국 체제의 불안을 제목
으로 달았다. 중국공산당의 미래를 어둡다고 단정한 것이다(이 시점은 한
중 수교 8개월 전이었다).

　그러나 이런 보도는 현지 분위기와는 전혀 다른 황당한 것이었다. 당
시 중국공산당 지도부의 실제 반응은 어떠했는가? 소련 국기가 모스크
바 크렘린 광장에서 내려진 1991년 12월 25일, 이 소식을 들은 베이징
자금성 옆 중난하이에 있는 중국 지도부와 고위 관료들은 손에 손을 잡
고 감격했다. 그들은 소련의 붕괴에 환호하며 기뻐했다(당시 중난하이 현장
에서 같이 환호한 한 고위 관리가 당시 상황을 필자에게 소상하게 말해준 것이다).

　대부분 서방의 예상과 중국의 실제 현장은 이처럼 정반대로 움직이
는 경우가 적지 않다. 당시 우리와 서방의 언론은 중국공산당 분위기
가 위기에 가득 차 참담하다는 보도를 쏟아냈으나 모두 가짜 뉴스였
다. 서방 언론과 유사하기는 베이징 주재 대사관들도 마찬가지였다.
베이징에 주재한다고 해서 알 수 있는 것은 아니었다. 등잔 밑이 더 어
둡다는 말이 맞아 떨어지는 상황이었다. 중국에 대해 멋대로 상상하는

것 이외에 현장을 기초로 한 정보도, 안목도 갖추지 못한 것이다.

왜 중국공산당은 소련체제 붕괴 소식에 그토록 환호했을까? 오랫동안 소련은 중국의 지독한 눈엣가시였다. 그들은 무엇보다 미국을 비롯한 서방과 직접 교류할 길이 확 터진 것을 자축했다. 4,000여 킬로미터에 달하는 중소 국경의 방위 부담도 크게 줄어들게 되었다. 그동안 중소관계로 인하여 냉전체제 아래 겪은 부담과 설움을 털어내는 전환점이기도 했다. '때時'를 좌우명으로 삼는 덩샤오핑이 절대 놓칠 수 없는 절묘한 때가 제 발로 찾아온 것이다.

소련이 붕괴된 다음 달인 1992년 초, 덩샤오핑이 시장경제 도입을 선언하자 미국과 서방세계는 놀라움과 함께 크게 환영해 마지않았다. 특히 조지 H. 부시(아버지 부시)가 이끄는 미국 정부는 마침내 체제 경쟁에 종지부를 찍은 것으로 간주하며 크게 자축했다.

그러나 당시 미국과 서방의 눈으로 보면, 중국의 시장경제 도입은 내외에서 들이닥친 절대 위기를 피하기 위한 임기응변에 불과했다. 그 배경에 당시 천안문 사건과 동구권에 이은 소련의 붕괴라는 대사건들이 직접적인 영향을 미친 것이 분명했다.

하지만 당시 서방이 잘못 본 것은 소련 붕괴 소식에 중국공산당이 침통해했다고 본 것이다. 실제, 그들은 중국 중난하이 지도부에서 손에 손을 잡고 환호소리를 높였다. 1991년 12월 25일, 모스크바의 크렘린 붉은 광장에서 마침내 소련 국기가 내려오자 서방 언론들은 중국의 앞날이 위기에 직면했다는 대대적인 보도를 착수했다. 그러나 이런 보도는 중국 내부 사정과는 전혀 달랐다.

소련의 몰락은 중국의 숨통을 활짝 열어주는 계기가 되었다. 오랫동안 중소 양국은 껄끄럽기 짝이 없었다. 특히, 중국이 핵실험에 성공한

1964년 이후, 소련은 중국에 핵 위협을 가하기 시작하면서 분쟁을 확대시켜나갔다. 소련 붕괴로 중국은 국경분쟁에 따른 부담을 덜고, 미·중·소 3국의 복잡한 삼각 게임의 덫을 벗어나는 계기를 잡았다. 그것은 소련으로 인해 미국과의 길이 꼬인 중국으로서는 오랜 희망사항이었다.

1992년 초, 덩샤오핑은 전광석화처럼 시장경제를 선언하고 곧바로 홍콩에 인접한 경제특구로 달려갔다. 그리고 선전深圳에서 시장경제 도입을 전 세계에 알렸다. 선전은 덩 자신이 이미 15년 전에 설립해놓은 4개의 경제특구 중 하나로, 이 지역에서는 벌써부터 자본주의 도입을 구체적으로 추진해가고 있었다.[30] 덩샤오핑이 시장경제 도입을 선언한 1992년 초에는 이미 중국공산당 당교(우리 한국의 공무원연수원에 해당)의 경제 분야 교수들이 시장경제에 대한 이론적 토대를 정리하여 당 지도부에 건의안을 올린 상태였다. 덩샤오핑 자신도 1990년 상하이에서 '시장경제'라는 용어를 사용하며 주룽지 상하이 시장으로부터 경제 관련 보고를 받기도 했다. '시장경제'가 어느 날 갑자기 덩샤오핑이라는 지도자가 임기응변의 방편으로 선언한 것이 아니었다. 비록 공개적으로 진행된 것이 아니었지만 당 내부에서는 시장경제 도입을 놓고 이미 토론과 준비가 있었던 것이다. 미국과 서방의 생각처럼 결코 중국공산당의 즉흥적인 임기응변은 아니었다. 그 비밀 코드를 쥐고 있는 사람이 덩샤오핑이었다.

살길은 시장경제뿐

88세의 노인 덩샤오핑이 홍콩과 인접한 선전으로 달려간 시점은, 때마침 6·4 천안문 사건을 계기로 새롭게 체제변혁을 향한 결의를 다지고 있던 시점이었다. 1991년 12월 25일, 소련이 붕괴되자 덩샤오핑은 그로부터 불과 24일이 지난, 1992년 1월 18일부터 2월 22일까지 36일 동안, 우한, 선전, 주하이, 상하이 등을 순회하며 시장경제를 역설했다. 이른바 '남순강화南巡講話'였다. 노인 덩샤오핑은 외쳤다.

> 개혁에 반대하는 사람은 물러나게 할 것이오. (…) 중국이 살길은 시장경제에 있습니다.[31)]

선전시 국제무역센터 49층에서 덩은 창밖에 펼쳐진 홍콩의 전경을 내려다보았다. 그리고 중국 사회주의에 시장경제를 접목하여나갈 것을 선언했다. 지금도 선전의 중심가에는 당시 그가 외친 내용을 담은 슬로건과 함께 그의 대형 초상화가 내걸려 있다.

> 당의 기본노선을 백 년간 흔들림 없이 견지하자.

홍콩과 인접한 이름 없는 어촌 마을이었던 선전을 중국 최대의 경제 특구로 설계한 사람도 덩샤오핑 자신이었다. 그가 주장한 '중국특색의 사회주의 시장경제'는 그대로 법이 되었다. 그해 14차 당 대회를 통과하고(1992. 10), 이듬해 전국인민대표대회(1993. 3)에서 헌법에 올랐다. 일사천리였다.

중국의 오랜 애물단지였던 소련이 붕괴하자 미국으로 통하는 길이 뻥 뚫리게 되었으며, 그 길은 곧 세계로 통하는 관문이기도 했다. 덩샤오핑은 그의 마지막 모든 것을 미중 협력과 개혁개방에 걸었다.

미국도 이에 호응하여 중국의 시장경제 도입에 매우 반색하며 환영했다. 클린턴 정부는 즉각 중국에 대한 경제제재를 풀고, 인권문제를 최혜국대우와 연계하지 않겠다고 화답했다. 1982년, 홍콩반환을 약속해야 했던 영국 전 총리 대처도 '인민들이 시장에서 상품을 고르다 보면 언젠가는 지도자도 고르게 될 것'이라며 가시 돋친, 그러나 긍정적인 반응을 보였다.

시장경제가 선언되고 헌법에 명문화된 다음, 실제 분야별 개혁 조치는 1994년 1월 1일부터 착수되었다.[32] 그러자 새로운 변화가 일어났다. 그토록 갈망하던 외국자본이 밀려오기 시작한 것이다. 그동안 연간 100~200억 달러에 머물던 외국인 직접투자가 연 400억 달러를 넘어서기 시작했다.

그 후 이 흐름은 계속 이어져 2000년대에 들어와 중국이 세계무역기구WTO에 가입하자 해외로부터 직접투자 유치 규모가 연간 1,000억 달러대로 올라섰으며, 2010년 10월에는 외국인 직접투자 유치 총 누계가 1조 달러를 돌파했다. 시장경제 수용이라는 결단을 내린 덩샤오핑은 이렇게 미국을 활용하여 중국경제를 깨우는 초석을 놓았다.

덩, 한국과 수교를 준비하라

일본 방문(1978년 10월 19~29일)에서 덩샤오핑은 한국경제를 주목하는 계기를 만났다. 그가 신일본제철의 기미쓰君津 제철소를 찾아갔을 때였다. 덩은 신일본제철 회장 이나야마 요시히로稻山嘉寬에게 요청했다.

우리 중국에 한국의 포항제철 같은 제철소를 지어주시면 좋겠습니다.[33]

미중 패권전쟁은 없다

덩은 이미 한국의 경제발전에 대해 알고 있었다. 항일전쟁과 국공내 전 때 밤새워 올라온 정보를 샅샅이 훑어보는 지휘관으로 유명했던 덩 샤오핑은 한국경제와 포항제철에 대해서도 일찍부터 주의를 기울여 파악했다. 덩의 요청에 대해 이나야마 회장은 이렇게 대답했다.

가능하지 않습니다. 제철소는 돈으로 짓는 것이 아니라 사람이 짓습니다. 중국에는 박태준이 없지 않습니까? 박태준 같은 인물이 없으면 포항제철 같은 제철소는 지을 수 없습니다.[34]

잠시 생각에 잠겨 있던 덩샤오핑이 입을 열었다.

그렇다면 한국에서 박태준을 수입하면 되겠군요.[35]

이나야마는 "포철은 기적"이라고 덧붙였다. 1968년에 '종합제철소' 건설을 착수한 박태준 회장은 '포항제철'이 조업을 시작한 지 6개월 만에 흑자를 달성하는 쾌거를 이룩한 세계 철강 신화의 주인공으로 이름 나 있었다.

우리 중국에 박태준 같은 인물이 있습니까?[36]

귀국 후 덩샤오핑은 자오즈양과 후야오방胡耀邦 등 당 고위층이 참석한 자리에서 입을 열었다. 좌중은 조용했다.[37] 곧 개혁개방과 미중 수교 등 역사적 과제들을 발표할 예정이었다. 그러나 덩은 한 가지 물음이 머릿속에서 계속 맴돌았다. '한국은 어떤 나라인가?'

한국은 세계 1, 2위 경제대국인 미국과 일본을 벤치마킹하여 경제발전에 성공했다. 신일본제철의 회장 이나야마는 중국 최고 지도자의 첫 요청을 즉석에서 거절하는 거친 매너를 보였다. 한국 경제는 그런 거친 나라들을 상대로 발전한 것이다. 덩샤오핑이 한국과 수교가 필요하다는 인식을 하게 된 배경에는 한국의 경제발전이 있었고, 거기에는 박태준의 포항제철 성공도 자리 잡고 있었다.

덩샤오핑에게 박태준은 한국경제의 상징이었으며, 중국 정부는 이러한 덩의 뜻을 받들어 덩샤오핑 서거 6년 후인 2003년 3월, 박태준 회장을 중국 국무원 발전연구중심의 고문으로 위촉했다. 그 무렵 박태준 명예회장의 사무실에서 필자에게 전화가 걸려왔다. 그날부터 8년 동안, 나는 박태준 회장의 중국고문으로 그의 업무를 도왔다. 박 회장은 시간이 날 때마다, 한일 수교 과정에서 그가 했던 역할, 그리고 미국 포드 회장과의 접촉 등 그가 살아온 기억을 더듬으며 많은 얘기를 들려주었다. 박 회장은 중국 국가주석 후진타오가 중난하이에서 연례적으로 주최하는 '스프링 포럼(세계석학포럼)'에 참석했다.[38]

덩샤오핑이 한중 수교를 국가사업으로 착수한 것은 그로부터 11년이 지난 1989년, 서울올림픽이 끝난 다음 해 5월이었다. 그가 중시하는 '때'가 찾아온 것이다. 이 사업은 극비로 진행되었다. 절묘한 산업 보완 구조를 지닌 한국과의 경제협력은 엄청난 시너지를 예고하고 있었다. 이미 한중 양국은 직간접 무역을 통하여 상대가 필요하다는 인식이 높아지고 있었지만, 88서울올림픽이 한국과 중국을 잇는 발화점으로 작용한 것이다.

88서울올림픽이 끝난 그해 말, 필자는 처음으로 중국을 방문하여 대륙에 부는 한국 열풍을 직접 확인하는 기회를 가졌다. 주로 기업인들로 구성된 10여 명과 함께 베이징, 상하이, 광저우, 선전, 시안, 항저우 등 여러 도시의 공업단지와 학교, 병원 등을 방문했으며, 우리 일행은 가는 곳마다 극진한 대접을 받았다. 당시 대부분 중국 도시들은 마치 불에 꺼멓게 탄 폐허를 연상케 하는 낙후하기 짝이 없는 상태였다. 이제 막 끝난 88서울올림픽 개막식 광경을 대형 TV로 온종일 틀어놓은 백화점이나 전시장이 많았다. 서울올림픽, 특히 그 개막식은 중국인들이 한국에 환호하는 기폭제가 되었다. 한류의 싹은 이때부터 트기 시작한 것으로 생각된다. 그들은 TV에 비치는 한국의 발전상을 보고 또 보며 놀라워했다. 상하이 번화가에서도, 그들은 우리들에게 한국인이냐고 묻고는 곧바로 '남조선 넘버 원!'이라며 엄지를 치켜들었다. 덩샤오핑의 한중 수교 계획은 이미 중국 대중의 마음속에서 싹트고 있었던 것이다.

한국과 수교 준비에 들어간 덩샤오핑은 한국어 통역을 양성하도록 지시하는 한편, 이해 5월에는 한중 수교를 준비할 극비 작업팀인 '남조선영도소조南朝鮮領導小組'를 설립했다. 수교까지는 3년 3개월을 앞둔 시점이었다(이는 중국이 한중 수교를 어떻게 준비했는지를 보여주는 것이다). 당시 중국은 6·4 천안문 사건이 일어나기 전으로 어수선한 분위기였으나, 서울올림픽 이후 한국 붐이 일어나고 있는 시점이기도 했다.

이 '극비 한중 수교 작업팀'은 덩이 가장 신임하는 고위 관료들의 자제들인 최고위 태자당으로 채워졌다. '수교 TF'의 책임자는 1980년대 중국 개방 외교를 총지휘했던 베테랑 톈지윈田紀雲 부총리 겸 정치국원이 맡았다. 그리고 그의 혁명 동지인 예젠잉의 아들 웨펑嶽楓, 제3대 국가주석을 지낸 리셴녠李先念의 사위 류야저우劉亞洲 같은 현역 군인도 포함되었다.

덩은 보안 유지에 극도로 신경을 썼다. 북한이 중국 내 친북 세력을 이용해 방해할 것을 우려한 것이다. 덩샤오핑이 예젠잉의 아들을 이 소조에 천거한 것은 예젠잉과의 각별했던 인연을 생각한 것이다. 마오쩌둥의 두터운 신임을 받았던 예젠잉은 문혁 4인방을 일망타진하여 덩샤오핑 재기를 결정적으로 도운 인물로, 이 준비 팀이 설립되기 3년 전 90세를 일기로 서거했다. 이처럼 덩샤오핑이 가까운 동지 예젠잉의 자제를 소조에 포함시킨 것은 당시 덩의 한국과의 수교에 대한 관심이 얼마나 컸는가를 보여준다.

88서울올림픽을 계기로 양국 무역은 궤도에 오르기 시작했다. 1991년 초, 베이징과 서울에 무역대표부 이름으로 양국 수교를 위한 외교부 중심의 준비 팀이 교환되었다. 이때 필자는 산업연구원 주재원 신분으로 베이징 무역대표부의 경제 관련 업무를 지원했다.

한국과 수교를 위해 3년 동안 준비해온 중국 정부는 외교부장 첸치천錢其琛의 이름으로 한국 정부에 수교 교섭을 정식으로 제안해왔다. 1992년 4월부터 8월 24일까지 진행된 이 비밀 교섭의 작업 명칭은 '동해사업東海事業'이었다. 중국은 북한을,[39] 한국은 대만을 의식한 조치였다. 작업명을 '동해사업'이라고 한 것도 한중 양국과 가까운 바다인 황해가 아닌 '동해'를 사용했다. '동해'는 포스코를 창업한 박태준 회장과 인연이 깊은 용어다. 포항제철을 건설할 당시, 그는 늘 '일이 잘못되면 우리는 우향우하여 동해로 몸을 던진다'는 정신으로 일해야 한다고 강조했고, 이 얘기는 박 회장이 중국과 접촉할 때 자연스럽게 중국 관료들에게 전해졌다.

중국 정부는 일찍부터 한국을 주목하고 있었고 차분하게 교섭에 임했다. 중국 측 협상 대표 장루이제張瑞傑 본부 대사는 당초 협상 타결에 최소한 반년 이상 걸릴 것으로 예상했다. 그러나 한국 정부는 당시 몇 달 남지 않은 노태우 대통령 임기 내에 수교를 하기 위해 시간에 쫓기는 분위기였다. 장 대표는 첫 회담이 끝난 뒤 '훨씬 빨리 수교가 가능하리라 예상한다'고 본국에 보고했다.

한중 수교가 이루어진 1992년은, 그해 연초에 중국이 시장경제 도입을 선언한 해였다. 양국의 공통점은 상대 시장을 향한 열망이었다. 이를 반영하여 당시 베이징에서 열린 일련의 한중 수교 기념행사에 우리 대기업 총수들이 총출동했다. 양국은 새로운 시대를 열어 나갔다.

한중 수교에 즈음하여, 김영삼 정부는 대만과 단교했다. 1997년 7월, 홍콩 반환에 즈음하여 필자가 우리 외교부 직원과 함께 대만을 방문하여 당국을 찾았을 때였다. 그들은 이미 5년이 지난 한중 수교 얘기를 꺼냈다. 한국 정부가 대만을 따돌린 데 대하여 5년이 지난 그때까지도 울분을 감추지 못했다. 그들은 사우디아라비아를 예로 들며, 중국과 수교하는 다른 수많은 나라들과 단교의 아픔을 겪었지만, 그 태도가 한국 정부 같지는 않았다고 누누이 강조했다. 한국 외교의 가슴 아픈 현장이었다.

미래는 새로운 인재들에게

덩샤오핑은 후계자를 사전에 직접 지명했다. 덩이 국가주석으로 지명한 두 인물은 장쩌민과 후진타오였다. 덩은 서거 직전, 임종을 지킨 장쩌민의 손을 잡고 상하이 발전과 함께 '홍콩 회귀'를 반드시 순조롭게 성공시켜야 한다고 유언을 남겼다. 홍콩이 중국 발전에서 차지하는 위치를 일깨운 것이다. 덩은 홍콩 회귀를 4개월 앞둔 1997년 2월, 93세를 일기로 세상을 떠났다. 덩의 유언대로 그의 몸은 화장되어 홍콩 앞 바다에 뿌려졌다.

덩샤오핑이 서거하자, 서방에서는 소련 붕괴를 떠올리며 중국의 앞날을 예의주시하기 시작했다. 마오쩌둥과 덩샤오핑, 두 절대 권력자들이 사라진 중국은 앞으로 어떻게 될까, 전 세계가 긴장하면서 주시했다. 중국의 정치 지도자들이 서거할 때마다 서방이 내세우는 '차이나 리스크'는 하늘로 치솟았다.

덩샤오핑은 자신의 사후 중국의 앞날을 위하여 인재육성에 혼신의 노력을 다했다. 유능한 인재를 만나면 신뢰를 아끼지 않았던 그가 남긴 인재는 장쩌민 국가 주석과 주룽지 총리였다. 이들 덩의 후계자들은 1997년 '홍콩 회귀'를 순조롭게 성공시켰으며, 뒤이어 들이닥친 미국 헤지펀드들의 외환위기 공격에도 당당하게 대응했다.

경제 사령탑인 총리 주룽지는 '금융은 안보다!'라고 외치며 동남아 외환위기에 맞섰다.[40] 홍콩 금융시장에 대한 공격에 실패한 미국의 조지 소로스George Soros는 중국을 '폐쇄적인 봉건국가'라고 비난하기도 했으나, 후에 자신은 '은퇴한 발레리나'라면서 중국 정부에 사과하기도 했다. 그러나 그 후에도 소로스는 홍콩 공격을 멈추지 않았다.

장쩌민과 주룽지는 50년 장기 계획을 세워 중국의 무대를 서부로 확장하는 '서부대개발'을 착수했으며(2000), 베이징올림픽을 유치했고(2001), 시장경제를 안착시켰다. 천안문 사태의 상처를 마무리하는 것도 그들의 몫이었다.

덩샤오핑은 과감하게 미국식 자본주의를 벤치마킹하며 체제개혁에 나선 인물이다. 마오와 덩이 통치한 기간을 합하면 60년이 넘는다. 마오가 제국주의 세력을 내쫓고 무너진 자존심을 일으켜 세웠다면, 덩은 낙후한 경제체제를 변혁시켜 자신감을 불어넣었다. 이들 두 거인은 중국의 현실이 안고 있는 심각한 불평등과 낙후성에 도전했다. 그 과정에서 마오가 씻을 수 없는 좌경화의 오류를 저질렀다면, 덩은 6·4 천안문 사건에 연루되는 오점을 남겼다. 그러나 덩샤오핑은 새로운 인재들로 시장경제를 정착시킨 인물로 남게 되었다.

시장경제,
100퍼센트 따라하지는 않겠다

중국은 시장경제를 어떻게 발전시켜나가고 있는가? 오늘날 미국의 중
국에 대한 불만은, 왜 국가 주도로 시장경제의 길을 가느냐는 데서부
터 시작한다. 미국식 자유 시장경제와는 다르다는 것이다. 그 저변에
글로벌 패권 경쟁이 자리 잡고 있음은 물론이다. 중국의 맹추격을 미
국은 거친 견제로 맞받아친다. 그러면서도 양국은 상호 경제협력을 강
조하는 일을 잊지 않는다.

  시장경제로 진입하는 초기부터 미국을 '롤모델' 삼아 전력으로 질주
해온 중국은 앞으로도 이 길을 향한 노력을 계속할 것이다. 미국 역시
빠르게 떠오르는 세계 최대 시장을 외면할 수 없다. 그동안 중국은 '미
국을 벤치마킹하되 100퍼센트 따라하지는 않겠다'는 입장을 지켜왔
다. 앞으로도 그럴 것이다.

펜디, 만리장성에서 패션쇼를 열다

석양 노을을 배경으로 만리장성에서 화려한 패션쇼를 한다면 어떤 모습일까? 중국을 상징하는 세계문화유산인 만리장성에서, 그런 거대한 쇼를 한다는 것은 엄두를 내기도 쉽지 않은 일이다. 그러나 거기에 중국공산당이 있었다. 그들은 중국이 꿈꾸는 시장경제로 얼마나 변신할 수 있는지를 널리 알리는 데 이 화려한 패션쇼를 택했다. 쇼의 주관사는 이탈리아 펜디Fendi가 선정되었다. 세계 명품 브랜드들 가운데 치열한 경쟁을 뚫고 올라왔다.

이탈리아 명품 브랜드와 만리장성은 옛 로마제국과 옛 중화제국을 연계시키는 구상이었다. 장소는 베이징 서북쪽 70킬로미터에 위치한 빠다링八达岭으로 잡았다. 이곳은 미중 화해를 계기로 닉슨 미 대통령이 방문하여 세계에 알려진, 만리장성 중 가장 먼저 관광지로 일반에 공개된, 우리 한국 관광객들도 즐겨 찾는 곳이다. 결코 상업적 목적이라고 볼 수 없는 이 화려한 빠다링 패션쇼를 잠시 들여다보자.

쇼가 열린 시기는 베이징 올림픽을 한해 앞둔 2007년 10월, 때마침 제17차 중국공산당 전국대표대회(이하, 전대)가 천안문 인민대회당에서 열리고 있었다. 화려한 패션쇼와 베이징 올림픽, 그리고 당 대회가 서로 이어져 있었다.

치밀한 사전 준비를 끝냈다. 장엄하고 화려한 패션쇼의 극치를 만들어내는 게 목표였다. 상업적 해프닝은 결코 아니었다.

쇼에는 시장경제의 비밀 코드인 숫자 '8'이 최대한 활용되었다. 베이징올림픽이 2008년 8월 8일 오후 8시 8분에 열린 것처럼 말이다. 80여 년의 역사를 자랑하는 펜디는 전 세계에서 VIP 800여 명을 초청했다. 동원된 모델은 모두 88명, 준비된 패션 의류도 88가지, 런웨이도 88미터였다. 그들이 숫자 '8'을 많이 사용한 것은 중국인들이 '8'이 부자가 되는 행운(즉, 돈)을 가져다주는 숫자라고 믿어온 데서 비롯되었다.[1] 중국공산당이 누구든 돈을 벌 수 있는 세상을 만들겠다는 것이 초점이었다. 그것은 시장경제의 가장 중요한 비전이었다. 낡은 이미지를 벗어던지고, 자본주의와 접목하여 새로운 길을 알리는 데 숫자 '8'은 매우 간단하고 효과적이었다.

이 패션쇼는 중국시장경제가 미국 자본주의를 방불케 할 강력한 잠재력을 지니고 있다는 것을 전 세계에 알리는 신호탄이었다. 사실 만리장성에서 호화스러운 패션쇼를 하는 것은 가난한 농민들을 대변해야 하는 중국공산당으로서는 따가운 시선을 의식하지 않을 수 없는 부담스러운 실험이었다. 펜디의 CEO 마이클 버크는 이렇게 말했다.

준비에만 1년 넘게 걸렸다. 처음으로 만리장성 위에서 열린 이 패션쇼는 아마도 최초이자 최후가 될 것이다. 개최 여부가 6주 전에 최종 결정될 만큼 우여곡절이 많았지만 중국 외교부의 협조로 기념비적인 행사를 열게 되었다.[2]

거대한 규모였다. 전 세계에서 초대된 800명의 VIP는 항공기 비즈니스석으로 우대하고, 이들을 위해 특급호텔 그랜드 하얏트 베이징 객실 중 절반을 통째로 예약했다. 이제 막 칸 영화제에서 〈밀양〉으로 여우주연상을 받은 한국의 전도연을 비롯하여, 중국의 장쯔이, 영국의 탠디 뉴튼, 미국의 케이트 보스위스 등 세계적인 스타들이 초대되었다.[3] 10월 19일 석양이 물든 저녁 7시에 열린 이 쇼는 쥐용관居庸關[4]에 어둠이 내리고 아름다운 조명이 빛나면서 시작되었다. 이 광경은 미국의 CNN이 전 세계로 생중계하였다. 모델들은 '로마산 명품 의상'을 걸친 모습으로 등장했다. 중국인 톱모델 두쥐안杜鵑을 비롯한 44명의 중국 모델과 44명의 서양 모델 등 모두 88명의 모델이 88가지 옷을 입고 88미터의 런웨이를 걸었다. 펜디의 수석 디자이너 칼 라거펠트Karl Lagerfeld는 중국 전통 의상에서 모티브를 딴 여성복과 밀라노 컬렉션에서 선보인 여성복을 소개했다. 모든 것이 동서양의 조화를 배려하면서 구성된 화려함의 극치였다. 베이징 산리툰三裏屯에서 저녁식사 전 열린 파티에서는, 각국에서 온 참석자들이 샴페인 잔을 부딪치고, 야외 스크린에서는 펜디 영화가 상영되었다. 펜디 깃발과 중국 전통 무용수의 긴 소맷자락이 조화를 이룬 공연도 있었다. 디너와 애프터 파티도 감탄을 자아냈다. 행사는 중국공산당이 자본주의에 대해 얼마나 열린 모습으로 변화할 것인지를 보여주는 데 초점을 맞추었다.

이와 동시에 열린 17차 전대는 역사적인 변화를 알리고 있었다. 당대회에는 사상 처음으로 민간 자본가 대표들이 대거 참여하였다. 2,217명의 당 대표 중에 자산가 30여 명과 국유기업 대표 40여 명이 포함되었다. 이들은 모두 5년 전 열린 16차 전대에서 자본가의 공산당 입당을 허용한 '3개 대표론'이 공식화되면서 공산당에 들어온 사람들이었다. 그들은 자본주의 중국을 알리는 또 다른 주연 배우들이었다. 요컨대 만리장성 패션쇼는 중국시장경제의 미래를 알리는 신호탄이었다.

시장경제, 성공의 발판은 무엇이었나

세계적으로 사회주의 체제가 시장경제 전환에 성공한 전례는 없었다.

덩샤오핑이 시장경제 착수를 선언하자, 서방은 환호와 함께 의심스러운 눈길로 바라보기 시작했다. 그러나 이런 서방의 부정적인 예상을 깨고, 중국은 시장경제의 길을 성공적으로 질주해왔다. 그런 성공에는 개혁개방으로 사실상 시장경제를 10여 년 동안 준비해온 것이 큰 자산이 되었다. 그러던 차에 소련의 붕괴 소식이 들려왔다. 그러자 88세의 덩샤오핑은 기다렸다는 듯이 번개처럼 움직였다. 덩은 곧바로 홍콩 인접지역으로 달려갔다. 그리고 시장경제를 선언했다.[5]

덩샤오핑의 이 정치적 선언을 뒷받침할 실무 전문가 그룹은 이미 대기 상태였다. 가장 앞장선 현장 지휘자는 덩샤오핑이 이미 발탁해놓은 부총리 주룽지였다. 주룽지를 천거한 인물은, 정부 최대의 경제 싱크탱크를 지휘하는 마훙馬洪이었다. 친한파인 그는 한국의 재벌구조를 중국 '기업집단' 설립에 벤치마킹한 인물이기도 하다. 여기에, 마훙과 주룽지의 스승인 쉐무차오薛暮橋가 나섰다. 중국경제의 최고 원로인 그는 덩샤오핑의 혁명동지이자 동갑내기다.

이들이 중국의 초기 시장경제의 기초를 닦는 데 앞장선 3인이다. 여기서 중국시장경제 드림팀인 이들 3인의 행적을 중심으로 중국시장경제의 초기 정착 과정을 들여다보자.

쉐무차오, 계획경제와 시장경제에 가교를 놓다

쉐무차오는 중국의 토착 경제전문가다. 혁명시기부터 중국공산당의 계획경제를 실무와 이론에서 총괄하여 지휘한 인물이다. 중국 위안화도 그의 손에서 나왔다. 우리가 그를 유의해야 하는 이유는, 계획경제를 이끈 그가 시장경제로의 가교를 잇는 과정에서도 가장 앞장선 인물이었다는 점이다. 시장경제로의 순조로운 이행에는 이처럼 계획경제를 주관했던 인물들이 대거 시장경제 이행에 동참했다는 사실을 주목할 필요가 있다. 이 점이 중국시장경제의 중요한 성공 요인을 이루었음은 물론이다. 여기서는 한중 수교 직후, 필자가 조순 전 부총리를 수행했던 경험을 중심으로, 금융 전문가로서 쉐무차오의 행적에 대해 소개하고자 한다.

• 토착적인 시장경제의 싹: 물가본위제 화폐제도

중국혁명 과정에서 경제와 물가의 안정은 인민의 신뢰를 얻는 데 가장 중요한 과제였다. 그들은 특유의 방식으로 물가 안정에 집중했다. 화폐정책을 총지휘한 쉐무차오는 중화인민공화국 건국을 10개월 앞둔 1948년 12월 1일, 위안화를 발행하여 화폐 통일작업에 착수했다.[6] 목표는 물가 안정과 위안화에 대한 인민의 신뢰 확보였다. 당시 중국은 화폐 춘추전국시대였다.

쉐무차오는 본래 상하이 인근 소학교 출신이다. 젊은 시절 철도노동자로 일하며 공산당 운동을 하다가 투옥되어, 감옥에서 독학으로 마르크스 경제학을 익혔다. 그는 1930~1940년대 중국공산당 점령 지역인 '해방구'의 경제를 지휘하면서, 동갑내기 덩샤오핑과 함께 마오쩌둥을 도와 건국 이후 계획경제를 설계하고 지휘한 경제전문가다. 1940년대 혁명시절, 공산당 통치지역인 해방구마다 다른 화폐가 유통되었고, 국민당 점령지역은 진원권眞元券과 함께 은화, 달러, 홍콩달러 등 외국 화폐도 거래되었다.[7] 이런 혼란 속에서 사람들은 통화보다는 물물교환을 선호했다.

이런 상황에서 위안화가 어떻게 국민의 신뢰를 얻을 수 있었는가? 화폐는 안정이 최우선이다. 안정을 목표로 1949년 3월, 중앙은행인 중국인민은행은 '실물단위 환산 저축상품'을 개설했다. 국민이 더 이상 다른 통화를 이용하지 않도록 하기 위한 조치였다. 사상 유례가 없는 특이한 제도였다. 이 저축 상품은 네 가지 실물 표준가격을 한 단위로 산출한 것으로,[8] 건국 후 두 달이 지난 12월에는 실물 단위 환산 국채를 전국적으로 발행했다. 이를 통해 정부는 거액의 자금을 회수해 국고를 충당할 수 있었다. 다음 해 3월, 물가가 안정세를 되찾게 되자, 이때를 이용하여 화폐 발행권을 중앙에 집중시키고 화폐 발행을 감소시켜나갔다. 이렇게 해서 위안화의 화폐가치는 점차 제자리를 찾아갔다. 결국 이 제도로 화폐가치를 안정시키는 데 성공한 것이다.

쉐무차오가 이처럼 위안화를 안정시킨 원리는 무엇이었는가? 그는 '화폐는 상품의 일반 등가물'이라는 마르크스의 자본론을 따랐다. '서양 오랑캐 스승'을 학습하여 중국에 맞는 방식으로 변용한 것이었다. 서양과는 달리, 위안화를 금이나 은에 연동시키지 않았다. 세계 경제에 유례가 없는 물가본위제였다. 외국 화폐와의 환율도 고려대상이 아니었으며, 국제 결제수단으로서의 기능도 없었다. 쉐무차오는 당시 유통되던 열강들의 화폐나 국민당 화폐에 비하여 초라하기 짝이 없는 위안화를 가꾸어 나가면서, 독특한 화폐 철학을 실제 현장에 적용해나갔다. 이 제도는 1953년까지 시행되었다.

그가 창안한 물가 본위라는 생소한 개념에 호기심이 생긴 한 미국 기자가 1945년 8월, 산둥성에서 팔로군 간부로 일하던 그를 찾아와 인터뷰를 가졌다.[9] 이 시기는 미국 정부가 중국공산당과 함께 항일전에 연합 작전을 수행하던 때였다.

미국 학자: 산둥 지역의 공산당 근거지 화폐는 금이나 은 또는 외화를 준

비금으로 하지 않고 있다. 이런 화폐가 어떻게 화폐 가치와 물가를 안정시킬 수 있었는가?

쉐무차오: 우리 화폐는 '물자 본위' 화폐다. 우리는 40퍼센트의 황금과 50퍼센트의 물자를 준비금으로 삼았다. 예를 들어, 화폐 1만 위안을 발행한다면 우리는 그중 5,000위안으로 식량, 목화, 무명, 땅콩 등 주요 물자를 구매하여 비축했다. 물가가 상승하거나 하락할 때 물자와 화폐의 수급을 조절한다. 우리가 준비금으로 삼은 이 생필품이야말로 먹을 수도 입을 수도 없는 금이나 은보다 훨씬 낫다.[10]

중국공산당이 현장에서 시행한 화폐 정책이 서구식 화폐 이론보다 훨씬 전위적이었던 것이다.[11] 위안화는 달러보다 매우 짧은 역사에도 불구하고 산전수전을 겪으며 마르크스 이론을 빌려 중국의 현실에 뿌리를 내린 화폐다. 건국 이후 중국은 미국의 봉쇄와 소련의 견제 속에서 30년 동안 계획경제를 지속했다. 그런 어려운 시기를 겪어낸 화폐인 것이다.

오늘날, 우리가 쉐무차오를 주목해야 하는 이유는, 그가 계획경제에서 시장경제로 이행하는 과정에서 핵심적 연결고리 역할을 한 경제전문가라는 것이다. 계획경제 체제를 주도했던 그가 상품경제를 제창하여 시장경제로 가는 징검다리를 놓은 것이다. 뿐만 아니라 시장경제를 착수할 때도 적극적으로 나섰다. 그는 덩샤오핑이 시장경제를 선언하기 직전인 1990년, 〈시장화 개혁을 견지하라堅持市場化改革〉는 글을 당 중앙에 보내 중앙 고위층 좌담회에서 격렬한 논쟁을 불러일으키기도 한 실천적인 개혁파였다. 덩샤오핑이 정치적 측면에서 시장경제를 선언하자, 쉐무차오는 경제적 측면에서 시장경제 개혁을 지원한 것이다.

2005년 쉐무차오는 덩샤오핑의 경제 브레인으로 활약한 공로로, 중국의 시장경제를 이끌어온 우징롄吳敬璉, 마홍, 류궈광劉國光 등과 함께 중국 최초로 제정된 '중국경제학상'을 받기도 했다.[12] 필자는 베이징에 거주하는 동안 이 학자들을 모두 만나는 기회를 가졌다. 쉐무차오를 비롯하여 그의 후학들인 마홍과 주룽지도 모두 중국의 토종 경제 전문가들이다. 시장경제의 길을 그들 스스로 개척해가고 있는 것이다.

• **"우리도 한국처럼 발전했으면 합니다"**

중국 지도부가 한국경제에 대해서 높이 평가하고 있음을 필자가 직접 확인한 것은 한중 수교 직후였다. 자금성 옆 중난하이의 조용하고 고풍스러운 회의실에서 스승이신 조순 선생님을 수행하여 중국경제의 산증인인 쉐무차오를 만났다. 쉐무차오 제자인 국무원 발전연구중심의 총책임자인 마홍 주임이 만남을 주선했다. 쉐무차오의 직함은 발전연구중심의 명예고문이었다. 당시, 중국은 덩샤오핑이 시장경제 도입을 선언한 직후였으며, 중국 정부는 그 실무작업 준비에 한창인 시기였다.

철도 노동자로 인생을 출발한 쉐무차오의 삶을 책으로 접한 게 전부였던 필자는 한중관계의 변화를 몸으로 느끼는 순간이었다. 조용한 회의실에 들어서자 깡마르고 자그마한 체구의 90세 쉐무차오 노인이 가벼운 미소를 띠고 일어섰다. 평범한 동네 할아버지 같은 서민적이고 소박한 분위기 속에 기품이 느껴졌다. 평생 중국혁명을 종교처럼 신봉하며 공산당원으로 살아온 노인의 친절한 모습은 새로워진 한중관계를 실감나게 했다. 30년 계획경제를 주도해온 쉐무차오는, 시장경제로의 전환에도 가장 앞장서 있었다. 그는 지독한 독감으로 몸이 불편한 상태였지만 많은 얘기를 하고 싶어 했다. 쉐무차오는 나직하고 느린 상하이 사투리로 말문을 열었다. 통역은 상하이어를 보통화로 한 다음, 다시 한국어로 이어서 진행되었다(호남 사투리가 심한 미오쩌둥을 비롯하여 중국에서 이중 통역은 낯선 풍경이 아니다).

1960년대 우리는 좋은 국제환경을 이용하지 못하고 기회를 잃었습니다. 앞으로 시장경제를 추진하여 국유기업은 1,000개만 남기고 모두 민영화할 것입니다.

국유기업은 다루기 힘든 공룡이 되어 있었다. 시장경제로 이행하면서 가장 어려운 작업이 국유기업 개혁이었고 오늘날까지 난항을 겪고 있다. 그는 그 어려운 국유기업의 민영화 포부를 얘기하고 있었다. 그것은 시장경제로 가는 필수 과정이자 장기적이고 원대한 시장 설계도였다.[13] 당시 필자가 만난 중국경제 전문가들 중에 국유기업 문제를 심각하게 생각하지 않는 사람은 한 사람도 없었다. 서서히나마 '중국 자본주의'가 생겨나고 있었던 것이다. 이어서 쉐 노인은 한국경제의 발전에 대해 경의를 표하고 이렇게 덧붙여 얘기했다.

우리 중국도 한국경제처럼 발전했으면 합니다. 우리 정부는 그럴 계획입니다.

실제로 이 말은 실천으로 옮겨졌다. 이 무렵 중국 정부는 한국경제의 대기업 구조를 벤치마킹 대상으로 포함하기로 결정한 듯했다. 이날 만남을 주선한 마훙 주임은 오늘날 중국경제를 주도하는 '기업집단'

설립을 주도한 인물이다. 그 과정에서 마훙은 여러 차례 한국을 오가며 한국의 대기업 재벌 체제를 주의 깊게 살폈다. 오늘날 중국 각지에서 추진하고 있는 '한중산업단지'들도 그 연장선으로 볼 수 있다.

그 무렵 내가 접촉한 계획위원회와 사회과학원, 베이징대학, 중국인민은행 등 중국의 많은 경제 전문가들은 이미 한국경제의 역동성과 함께 취약점들에 대해서도 상당히 구체적으로 파악하고 있었으며, 한국경제를 참고하려는 열기가 여기저기서 느껴졌다. 그들은 한국경제에 대한 정보 수집에도 적극적이었다. 이날 쉐 노인은 중국의 경제발전이 뒤처진 것을 매우 아쉬워하는 모습이었다. 그 아쉬움의 배경에는 1960년대 중국의 문화혁명 재앙뿐 아니라 미국·소련과 험악한 관계가 동시에 자리 잡고 있었다.

우리는 가끔, '왜 소련체제는 붕괴했는데, 중국은 성공했는가?'라는 의문을 떠올린다. 소련과 달리, 중국은 어떻게 시장경제를 순조롭게 정착시키게 되었는가? 그 경제 측면의 열쇠를 쥔 인물이 바로 쉐무차오다. 사실 쉐무차오는 우리 한국에 잘 알려진 인물이 아니다. 그는 계획 시기부터 시장경제까지 관통하는 현대 중국경제의 증인이다. 청년시절인 1920~1940년대에는 중국공산당 점거 지역인 해방구에서 독특한 경제 정책을 펼치며 장제스의 국민당과 대적했으며, 중장년 시절인 1940~1970년대에는 냉전시대를 맞아 혹독한 국제적 고립 속에 '자력갱생'의 길을 붙들고 지탱했다. 그리고 1980년대 미국과의 관계가 개선되기 시작하자 시장경제 도입의 선봉에 섰다. 이는 계획경제의 문제점을 꿰뚫고 있는 그가 시장경제로 순조롭게 전환하여 접목할 적임자였다는 의미로 직결된다. 이 점이 러시아와 다른 점이다. 러시아는 시장경제 개혁을 위하여 미국 전문가를 불러들였고 실패로 끝났다.[14]

건국에 즈음하여 덩샤오핑이 양쯔강 도하작전과 티베트 입성으로 동분서주할 때, 쉐무차오는 새로운 중국에서 사용할 화폐, 위안화의 탄생을 주도했다. 개혁개방에서도 그들은 호흡을 같이했다. 덩샤오핑이 정치 분야에서 개혁개방을 이끌었다면, 쉐무차오는 경제 분야에서 시장경제로의 개혁에 앞장섰다. 덩샤오핑과 평생 혁명동지였던 쉐무차오는 덩샤오핑보다 8년을 더 살았다. 덩샤오핑이 그의 마지막 소원인 홍콩 귀속을 넉 달을 앞두고 서거한 후, 쉐무차오는 홍콩 귀속의 과정을 주시했다. 홍콩 반환에 때맞추어 미국의 조지 소로스 등 헤지펀드들이 동남아 일대와 홍콩에 휘몰아치며 중국경제를 겨냥하는 것을 보았고, 그의 제자 주룽지 총리가 미국과 멱살잡이를 마다하지 않는 용기를 보이며 중국의 WTO 가입을 이루어내는 것도 보았다. 그는 계획경제로부터 시장경제로 이행하는 가교 역할을 충실히 수행하고 2005년, 101세를 일기로 서거했다.

'우리도 한국처럼 발전하고 싶다'는 그의 말이 가끔 필자의 머릿속을 맴돈다. 지금 중국이 최고의 벤치마킹 대상을 미국으로 잡고 있는 것은 온 세상이 다 알고 있는 일이다. 그런데 왜 쉐무차오는 '미국처럼'이 아니라 '한국처럼'이라고 말한 것일까? 미국도 중요하지만, 더 중요한 것은 미국 그 자체가 아니라 그것을 변용하여 옮겨오는 작업이다. 그는 한국이 미국의 영향을 스스로 소화해내면서 발전하는 모습을 주목했을 것이다. 그 자신이 앞장선 중국의 시장경제도 그 길로 갈 것을 희망했다. 아마도 쉐무차오는 한국을 '소중한 거울'로 생각한 듯하다.

주룽지, 시장경제 성공에 목숨을 걸다

지금도 서방에서는 '중국이 성공했는지는 두고 봐야 한다, 아직도 첩

첨산중이다'라는 부정적 시각이 적지 않다. 그 가장 큰 이유는 서양식 자본주의의 길이 아니라는 데 있다. 그러나 중국이 세계 어디에도 유례가 없는 '사회주의 시장경제'를 나름 성공적으로 이끌어온 것을 부정할 수는 없을 것이다.

10여 년 동안 부총리와 총리를 역임하면서 초기 시장경제를 정착시키는 데 공을 세우고, 전국인민대표대회에서 우레와 같은 박수갈채를 받으며 은퇴한 인물이 있다. 바로 주룽지다. 그는 덩샤오핑이 시장경제를 위해 발탁한 경제전문가다. 덩은 시장경제 도입을 선언하면서 개혁개방에 대한 절박성을 이렇게 표현했다.

개혁개방이 없으면 죽음의 길밖에 없습니다.[15]

주룽지는 이런 상황 인식을 배경으로 등장한 인물이다. 일찍이 1958년 우파로 몰려 당적이 박탈되었던 주룽지는 1978년에야 당적이 회복되었다. 그리고 장쩌민에 이어 상하이 시장을 지냈다. 1991년 부총리에 오르고, 1998년부터 2003년까지 총리를 지냈다. 그는 시장경제 개혁을 마치 혁명처럼 수행했다. 그의 총리 취임사 중 한 부분을 보자.

앞길에 지뢰가 묻혔다 해도 만길 벼랑이라 해도 저는 계속 앞으로 나아갈 것입니다. 나라를 위해 이 한 몸 버린다 해도 후회는 없습니다.[16]

상하이에 한국의 한솔제지가 미국 기업과 합자하여 신문용지 공장 설립을 준비하던 1994년, 이 소식을 듣고 동북지방의 8개 국유 제지공장 총경리들이 주룽지 총리에게 달려와, 한솔제지의 공장 설립을 막아

달라고 요청했다(당시 한솔제지 베이징 자문으로 일하던 필자는, 합자공장 설립에 참여하면서 베이징에서 상하이를 출퇴근하듯 오갔다). 주룽지 총리는 8명의 총경리들에게 한마디를 던지고 나갔다.

> 여러분, 한국에서 오는 제지공장 하나 때문에 사업을 못할 정도로 자신이 없다면 공장 문을 모두 닫으시오.[17]

그는 공개적으로 몇 번이나 말했다.

> 언제라도 그만둘 준비가 되어 있습니다. (…) 협박 편지가 수도 없이 옵니다.[18]

그가 암살에 노출된 것은 아홉 차례로 기록되어 있다. 비공식으로는 열세 차례라는 설도 있다. 선조들의 무덤이 훼손되기도 했다. 암살을 시도한 사람들은 대부분 주로 단기간에 '치고 빠지려는' 해외에서 온 소규모 투자자들이었다. 그는 개혁에 반발하는 자들에게 이렇게 경고했다.

> 100개의 관을 준비하시오. 99개는 그들의 것이고 나머지 하나는 내 것이오.[19]

시장 개혁에 반발하는 사람들은 주룽지를 '혼자 잘난 사람'이라고 비난했다. 그는 한 나라의 총리로 근무했다기보다 목숨을 걸고 전쟁을 수행하는 전사로서 시장 개혁을 수행했다.

젊은 인재 주룽지를 알아보고, 일찍이 그를 이끌어준 사람은 마홍이었다. 마홍은 문화혁명 후 새로 독립된 체제를 갖춘 사회과학원의 초대 원장을 지낸 인물이다. 그다음, 정부 최대의 싱크탱크인 국무원 발전연구중심 주임을 역임했다. 국가주석 장쩌민과 절친이었다. 이 시기에 주룽지는 부총리와 총리로 일하고 있었다. 필자는 마홍 주임을 중국 내에서 열린 국제 세미나 등에서 여러 차례 만나는 기회가 있었다. 그는 소탈한 성품을 타고난 사람이었다. 그는 중국경제의 최고 원로인 쉐무차오의 제자였다. 쉐무차오-마홍-주룽지의 인적 네트워크는 중국시장경제의 초기 정착를 이해하는 데 가장 중요한 열쇠다. 그들은 계획경제시기에 참여한 토종 경제 전문가들인 동시에 시장경제 전환을 앞에서 주도한 인물들이다. 그들은 서로 사제지간이자 선후배로 엮어진 사이로 업무 협력이 대단히 원활했음을 짐작하게 한다.

주룽지의 성장 과정을 살펴보자. 1928년 후난성에서 유복자로 태어난 주룽지는, 10살 때 어머니를 잃고 백부 밑에서 칭화대학 전기공정학부를 졸업했다. 1951년에 만주 지역을 총괄하는 동북인민정부 공업부에 근무하면서 부비서장이던 마홍을 처음 만났다. 1952년에는 베이징으로 돌아와 국가계획위원회에서 5개년 경제계획의 입안에 참여했으며, 이곳에서 옛 국민당 관료 출신들과 소련 전문가들로부터 거시경제 이론과 계획경제 기법을 배우는 기회를 가졌다.

순조로울 것 같았던 젊은 날은 험난했다. 불운은 1957년 반우파 투쟁 때 찾아왔다. 29세의 강직한 청년인 주룽지는 공산당적을 박탈당하고, 문화혁명 때는 간쑤성에 하방되어 50세까지 양돈과 밭일을 하며 지냈다. 이 무렵 그는 경제학과 영어 공부에 몰두했다. 20년이 지난 1978년 기회가 찾아왔다. 덩샤오핑 체제가 들어서고 개혁개방으로 마홍이 사회과학원 공업경제연구소 소장으로 가게 되자, 마훙은 주룽지를 곧바로 그의 연구실 주임으로 불렀다. 당적도 회복했다. 주룽지 시대는 이때 예고된 셈이다. 1979년에 국가경제위원회 연료동력국 처장에 오른 후, 1984년 국가경제위원회 부서기(차관급)에 올랐다.

주룽지에게 1985년은 대단히 의미 있는 해였다. 이때 덩샤오핑의 눈에 들었다. 당 총서기 자오쯔양의 후원으로 덩샤오핑에게 경제 상황을 보고하고 '경제를 안다'는 평가를 얻었다. 1987년에는 당 중앙후보위원으로 선출되고 1988년 상하이시 시장으로 발탁되었다. 상하이 시장 취임 연설에서 그는 상하이 인민대표들을 사로잡았다. 유머와 기지로 회의장을 웃음바다와 뜨거운 열기로 넘치게 하면서 10분 예정인 연설을 1시간 50분 동안 이어갔다. 타 지역 출신자를 배척하는 상하이 사람들의 마음을 얻은 것이다.

1989년 봄, 베이징의 학생운동은 곧바로 상하이에 파급되었다. 당서기 장쩌민과 함께 사태 수습에 나선 시장 주룽지는 TV 연설에서 이렇게 말했다.

우리 당과 정부의 일에는 많은 결점이 있습니다. 모두 불만이겠지만 우리들 역시 만족하고 있지 않습니다.[20]

그의 말은 시민들의 가슴을 파고들었고 사태는 진정되었다. 물론 군대 투입은 없었다. 주룽지가 상하이를 방문한 덩샤오핑에게 푸둥浦東 개발을 제안하여 승인을 얻은 것은 1990년 1월이었다. 이듬해 초 다시 상하이를 방문한 덩샤오핑이 말했다.

상하이 개발이 너무 늦었습니다. 계획경제는 곧 사회주의, 시장경제는 즉 자본주의라고 생각하지 마시오. 모두 수단일 뿐입니다. 시장도 사회주의에 봉사할 수 있습니다.[21]

주룽지는 덩샤오핑의 이 말을 새로운 신호로 받아들였다. 곧바로 당 기관지 《해방일보》에 '개혁개방의 전도사가 되자'라는 글을 올렸다. 1991년 4월 부총리로 발탁되고, 다음 해 기회가 다시 이어졌다. 연초, 덩샤오핑은 시장경제를 내걸고 '남순강화'를 단행했다. 그리고 가을, 주룽지는 14차 전대에서 중앙후보위원에서 공산당 정치국 상무위원으로 3단계 승진하면서, 당 서열 266위에서 5위로 뛰어올랐다. 전례가 없는 일이었다. 덩샤오핑의 기대에 부응한 주룽지는, 1993년 5월, 리펑 총리의 와병으로 총리 대행이 된 후 중국인민은행장을 겸임하면서 국유기업 개혁에 주력했다.

그를 반대하는 사람들은 구름처럼 많았다. '주룽지가 중앙집권을 노리고 있다'거나 '시장경제를 한다면서 명령만 내린다' 등등 그를 비판하는 소리는 넘쳤다. 그러나 1998년 3월 제9기 전국인민대표대회에서 98퍼센트의 지지를 얻으며 총리로 당선됐다. 그가 70세의 고령에도 불구하고 총리로 선출된 것은 그의 능력에 대한 기대 때문이었다(2018년 전인대에서 역시 정년을 넘어선 왕치산은 68세에 국가부주석으로 선출되었다).

주룽지는 미국의 헤지펀드들이 거칠게 공격하는 동남아 외환위기에 대처하면서 전력을 다해 그들에 대응했다. 이어서 미국과 전쟁을 방불케 하는 무역협상을 거쳐 WTO 가입을 성사시켰다.

주룽지와 만난 미국 관료들도 그를 높게 평가했다. 예컨대 클린턴 정부의 로렌스 서머스Lawrence Summers 재무부 부장관(후에 재무부 장관이 되었다)은 "주룽지의 지능지수는 200이 넘을 것이다"라고 말했으며, 로버트 루빈Robert Rubin 재무부 장관은 "주룽지 총리와 서방의 경제학 원리에 입각하여 완전한 컨센서스를 가질 수 있었다"라고 말했다.

주룽지는 2002년 11월 총리직을 은퇴했다. 퇴임 후에는 정치한 것을 후회한다고 술회하기도 했다. 그러나 노력한 보람은 없지 않았다. 그가 퇴임한 2003년, 성공적으로 시장경제 전환을 이룩한 중국은 미국이 주목할 만큼 세계적인 경제 강국으로 올라서기 시작했다.

2009년에는 저서 《주룽지, 기자 질문에 답하다朱鎔基答記者問》를 출간했다. 총리로 재임하던 시기의 일화와 기자회견을 모은 이 책은, 발매 당일 초판 25만부가 모두 매진되었다. 그리고 '정치 윤리와 정치 레토릭 분야의 모범적인 교과서'라는 호평을 받았다. 책을 출판해 얻은 수익 2,000만 위안(약 35억 원 상당)으로는 장학재단을 만들었다.

그는 총리 시절인 2000년 한국을 방문했다. 삼성전자 기흥공장을 찾아 반도체산업과 통신산업을 꼼꼼하게 둘러보았다. 당시 그는 산업 분석가를 무색하게 하는 질문을 쏟아내기도 했으며, 2002년에는 인민대회당에서 우리 경제 4단체장과 현대자동차, 포스코 등 한국 대기업 CEO들과 만나기도 했다.

왕후닝, 살아 있는 제갈량

경제 분야의 주룽지에 비견할 만한 정치 분야의 인물은 왕후닝이다. 푸단대학 교수 출신인 왕후닝은 '살아 있는 제갈량'으로 통한다. 주룽지가 초기 시장경제의 기반을 마련했다면, 왕후닝은 시장경제의 정착을 지원하는 당 이론을 계속 업그레이드하며 주석을 보좌했다. 그는 장쩌민, 후진타오에 이어 시진핑 주석까지 3대 주석을 보좌하는 중이다.[22] 왕후닝이 이처럼 20여 년이 넘도록 중책을 맡고 있는 이유는 무엇일까? 그는 혜안을 지닌 당내 최고의 미국전문가로, 전공은 국제정치학이다.[23]

앞에 언급한 바와 같이 1988년 방문교수로 미국에 간 왕후닝은 6개월간 30개 도시와 20개 대학을 찾아 정부·민간 전문가와 미국을 주제로 토론했다. 자신의 비교정치이론을 미국 현장에서 확인한 글을 〈미국은 미국을 반대한다〉로 정리했다. 그 내용은 미국의 현실과 관념 속의 미국은 서로 다르며, 사실상의 미국이 상상 속의 미국을 반대한다는 패러독스가 미국의 본질이라는 주장을 담고 있다. 그는 미국이 잉여가치를 수탈하는 자본가 계급이 독재하는 나라라는 비난을 받아들이지 않는다. 그런 견해로는 미국이 오랜 세월 세계 패권을 장악한 '미국 현상'을 설명할 수 없기 때문이다. 그는 '근대 중국이 쇠락한 현상'을 연구해 중국이 강성해지는 길을 찾는 것이 학자의 책임이라고 말한다. 미국의 권력 교체를 연구한 다음 그는 이렇게 정리했다.

어떤 정치체제건 가장 근본적인 문제는 권력 교체다.[24]

시진핑의 임기 연장에 그의 이런 생각이 어떤 식으로 반영되었는지 궁금한 대목이다. 왕은 언제나 미국을 의식하면서 일한다. 그는 시장경제 체제하에서, 당의 역할과 위상에 대한 밑그림을 그려왔다. 그 첫 작품이 '3개 대표론'이다. 이어서, 후진타오 주석에게 '과학발전관'과 '조화사회론'을, 시진핑에게는 '중국의 꿈中國夢'을 제시했다. '중국의 꿈'은 '아메리칸 드림'을 연상하게 하는 '차이나 드림'으로, 미국과 상대하는 초강대국의 꿈을 담은 것이다. 미국을 향해 충돌하지 말고, 대항하지 말고, 상호 존중하자, 그래서 미중 양국이 서로 당당한 대국 시대를 열자는 '신형대국관계'를 주장한다.

왕후닝은 2017년 가을 19차 전국대표대회에서 정치국 상무위원으로 선출되었다. 그리고 대북 외교도 담당하게 되었다. 이 일은 본래 당무를 전담하는 중앙서기처 선임 상무위원의 몫이다. 왕후닝이 국가주석 3대를 보좌하는 것은 미국을 중시하는 중국의 전략이 그대로 표출된 것이기도 하다.

100퍼센트 따라할 이유는 없다

장쩌민과 후진타오, 이들 두 국가주석은 덩샤오핑이 준비한 수천 명의 지도자 양성 그룹에서 선발한 인재들이다. 중국의 앞날에는 더 이상 마오쩌둥이나 덩샤오핑 같은 군인 혁명가 출신이 아니라, 경제발전에 적합한 전문 관료가 필요하다는 시대적 요구를 반영한 인사였다.

무엇보다 미국 자본주의를 중국 사회주의 체제에 접목해야 했다. 이 작업은 사상 초유의 일이었으며, 그 과정에서 미국과 협력이 절대적으로 필요했다. 미국의 제도를 도입하고 시장에서 활용하기 위해 미국 정부와의 관계를 우호적으로 유지하는 데 최선을 다했다. 그러나 미국이 그물처럼 처놓은 수많은 갈등과 견제를 견디고 극복하기란 쉬운 일이 아니었다.

미국은 거칠었다. 그러나 미국의 협력을 끌어내는 과정에서 벌어지는 희한한 일들은 감내하지 않으면 안 되었다. 유고연방에서 미국 폭격기가 중국 대사관을 폭격하기도 하고(1999), 미국 정찰기가 중국 대륙 해안을 순회하다가 중국 전투기와 충돌하여 불시착하기도 했으며

(2001), 미 의회는 중국인이 미국의 핵기술을 절취했다고(1999) 조작 발표하기도 했다. 지적재산권 협상장에서는 중국 부총리 면전에서 좀도둑이라고 몰아붙이기도 하고, WTO 협상장에서는 중국인들이 먹는 고기는 미국에서는 개도 안 먹는다고 힐난해도, 이를 악물고 인내하며 견디어내는 것이 중국 정부가 해내야 할 일이었다.

어떤 일이 있어도 미국을 붙들고 그 시장을 활용하는 데 전력을 다해야 했다. 중국공산당 지도부는 미국을 붙들고 껴안기도 하고, 서로 할퀴기도 하면서 사납고 세련되고 힘센 미국을 학습해나갔다.

그들의 선배 마오쩌둥과 덩샤오핑이 기초를 닦아놓았지만, 사납고 세련된 미국으로부터 구체적으로 직면하는 사안들마다 협력을 끌어내야 하는 것은 그들의 몫이었다. 그렇다고 100퍼센트 미국을 따라한다는 것은 아니었다. '미국을 100퍼센트 따라하지는 않겠다'는 말을 필자가 직접 들은 것은, 시진핑 정부가 막 들어선 직후였다. 산둥성 칭다오에 있는 '서해신구'의 어느 관료에게서 처음 듣고, 그 후 중국인 고위 관료에게 그런 말을 당신들도 실제로 하느냐고 물어보았다. 그는 '그것이 우리가 매일 하는 일이다'라며 빙그레 웃었다.

시장경제 도입을 과제로 넘겨받은 장쩌민은 어떤 인물인가? 상하이 당 서기로 있던 그가 갑자기 당 총서기로 선출된 것은 1989년 6·4 천안문 사건이 벌어지고 20일이 지난 후였다. 덩샤오핑의 뜻이었다. 이때부터 2002년 후진타오에게 권력을 물려줄 때까지 장쩌민은 당 총서기 겸 국가주석으로 14년간 재임했다. 다재다능하고 성격이 밝은 인물이다. 6·4 천안문 사건을 차분히 수습하고 시장경제를 과감하게 도입해나갔다. 굵직한 국가 과제들도 그의 몫이었다. 베이징올림픽 유치를 비롯하여 세계 시장에 합류하여 비상을 시작한 WTO 가입, 동부에 편향되어 있는 국토 무대를 서쪽으로 넓혀 중동 석유지대와 동남아 루트 개발을 겨냥한 서부대개발 착수, 당 주도로 시장경제를 이끌겠다는 '3개 대표론' 등이 모두 장쩌민 임기 중에 이루어졌다.

1993년에 신청한 베이징올림픽은 미국의 반대로 좌절되었으나, 하이난다오에 불시착한 미국 정찰기의 반환과 함께, 이 사건의 사과 조건으로 더 이상 올림픽 개최 반대를 하지 않겠다는 약속을 얻어내 2001년에 다시 신청하여 개최권을 얻는 우여곡절도 겪었다. 올림픽 개최권을 얻어내자 중국인들은 천안문 광장에 모여 펄펄 뛰며 환호했다. 중국으로서는 사상 처음으로 세계와 호흡을 함께하는 글로벌 축제였으나, 서방 국가는 티베트 문제 등을 내세워 베이징올림픽에 상처를 입히는 데 몰두했다. 올림픽이 끝나면 중국경제가 금융위기에 휘말릴 것이라는 소문이 흉흉했으나 정작 터진 곳은 뉴욕금융가였다.

WTO 가입도 힘겹기는 마찬가지였다. 그것은 중국뿐 아니라 세계 무역과 경제에 획을 긋는 역사적인 작업이었는데, 여기서도 미국의 파워는 결정적이었다(4장 참조).

서부대개발 정책도 장쩌민 시대에 착수했다. 중국 서부지역은 전체 중국 대륙의 60퍼센트가 넘는 거대한 면적으로, 미국의 서부개척을 연상케 한다.[25] 주룽지 총리 주관하에 '50년 장기계획'으로 착수되었는데 중국의 생활무대를 두세 배로 확장한다는 원대한 프로젝트다.[26] 서부대개발에 담긴 대외전략에 유의할 필요가 있다. 그것은 미국의 대외전략과 맞닿아 있다. 중국 대륙의 서쪽은 세계 석유 벨트인 중동과 카스피해 지역으로 이어지고, 남쪽으로는 인도와 동남아시아로 이어진다. 서부대개발은 착수한 지 13년 만에 시진핑 정부에서 '중국몽'과 함께 등장한 '일대일로—带—路' 전략과 그대로 맥이 통한다.[27] 현재, 서부대

개발 사업은 최근 동남아와 중동을 거쳐 유럽과 연결을 겨냥한 '일대일로'의 기초 작업으로 탄력을 받고 있는 중이다. 이에 대해 미 트럼프 정부의 대응도 예리하다. 갈등을 무릅쓰고 이스라엘의 예루살렘에 대사관을 이전하며 응수하고 있다. 서유럽 정부들도, 중국이 대규모 투자로 중국 서부에 가까운 발칸 지역에 접근하는 데 대해 '경제를 이용한 21세기 칭기스칸 사업'이라며 경계하고 있다. 인도와 동남아에 대해서도 '태평양-인도 전략'과 '남중국해 전략' 등으로 날카롭게 맞서고 있다.

장쩌민 정부의 미국경제 벤치마킹은 거시경제 기법에서 금융 개혁에 이르기까지 광범위했다. 거시경제 운용방식은 주로 세계은행의 고위 전문가들을 중국 영빈관인 다오위타이釣魚臺로 초대하여 고급 사무실을 제공하는 등 극진하게 귀빈 대접을 하면서 집중적으로 자문하고 지원도 받았다.

금융개혁 분야도 수십 년 앞을 내다보면서 미국 제도를 참고해 장기적인 시각으로 접근하고 있다. 무엇보다도, 중국인민은행이 미국 연방준비제도이사회를 모델로 장기 개혁을 해나가고 있고(인민은행의 한 간부는 이 개혁에 향후 50년이 필요하다고 말했다), 이자율 체계 등 각종 금융 제도 개혁에도 미국 방식을 참고한다. 그러나 금융의 개혁개방의 속도만큼은 미국의 압박에 대해 스스로 스케줄을 조정하며 전혀 굽히지 않는 태도를 견지하고 있다.

미국 정찰기의 하이난 불시착 사건에도 불구하고, 중국의 미국에 대한 벤치마킹은 흔들림 없이 진행되었다. 이 사건은 2001년 4월 1일, 중국 하이난 섬 상공에서 일어났다. 미 해군 'EP-3' 정찰기와 중국 전투기가 공중에서 충돌, 중국 전투기와 조종사는 추락하여 숨졌고 미국 정찰기는 하이난에 불시착했다. 미국 정부는 사고 직후 정찰기에 손대

지 말라는 대통령 성명을 발표했다. 하지만 중국은 곧바로 정찰기를 완전히 분해해 필요한 기술을 파악한 뒤 반환했다. 중국으로서는 이 첨단 정찰기가 '하늘에서 떨어진 보물'이었다. 결국, 중국 정부는 미 대통령의 공식 사과를 받은 뒤 억류된 미군 24명을 송환했다.

이 사건을 두고 《용의 유전자Beware the Dragon》를 쓴 작가 에릭 두르슈미트Erik Durschmied는 "중국이 비록 전투기와 조종사는 잃었지만 슈퍼파워 미국을 굴복시키고 베이징올림픽 협조를 얻어낸 기념비적 사건"이라고 평했다.

더구나 이 시기는 동남아 외환위기가 터진 지 얼마 안 된 시점이었다. 이처럼 중국의 미국 벤치마킹은 미중관계의 험난한 기복에도 불구하고 흔들림 없이 진행되어왔다는 점을 유의할 필요가 있다. 다만, 트럼프 정부의 특징은 그 스타일이 과거 역대 정부보다 좀 더 거칠다는 데 차이가 있을 뿐, 본질적인 견제와 압박은 같은 맥락이다.

시장경제는 당이 주도한다

현재 미국과 서방 선진국들은 중국의 시장경제가 자본주의 방식이 아니라 공산당이 지배하는 방식이라는 이유로 '시장경제 지위'[28] 인정을 거부하고 있다. 일찍이 중국이 시장경제를 도입하여 착수하던 1990년대 초, 미국과 서방은 중국의 체제 민주화 가능성을 주목했었다. 중국 정부로서도 당과 시장경제의 관계를 정리하여 자신들의 위상을 확고히 할 필요가 있었다.

이 작업은 덩샤오핑이 시장경제를 선언하고 8년이 지난 2000년, '3개 대표론'이라는 이름으로 드러나기 시작했다. 3개 대표론의 주요 내용은 중국공산당이 3개 분야를 대표하여 시장경제를 이끌고 나간다는 것이다. 3개 분야는 선진사회 생산력, 선진 문화 발전 그리고 광대한 인민의 근본 이익이다. 장쩌민 주석은 이를 2000년에 처음 거론하고, 2002년 16차 전국대표대회에서 당헌에 올렸다.

이처럼 '3개 대표론'은 내용은 간단하지만 공산당이 시장경제를 주관한다는, 세계 어느 나라에도 없는 독특한, 그리고 중국으로서는 획기적인 모델이었다. 앞으로 가속화될 사회 다원화에 대비하여 당을 중심에 놓고 사회관계를 정립한 것인데, 그 핵심을 장쩌민 정부는 이렇게 설명했다(2000. 2).

> 당이 중국의 선진 생산력의 발전 요구를 대표하고, 중국 선진문화의 전진 방향을 대표하고, 중국의 가장 폭넓은 인민의 근본 이익을 대표하기만 하면 당은 인민의 지지를 받을 것이다.

요컨대 당을 중심으로 시장경제 체제를 운영한다는 것이다.[29] 전반적인 경제와 문화 그리고 인민 생활을 당이 주도하겠다는 이 '3개 대표론'은 16전대에서 당장과 헌법에 반영되었다. 이 시기는 중국의 WTO 가입이 성사되고 베이징올림픽이 확정된 때였다.

2001년 7월, 처음으로 '자본가 계급의 공산당 입당'을 시사한 것도 이를 바탕으로 한 것이다. 종래 타도의 대상이었던 자본가 계급이 경제발전의 견인차로 인정받았다. 중국공산당도 과거 계급정당이 아니라 모든 계급을 아우르는 국민정당으로 탈바꿈했다.[30] 시장경제를 향한 당의 지도이념이 '덩샤오핑 이론'에서 한걸음 더 나간 것이다. 이 3개 대표론은 장쩌민 임기가 끝날 무렵에 완성되었고, 이어서 발표된

'화해사회론和諧社會論'은, 다가오는 사회 다원화에 대응하는 전략이었다. 다원화 사회를 향한 당의 정비 작업이 후진타오 정부로 이어진 것이다. 이에 앞서 1993년 3월 전국인민대표대회에서는 '중국 특색의 사회주의 시장경제체제'를 헌법에 채택했다. 창당 이후 70여 년 만에 새롭게 나온 신체제였다.

이를 실천하기 위해서 대변혁이 뒤따랐다. 그동안 농민과 노동자의 적이었던 기업인과 지식인들을 우대하고, 당이 계급정당을 벗어나 국민정당으로 변신한다는 방침도 나왔다. 생산력은 기업인들이 주도하고, 문화는 지식인들이 이끌고, 이를 토대로 노동자 농민을 아우르는 광대한 인민의 생활수준을 끌어올려야 한다. 서방 전문가들 사이에서는 이런 중국의 개혁이 유럽식 사회민주주의체제를 지향하는 것이라는 시각도 있다.

실제, 미국의 우려는 중국의 경제발전이 너무 빠르다는 데 있다. 중국경제에 브레이크가 걸리기를 기대하는 많은 서방 전문가들은 지금까지 '중진국 함정론'에 꾸준히 불을 지피기도 하고, 과도한 기업 부채가 결국 중국경제에 족쇄가 될 것이라는 예상을 고수하기도 한다. 그런가 하면, 중국 제조업이 현실적으로 서방의 하청구조에 불과하다면서 스스로 가슴을 쓸어내리기도 한다.

"공산당원이라 미안해요"

많은 중국인들은 중국공산당과 그 지도자들이 결코 실수를 저지르지 않는다고 믿지 않는다. 우리도 중국의 거대 시장은 반갑지만, 일당독재 공산당체제는 버겁게 생각하는 것이 현실이다. 2010년경, 상하이에서 대학을 졸업한 한 젊은 여성이 어느 외자기업에 취업을 위한 시험에서 면접관과 이런 대화를 나누었다.

– 당신, 공산당원입니까?
– 네, 공산당원이라 미안해요. 그러나 공산당원 중에 좋은 사람도 있습니다.

이 얘기는, 중국공산당이 시장경제를 이끌면서 인민들로부터 어떤 주목을 받고 있는가를 보여준다. 이 얘기는 본래 중국 인터넷에 떠돌던 것인데, 상하이 교통대학 학생들에게 강연하면서 알려진 것이다. 강연한 사람은 당시 상하이 시장 위정성俞正聲이었다. 위정성은 시진핑 1기 정부에서 중국공산당 최고기구인 정치국 상무위원 중 서열 4위에 오른 인물이다.

그는 당 고위층 중에서도 특이한 명문가 출신이다. 저장성 출신인 위정성의 집안은 근현대를 망라하는 당대 중국 최고의 가문으로 꼽힌다. 1850년대 농민반란인 태평천국운동을 진압한 청나라 재상 쩡궈판曾國藩을 비롯하여 초대 톈진 시장을 지낸 아버지까지 그의 조상 중에는 뛰어난 인물들이 많다. 그의 큰할아버지 위다웨이俞大維는 장제스 집안과 사돈관계였으며, 진먼다오金門島 포격전이 가장 치열했던 1958년에는 대만 국방부장을 지냈다. 상무위원 시절 정치협상회의 주석도 겸임했다.

대학생들 앞에서 위정성이 행한 연설을 어떻게 해석해야 할까? 당 고위층이 이처럼 그들의 핵심적인 고민과 과제를 숨기기보다는 공개적으로 들고 나와 젊은 대학생들 앞에서 터놓고 얘기하고 있다는 점에서 진솔하게 소통하고자 하는 유연한 리더십으로 바라볼 만한 측면도 있다.

중국문화, 시장경제의 동력인가

요즈음 중국 젊은이들은 거침이 없다. "우리도 침대에서 자고, 빵 먹고, 고기 좋아하고 (…) 우리 중국이 미국과 뭐가 달라요?" 상하이 푸단대학에서 만난 쾌활하고 자신감 넘치는 젊은이들이 웃으면서 던지는 말이다. 미중 양국이 정부 간에는 치열한 경쟁이 진행 중이지만, 젊은이들은 미국 문화에 대해 그다지 벽을 느끼지 않는다.

팝송과 클래식을 좋아하는 열기도 그 잠재력이 엄청나다. 컨트리 팝으로 이름을 날린 존 덴버는 1990년대 중국을 여러 차례 방문했다. 그만큼 팬이 많은 것이다. 우리 한국사회에서 청바지와 함께 전통 한복이 아름다운 것처럼, 중국에서도 치파오와 양장, 그리고 청바지가 새롭게 자리 잡아가고 있다. 중국 거리에서도 미국이나 유럽의 명품 브랜드가 흔한 일이 된 것이다.

개혁개방 이래 지난 40년 동안, 중국인들이 경제적인 격변을 겪으면서도 초고속 성장이 가능했던 배경에는 체제 대전환이라는 수면 아래 흐르는 중국인들의 상업적 기질이 시장경제와 잘 맞아떨어졌음을 유의할 필요가 있다. "인민이 등을 돌리면 중국공산당도 하루아침 이슬이다." 이는 마오쩌둥이 가장 즐겨 사용한 말인데 중국시장경제도 마찬가지다. 시장경제가 중국 인민들의 생활과 동떨어지거나 기질에 맞지 않는다면, 시장경제도 하루아침 이슬 신세였을 것이다.

오늘날 중국인들의 생활문화 양식도 과거와는 비교할 수 없을 만큼 달라졌다. 지난 2세기 동안 진행된 서세동점西勢東漸의 파도는 중국의 체제뿐 아니라 문화에도 엄청난 영향을 안겨주었다. 그런 문화적 대변혁은 풍전등화에 처한 문명 위기에 직면하여 불꽃이 당겨졌다. 특히

20세기 초 신해혁명에 이어 '모든 것을 모조리 다 바꾸자'는 신문화운동과 5·4 운동의 뜨거운 열기는, 미국 컬럼비아대학 존 듀이 교수의 중국 순회강연과 그의 제자인 후스의 실용주의 바람으로 이어졌다.

풍요롭고 자유로운 미국에서 불어온 문화적 영향은 엄청났다. 신문화운동은 중국혁명을 낳았고, 중국혁명은 중국공산당의 집권을 낳으며, 변화의 물결로 이어졌다. 그 흐름이 한국사회보다 다소 늦기는 했지만 기본적으로 한국사회의 변화 흐름과 별반 다르지 않다. 다만 그 규모가 거대하다는 것을 유의할 필요가 있는 것이다.

이제 중국의 현대 문화도 체제 전환 과정과 맞물려 격변의 파도에 올라타고 있음은 분명하다. 매년 1억 명이 훨씬 넘는 유커가 세계 여행을 다니고, 그중 미국 관광객이 한 해 300만 명에 이른다. 미국 영주권을 얻는 중국인들도 멕시코 다음으로 그 수가 많다. 중국 부자들에 대한 앙케트 조사를 보면, 미국에서 살고 싶다는 사람이 놀랄 만큼 압도적이다. 여기에 수천 년 내려온 중국 전통문화의 무게와 저력 그리고 중국 정부의 통제가 뒤섞여 새로운 문화 흐름으로 분출되고 있는 것이다.

오늘날 중국이 미국의 강력한 대중문화를 통제된 속도로나마 수용하게 되기까지는 과거의 쓰라린 고난과 아픔이 있었다. 바다 건너 아편을 앞세워 들어온 서구인들은, 장성 너머 북방 민족과는 비교할 수 없을 정도로 잔인하고 간교했다. 중국 대륙이 뿌리째 뒤엎어지는 판에 생활의 근간인 문화도 산산조각이 났다. 잠 못 드는 영혼들이 대륙을 맴돌고 맴돌았다. 중국문화가 그처럼 심하게 고통에 휘말린 적은 없었다.

거대 문명이 서구의 침략 앞에 무릎을 꿇게 된 가장 큰 원인은 무엇이었을까? 그것은 아편전쟁 직전, 청조 황실의 서구에 대한 태도에 잘 나타나 있다. 가장 무서운 적은 언제나 자신에게 있다. '자대自大와 오만'이다. 병든 중국을 일깨운 작가 루쉰은 중국의 골수까지 병들게 한 '자대와 오만'을 그의 대표작인 《아Q정전》에서 '정신승리법'으로 통렬하게 고발했다.

덩샤오핑이 자신의 재능을 숨기고 인내하며 때를 기다려야 한다는 '도광양회'를 내세운 것도 이런 '자대와 오만' 현상을 막기 위해서였을 것이다. 최근, 트럼프 정부가 미중 무역전쟁을 촉발하자 중국 안에서 '도광양회'가 다시 회자된다. 문화적 취약점이 두드러지면, 경제발전에 '짐'으로 작용하는 것은 말할 나위가 없다. 시장경제로 가는 길목에서, 중국에서 이런 취약점들이 쉴 새 없이 터져 나오는 것은 부정하기 어려운 현실이다. 세계 어디에서도 봉건사회에서 시민사회로 가는 길이 순탄했던 나라는 없다.

중국도 이와 비슷한 어려움을 딛고 하루씩 달라지고 있다. 여기서, 서구로부터 들어오는 변화의 흐름을 타고 있는 중국의 현대문화가 시장경제에 미치는 영향은 어떤지를 가늠해 볼 것이다. 이를 위해 몇 가지를 분야별로 택해보았다. 문화의 근간이랄 수 있는 언어와 문자, 그리고 남녀관계와 음식문화 등 현대 생활과 직결된 문화 양식들 중에 미국과 서구 열풍 속에서 변화를 겪고 있는 것들을 들여다보자. 과거 전통문화와는 사뭇 달라진 새로운 모습들이다.

먼저, 중국의 언어와 문자를 영어와 비교해 보자. 중국어는 본래 영어와 어순이 같아서, 우리보다 영어 배우기가 그만큼 쉽다. 유창하게 영어를 잘하는 중국인, 토플 만점을 받는 학생이 의외로 많은 것이다. 또 존칭어와 비칭어가 없는 것도 영어와 비슷하다. 예를 들어, 우리에게는 영어의 'You'에 해당하는 단어를 콕 집어내기 어렵다. 적어도 '너'

와 '당신'으로 나누어야 한다. 그러나 중국어에는 '你[ni]'라는 적합한 단어가 있다. 중국어가 지니는 이런 특징들은 미국 영어가 압도하는 세계 시장으로 나가는 데 매우 편리하게 작용한다. 언어구조가 사유구조를 대변한다고 하지 않는가?

중국에서 영어 공부 열기는 우리 한국과 비슷하다고 생각하면 된다. 중국의 대학 캠퍼스를 들여다보자. 아침 일찍 일어나 캠퍼스 호숫가에 나와 영어책을 소리 내어 읽는 학생들이 적지 않다. 마오쩌둥은 나이 70세가 넘어서도 가정교사를 두고 영어 공부를 했으며, 공식석상에서도 수시로 영어 공부를 강조하곤 했다.

오늘날 중국 젊은이들의 미국 유학 열풍은 지난 시절 우리 한국을 능가한다. 영어를 잘하는 학생들은 토플 성적 만점이 그다지 어렵지 않다. 명문대 출신 유학생들은 토플 만점이 수두룩하다. 물론 매우 열심히 하기 때문이겠지만, 중국인으로서는 영어 배우기가 그다지 어렵지 않은 탓도 있다. 수년 전, 베이징 대학생들의 유학 열풍을 다룬 〈아메리칸드림 인 차이나American Dream's in China〉라는 영화가 크게 히트했다. 영화에 이런 대사가 들어 있다.

– 어떻게 하면 영어를 잘할 수 있나요?
– 사춘기 소년이 부끄러움을 이겨내는 것처럼 하면 됩니다.

베이징대학, 칭화대학 같은 중국의 명문대학 강의실은 영어 원서로 된 교재들이 보편화되어가는 추세다. 이름 있는 대학에서 노벨과학상을 수상한 학자들을 초청하는 것도 일반적인 현상이다. 상하이는 19세기부터 영어학원이 가장 많은 도시로 유명했다. 최근 상하이에서 가장 잘나가는 중국 자동차 회사에서는 직원들과 회의, 교육, 서류 작성까지 영어로만 하는 그룹을 별도로 운영하기도 한다. 이런 사실은 부품 협력을 하는 한국 기업인들이 잘 알고 있다. 자동차는 미국이 원조니까 미국을 제대로 배우려면 당연하다는 것이다.

한자의 역할은 어떻게 변하고 있는가? 한자는 중국은 물론 한국과 일본 등 아시아 지역에서 중심적인 문자 기능을 한다. 1900년대 초에는 어려운 한자를 쓰지 말고 영어를 쓰자고 주장하는 사람들도 있었다.[31] 그들은 나라를 망국으로 이르게 한 이유가 어려운 한자라고 지목했다. 한자는 타자기로 타이핑도 불가능하다. 그러나 미국에서 돌아온 후스가 구어체로 쓰는 문학 운동, 백화문학白話文學을 주장하고, 그후 중국공산당이 간체자簡體字를 만들면서 상황이 바뀌었다.[32] 고대부터 사용해온 '백화(구어체)'는 주로 민중들이 사용하는 저속어 취급을 받으며 근대까지 이어져왔다. 그러나 신문화운동을 겪으며 사정이 바뀌었다. 백화운동은 '문학혁명'으로 이어져 현대 중국어 형성에 크게 기여했다.

한자의 효용을 획기적으로 바꾼 것은 컴퓨터였다. 한자에 알맞은 우수한 소프트웨어들이 개발되고 나서, 한자는 컴퓨터와 찰떡궁합으로 바뀌었다. 타이핑 속도도 한국어나 영어와 다르지 않다. 이런 혁명적 변화가 시장경제의 효율을 떠받치는 주요 요인으로 자리 잡은 것은 물론이다.

실제, 중국에서 오래 생활한 많은 한국인들은, 오늘날 중국인들의 생활문화 중에 서양문화와 별로 다를 것 없이 유사한 부분이 적지 않다고 입을 모은다. 남녀관계를 보면, 부부는 집안에서나 밖에서나 서로 상대의 이름을 부른다. '여보'나 '당신' 또는 '아무개 엄마' 같은 호칭은 없다. 부엌일도 먼저 퇴근한 사람이 먼저 한다. 이러한 가정 풍경은 젊은이들뿐만 아니라 노년층도 마찬가지다. 존대어나 반어가 없으니, 부부가 서로 대등한 관계가 되는데 여기에는 언어 구조도 한몫한다. 중국인들은 수직적이고 딱딱한 생활문화를 가질 것이라는 우리의 선입견과 큰 차이가 있다.

중국에 대한 한국인들의 인식이 이처럼 실제와 차이가 크게 나는 것은 한중 양국의 역사가 오랜 기간 단절되었기 때문이라는 것이 학계의 정설이다. 양국의 단절은 명나라 초에 시작된, 바다로 나가는 것을 금했던 해금海禁 정책으로부터 본격화되었는데, 명청시대 500년 동안 단절이 지속된 것으로 보는 견해가 우세하다. 양국의 교류는 조공 사절단 등으로 극히 제한적인 접촉 이외에는 사실상 통상적인 접촉이랄 것이 거의 없었던 것이다. 단절의 빈자리는 중국에 대한 '환상과 착각'으로 채워졌다.

개방성을 들여다보자. 고대 이래 중국문화는 전통적으로 개방과 폐쇄를 번갈아왔다. 특히 개방적일 때 중국은 강성했다. 본래 고대 당 왕조는 개방을 통해 제국을 이룬 나라다. 그들은 세계 각지의 모든 종교를 장안으로 불러들여 우대 정책을 펴기도 했다. 개방은 포용으로 통하고, 그것은 대국화의 토대가 되었다. 고대 실크로드는 물론, 그들이 말하는 '대일통大一統'도 고대부터 이어져온 것인데,[33] 이것은 그대로 오늘날 홍콩과 대만을 아우르는 '일국양제'와 '중국은 하나'라는 외교 원칙으로 연결된다. 중국이 대국으로 발전한 출발점은 개방과 포용이었다.

이렇게 보면, 덩샤오핑의 개혁개방 정책은 200년 가까이 서방과 거칠게 얽힌 관계가 정리되면서, 고대부터 이어져온 개방적 문화 전통으로 회귀하는 역사적 흐름과 맥락이 이어지는 것으로 볼 수 있다. 오늘날 개방형 시장경제는 바로 개방적 전통문화 유산과 맞닿아 있는 것이다. 트럼프 정부가 미국의 전통적인 자유주의를 접고, 보호주의를 외치며 중국을 견제하는 요즘의 양상은 역사의 아이러니일 것이다.

개방성을 좀 더 들여다보자. 오늘날 중국 서민들을 만나보면 처음 만나는 사람들과도 친근하게 얘기하는 모습을 쉽게 볼 수 있다. 그들이 얼마나 개방적인지를 알고 싶으면, 한국의 KTX 같은 고속열차가 아니라 일반 기차 여행을 해보면 된다. 그들은 서로 언어가 통하지 않아도 별로 어려움을 느끼지 않는다. 각 지방마다 워낙 서로 다른 지방어를 사용하기에 그런 상황을 크게 불편하다고 느끼지 않는 것 같다. 의사소통이 어려우면 손이나 몸으로, 혹은 글자로 소통하며 웃는다. 헤어질 때는 마치 이웃 같은 느낌이 들 때가 많다. 이런 개방성은 강한 흡인력을 낳는다. 실제 중국인들은 개혁개방 정책을 시작하자마자 세계인들과 매우 빠른 속도로 소통하며 가까워졌으며, 그처럼 타고난 개방성이 시장경제의 발전에 또 하나의 저력으로 작용하고 있다.

음식문화의 특성을 보자. 중국에서 여느 식당 주방장에게 "당신은 얼마나 많은 요리를 해낼 수 있는가"라고 물으면 이런 대답이 돌아온다. "어떤 재료든 가져오세요. 다 해드리지요." 그 말 속에 무한한 실험정신과 도전정신이 가득하다. 하늘에 나는 것은 비행기 빼고, 다리가 넷 있는 것은 책상 빼고, 무엇이든 다 요리한다는 그들이 아닌가?

중국의 음식문화는 크게 귀족 음식과 서민 음식으로 나뉜다. 귀족 음식은 화려함과 사치의 극치를 이루었으나 효율적인 측면과는 거리가 멀다. 오늘날은 호기심 많은 관광객용으로만 남아 있다. 이에 반해 서민의 음식문화는 소박하기 짝이 없지만, 최근 시장경제가 발전하면서 대중산업으로 대단한 번영기를 맞이했다. 최근에는 국가주석 시진

핑이 일반 식당을 찾아간 적도 있다. 그가 주문한 메뉴는 '시진핑 정식'
으로 명명되었다. 줄을 서야 먹을 수 있다.

중국 음식은 주로 '웍鑊'이라는 중국식 전통 프라이팬에 튀겨내는 게
많다. 뜨거워진 '웍'에 식용유를 두르고 재료를 공중에 띄우면 찬 공기
와 뜨거운 철판 사이를 오가며 맛이 배가된다. 또한 짧은 시간에 빠르
게 요리하여, 영양 파괴가 적고 위생적이라는 장점이 있다. 음식을 하
는 데 식용유는 필수적이다. 항일전쟁 시기, 매사가 어려운 시기에도
웍에 마지막 식용유 한 방울이나마 떨어뜨려 채소를 볶아냈다는 고통
스런 얘기들도 남아 있다.

각 지방마다 음식의 고유한 요리법과 종류가 다르다. 세계 각지의
중국 요리는 현지 지역 사람들의 입맛에 맞게 변형되었다. 한국에서는
짜장면, 일본에서는 짬뽕, 이런 식이다. 중국 음식은 현지 적응력이 뛰
어나다.

오늘날 전 세계를 망라하는 화교 네트워크는 미국이 자랑하는 글로
벌 군사 네트워크와 비교된다. 일찍이 마오쩌둥은 중국에는 세계에 자
랑할 만한 것이 두 가지가 있는데, 하나는 중의학이고, 또 하나는 음식
이라고 했다. 중국의 침체기에 음식문화가 중국문화를 세계에 알리는
전령사 역할을 해온 것이다.

전통적으로 중국인들은 음식문화를 무엇보다도 중시해왔다. 의식주
중에서도 '식'을 가장 중시한다. 일반 중국인들은 평소 소원하던 만두
가게를 하나 차리면 천하를 얻은 것처럼 자부심을 느낀다. 권력 못지
않게 상업을 통한 '축재蓄財'를 중히 여기는 전통이 있는 것이다. 청조
시대, 일부 지역에서는 젊은 인재들로 하여금 과거를 보지 말고 상업
에 종사하도록 했다는 기록도 있다.

중국 가게에서 물건을 사고 나올 때, 상인들이 꼭 하는 말이 있다. 중국어를 조금만 알아들어도 알 수 있는 그 말은 '야오 비에 더마要別的嗎'다. 우리말로는 '다른 거 또 필요합니까?'다. 상인은 하나라도 더 팔아야 상인이다. 중국의 가게에서 물건을 사고 나오면서, 마트나 슈퍼를 제외하고, 이 말을 듣지 않은 적은 단 한 번도 없다.

지금 미국과 벌이는 경제전쟁도 마찬가지다. 미국이 덤빈다고 해서 거저 양보하는 일은 없다. 양보할 때도 반드시 조건이 따라붙는다. 중국인들은 타고난 상인들이다. 모든 협상은 피를 말리는 것이 당연하다. 어느 나라, 어느 정부들처럼 엄포를 놓는다고 넙죽 엎드려 거저 주는 법은 꿈에도 없다.

지금도 대외무역으로 경제발전의 원동력을 삼고 있지만, 중국은 본래부터 상인의 나라다. 고대에 '상商'이라는 이름의 나라도 있었다. 우리가 아는 고대 '하은주夏殷周' 3대 왕조 중 은殷나라가 곧 상商이었다. 그들 상인商人들은 일찍부터 유통에서 이익을 챙기는 법을 터득했던 것이다.

고대 실크로드를 보자. 중동을 거쳐 유럽으로 통하는 실크로드는 군인들이 전쟁을 하려고 만든 길이 아니라, 상인들이 비단을 거래하여 돈을 벌기 위해 개척한 길이었다. 그 길을 따라 오늘날 중국공산당은 미국과 서방이 경계의 눈초리를 거두지 않는 '일대일로' 사업을 대대적으로 벌이고 있다. 그 옛날 실크로드를 21세기형으로 재탄생시켜 미래의 통상대로로 발전시켜나가겠다는 것이다.

만리장성을 보자. 북방민족을 방어하는 군사적 기능만 담당한 게 아니다. 만리장성의 서쪽 끝에 있는 지아위관嘉峪關의 사례에서 보는 것처럼, 곳곳에 세워진 성채는 변방 민족과의 상거래를 위한 세관 기능과 외교사절 접대, 그리고 숙소 기능도 수행했다. 만리장성이 군사 안보 기능과 상업 활동을 함께 연결하여 운영되어온 것이다. 오늘날 대만과 맞닿은 푸젠성에서 상거래가 왕성한 것도 같은 이치로 볼 수 있다. 앞으로 우리도 휴전선 일대를 상거래와 휴양시설 중심으로 계획한다고 들려 기대된다.

중국의 근대 상업문화 전통이 오늘날 중국시장경제의 국유기업으로 이어진다는 주장도 있다. 관상官商은 국가가 관리하는 상인이다. 근대 관상과 오늘날 국유기업이 유사한 기능을 한다는 것이다. 대표적인 관상으로 꼽히는 청대 호설암胡雪岩과 오병감伍秉鑑은 그들의 부가 국가 경제에서 차지하는 비중이 매우 거대했다. 호설암은 당시 최고 거부로 '살아 있는 재물의 신'이라 불렸으며, 중국 역사상 10대 거부로 평가받는 오병감은 청 황실이 광저우에 설립한 국가독점 대외무역기구인 13행을 이끌며, 아편 밀무역을 통해 거대한 부를 쌓아올린 인물이다. 미국 철도 등에 투자하는 국제적인 안목도 지니고 있었다.[34]

이런 관상의 전통처럼, 오늘날 중국 국유기업이 전체 기업 생산에서 차지하는 비중은 40퍼센트에 가까워, 미국 등 서방으로부터 대표적인 불공정 거래로 지목되는 빌미를 제공하고 있다. 미국은 중국의 국유기업들이 국가소유라는 이유로 특혜를 받는 데 대하여 새로운 국제 규칙이 필요하다고 지적한다. 또한 중국이 지속적으로 요구하는 '시장경제 지위'를 의심하는 가장 큰 장애로 지적하면서, 현재 미국과의 경제전쟁에서 비판의 표적이 되고 있다.

이에 대해 중국 정부는 국유기업도 일반 기업과 같이 운영하도록 유도하면서 개혁의 소리를 높이고 있다. 그러나 아직 근대의 상업 전통이 사회주의 시장경제 체제 아래 온존되는 듯한 현상을 청산하지 못하

단순히 서구화로 인식하는 것은 위험하다'고 지적한다. 그는 하버드와 예일, 프린스턴 등 미국의 명문 대학 강단에서, 동양문화와 현대생활을 주제로, 그것을 서양문화와 비교하면서 설파해온 학자다.[35] 위잉스는 중국의 문화적 전통이 현대 사회로 이어져 역동적으로 작용하고 있음을 강조한다. 역사와 문화는 단절될 수 있는 것이 아니다. 결국 새로운 방식으로 변형되어 새로운 체제에서 그 영향력을 발휘하게 된다. 이것이 오늘날 중국시장경제가 주목받는 이유이기도 하다.

빌 게이츠, 후진타오와 친구가 되다

중국인들은 미국의 거부들, 그중에서도 슈퍼 리치를 좋아한다. 빌 게이츠가 대표적이다. 그의 이름은 중국 중·고등학교 교과서에도 나온다. 그는 '새 시대에 맞는 새로운 가치를 창조하는 사람'을 상징한다. 빌 게이츠를 좋아하는 사람들 중에는 국가주석 후진타오도 꼽힌다. 2006년 4월, 미국을 공식 방문할 때, 후 주석은 시애틀에 있는 빌의 저택을 먼저 찾았다. 국가 정상이 공식 방문에서 백악관 관저를 먼저 방문하는 관례를 깬 것이다.

빌 게이츠가 베푼 만찬에는 스타벅스 회장 하워드 슐츠와 전 국무장관 헨리 키신저도 동석했다. 후진타오가 빌에게 말을 건넸다. "나는 매일 마이크로소프트의 컴퓨터 운영체계(윈도우)를 쓰고 있습니다"라고 말했다. 빌도 "우리 관계는 정말 환상적입니다. 윈도우를 사용하면서 도움이 필요하다면 내가 기꺼이 돕겠습니다"고 화답했다.[36]

이 자리에서 후진타오는 미중 협력의 일등 공신 헨리 키신저에게 친근감을 표시하고, 보잉사에 80여 대의 비행기 구입을 계약했다. 여기서 우리는 중국 지도부가 '미국의 무엇에 집중하는지'를 알 수 있다. 미 대통령보다 먼저 주목받는 빌 게이츠는 어떤 사람인가? 그는 자신을 부자로 만들어준 마이크로소프트를 떠나면서 이렇게 말했다.

큰 변화가 일어나는데도 이를 놓치는 경우가 있지요. 탁월한 사람들을 투입하지 않을 경우입니다. 이게 가장 위험합니다. (…) 저는 사람들이 마이크로소프트를 깎아 내리는 걸 좋아합니다. (…) 우리는 실수를 했고 실수했다는 것을 알고 있어요. 하지만 우리는 그것으로부터 배웠고 우리의 많은 업적은 바로 그 결과입니다. 중요한 것은 규모의 확대가 아니라 더 민첩해지는 것입니다. (…) 여러분도 알다시피 내 예측은 여러 번 틀린 적이 있지요. 제가 없으면 다른 사람들이 두각을 나타낼 수 있는 기회가 될 수 있습니다. 저는 이제 물러나야 하며 뭔가 새로운 일이 나타날 수 있도록 해야 합니다.[37)]

이런 빌의 사고방식은 덩샤오핑의 개혁방식과 닮은 데가 있다. 그들은 인재 중시와 실험정신, 그리고 무엇보다 민첩한 행동을 중시한다. 이러한 특성은 사회나 조직이 허약해지는 것을 막는 데 없어서는 안 될 요소들이다.

빌 게이츠는 중국시장에서 대성공을 거두었다. 윈도우 3.1의 중국시장 점유율은 90퍼센트를 넘었다. 그러나 성공하기까지는 12년이라는 고난의 세월이 걸렸다. 그 성공의 과정은 결코 순탄하지 못했다. 지적재산권이 문제였다.

처음에 빌은 두 명의 대만 출신 영업사원을 중국에 보내 MS 브랜드를 내세워 세계 다른 지역에서와 똑같은 가격으로 마케팅을 착수했다. 문제는 불법 복제품이었다. 아무도 정품을 사려들지 않았다. 이때부터 MS는 지적재산권 보호를 위해, 불법 사용업자들을 줄줄이 고소했으나 번번이 패소했다. 미국 본사의 강력한 지적재산권 정책에 불만을 품은 중국 담당 매니저들이 'MS는 중국을 이해하지 못한다'고 MS를 비판한 책이 베스트셀러가 되기도 했다. 중국 정부도 적대적이었다. 베이징 시정부는 값비싼 MS가 아닌, 무료로 제공되는 리눅스를 사용하기 시작했다. 보안 관계자들도 나섰다. 정부와 군대가 미국 기업인 MS의 제품을 사용하면 정보가 유출되지 않느냐고 우려를 제기했던 것이다.

빌 게이츠는 결단을 내렸다. 중국처럼 지적재산권 보호가 취약한 환경에서는 고가의 가격정책이 실패할 수밖에 없다고 결론을 내렸다(오늘날 트럼프 정부와는 시대 여건이 다른 얘기다). 그리고 불법 복제본과 경쟁할 정도의 낮은 가격에 정품을 팔기 시작했다. MS의 브랜드 가치를 포기하고 세계 어느 곳에서도 적용하지 않았던 정책을 중국시장에 도입한 것은 2001년이었다. 중국시장에서 학생용 윈도우와 오피스 패키지 가격은 3달러에 불과했다. 어차피 불법 복제를 막을 수 없는 상황이라면 복제시장에서도 리눅스보다 윈도우가 많이 팔리는 게 유리하다고 판단했다. 이후 불법 복제를 눈감아주기 시작했고 결과적으로 MS의 중국 점유율은 치솟았다. MS는 미국에서와는 달리 중국 정부와는 대립하기보다 협력에 주력하였다. MS의 부회장 크레이그 먼디는 중국 정부와의 관계 개선에 집중했다.[38]

후진타오가 빌의 저택을 방문한 것은 이런 일들이 마무리되고 MS가 중국시장에서 확고하게 자리를 잡은 다음이었다. 후진타오는 '당신은 중국인들의 친구이고, 나는 MS의 친구'라고 빌을 극찬했다. MS가 중국에 발을 디디고 12년 동안 땀 흘려 노력한 결과였다. 그 12년 동안 빌은 중국 현장에서 어떻게 뛰었을까?

중국 정부가 윈도우 3.1을 블랙리스트에 올린 것은 장쩌민 시대인 1994년 2월이었다. 글자 입력 표준에 맞지 않다는 이유였다. 중국시장에서 소프트웨어를 팔 수 없게 된 것이다. 그다음 달, 빌 게이츠가 베이징에 도착해 장쩌민 주석을 만났다. 그는 중국 정부가 이 소프트웨어를 블랙리스트에 올린 것은 실수이며, 미국에서와 같이 윈도우가 표준 운영 체계가 되는 것은 중국에 이익이라고 설득했다. 장쩌민은 고개를 가로저었다. 빌은 포기하지 않았다.

빌은 중국 철도부에 전용열차를 요청하여 3개월 동안 중국 현지 시장조사에 나섰다. 그는 수많은 중국인들과 시장에서 접촉하였다. 그리고 다시 장쩌민 주석을 만나 '중국을 아는 사람'이라는 찬사를 들었다. 중국시장에서 MS의 길이 열린 것이다. 빌 게이츠는 미국의 어느 대학 MBA 코스 강연에서 "오늘날 중국은 세계에서 가장 자본주의적으로 발전하는 나라"라고 말했다.

19세기 중국은 서구를
어떻게 벤치마킹했나

보론 1

서구세력이 중국 대문을 박차고 들어와 대륙을 거칠게 휘젓지 않았다면 마오쩌둥의 중국공산당은 태어나지 않았을지도 모른다. 이처럼 문명 몰락의 위기 속에서 태어난 중국공산당은 서구세력을 어떤 시각으로 보고 어떻게 대응해왔는가?

오늘날 중국공산당이 구사하는 대외 전략의 근원은 중국의 오랜 전통과 맞닿아 있다. 특히 19세기에 직면한 사상 초유의 위기 속에서 당시 그들의 선배들이 보여준 태도는, 오늘날 중국공산당에 엄청난 영향을 주고 있다. 우리가 그 시기에서 특히 유의해야 할 것은 오만했던 중국이 서양의 우수성을 주목하고 학습하기 시작했다는 것이다. 물론, 초기 학습은 어설프기 짝이 없었고, 결과는 참혹한 좌절의 연속이었다. 그렇게 아편전쟁 이후 의화단 사건까지 적어도 60년 동안 처참한 학습을 지속했다(1840~1900). 그 시기 학습 경과를 간단히 살펴보자.

불과 4,000명의 영국 해군이 20만 명의 청나라 대군을 제압한 아편전쟁은 서구 산업세력 앞에 낙후한 농업 제국의 민낯을 있는 그대로 보여주었다. 바다로 들어온 서양 오랑캐는 만리장성 너머 그동안 경험했던 북방 오랑캐와는 비교할 수 없이 우수하고 거칠었다. 그들은 대륙 전역을 파죽지세로 휩쓸었다. 지금도 중국인들은 이 시기를 '영혼이 대륙을 방황하며 떠돌던 시기'라며 가슴 아파한다.

나폴레옹의 예고처럼, 이렇게 해서 잠자던 중국은 서서히 깨어나기 시작했다. 위기가 80년을 이어진 끝에 중국 각지의 지식인들은 군복으로 갈아입고 농민들과 함께 중국공산당과 홍군을 만들었다. 이 80년 동안, 중국인들은 무엇을 했는가? 그들은 불청객들에게 단순히 짓밟히고 있었던 것만은 아니다. 우리는 무엇보다 그들이 참혹한 고통 속에서도 '서양 오랑캐 스승 따라 배우기', 즉, 서양 벤치마킹에 착수했다는 사실을 주목할 필요가 있다.[1]

그러나 서양 벤치마킹은 쉬운 일이 아니었다. 가장 무거운 장애물은 오만에 젖은 '중화사상中華思想'이었다. 그 초기 학습 여정은 시행착오와 좌절의 연속이었다. 그 처절한 시행착오는 아편전쟁 이후 3단계로 진행되었다. 먼저 농민들, 그다음 지식인과 관료 집단, 마지막으로 황실이 움직이는 '아래로부터의 학습'이었다.

가장 먼저 들고 일어난 집단은 양쯔강 하류 대평원의 농민들이었다. 그들은 아편전쟁의 직접적인 희생자들이었다. 전쟁의 거대한 배상금 충당을 위해 정부는 농민 수탈을 강화했고, 이에 저항한 양쯔강 대평원의 농민들이 선비 출신 홍수전洪秀全을 앞세워 '태평천국太平天國'을 내걸고 일어났다.[2] 그들이 주목한 것은 서양 기독교였다. 태평천국의 예배당에서는 남녀가 같이 모여 정치적이고 종교적인 설교를 들었다. 전통적인 중국사회에 대단한 변화였다. 홍수전은 스스로 여호와의 아들이며 예수의 동생이라고 자처했다. 그의 기독교 스승으로 잠시 활동한 유럽인은 선교사 로버츠Issachar J. Roberts가 있었다.

이 태평천국운동은 중국 근대사의 커다란 전환점이 되었다. 그들의 관심사는 빈부 격차와 남녀 차별, 전족 폐지, 관료 폐습, 공자상과 우상 파괴 등 전반적인 사회적 갈등 요인을 두루 망라했다. 기독교를 표방하기는 했지만, 토지제도는 전통적인 균전법인 천조전묘제도天朝田畝制度를 시행했다. 후에 마오쩌둥이 시행한 토지제도는 이 태평천국의 토지 대동사상을 이어받은 것으로 유명하다. 오늘날 중국공산당은 이 태평천국운동을 중국 농민혁명의 출발점으로 삼아 대단히 중시하고 있다.[3]

그러나 당시 이런 태평천국의 움직임에 지주와 거상, 지식인 등 기득권층은 격분했다. 그들은 진압군에 서양세력을 끌어들이는 것도 주저하지 않았다. 그들은 전통적인 중국 고유문화와 가치를 파괴하는 과격한 농민 봉기를 제압하고 태평천국의 수도 남경을 함락했다(1850~1864). 이때 진압군을 이끈 한족 출신 증국번曾國藩과 이홍장李鴻章은 군사권을 장악했고, 만주족의 청 제국은 권력 구조에 변화를 가져오게 되었다. 그리고 진압 과정에서 발발한 애로호사건(1860)까지 겹쳐, 청 황실과 관료, 지식인들은 서구세력의 군사력과 문물의 우수성, 새로운 시대적 변화를 받아들이게 되었다. 이렇게 해서 다음 학습 단계인 양무운동洋務運動의 막이 열렸다.

양무운동의 추진 세력은 개혁 관료와 지식인들이었다. 그들은 서양과 몇 차례 전쟁을 거치면서 위기의식이 고조되었다. 무엇보다 뛰어난 서양 무기에 대해 경탄하며 두려워했다. 그들은 서양의 근대 무기를 도입하고 무기 공장을 세우는 데 집중했다. 태평천국운동 진압으로 황실로부터 전권을 위임받은 정부 관료들은 '오랑캐의 기술을 배워 오랑캐를 이기자師夷長技以制夷'는 슬로건을 내걸었다. 그리고 1872~1875년 동안 모두 120명의 12~13세의 어린 소년들을 미국에 보내 여러 과학 전공 분야에 배치하여 공부하게 했다. 소년들은 떠나기 전에 유서를 썼다.

공부하다가 죽으면 그곳에 묻는다.[4]

그들의 후손은 오늘날 중국의 과학 인재로 성장했다. 오늘날 자연과학 분야에서 노벨상을 수상한 중국인은 모두 7명이다. 물리학상에 리정다오李政道, 양전닝楊振寧, 딩자오중丁肇中, 주리원朱隸文, 추이치崔琦 등 5명이고, 화학상에는 리위안저李遠哲, 첸융젠錢永健 등 2명이 있다. 이들은 모두 미국 유학파들의 가족이거나 후손들과 관련이 있다.

그러나 30년간 지속된 양무운동은 실패로 끝났다. 1880~1890년대 프랑스와 일본과의 전쟁에서 패배한 것이다. 단순히 서양의 공장과 기술을 배우는 것으로는 미흡함이 드러난 것이다. 청을 패배시킨 일본은, 미국과 영국의 지원을 얻어(지원 규모는 4억 1,000만 달러) 러시아와의 전쟁도 이겼다. 그리고 미국과 손잡고 조선의 식민지화에 팔을 걷었다.

3단계는, 청 황실이 주체가 되어 추진한 변법자강운동變法自強運動이었다. 법을 바꾸어 스스로 강해지자는 운동이다. 그 직접적인 계기는 우리 한국 앞바다에서 벌인 청일전쟁이었다. 1871년, 북양대신 이홍장의 지휘로 재건된 북양함대는 독일과 영국에서 수입한 근대식 함대로 아시아에서 가장 강력한 함대로 거듭났다. 그러나 이 북양함대가 1894년에 청일전쟁에서 참패하고, 청은 여순항을 일본 해군에 내주고 말았다. 당시 이홍장의 북양함대는 서양에서 사들인 최신 무기 덕분에 일본을 압도했으나, 전쟁에 참여한 군인들은 범죄인과 마약 중독자 등이 대부분이었다. 나라가 총체적으로 풍전등화였다.

이 청일전쟁의 패배를 계기로 양무운동을 뛰어넘는 근본적인 개혁의 요구가 높아지자, 이런 요구를 구체화한 것이 변법자강운동이었다. 1898년, 황실은 개혁가 캉유웨이康有爲를 앞세워, 무기와 기술뿐 아니라 정치와 사회 등 각 부문에서 서양의 제도를 도입해야 한다고 주장했다. 그러나 개혁은 시작한 지 불과 100일 만에 좌절되고 말았다.

이처럼 일대 위기를 맞아 중국은 기층 농민에서부터 관료 지식인과 황실까지 어설프고 피상적이나마 '서양 오랑캐 따라 배우기'에 나섰다. 서양 종교는 농민들이, 서양 무기는 관료들이, 서양 제도는 황실에서 차례로 주목했다. 중국인들의 학습 실패는, 열강에게 새로운 약탈 기회였다. 탐욕은 그칠 줄을 몰랐다. 결국, 중국은 서방의 '조롱거리 시장'으로 한없는 굴욕을 감내해야 했다. 60년 동안 3단계로 이어진 '서양 오랑캐 배우기'가 막다른 벽에 부딪힌 것이다.

이때 또 다른 먹구름이 몰려왔다. 당시 서구는 독일의 빌헬름 2세를 중심으로 서구세력에 대한 황인종의 위협을 주장하는 황화론黃禍論을 확산시키면서 중국에서 분할과 이권경쟁에 몰두하고 있었다. 중국에서는 좌절과 약탈에 지친 일반 민중들 사이에서 '서양 오랑캐 스승 배우기'에 대한 반발이 강하게 일어났다. 그 반발은 '의화단운동義和團運動'으로 나타났다. 산둥 지역에 근거지를 둔 반외세 비밀결사 조직인 의화단은 청 황실 서태후와 결탁하였다. 그들은 베이징의 외국공관을 포위 공격하고 수백 명의 외국인을 살해했다. 이에 미국, 일본, 영국, 러시아, 프랑스, 독일, 오스트리아, 헝가리 등 8개국 연합군 11만 명이 베이징에 진격하여 응징에 나섰다. 그들은 원명원圓明園을 일주일 동안 불태우면서 중국을 유린했다.

'오랑캐 스승'에 반발한 의화단 운동은 이처럼 대재앙으로 변했다. 이때 8개 연합국은 청 정부를 압박하여 신축조약辛醜條約(베이징의정서)을 체결하고 거액의 전쟁 배상금에 합의했다.[5] 결국, 미흡하기 짝이 없었던, 그리고 시행착오의 연속이었던 수십 년간의 '서양 오랑캐를 스승으로' 삼은 학습은 이렇게 참혹한 실패로 끝나고 말았는가?

그 자체는 실패였다. 의화단 사건을 계기로, 서방에서는 중국을 경멸하는 풍조가 더욱 거세지고, 그것이 당연한 시대적 유행이 되었다. 서양 학자들은 '아시아적 정체성'을 담론 삼아 중국을 마음껏 조롱했다. 유럽 공산주의 지도자들도 중국의 낙후된 정체성을 의심한 적이 없다. 마르크스도, 러시아의 급진적인 볼셰비키들도 중국의 앞날에는 손을 저었다.

20세기에 들어와 아직 신해혁명이 일어나기 전, 중국의 혁명가 쑨원이 망명생활 중 스위스에 들렀을 때 일이다. 스위스에서 쑨원은 러시아의 혈기 넘치는 볼셰비키 혁명가들을 만나게 되었다. 그들은 고달프고 외로운 혁명가 쑨원을 위로하였다.

당신네 중국도 100년 이내에는 공화제가 될 수 있을 것입니다.[6]

그들 볼셰비키들도 중국의 앞날에는 무관심했다. 그러나 처참한 실패의 바닥에서 새로운 기회가 싹트고 있었다. 의화단 사건의 참상이 무너져가는 청 왕조의 종말을 알리는 신호탄 역할을 했다면, 그 뒤를 이어 전체 중국인들이 봉기한 신해혁명은 대재앙 다음에 하늘이 주는 새로운 기회였다. 쑨원이 그들과 만난 지 불과 몇 년 만에 중국에

미중 패권전쟁은 없다

서 신해혁명의 불길이 타올랐다. 그리고 이 신해혁명은 신문화운동과 5·4 운동으로 이어져 오늘날 현대 중국의 기틀을 만드는 데 주춧돌이 되었다.

이처럼 중국은 위기 속에서도 벤치마킹을 통해 융합과 변용을 거듭하여 추구하는 전통이 그들의 역사 곳곳에 들어 있다. 이 점이 거대 중국의 강한 생명력과 연결된 독특한 저력일 것이다. 중국공산당도 이런 전통 속에서 탄생했으며, 오늘날 시장경제를 통한 미국 추격도 위와 비슷한 방식으로 진행되고 있는 것이다.

미중,
친구도 적도
아니다

2부

미중 양국관계의 가장 큰 특징은 20세기 전반부터 끊임없이 대결과 협력을 반복해왔다는 것이다. 1940년대부터 시작된 중국공산당과 미국의 이런 롤러코스터 같은 관계는 수교 이후에도 이어졌으며 앞으로도 쉽게 그치지 않을 것이다. 그들은 비록 시장에서 다시 만나기는 했지만, 역사적 배경을 비롯하여 체제와 제도, 그리고 타고난 문화적 DNA까지 판이하게 다르다. 그러면서도 그들은 서로 외면할 수 없는 시장에서 다시 만났다. 수교 이후 지난 40년 동안, 양국은 서로 할퀴고 껴안으며 대결과 협력을 되풀이하는 희한한 방식으로 관계를 발전시켜왔다.

뒤쳐진 중국이 'G2'로 올라서기까지, 그동안 미국은 중국을 서구화하는 꿈을 한시도 버린 적이 없다. 그들은 언제나 새로운 갈림길에 서곤 한다. 치열하게 대결하면서도 그들은 타협이 불가피하다는 것을 잘 알고 있다. 이제, 미중 양국은 가속화하는 글로벌 경제의 거대 이익을 사실상 그들의 주도적 영향권 아래 두는 데 성공했다. 그들이 구축한 'G2 질서'가 그들의 공동 수혜의 지위를 받쳐주고 있는 것이다. 결국, 거칠고 치열한 대립과 갈등은 그들의 협력을 위한 부산물인 셈이다. 이 점을 간과한다면 미중관계의 실상을 놓치게 된다는 점을 유의해야 한다.

중국은 어떻게
미국 추격의 단초를 잡았는가

중국이 시장경제의 첫발을 뗄 무렵, 머지않아 중국이 미국을 추격할 것이라고 생각하는 사람은 아무도 없었다. 바로 그 무렵 중국은 홍콩 귀속에 이어 WTO에 가입했다. 그것은 미중 수교 20년 만에 만들어낸 가장 큰 합의의 산물이었으며, 이를 발판으로 중국은 세계 시장을 질주하며 미국 추격의 단초를 만들어냈다.

그러나 홍콩 귀속은 물론 WTO 가입도 쉬운 일이 아니었다. 그 길목에서 만난 미국의 텃세는 상상 이상이었다. *2018~2019년* 트럼프가 벌인 관세전쟁과 비교가 안 될 정도로 그 당시 미국은 거칠었다. 미국이 휘두른 전가의 보도는 언제나 '미치광이 전략*Madman Theory*'이다. 미 트럼프 정부는 북미정상회담 과정에서도, 그리고 한미 FTA 협상 과정에서도 '미치광이 전략'을 사용했다. 이 씁쓸한 협상 기술은 중국의 WTO 가입을 놓고 벌인 무역협상에서 도를 넘어섰다. 협상이 진행되는 동안 홍콩과 동남아에서 외환위기가 진행되고 있었고, 한국 또한 그 유탄에 맞아 IMF에 강제편입당했다. 유고연방의 중국 대사관에는 미 전투기의 폭탄이 투하되었고, 미 의회에서는 중국에 적대적인 의원들이 조작한 허위 보고서를 만들어 중국을 몰아붙이기도 했고, 핵기술 절도 혐의로 대만 출신 중국인 전문가가 체포되었으나 조작극이었음이 밝혀지기도 했다.

이것이 비상을 꿈꾸는 중국과, 중국을 하청공장으로 관리하려 드는 미국이 벌인 협상의 내면이었다. 결국 중국은 WTO에 가입했다. 그리고 세계 제일의 무역대국으로 올라섰다. 추격의 발판은 이렇게 마련되었다.

좀도둑과 강도가 만나다

중국이 시장경제를 도입하기 한 해 전인 1991년, 미중 양국은 지적재산권 협상을 벌였다. 양국 대표는 거친 말로 인사를 대신했다. 먼저 미국 무역대표부 대표 칼라 힐스Carla Hills가 중국의 불법 복제를 겨냥하여 쏘아붙였다.

우리는 좀도둑과 협상하러 왔습니다.

곧바로 중국 대외경제무역부 부부장 우이吳儀가 맞받아쳤다.

우리는 지금 강도와 협상하고 있습니다.[1]

우이 부부장이 '강도'라고 지적한 것은 미국 박물관이 보유하고 있는 중국문화재를 지칭한 것이었으나, 내면적으로는 아편전쟁 이후 대륙에 대한 서방의 약탈 행태를 염두에 둔 것이었다. 이처럼 양국의 협상은 늘 예리한 칼날 위에서 진행되었다. 이들의 협상은 그로부터 5년 후 중국의 WTO 가입 문제를 놓고 시작된 미중 무역협상, 그리고 홍콩 귀속 과정에서 동남아 외환위기라는 이름으로 벌어진 미중 자본전쟁의 전초전이기도 했다. 언제나 그들은 협상이라는 이름으로 '좀도둑'과 '강도'가 벌이는 전쟁을 방불케 하는 치열한 수 싸움을 벌여왔다.

홍콩 귀속, 미중 자본전쟁으로 이어지다

홍콩이 중국으로 귀속되는 과정을 바라보며 미국은 착잡했다. 1997년 6월 30일 밤 11시 50분, 아름다운 야경을 배경으로 진행된 홍콩 귀속 행사는 화려한 불꽃 축제와 함께 10분 만에 끝났다. 평화로운 장관이었다. 155년 전, 중국은 20만 명의 대군으로 불과 4,000명의 영국 해군에게 속절없이 무너졌었다. 그러나 이제 중국은 더 이상 과거의 중국이 아니었다. 새로운 실력자 덩샤오핑은 홍콩 귀속을 중시했다.[2] 개혁개방 선언과 미중 수교가 마무리되자, 곧바로 홍콩 총독 머레이 맥클레호스Murray Maclehose를 베이징으로 초청하여 홍콩 귀속 문제를 제기했다(1979. 3). 그리고 1982년 9월, 인민대회당에서 영국 총리 마가렛 대처를 만나 '홍콩의 주권 회복 문제는 협상의 대상이 아니다. 다만 절차와 방법이 문제다'라는 중국의 입장을 전했다.[3] 결국 양국은 '1997년부터 2047년까지 50년간 홍콩의 고도 자치에 의한 자본주의 시장경제를 허용한다'는 일국양제一國兩制 원칙 아래 홍콩의 주권을 중국에 완전 반환하는 '영중공동선언'에 합의했다(1985). 중국은 피 한 방

울 흘리지 않고 '황금알을 낳는' 홍콩을 넘겨받게 되었다.[4]

찰스 영국 왕세자는 홍콩반환의식이 끝나기가 무섭게 총총히 홍콩을 떠났다. 중국 정부는 경제발전을 위해 가장 먼저 홍콩을 최대한 이용하는 전략을 세웠다. 홍콩 인근 지역인 선전, 주하이, 산토우, 샤먼 등 네 곳에 경제특구를 설치한 것이다.[5] 첫 목표는 외자도입이었다. 동시에 동부 해안의 14개 항구 도시에도 경제개발구를 설치했다.

중국의 발전을 견제해야 하는 미국으로서는 이런 홍콩 귀속 과정을 가만히 바라만 볼 수는 없었다. 시장경제로 활기를 얻고 있는 중국이 순조롭게 홍콩을 넘겨받는다면, 그것으로 영국과 서구에서 가꾸어온 '아시아 금융기지'를 중국에 넘겨주는 것은 물론, 장차 홍콩은 중국과 동남아 화교경제권을 연결하는 절묘한 가교가 될 것이었다.

클린턴 미 정부는 줄곧 홍콩 귀속을 주시하고 있었다. 홍콩을 바라보는 미국의 이런 태도에 대해 중국 정부는 긴장했다. 소련이 붕괴된 지 6년, 6·4 천안문 사건이 발생한 지 8년이 지나는 시점이었다. 때마침 중국은 시장경제 도입으로 해외자본 유치가 한결 순조로워지고 있었다.

미국은 중국을 견제하기 위해서 홍콩반환과 함께 무대에서 내려간 영국을 대신하고 나섰다. 헤지펀드의 대부 조지 소로스와 재무장관 로버트 루빈의 공통점은 홍콩을 금융 공격의 목표로 잡았다는 것이다. 중국의 최대 자본 도입 창구로 떠오르는 홍콩을 잘 통제할 수 있어야 중국으로 유입되는 동남아 화교자본의 통제는 물론, 홍콩달러와 위안화에 대한 견제도 손쉬울 것이다. 세기적인 금융전쟁은 이렇게 시작되고 있었다.[6]

미국 헤지펀드들이 일제히 달려들어 홍콩달러를 공격하기 시작한

것은 홍콩이 공식적으로 반환되기 두 달 전인 1997년 5월이었다. 이때
가 사실상 동남아 외환위기와 미중 금융전쟁의 서막이 동시에 개막된
시점이다.[7] 홍콩이 중국으로 귀속된 5개월 후, 우리 한국은 IMF에 경
제주권을 넘겨주는 재앙을 만났다(6장 참조).

1997년 7월 1일, 홍콩이 귀속된 날을 기념하여 영화 〈아편전쟁鴉片戰
爭〉이 홍콩에서 개봉되었다. 잃어버렸던 홍콩을 되찾은 것을 기념한 작
품이다. 거장 시에진謝晉이 매가폰을 잡고 바오궈안鮑國安이 주인공 린
저쉬林則徐를 맡았다. 영화는 다음과 같은 말로 시작한다.

외세에 항거했던 나라만이 역사를 바로 돌아본다.

중국의 WTO 가입, 거친 협상을 시작하다

중국이 WTO 가입을 원한다는 것은 사실상 세계 자본주의 대열에 합
류하겠다는 신호였다. 뒤처진 중국 입장에서는 두려운 발걸음이었다.
그것은 미중 화해와 수교, 개혁개방, 시장경제를 착수하는 가파른 역사
의 고비들을 넘어선 다음에 직면한 새로운 고비였다. 소련이 붕괴한 직
후인 1992년 초, 중국이 시장경제 도입을 선언하자 부시 정부를 이어
받은 클린턴 정부는 중국과 '최고의 우호 관계'를 내세웠다. 미국 정부
는 개혁개방 이래 지난 10여 년의 중국 변화의 흐름에 대해 긍정적으로
평가했다. 그러나 미국의 이런 반응들은 모두 표면적이고, 외교적인 수
사들이었다. 미국은 제 발로 시장경제를 착수한 중국의 미래가 그들의
손안에 들어오고 있다고 낙관했다. 자본주의 대열에 합류를 겨냥하고
있는 중국의 WTO 가입 문제도 사실상 미국이 주도권을 쥐고 있었다.
중국의 서구화 기대에 대한 낙관적 분위기가 워싱턴을 지배했다.

그러나 협상 과정은 거칠었다. 그 과정은 미중관계의 겉과 속이 얼마나 다른지를 압축적으로 보여주었다. 중국이 WTO의 전신인 GATT(무역과 관세에 관한 일반협정)에 가입을 신청한 날은 1986년이었다. 중국은 그로부터 15년 뒤에야 WTO에 공식적으로 가입되었다. 특히 마지막 3년 반 동안 진행된 협상은 사실상 전쟁을 방불케 했다. 협상 과정에서 양국을 둘러싼 이해관계가 얼마나 힘들고 복잡한지가 있는 그대로 터져 나왔다. 양국 간에 이해를 다투는 치열한 각 협상 분야들은 물론, 양국 사회가 안고 있는 내부 세력 간의 이해 충돌도 동시에 표출되었다. 특히 협상 과정에서 불거져 나온 미 의회의 〈콕스 보고서 Cox Report〉와 미군 전투기의 유고연방의 중국 대사관 폭격을 비롯하여, 베이징올림픽 개최 결정, 9·11테러, 시애틀 군중 시위 등 예상치 못한 여러 사건들을 눈여겨볼 필요가 있다. 이 사건들은 양국이 얼마나 판이하게 다른 사회인가, 그리고 양국 내부의 갈등이 얼마나 복잡한가를 보여준다. 이 협상은 격렬한 찬반 논쟁과 음모로까지 얼룩질 수밖에 없었던 증거물들로 오래오래 남게 될 것이다. '좀도둑'과 '강도'의 협상이 말로 다 표현하기 어려운 진흙탕 속에서 진행되었음은 물론이다.

미국, 거칠고 조직적인 압박

10여 년을 기다려 성사된 양국의 협상은 3년 반에 걸쳐 진행되었다. 막바지 타결이 가까워지자 협상 분위기는 갈수록 어수선하고 험악해졌다. WTO 관문의 통과는 '새벽이 오기 전이 가장 어둡다'는 것을 보여주었다(미중 협상과 타협의 과정은 대부분 그런 롤러코스터 흐름을 보여준다). 악재는 하나둘이 아니었다.

중국이 미국의 핵기술을 절취했다는 의혹기사가 나왔다. 《뉴욕 타임스》가 올린 이 기사는 1980년대 후반 보도한 내용을 재탕한 것이다. 민주당에 대한 불법 정치 헌금에 중국 정부가 연루되었다는 보도가 나온 뒤였다. 협상을 지휘하는 클린턴 대통령의 행보도 기복이 심했다. 기회가 있을 때마다 클린턴은 중국이 WTO에 가입하면 '이 거대한 대륙의 시장 개방을 앞당길 수 있다'고 역설했다. 미중 협상이 진행 중이던 1998년 6월, 클린턴은 보잉 전세기 10여 대를 동원하여 1,000여 명의 미국 정부 관리들로 구성된 대규모 방문단을 이끌고 8박 9일간 중국의 각 지역을 순회 방문했다. '이 나라가 앞으로 미국의 가장 중요한 파트너가 될 나라'이니 잘 알아두어야 한다는 것이었다. 당시 그의 방문은 천안문 사태 이후 9년간 냉각된 중국과의 관계 회복을 위한 것이었을 뿐 아니라, 순조로운 WTO 협상을 위한 것이기도 했다. 그러나 클린턴은 르윈스키 덫에 걸리자 몸을 사리며 협상을 미루는 태도로 변했다.

악재는 이어졌다. 중국 내 인권 상황을 비난하는 미 국무부 인권보고서 발표를 비롯하여, 대만에 대한 미국의 장거리 레이더시스템 판매, 중국의 대미국 무역 흑자 규모 확대에 대한 불만 등이 터져 나왔다. 그러자 중국 정부도 맞대응에 나섰다. 미국이 구상 중인 전역미사일방어체제TMD에 일본과 한국, 대만을 포함시키려 한다고 비난하며 포문을 열었다.

이런 상황에서 상상을 뛰어넘는 대형 악재가 터져 나왔다. 미군 전투기가 유고연방 주재 중국 대사관을 폭격한 것이다. 이 폭격 사건은 미 의회의 중국 핵 스파이 사건 발표와 거의 동시에 발생했다. 이 미군 전투기는 NATO의 이름으로 유고연방에서 작전을 수행하던 중이었다. 이 사건은 미중관계를 최악으로 몰고 갔다. 1999년 5월 7일, 공격은 미국의 B-2 스텔스 전폭기 1대가 수행했으며 폭탄 3개가 투하된 것으로 확인되었다. '조준 폭격이냐, 오폭이냐'가 쟁점이었다. 폭격은 사령부의 지시에 따라 공격 목표를 정확히 조준한 결과라는 사실이 확인됐다. 중국 대사관은 크게 파괴되었고, 중국 언론인 3명이 사망하고, 대사관 직원 27명이 부상당했다. 중국 정부는 유엔 주재 중국대사 친화쑨秦華係을 통해 유엔 안전보장이사회의 긴급회의 소집을 요구했다. 그는 이 폭격이 '외교사에서 보기 드문 야만적 행위'라고 비난했다.

미국은 중국 정부에 유감의 뜻을 표하며 그 폭격은 '오폭'이었다고 주장했다. 피터 벌리 유엔 주재 미국 대사도 사과를 표명했다. 그러나 중국은 종래 벌어진 '오폭'은 악천후나 기기 결함 등으로 미사일이나 폭탄이 잘못 발사되어 민간인 희생을 낳은 데 반하여, 이번 '폭격'은 나토 전폭기 조종사가 지시받은 대로 정확히 폭격을 수행한 결과라고 보았다. 미국 정부는 폭격 목표가 중국 대사관이 아니라 유고연방 조달청이었다며 정보 부족 및 부정확성을 '오폭'의 원인으로 돌렸다. 중국 언론은 '중국을 약화시키기 위한 공모의 일환으로 자행된 고의적 공격'이라며 거세게 반발했다. 중국 대사관은 유고연방에 있는 몇 안 되는 외교 공관의 하나로, 주요 외국 기관들에 널리 알려져 있을 뿐 아니라 유고연방 조달청과는 거리가 800미터나 떨어져 있었다.

이 사건을 접하자 중국의 대학들이 움직였다. 수십만 명의 성난 대학생들이 전국 각 도시에서 격렬한 반미 시위를 벌이기 시작했다. 나토 회원국 제품에 대해 불매운동을 벌이자는 주장이 대학의 포스터와 인터넷을 통해서 퍼져나갔다. 시위 분위기는 미국과 NATO에 대한 언론의 맹렬한 비난, TV에서 재상영하는 반제국주의 영화들과 후진타오 부주석의 시위 격려문 등으로 고조되었다.[8] 쓰촨성 청두의 미 영사관에 불길이 치솟았다. 미군 항공기와 함정의 홍콩 정박도 금지시켰다. 이 문제로 미중 양국은 다섯 차례에 걸쳐 협상을 벌였다. 11월에는 장쩌민 주석과 클린턴 대통령이 뉴질랜드 정상회담을 통해 연내 협상 마무리에 동의했다.[9] 폭격에 대해서는 결국 클린턴의 공식 사과와 배상으로 마무리했다. 그러나 이 폭격이 WTO 협상을 반대하는 세력이 벌인 저항이었는지는 확인할 길이 없었다.

'핵 절취' 스파이 사건도 만만치 않았다. 결국 조작된 사건으로 드러났다. 공화당 소속 하원 정책위원장 크리스토퍼 콕스Christopher Cox는 중국이 1990년대 내내 미국의 핵기술을 몰래 빼낸 덕분에 예상보다 빠르게 수준 높은 소형 핵탄두를 개발할 수 있었다고 주장했다. 그는 이른바 〈콕스 보고서〉를 작성하여 중국에 치명적인 타격을 가할 준비에 몰두했다. 이런 나라와 무슨 WTO 협상이냐는 것이었다. 핵 관련 기술을 유출한 스파이로 지목된 과학자가 체포되었다. 뉴멕시코 주의 국립원자력연구소에서 근무하는 대만 태생 미국 국적의 과학자 리원허李文和였다. 악의에 찬 보고서가 작성된 시점은 1999년 1월이었지만, 보고서를 공개한 시기는 중국 총리 주룽지가 미국 방문 후 귀국한 5월로 맞추어져 있었다. 이 '핵기술 절취 사건'에 대해 《뉴욕 타임스》는 다음과 같이 보도했다.

중국의 미국 핵기술 절취사건에 대한 새로운 상황분석 보고서가 21일 빌 클린턴 대통령과 의회에 각각 보고될 예정이다. 이 보고서는 중국의 핵기술 절취 의혹을 조사한 의회 특별조사위원회의 정보를 포함하고 있으며,

중국이 미국의 W−88 핵탄두 디자인 기술을 훔쳤다는 기존의 결론을 재확인한 것으로 알려졌다.[10]

그리고 넉 달이 지난 8월 17일,《워싱턴 포스트》는 이 보도를 반박하는 기사를 실었다. 로스앨러모스 국립연구소의 방첩 책임자인 CIA의 로버트 브루먼이〈콕스 보고서〉가 허위임을 폭로한 것이다. 그는 '수사당국이 대만 태생의 핵물리학자 리원허를 절취 용의자로 지목한 결정적인 이유는 그가 중국계였기 때문이며, 이번 사건은 짜 맞춰진 것'이라고 폭로했다. 브루먼은 미 정부 수사관들이 리원허가 핵 기밀을 중국에 빼돌렸다는 어떤 증거도 가지고 있지 않다고 말했다. 로스앨러모스 국립연구소는 본인의 강력한 부인에도 불구하고, 보안 규정을 위반했다는 이유로 그를 해고했다. 미 법원은 리원허를 기소하지 않았다. 결국 '핵 절취 조작 사건'은 미국 의회가 조작한 것이었고,〈콕스 보고서〉는 허위였던 것이다. 그러나 이 '핵 절취 조작 사건'은 넉 달동안 매스컴을 타면서 중국의 WTO 가입을 반대하는 세력을 충실하게 지원했다.

이런 사건들이 미중 협상을 반대하는 음모의 일환이었다는 명확한 증거는 없다. 그러나 이들 사건이 당시 진행 중이던 중국의 WTO 가입을 둘러싼 무역 협상에 장애 요인으로 작용한 것은 틀림없다. 이 상황을 전문가들은 이렇게 정리했다.

중국 대사관 피폭 사건 후 미중 양국 관계가 1989년 천안문 사건 이래 최악의 상황에 직면했다. 특히 중국의 미 핵기술 절취설 보도는 양국관계를 냉각시킨 결정적 계기로 작용했다.[11]

　　　　　　　　　　　　　미중 패권전쟁은 없다

"중국 고기는 개도 안 먹는다"

중국은 수모를 참으면서 최대한 인내를 이어갔다. 미 의회에서 핵기술 절취설을 발표하고, 유고 중국대사관에 대한 황당한 폭격이 이어져도 중국 정부는 회담을 이어간다는 자세를 확고부동하게 견지했다. 여기에 또 하나의 장애물이 중국 정부를 괴롭혔다. 무역 협상장에서 미국 대표들의 태도는 '미치광이 전략'이나 죽 끓듯 하는 변덕을 넘어서서 중국의 주권을 무시하기에 이르렀다.

> 중국의 육류시장에 가본 적이 있다. 중국에서 파는 고기는 우리 미국에서
> 는 개도 안 먹는다. (…) 미국산 육류는 미국에서만 검사해도 충분하다. 중
> 국이 수입한 후 다시 검사할 필요가 없다.[12]

'힘센 사춘기 소년 같은' 세계제국 미국 앞에서 WTO 가입을 관철해야 하는 중국은 힘없는 약자에 불과했다. 그들은 그 옛날 치욕의 시대에 상하이 등지에 있는 열강의 조차지租借地 공원에 내걸렸던 '중국인과 개는 들어오지 마시오'라는 안내판을 떠올렸을 것이다. 중국 대표가 말했다.

> 우리 중국은 주권국이다. 중국은 수입하는 육류를 포함한 모든 외국산 제
> 품에 대하여 검사할 권리가 있다. 아무리 낙후한 국가라도 이 권리를 가지
> 는 것은 당연하다.[13]

이렇게 응수한 다음, 그 무례한 미국 협상 대표를 회담장에서 쫓아

내는 것이 고작이었다. 이 협상에서 미국은 강자가 보여줄 수 있는 오만을 최대한 활용했고, 중국은 약자가 참아내야 하는 모욕을 끝까지 견뎌냈다. 협상은 매 순간 전투나 다름없었다.

20세기 가장 어려운 협상의 타결

이런 상황에서도 양국 정부는 협상을 서둘렀다. 1999년 4월 초, 협상이 살얼음을 걷는 상황에서 주룽지가 미국을 방문했다. 주룽지는 워싱턴에 오기 전에, 베이징에서 앨런 그린스펀Alan Greenspan 연방준비제도이사회 의장과 만나 치밀하게 사전 조정 작업을 마친 상태였다. 주룽지는 그린스펀에게 만일 미국이 중국의 WTO 가입에 협조할 경우, 통신사업, 은행업, 보험업 그리고 농산물 시장까지 개방하겠다면서, 이러한 양보의 뜻을 미국의 실력자들에게 전해달라고 요청했다. 귀국 후 그린스펀은 이러한 내용을 미국 무역대표부에 전달했다. 마지막 현안은 주룽지 총리가 미국 방문 때 최종 타결한다는 복안도 합의해 놓았다.[14]

그러나 주도권을 쥔 워싱턴의 분위기는 좋지 않았다. 때마침 워싱턴 정계는 클린턴 대통령이 저지른 르윈스키 섹스 스캔들의 수렁에 빠져 있었다. 스캔들로 휘청거리는 클린턴은 의회를 설득할 지도력이 실종된 상태였으며, 의회는 중국에 적대감을 드러내고 있었다. 스캔들에 휩싸인 워싱턴에서 협상 타결을 선언할 분위기가 아니었다. 게다가 클린턴의 변덕도 예측이 불가능한 정도로 심각했다. 그린스펀과 협의를 마친 주룽지가 미국을 방문하여 협상을 마무리하려 하자, 갑자기 클린턴이 마음을 바꿔 협상을 취소했다. 이 소식을 들은 미국 협상 대표단도 안타까워했다. 결국 클린턴은 협상의 중요성을 인식하고 중국 대표단에게 미국에 계속 머무르면서 끝까지 협상을 진행하자고 말했다. 주룽지는 클린턴으로부터 협상을 계속하자는 전화를 받고 이렇게 말했다.

> 며칠 전까지만 해도 체결할 수 없다고 하더니 지금은 180도로 마음을 바꿨군요. 우리도 당장 급한 것은 아니니 천천히 베이징에 가서 얘기합시다.[15]

치밀하게 준비했다고 생각한 중국 총리 주룽지는 스캔들에 휘말려 허둥대는 클린턴을 보면서 빈손으로 워싱턴을 떠났다. 그는 백악관에서 가진 기자회견에서 WTO 가입 문제가 제대로 풀리지 않은 것은 미국 측과의 '의견차' 때문이 아니라, 미국 내에 고조된 '반反 중국 정치 분위기' 탓이라고 지적했다. 귀국한 주룽지에게는 '그 봐라! 잘난 당신 하는 일이'라는 반대 세력의 비난이 쏟아졌다.

이런 분위기 속에서도 양국 정부는 3년을 끌어온 협상을 조용히 이어나갔다. 마지막 협상은 5월부터 11월까지 은밀하게 진행되었다. 온통 시끄러운 판에 양국 정부는 뒤에서 끈질기게 협상을 이어갔다.

최후의 격돌은 베이징에서 11월 10일부터 11월 14일까지 밤낮없이 벌어졌다. 미국 대선을 1년 남겨 놓은 시점이었다. 누구도 결과를 예측할 수 없었다. 의견 일치를 보지 못한 몇몇 핵심 사안을 놓고 양측은 대치 상태로 들어갔다. 11월 14일 저녁 7시, 미국 대표단은 다음 날 귀국하겠다는 말만 남기고 협상 테이블을 떠나버렸다.

이 고비에서 주룽지는 중국 수석대표 룽융투龍永圖에게 '어떤 일이 있어도 오늘 안에 협상을 타결해야 한다'고 전화로 지시했다.

그리고 대외무역경제합작부(현 중국 상무부)의 우이 부장이 미국 대표단을 찾아갔다. 주 총리가 미국 수석대표 바르셰프스키를 만나러 지금 오는 중이라고 말했다. 바르셰프스키를 만난 주룽지는 곧바로 본론으로 들어갔다.

나는 당신들과 협상하러 온 게 아니라 결정을 내리러 왔습니다. 일곱 가지 사안 중에 두 가지만 허용할 수 있습니다. 이게 우리가 할 수 있는 최대한의 양보입니다.[16]

이 대목을 룽융투는 이렇게 설명한다.

미국은 처음에 중국의 통신과 생명보험 분야에서 통제권을 얻기 위해 한사코 높은 지분율을 고집했다. 양측은 타협을 거쳐 가장 민감한 분야인 부가 통신 서비스와 생명보험에서 각각 50퍼센트의 지분율을 허용하기로 합의했다. 또 다른 핵심 분야인 금융 분야 자본시장은 개방하지 않기로 했다. 이로써 중국은 금융 안전을 확보했다.[17]

동남아 외환위기에 대처할 때에도 주룽지는 기자들에게 '금융은 안보'라고 얘기했다. WTO 가입에서도 이 원칙을 그대로 지킨 것이다. 미국 측은 주룽지의 최후 결정을 받아들였다. 타협이 이루어진 지 5분 만에 미국은 중국의 WTO 가입에 동의했다. 그리고 다음 날인 1999년 11월 15일 중국의 WTO 가입과 관련한 상호 협정을 체결했다. 양측 협상 대표들은 서로를 '프로다운 강한 상대였다', '슬기롭고 날카로우면서도 치밀했다'고 인정했다. 미국 수석대표 바르셰프스키는 꼭 해

탈한 느낌이라고 감개무량해했다.

약 3년에 걸친 협상은 이렇게 끝났다. 이렇게 해서 중국은 개방정책을 착수한 지 21년 만에 미국이라는 장벽을 뚫고, 그들의 동의를 얻어 새로운 무역 개방 시대를 열었다.

조지 W. 부시, 중국의 부상을 막지 못한 이유

그러나 WTO 가입을 위한 힘겨운 협상이 마무리되자, 중국은 새로운 장애물을 만났다. 협상이 타결된 이듬해 치러진 미 대선에서 승리한 공화당의 조지 W. 부시 정부가 갈 길 먼 중국을 가로막고 나섰다. 본래 대선 과정에서 부시는 중국의 WTO 가입을 지지했었다. 그러나 취임 후 곧바로 태도를 바꿔 중국에 '힘의 외교'를 내세워 매섭게 몰아붙이기 시작했다. WTO에 가입하게 된 중국에 기선 제압을 위한 전략이었다. 중국을 '우호적 동반자'에서 '전략적 경쟁자'로 끌어내리고, 중국과 가까운 이라크, 이란, 북한 등 3개국을 '악의 축'으로 규정하는 등 중국 압박을 위해 총공세를 펼쳤다.[18] 중국의 WTO 회원 가입도 미뤄졌다.

바로 이 무렵, 미중 양국 사이에 대형 악재가 터졌다. 부시가 취임 3개월이 지날 무렵, 미국 최신예 정찰기 EP-3가 중국 전투기 J-8IIM과 공중 충돌하여 하이난다오에 불시착한 것이다. 중국 정부는 중국 연해 지역을 불법 정찰한 미국을 맹비난했다. 중국 전투기 조종사는 추락해 숨지고, 비상 착륙한 미국 정찰기 승무원 24명은 억류되었다. 결국, 사고 11일 만에 미국 정부가 중국에 사과한 다음 정찰기 승무원들은 풀려났다.[19]

이보다 더 심각한 사건이 그로부터 5개월 후에 터졌다. 사우디아라비아 출신의 수니파 극단주의 테러리스트 오사마 빈 라덴이 이끄는 극단 세력에 의해 '9·11 테러'가 발생한 것이다.[20] 항공기를 납치하여 자행한 동시다발 자살테러로 세계무역센터 쌍둥이 빌딩이 붕괴되고, 워싱턴의 국방부 청사도 공격을 받았다. 6,000여 명의 희생자가 나온 이 사건으로 미국의 국가적 자존심이 일거에 무너졌다. 건국 이래 미 본토의 중심부가 외부의 공격을 받은 것은 처음이었다.

이 사건을 계기로, 부시 정부는 장쩌민 정부에 손을 내밀었다. 중국 정부는 환영했다. 테러와의 전쟁에 적극 지원을 표명하며 미국과의 관계 개선을 추구했다. 9·11 테러 다음 달인 2001년 10월, 조지 W. 부시는 상하이에서 장쩌민과 회담했다. 이 회담은 부시 정부의 대중국 정책의 전환을 확인하는 자리가 되었다. 부시는 테러와의 전쟁에 초점을 맞추고, 장쩌민은 한 달 앞으로 다가온 WTO 가입에 집중했다.[21] 그들은 회담에서 이렇게 합의했다.

중국과 미국은 적이 아니고 친구이며, 양국은 건설적인 협력관계 발전에 노력하고 있다. 미중 양국은 테러 박멸에 공통이익을 가지고 있으며 중국은 일관되게 어떠한 테러에도 대응하고 테러와의 전쟁을 지원한다.

미국이 중국을 다시 '적'이 아닌 '친구'로 바꾸어 표현한 것이다. 이 회담에서 장쩌민 정부는 미국의 중국 압박을 완화하는 전략에 집중했다. 부시는 중국과의 안보 협력이 다른 어느 나라의 정책보다도 강력한 영향력을 가지고 있다는 것을 새롭게 인식했다. 다음 달인 2001년 11월 15일 중국의 WTO 가입이 승인되었고, 12월 11일에는 WTO의 143번째 회원국이 되었다. 9·11 테러가 발생한 지 3개월이 지난 후였다. 그날 밤 중국은 축제 분위기에 휩싸였다. 그로부터 12년 후, 그들이 세계 최대의 무역대국으로 올라설 것을 미리 자축하고 있었던 셈이다.[22]

9·11 테러 이후, 미국 정부는 대외전략의 핵심을 중국에서 중동으로 전환하고, 아프간과 이라크에 대한 대대적인 보복 전쟁에 나섰다. 갑작스러운 테러 사건으로 미국과 관계를 개선한 중국은, WTO 가입에 따른 양허안 이행을 비롯하여 후속조치들을 이행하는 데 전념할 수 있는 유리한 국제환경을 맞이한 것이다.[23]

이런 과정 끝에, 중국은 미중관계에 새로운 역사적 전환점을 맞이하게 되었다. 중국의 WTO 가입은 동아시아와 세계 경제의 대변혁을 예고하고 있었다. 그러나 언론은 중국의 WTO 가입을 별로 주목하지 않았다. 세계의 눈은 9·11 테러라는 미국 역사상 미증유의 대사건에 쏠려 있었던 것이다.

WTO 가입, 중국 부상의 신호탄이 되다

낙후한 중국이 경제발전에 모든 것을 걸고 WTO 가입으로 돌파구를 모색한 데 반해, 미국은 WTO라는 틀을 통해 중국을 보다 원활하게 관리하고자 했다. 당시 미국은 기고만장할 만했다. 경제규모나 경제수준에서, 미국은 중국과 비교할 만한 나라가 아니었다. 게다가 미국경제는 인터넷 보급과 함께 신자유주의를 토대로 한 글로벌 경제 전략에 날개를 단 형국이었으며, 중국은 사회주의와 시장경제라는 두 바퀴를 힘겹게 끼워 맞추며 조심스럽게 자본주의의 길로 나서고 있었다. 이처럼 세계의 정점에서 자신감이 넘치는 미국은 낙후한 중국의 시장경제

도입을 미국 자본주의의 승리로 판단하는 여유를 즐기고 있었다.

광활한 중국시장을 대상으로 14억의 중국 소비자들이 좋아할 제품을 별 제약 없이 팔고 싶어 하지 않는 나라는 없다. 이런 점에서, 미국을 비롯한 선진국들은 중국의 WTO 가입을 반기고 있었다. 반면에 중국 정부는 국내 산업이 선진국들에 짓눌리지 않을까 우려하면서도, 기득권에 안주하며 암적 존재로 커나가는 국유기업들을 세계 시장의 사나운 경쟁에 노출시켜 개혁하지 않고서는 미래가 없다고 생각했다.

WTO 가입이 이루어지자, 중국의 대외무역은 폭발적으로 증가하기 시작했다.[24] 가공무역을 토대로 나오는 값싸고 질 좋은 중국의 생활필수품들이 미국 등 세계시장을 휩쓸기 시작한 것이다. 그러나 순조롭지만은 않았다. 중국이 안고 있는 갖가지 무역시스템 문제가 불거져 나오기 시작한 것이다. 무역량 급증과 함께 무역 갈등이 급증했고, 동시에 반덤핑 공세가 들이닥쳤다. WTO 가입 이후, 중국은 반덤핑 조사를 가장 많이 받은 나라로 떠올랐다. 정부 보조금 지급 혐의에 대한 조사도 최고 수준이었다.

가장 심각한 문제는 급증하는 미국과의 무역 불균형이었다. 중국의 수출 공세는 미국의 반덤핑 공세를 불러오고, 이는 다시 중국이 미국의 보호주의를 비난하는 방식으로 통상 마찰은 커져나갔다. 당시 중국의 WTO 가입에 실무 총책임자였던 룽융투는 '세계 각국의 무역 보호 조치 가운데 약 절반은 중국을 겨냥한 것'이라고 지적했다.[25]

미중 양국은 이런 혼란을 수습하는 데 기존의 해결 방식으로는 미흡하다는 점에 공감했다. 이를 계기로 양국은 새로운 대화 방식으로 2006년부터 양국의 최고위층이 참여하는 미중전략경제대화를 열기 시작했다(5장 참조). 중국의 WTO 가입을 계기로 미중관계가 새로운 차원으로 발전하기 시작한 것이다.

여기서 잠시 그 당시 중국의 통상 규모의 변화를 들여다보자. WTO에 가입하던 2001년 중국의 대외무역은 연 5,000억 달러로, 세계 5위였다. 당시 미중 무역 규모는 800억 달러, 중국의 대미 무역흑자는 IMF 기준으로 280억 달러 수준이었다. 그러나 WTO 가입 이후 10년 동안 이들 숫자는 모조리 바뀌었다. 2011년, 미중 무역 규모는 3,800억 달러, 중국의 대미 무역 흑자는 6년 연속 2,000억 달러를 웃돌았다. 그리고 2013년, 중국의 대외무역 총규모는 4조 달러를 넘어서서 사상 처음으로 미국을 누르고 세계 1위의 무역대국의 자리에 올랐다. 온갖 어려움을 딛고 미국과의 무역협상을 마무리한 것은 잘한 일로 평가되었다. WTO에 가입한 지 10년째 되던 해, 중국 상무부 천더밍陳德銘 부장은 간단하게 소감을 밝혔다.

세상엔 절대적인 이득이나 손실은 없다. 실보다 득이 많았다.[26]

실제 WTO 가입은 중국의 '대국굴기大國崛起'에 결정적인 계기가 되었다. 2008년 미국발 글로벌 금융위기가 발발할 즈음, 미국과 유럽 각국이 부채 위기로 골머리가 아픈 상태에서도 중국은 연간 9퍼센트를 상회하는 '나 홀로 성장'을 이어갔다. 중국이 세계경제를 견인한다는 평가가 여기저기서 나오기 시작한 것이 이 무렵이었다.

WTO에 가입한 이후 중국경제의 흐름은 당초 미국의 예상과는 차이가 컸다. 미국과 서방에서는 중국이 WTO 가입 의정서에 따른 약속 조건을 이행하기 어려울 것으로 기대했다. 많은 전문가는 약속(양허)을 이행하느라 낙후한 중국경제가 고통스러운 구조조정을 겪게 될 것이고, 대외무역에서도 압박을 받을 것으로 보았다. 그러나 이런 예상과는 달리, 중국은 밀려드는 외자를 유치하며 수출대국으로 급부상하기 시작했고, 연간 성장률은 10퍼센트대를 질주해나갔다. 중국 정부 자신도 예상하지 못한 일이었다. 물론 이 과정에서도 미국과 서방은 중국경제 위기를 끊임없이 외쳐대고 있었다. 하지만 추격의 시동은 이미 걸려 있었다.

미중 패권전쟁은 없다

미중관계,
새로운 패러다임이 다가온다

한때, 미국과 서방은 중국이 스스로 서방식 체제로 넘어올 것으로 낙관하며, 영원한 하청구조를 기대했다. 그러나 예상과 달리 중국은 만만치 않은 라이벌로 떠올랐다. 중국처럼 군사력이 아닌 경제력으로 부상하는 제국은 없었다. 중국은 묵묵히 떠올랐고, 미국은 경악했다. 미국은 무차별적인 경제 압박 이외에 아무런 대책이 없다. 경제발전에 국가 목표를 집중하며 숱한 장애물을 넘어온 중국은 미국의 거친 압박에 눈을 부릅뜨고 있다.

아직 미국은 중국의 부상을 수용할 태세가 아니다. 양국은 치킨 게임을 벌이며 할퀴고 껴안기를 반복한다. 그들은 무역과 투자, 금융 등 모든 경제 분야에서 눈부시게 협력한다. 동시에 모든 분야에서 대립하고 모든 분야에서 타협을 모색한다. 이런 모습은 역사상 나타난 '힘의 이동' 과정에서 유례를 찾아볼 수 없는 일이다. 세계도 그들의 혼란스러운 모습에서 눈을 떼지 못한다. 중국의 추격 앞에 미국은 제국의 위용을 벗어던지고 보호주의를 내세워 '미국 제일'에 목청을 돋우며 중국 압박에 초당적으로 나선다. 그러면서도 그들 스스로 중국이라는 거대 시장을 외면할 수 없는 현실에 당혹해한다.

하나의 들판에 두 마리 늑대가 공존하는 방법은 없는 것인가? 쫓기는 미국이 기존의 방식을 버리려면 아직 많은 시간이 필요해 보인다. 그리고 나면 어느 날 새로운 패러다임이 성큼 다가와 있게 될 것이다. 미국 중심에서 다원화된 세계로 말이다.

흔들리는 미국, 질주하는 중국

미국은 중국을 향해 '좀 더 미국처럼 되라'고 강요하기를 멈춘 적이 없다. 한 세기 전부터 지녀온 중국 대륙에 대한 관리의 미련은 여전히 남아있다. 뉴욕 주지사를 세 번 연임한 마리오 쿠오모의 말처럼 미국은 아직도 '힘센 사춘기 소년 같은 나라'인지도 모른다. 그러나 중국은 미국의 그런 압박이 통하지 않는다는 것을 지속적으로 보여주었다. 지난 40년 동안, 중국은 미국의 끈질긴 견제에도 불구하고 묵묵히 경제를 발전시켜왔다. 중국 압박에 실패해온 것이다.

21세기에 들어와서, 중국의 미국 추격이 가시화하자 미국의 압박은 갈수록 노골화하고 있다. 최근 들어, 미국 정부는 중국경제를 넘어 체제까지 공격의 수준과 빈도를 높이고 있다. 대만과 남중국해를 중심으로 하는 군사적 긴장도 중국을 견제하는 미국의 중요한 카드로 활용된다. 미국은 그들과는 전혀 다른 중국 고유의 특성이나 최근의 의미 있는 변화 추세를 이해하려 들지 않거나 부정하려든다. 중국을 가르쳐야 한다는 전략을 놓고, 21세기 부시와 오바마, 트럼프 정부는 아무런 차이가 없다. 다만, 그들이 직면한 상황에 따라 드러나는 압박의 모습에 약간의 차이가 있을 뿐이다.

여론에 민감한 미국 정치인들은 여야 없이 이런 중국을 압박하는 전략에 경쟁적으로 한목소리를 낸다. 그러나 미국 내에서도 우려를 제기하는 지식인들이 없는 것은 아니다. 지금도 미중 양국 간에 밀사 역할을 하고 있는 미국 최고의 외교 원로이자 중국통 헨리 키신저를 비롯하여, '투키디데스 함정'으로 유명해진 하버드대학의 그레이엄 앨리슨, 중국의 시장 확장 속도를 주목하는 카네기평화연구소의 앨버트 키델Albert Keidel[1] 같은 전문가들은 중국을 견제하려 드는 미국에 대해서 지속적으로 경고를 보내고 있다. 중국은 이제 과거의 중국이 아니며, 미래를 향하여 질주하는 중국의 변화를 외면하지 말라는 것이다. 골드만삭스와 HSBC, IMF 같은 세계적인 금융기관들도 중국의 미래가 미국보다 밝다는 신호를 지속적으로 보내고 있다. 그들은 일제히 2030년대에 시장 규모 면에서 중국이 미국을 앞설 것이라고 전망한다. 물론 시장 규모의 변화는 단순한 시장 변화로만 그치지는 않는다.

세계적인 중국 전문가들과 전문기관들은 그동안 중국에서 일어난 변화들을 예사롭지 않게 평가한다. 지난 20세기 100년에 걸쳐, 중국은 매우 의미 있고 힘든 변화를 수행했다. 수천 년 이어온 봉건제국이 혁명을 거쳐 사회주의 공화제 정부를 수립하자 세계는 경악했다. 서방은 그들을 봉쇄하고 압박했으나, 그들은 당 노선을 계급투쟁에서 경제발전으로 바꾸고, 대담한 개혁개방과 시장경제를 착수하는 데 성공했다. 그리고 155년 만에 홍콩을 순조롭게 되찾고, 헤지펀드가 밀어붙인 동남아 외환위기를 피하며, 세계시장을 향한 WTO 가입 협상까지 마무리했다. 중국은 21세기를 그런 방식으로 준비했다.

그러나 이처럼 거센 변화 흐름을 타는 중국에 대하여 미국의 태도는 조금도 변하지 않았다. 석유문제와 테러와의 전쟁으로 끊임없이 중동에서 흔들리고, 떠오르는 아시아 시장에서 차이나 딜레마에 빠져들고, 그리고 미국발 금융위기로 곤욕을 치르면서도, 여전히 군사력과 경제력을 내세워 중국과 중동을 압박하면서 무소불위의 세계제국임을 스스로 자랑스러워한다. 그들이 믿는 것은 무엇인가? 구체적으로, 21세기에 들어와 미국은 어떻게 행동하고 있는가?

21세기를 시작하는 중국과 미국의 모습은 대조적이었다. 새로운 시대를 향한 신호는 2001년에 발생했다. 그해 미국에서는 '9·11 테러'가 발생하고 중국은 WTO에 가입한 것이다. 이를 계기로 양국은 서로 전혀 다른 방향의 국가적 과제에 몰입하기 시작했다. 미국 정부는 아프가니스탄과 이라크를 상대로 중동 침공에 착수한 반면, 중국은 세계무역시장으로 나아갔다.

조지 W. 부시 미 정부는 곧바로 반테러 전략에 나섰다. 그 과정에서 미 정부는 불가피하게 중국 정부에 손을 내밀었다. 이로 인하여 WTO에 가입하는 중국을 선제적으로 압박하려던 부시의 계획은 좌절되었다. 부시 정부는 이라크에 '대량살상무기WMD' 혐의를 뒤집어씌워, 따가운 세계 여론에도 불구하고 '더러운 전쟁Dirty War'을 착수했다. 그 이면에는 석유와 직결된 페트로 달러Petro-dollar 체제를 보호하는 일이 자리 잡고 있었다. 미국의 대외전략의 중점이 중국에서 중동으로 전환된 것이다.

미국이 전쟁에 빠져드는 동안, 중국은 미국의 압박에서 벗어나 세계

시장으로 질주하는 기회를 맞이할 수 있었다. 미국으로서는 일단 중국 압박의 기회를 놓치게 된 것이다. 이때부터 중국의 대외무역은 세계시장에서 전반적인 급증세를 보이며 무역대국의 기틀을 잡아나가기 시작했다. 그중에서도 생필품을 중심으로 미국에 대한 수출이 급증하기 시작했다. 미중 양국은 상호 무역 급증에 따른 제반 문제를 협의할 필요성에 공감했다. 그런 배경을 갖고 창설된 것이 2006년에 개설한 미중전략경제대화U.S.-China Strategic Economic Dialogue, SED였다. 이 대화에서 그들은 무역 불균형과 환율 그리고 경제협력 급증에 따르는 안보 지원과 글로벌 밸류체인과 관련된 세계적 관심사 등을 폭넓게 다루기 시작했다.

미국이 대외 전략의 중점을 중동 전쟁에서 다시 중국 압박으로 전환한 것은 2001년 9·11 테러 발생과 중국의 WTO 가입 이후 10년이 지나서였다. 2011년, 오바마 정부는 이라크에서 철수를 선언했다. 그리고 '피봇 투 아시아Pivot to Asia(아시아 회귀)'라는 이름을 내걸고 중국 포위를 본격화했다. 당시 사정을 들여다보자.

버락 오바마는 중동 전쟁과 2008년 뉴욕발 금융위기라는 두 개의 부담을 안고 2008년 11월 대통령에 당선되었다. 새 정부 출범 직후인 2009년, 오바마는 국무장관 힐러리 클린턴을 베이징에 급파했다. 힐러리는 중국 춘추시대 고사인 '동주공제同舟共濟'를 인용하며 협력을 요청했다.[2] 원자바오 중국 총리는 이런 힐러리를 극진하게 환대하고 미국 재무부 채권 3,000억 달러의 추가 매입을 약속했다. 경제발전에 나선 중국에 미국은 언제나 가장 중요한 파트너였다. 같은 해, 양국은 대화채널을 강화했다. 2006년부터 운영해오던 '미중전략경제대화'에 고위급대화SD를 통합해 '미중전략 및 경제대화U.S.-China Strategic

& Economic Dialogue, S&ED'로 격상하여 정부 간 협의에 무게를 더했다. 이는 양국 관계가 무역, 투자, 금융 등 모든 경제 분야에서 급속하게 긴밀해지는 가운데 나온 것이다.

　다시 2년이 지난 2011년, 오바마 정부는 대중국 전략을 협력에서 포위로 바꾸었다. 이라크 철수를 선언한 시점이었다. 미국은 반테러 전략과 뉴욕발 금융위기에서 보여준 중국의 협력에는 눈을 감았다.[3] 오바마 정부는 뉴욕발 금융위기가 중국과의 무역 불균형 때문이었다고 주장하면서, 위기의 책임을 외부로 돌렸다. 실제로 금융위기의 근본 원인은 고질적인 과소비의 지속, 그리고 막대한 이라크 침공 비용과도 연관되어 있었다. 2003년부터 2011년까지 9년간 지속된 이라크 침공에서, 미군의 참전은 17만 명까지 늘어났으며, 4,400명의 미군이 사망했다. 이라크 전쟁 비용은 천문학적이었다. 보스턴대학의 네타 크로퍼드Neta Crawford 박사는, 미국의 아프간 이라크 전쟁 비용이 도합 4조 7,900억 달러에 달한다고 추산했다.[4] 이라크 침공 중에 발발한 금융위기는 리먼 브라더스와 베어스턴스에서 시작하여 연쇄 도산으로 이어졌다. 부시 대통령은 AIG에 대한 구제 금융을 승인하면서 '비참한 선택'이라고 개탄했다.

　미국의 중앙은행격인 연방준비제도이사회는 양적완화Quantitative Easing라는 애매모호한 이름을 내걸고 2008년부터 2014년까지 6년간 3차에 걸쳐 4조 달러가 넘는 돈을 찍어냈다. 미국 GDP의 20퍼센트가 넘는 규모였다. 양적완화를 수행한 연준 의장 벤 버냉키Ben Bernanke는 '헬리콥터 벤'이라는 별명으로 불렸다. 2008~2009년, 월스트리트가 공포에 휩싸인 와중에 400여 개의 금융사에 7,500억 달러, 자동차 3사에 150억 달러의 공적 자금을 쏟아부었다. 중국의 정부 보조금을 비난

　　　　　　　　　　　　　미중 패권전쟁은 없다

하는 미국에서 벌어진 일이다. 뉴욕대학의 누리엘 루비니Nouriel Roubini 교수는 이런 현실을 이렇게 비판했다.

미국에서조차 사회주의가 살아 움직이고 있다. 그러나 이 사회주의는 부자들, 연줄이 좋은 사람들, 그리고 월가를 위한 사회주의이며, 이익은 사유화되고, 손실은 사회화되었다.[5]

중국 포위에는 국무장관 클린턴 힐러리가 앞장섰다. 뉴욕발 금융위기를 맞아 베이징으로 협력을 구하러 갔던 바로 그 인물이었다. 2016년 대선의 유력 주자로 떠오른 그녀는, 2011년 미국 외교전문지《포린폴리시》에 기고한 글 〈미국의 태평양 시대America's Pacific Century〉에서 그동안 중동에 집중해온 미국이 이제부터는 외교·군사정책의 중심을 아시아로 이동시켜 중국을 견제하겠다고 선언했다. 중국 포위를 내세운 '피봇 투 아시아'가 시작된 것이다. 금융위기 이후 세간에 퍼지고 있는 '미국은 지고 중국이 뜬다'는 여론을 잠재울 필요도 있었다. 이때부터 미국은 그들이 자랑하는 항공모함을 아시아에 전진 배치했다. 그리고 해군과 공군을 중심으로 총 국방비의 60퍼센트를 아시아 지역에 집중하기 시작했다.[6] 연간 6,000억 달러가 넘는 미 국방예산 중 약 3,600억 달러를 중국 포위에 쏟아붓기 시작한 것이다. 경제 측면에서의 포위를 위해서는 중국의 대외 경제 네트워크를 통제하기 위해 '환태평양경제동반자협정Trans-Pacific Partnership, TPP'을 동원했다.[7] 이처럼 미국은 흔들리는 가운데 중국 압박에 집중해나갔다.

당시 중국은 어떤 상황이었는가? 미국이 '9·11 테러'를 당한 다음 아프가니스탄과 이라크를 침공하고, 그 와중에 '뉴욕발 금융위기'를 겪으으면서 흔들리고 있던 바로 그 시기에, 중국은 미국 정부의 요청으로 반테러와 금융위기 공조에 협력하는 한편, WTO 가입을 기점으로 경제발전의 길을 질풍처럼 독주하기 시작했다. 중국에서 투자처를 찾는 외국 투자자의 발길이 급증하기 시작한 가운데, 중국 정부는 까다로운 WTO 양허안 수행을 위하여 대대적인 무역 제도 정비에 나섰다.

중국 정부는 열악한 국내 기업 상황을 고려하면서도 수출 전략을 적극화해야 하는 과제에 직면했다. 중국이 택한 방식은 외국의 설비와 원료 및 중간재를 과감하게 들여오고, 직접투자 방식과 가공무역 방식을 최대한 활용하는 것이었다(중국의 이러한 직접투자 유치 방식은 한국이 집중한 간접투자 중심의 차관 이용 방식과는 180도 다른 방식이었다). 중국이 이처럼 직접투자를 적극적으로 유치한 영향으로 합자 수출과 가공 수출 비중이 전체 수출의 절반을 넘어서게 되었다. 이는 중국 특유의 현상이다. 이런 방식은 단기간에 수출이 급증하는 원동력이 되었다.[8]

그러나 이런 방식으로 중국이 얻는 것은 크지 않아, 주로 가공임 정도였으며, 이 가공임으로 얻는 이익은 총 매출의 대략 30퍼센트 수준이라고 컬럼비아대학의 조지프 스티글리츠 교수는 추정했다. 외국기업들과 공동으로 수출하는 셈인데, 그중 가장 큰 비중은 미국의 초국적 기업들이 차지했다(미국의 무역수지와 관련하여 미 연준 의장을 역임한 앨런 그린스펀은 일찍이 미국의 초국적 기업 활동을 지적하였다). 중국 상무부는 미국 기업들의 중국 진출상황을 이렇게 소개했다.

세계 500대 기업에 랭크된 미국기업 대부분이 중국에 투자기업을 설립했고,[9] 2003년 10월 말 현재, 미국의 대중국 투자는 총 4만 588건, 계약액 842.1억 달러, 실투자액 432.5억 달러에 달했다. (…) 미국의 대중 직

미중 패권전쟁은 없다

접투자는 기계, 석유, 전자, 통신, 화공, 식품, 농업, 의약, 환경보호, 금융 등 주요 분야에 고루 분포되어 있으며, 특히 판매와 서비스 영역에서 좋은 성과를 얻고 있다. (…) 이에 따라 중국의 미국에 대한 무역 흑자는 2002년 1,030억 달러로 급증했다. (…) 최혜국조항과 항구적 정상무역 관계 Permanent Normal Trade Relations, 인권문제 등에서 미국의 대중국 투자기업들은 미국 정부의 중국정책을 전환하는 데 적극적인 역할을 했다.[10]

요컨대 당시 미국은 한편으로 중동 전쟁에 빠져들고, 다른 한편에서는 중국시장에 압박과 진출의 양면 작전을 진행하고 있었다. 이 무렵 뉴욕발 금융위기로 세계경제가 위축된 상황에서, 중국경제는 '나 홀로' 독주하며 세계경제의 견인차로 올라섰다. 미국은 뒤늦게 이라크 침공을 멈추고, 질주하는 중국시장을 저지하는 데 나섰다. 이처럼 역대 미국 정부들의 전략 목표는 중동 유전과 중국시장을 동시에 통제하는 것이었다. 그러나 그 성과를 긍정적으로 평가할 수는 없게 되었으며, 이에 따라 미국의 대외적 위력과 위상도 감소하고 있다.

미국 내에서도 미국의 장래를 우려하는 이들이 적지 않다. 그들 중에 미래학자이며 중국 전문가인 존 나이스비트 교수는 현재 미국이 국가주의와 보호주의가 함께 부상하면서 분열 양상이 우려할 만한 수준에 달했다고 비판한다. 수렁에 빠진 양당제도의 혼란도 미국의 미래 방향을 짐작하기 어렵게 만드는 요인이라고 지적한다(중국 지도부도 관심을 보인 미국 드라마 〈하우스 오브 카드House of Cards〉는 미국 양당제의 혼란상을 섬세하게 보여주었다). 정치적 갈등을 극복할 리더십이 부족하여 국정 수행의 마비를 불러오고 있다는 것이다. 늘어나는 국가 부채와 고갈되는 사회복지 예산, 단순 노동자를 위한 일자리 감소, 실패를 거듭하는 보건복지

정책, 증가하는 총기 사고, 무역 불균형, 무너지는 공교육제도, 감당하기 어려운 이민자의 유입, 약화되는 정규군의 군사력, 정치가와 유권자 사이의 불신 등 수많은 문제를 염려한다. 트럼프가 외치는 '미국을 다시 위대하게'라는 정치 구호는 혼자서만 우뚝 서겠다는 이른바 미국 예외주의로 비쳐지며 거부감을 자아낸다고 비난한다. 존 나이스비트는 이렇게 지적한다.

> 이미 많은 나라들은 미국이 유일한 초강대국이라고 생각하지 않는다. 지금까지 미국은 공식적으로 자신의 위상이 내려가고 있음을 인정한 적이 없다. 그러나 미국의 연간 경제성장률이 3퍼센트 이상을 기록한 마지막 해가 2004년이었다.[11]

세계를 향한 미국의 정치적 목표는 언제나 서구 민주주의가 전 세계에 뿌리내리도록 하는 것이다. 그러나 민주주의는 강제로 이식되는 것이라기보다 천천히 자신의 토양을 바탕으로 자라나야 하는 것임은 그들의 경험이 말해준다. '그럼에도 불구하고, 그들은 왜 그들의 민주주의를 남에게 강요하는가'라는 비난이 이어지는 것이다. 이러한 미국의 권위주의를 환영하는 나라는 없다. 그에 따라 세계무대에서 미국의 권위도 빛을 바래가는 것이다. 이런 현상들은 이제 미국 중심 시대에 변화가 오고 있음을 보여준다. 그 뒤에는 다원화된 새로운 세계 질서가 기다리고 있는 것이다.

이런 미국의 지리멸렬한 상황은 중국을 여유롭게 한다. 중국 정부는 더욱 정치적 자신감을 회복하고 체제에 대한 국민의 지지를 확보하고 있다. 트럼프는 대통령에 당선되자마자 자신들이 중국 견제를 겨냥하

　　　　　　　　　　　　　미중 패권전쟁은 없다

여 만든 환태평양경제동반자협정의 탈퇴를 선언하고, 이어서 범대서
양무역투자동반자협정과 관련된 협상을 중단하겠다고 발표했다. 이는
중국에 세계무역에서 신뢰할 만한 선도적 역할을 수행할 기회를 얻게
만들었다. 기회가 있을 때마다 시진핑은 자유무역과 환경보호를 강력
하게 천명하는 데 반하여, 트럼프는 기후변화의 증거를 부인하고 보호
무역을 강조하여 전 세계를 두려움에 빠뜨리는 대조적인 모습을 보여
주고 있다.

G2, 글로벌 경제의 최대 공동 수혜국

미중 양국은 시장이나 무역 규모에서 다른 열강들과는 격이 다르다.
세계 무역에서 나오는 이익도 이들 양국의 몫이 가장 크다. 지금까지
우리에게 알려진 것은 세계 무역의 거대한 불균형은 미국의 적자와 중
국의 흑자가 주요 뼈대를 이루고 있다는 것이다. 그러나 이것이 사실
이 아니라고 발표한 전문가가 있다. 다름 아닌 앨런 그린스펀이다. 그
린스펀은 월가의 금융 황제로, 연방준비제도이사회의 의장을 1987년
부터 2006년까지 20년간 재임하며 경제 대통령으로 불린 인물이다.
그는 연준 의장으로 재임하던 2003년 11월, 워싱턴에서 열린 한 화폐
회의에서 미국의 무역수지에 대해 이렇게 분석했다.

원산지 규정 통계에 의하면, 1995년 미국 대외무역 적자는 1,588억 달러
에 달했다. 그러나 초국적 기업의 수입을 포함하는 미 상무부 통계에 의하
면, 같은 해 미국 초국적 기업의 해외 판매액은 2조 1,000억 달러로, 그해
미국 수출총액 7,940억 달러의 거의 세 배에 달했다. 같은 해 해외 초국

적 기업들의 미국 내 판매액과 미국에 대한 외국의 수출액은 2조 4,000
억 달러였으며, 그 결과 미국은 4,940억 달러를 무역에서 남긴 셈이다.[12]

이 분석에 따르면, 지금까지 미국의 대외무역은 적자가 아닌 흑자를
이루고 있는 것이다. 다만, 초국적 미국 기업들의 활동을 눈여겨보지
않을 뿐이다. 클린턴 대통령도 경제 세계화가 미국에 커다란 호재가
되었으며, 그의 재임 8년(1993~2000) 중에 미국경제 성장의 대략 3분의
1은 무역 분야에서 얻은 것이라고 말하기도 했다. 모두 초국적 기업들
의 해외 활동을 감안한 견해들이다. 이들에 따르면, 트럼프의 관세전
쟁은 '웃기는 일'인 것이다.

중국은 어떤가? 중국이 대외무역으로 경제성장을 이루고 있음은 새
삼 말할 필요가 없을 것이다. 베이징대학의 왕융王勇 교수는 중국뿐 아
니라 미중 양국이 공동 승자라고 말한다. 최대 선진국과 최대 개도국인
미중 양국이 경제 글로벌화의 과정에서 거대 이익을 얻는 '글로벌화의
최대 공동 수혜국'이라는 것이다.[13] 이 과정에서 미국이 무역 보호주의
를 들고 나오는 등 불협화음이 없지 않지만, 주변의 관련 국가들과도 무
역 사슬로 이어져 글로벌 경제를 이끌어가고 있다는 것이다.

미중 양국 전문가들의 이런 시각은 그들이 '글로벌화의 최대 공동
수혜국'임을 21세기 초부터 정확하게 인식하고 있음을 보여준다. 이
점을 미중 양국의 경제 보완구조 측면에서 보자.

분출하는 미중경제 보완구조

21세기에 들어오면서 미중 무역이 급증한 배경은 중국의 WTO 가입

이 중요한 계기였다. 중국이 대외무역과 경제발전에 새로운 이정표를 세우게 된 것이다. 중국이 시장경제를 선언한 1992년에 미중 무역은 300억 달러에 불과했다. 그러나 WTO 가입 협상이 마무리된 2000년 미중 무역은 1,000억 달러를 처음 돌파하고, 2004년 2,000억 달러, 그리고 2006년에는 3,000억 달러를 넘어서면서 회오리를 일으켜나갔다. 양국의 무역 규모가 14년 만에 300억 달러에서 3,000억 달러로 10배 증가한 것이다. 특히 2000년 이후 6년 동안 2,000억 달러가 급증한 사실을 유의할 필요가 있다. 양국 간에 존재하는 절묘한 경제적 보완구조가 중국의 WTO 가입을 계기로 분출하기 시작한 것이다. 이러한 보완구조의 영향으로 양국의 무역 규모는 2017년에 6,000억 달러를 넘어서게 되었다.[14]

이처럼 미중 무역이 급속하게 발전한 배경에는 값싼 중국제 생활필수품들이 미국 소비자들의 좋은 반응을 얻은 것이 중요한 디딤돌이 되었다. 그중 많은 부분은 중국에 투자한 미국의 초국적 기업들이 생산한 것이거나, 주문 생산으로 중국에서 가공한 것들이었다. 미국 기업들의 중국에 대한 직접투자는 1990~2016년 동안 2,400억 달러에 달했다. 이들 투자의 대부분이 중국에서 생산하여 미국으로 수출하기 위한 것들이다. 이 시기 중국기업들의 미국에 대한 직접투자는 1,100억 달러에 그쳐 미국 기업들의 중국 투자에 비해 절반에도 못 미쳤다.[15] 앞에서 본 것처럼, 금융협력도 2008년 뉴욕발 금융위기를 계기로 1조 달러를 넘어섰다.

미중 보완구조는 경제 이외의 분야에서도 활발해졌다. 먼저, 미국을 방문하는 중국 관광객 요우커를 보자. 트럼프 정부의 압박으로 최근 미국을 여행하는 중국인 숫자는 다소 줄어드는 추세지만 매년 대략 300

만 명에 달한다.[16] 미국에서는 유커 유치를 위해 각 지역마다 아이디어를 모으고 투자를 늘리고 있다. 다른 나라들의 유커 유치 전략과 비슷하다. 미국 영주권을 얻는 중국인들도 적지 않다. 2011년 이후 매년 7만~9만 명 수준으로, 인접한 멕시코에 이어 세계 2위 수준이다. 2016년 '미국 센서스'에 의하면, 중국계 미국인은 약 508만 명이다.[17]

미국으로 오는 중국인 유학생과 전문가, 교수들도 미국 대학마다 넘쳐난다. 우수한 중국 젊은이들이 미국에 가서 공부하고 연구하는 것이 하나의 큰 시대 흐름이 된 것이다. 2018년 현재, 미국에서 공부하는 중국 유학생 수는 35만 명에 달한다. 기업인과 관료들의 미국 방문도 계속 늘고 있지만, 최근 트럼프 정부의 반중국 정책으로 이런 추세가 다소 주춤해졌다. 2018년 8월, 트럼프는 기업인들과의 대화에서 이들 중국 학생들을 '모두 간첩'이라고 비난하기도 했다. 그러나 미국에서도 대학과 기업들이 중국 연구에 열을 올리는 것이 하나의 대세로 자리 잡아가고 있다.

중국 내부의 미국 열기는 더욱 대단하다. 최근 거칠어진 미중관계로 다소 움츠러들었지만, 웬만한 대도시라면 찾아볼 수 있는 신화서점新華書店에 들어서면, 빌 게이츠와 워렌 버핏, 잭 웰치 등에 관한 책들이 으레 진열대 맨 앞에 진열되어 있다. 이는 베이징과 상하이를 비롯하여 전국 어디서나 볼 수 있는 현상이다. 베이징대학이나 칭화대학 같은 명문대학에서는 미국 교재로 하는 강의가 보편화되어가고, 저명한 미국학자나 노벨상 수상 학자들을 초빙하는 일도 일상화되었다.

거칠게 헐뜯고 대립하면서도, 이처럼 양국 관계는 지속적으로 긴밀해지고 있는 것이다. 미국에 첨단산업과 서비스산업이 있다면, 중국은 제조업 대국으로 발전하고 있다. 왕융 교수의 지적처럼, 미국은 세계 최대의 선진국인 반면, 중국은 세계 최대의 개발도상국이다. 양국의 시장 규모는 실질 구매력을 감안할 때, 각각 20조 달러에 달하는 초거대 시장들이다. 미중 양국을 제외한 다른 선진국들은 그 규모가 매우 크게 떨어진다. 일본 5조 달러대, 독일 4조 달러대, 영국, 프랑스, 이탈리아는 2조 달러대에 그친다(한국은 1조 5,000억 달러대 상회).

초거대 시장인 양국 간 거래의 장점은 하나둘이 아니다. 상호 보완적 경제구조는 경제협력의 빠른 증가 속도로 나타나고 있다. 트럼프 정부와 관세 폭탄을 주고받는 중에도 양국 간 무역이 큰 충격에 휘말리지 않는 현상은 이런 경제적 보완구조를 방증할 뿐 아니라, 보완구조가 상호의존관계로 발전하고 있음을 보여준다. 이런 흐름으로 볼 때, 한편으로는 간헐적인 대결과 타협의 반복이 불가피하겠지만, 장기적으로는 상호의존이 더욱 깊어지며 '글로벌 이익'을 공동으로 추구해 나갈 가능성이 매우 높다.

미중, 거대한 대화 네트워크 구축

양국은 대결만 하는 바보가 아니다. 세계경제의 주도권 경쟁도 피하기 어렵지만, 밸류체인 네트워크를 통해 가속적으로 분출하는 글로벌 경제의 거대 이익을 놓친다면 패권 경쟁도 물 건너가는 것이다. 협력과 대립의 되풀이가 양국 공통의 딜레마이자 경쟁의 기본 패러다임으로 자리 잡은 것이다. 미국은 G7 등 선진국 연대로, 중국은 일대일로 등 개도국 연대로 서로 맞대응하는 글로벌 진용을 구축했다.

이와 동시에 다른 한편으로 양국은 대화의 필요성에도 공감한다. 거칠더라도 솔직하게 대화하면서 페어플레이 경쟁을 하자는 것이다. 무

엇보다 글로벌 경제에서 나오는 이익에서 멀어지는 것을 경계해야 한
다. 최근 트럼프 미 정부가 중국에 대한 협박과 압박을 지속하면서 미
중관계가 새로운 전환점을 맞이하고 있는 게 아니냐는 견해도 나오
고 있기도 하다.[18] 그러나 트럼프 정부도 중국과의 대화를 단절한 것
은 결코 아니다. 트럼프 특유의 거칠고 험악한 미치광이 전략이 양국
의 경제적 갈등에 가세하는 흐름이다. 양국 간에 존재하는 보완구조와
의존관계는 역사적이고, 구조적인 시장 흐름이며, 양국 대화의 뿌리도
여기에 있다. 양국 대화 네트워크에 대해 좀 더 들여다보자.

    2014년 4월, 서울 강남에서 미중관계 국제세미나가 열렸다. 세미나
에는 미국의 브루킹스연구소와 중국의 베이징대학 국제관계학원에
서 각각 6명씩 참석했다. 거기서 양국의 대화 채널에 대한 얘기가 나
왔다.[19]

    미국과 중국이 연중 열어놓은 대화 채널이 20개가 넘는다.

    브루킹스연구소의 중국연구센터 소장을 지낸 케네스 리버설Kenneth
Lieberthal 박사가 말했다. 리버설 박사는 진보성향의 싱크탱크인 미국
브루킹스연구소의 선임 연구원이자 백악관과 중난하이에서 경력을 쌓
은 고위 전문가다.[20] 그는 양국의 다양한 대화 채널이 어떤 기능을 하
는지를 이렇게 설명했다.

    미국이 현재 추진하는 '아시아 재균형 전략'은 자원과 경제통합 측면에서
    아시아의 중요성을 재인식하는 데서 나온 것이다. 중국과의 우호 협력관
    계는 아시아에서 잠재적 분쟁의 소지를 없애기 위해서 대단히 중요하다.

미국은 중국과의 긴장관계를 줄여나가야 하며 이를 제도화해야 한다. 이러한 노력은 양국 간에 20개 이상의 대화 채널을 가동하는 것으로도 알 수 있다.

그러자 중국사회과학원의 미국연구소 부소장 니펑倪峰 박사가 '현재 가동 중인 미중 대화채널은 90개 이상'이라고 수정했으며, 이에 대해 리버설 박사는 서로 다른 기준으로 보는 것 같다면서 물러섰다.[21] 이들의 말을 종합하면, 2014년 현재 대화의 분야와 규모에 따라 미중 양국 대화 채널은 20~90여 개 정도가 가동되고 있었던 것으로 보인다. 서로 해결해야 할 문제가 급증하는 현실에 직면하여, 상호 인식의 간극을 좁히는 데 대화가 가장 좋은 수단이라는 데 공감하고 있는 것이다. 양국의 채널은 경제와 외교를 비롯하여 경제와 문화, 보건, 의료, 군사에 이르기까지 망라되어 있다. 이들 대화 채널은 계속해서 세분화하는 추세다. 상호 이익을 위한 협력 방안 모색은 물론, 수시로 터져 나오는 갈등을 조정하기 위해서도 이들 채널들은 쉬지 않고 가동된다. 경제 협력을 효율적으로 수행하기 위하여 군사적 긴장과 외교적 대립을 조정하는 일도 대단히 중요하다. 트럼프 정부처럼 '반중국'을 내건 정부에서는 더욱 그렇다. 정부 차원 외에도, 미국에서는 중국시장에서 활약하는 초국적 기업들과 중국의 초대형 국유기업들이 대화에 적극적인 영향력을 행사하고 있다.

경제협력을 놓고 미중 양국 간 대화가 본격화하기 시작한 것은 중국이 WTO에 가입한 2001년 이후다. 다양한 부분에서 아직 서로 인식의 격차가 크고, 중국이 거대하다는 점을 고려하면, 대화 채널은 향후 더욱 다양하게 발전해나갈 것이다. 정부 부문과 민간 부문, 분야별 수출업계와 수입업계, 제조업과 서비스업 등의 서로 다른 입장을 보다 잘 조율하고 대변할 필요가 있다. 트럼프 정부는 무역 분쟁으로 시작하여 화웨이 공격으로 이어진 치열한 치킨 게임을 벌였지만, 그렇다고 양국이 과거처럼 무력으로 정면 대결할 가능성은 거의 없다. 그레이엄 앨리슨이 얘기하는 기존의 패권국가와 신흥 강대국이 결국 전쟁에 이르게 된다는 '투키디데스 함정론'은, 위기에 직면한 미국의 초조감과 두려움의 다른 표현일 뿐이다. 이들 양국관계는 냉전시대 미국-소련 관계와는 전혀 다르다. 2014년, 리버설 박사는 양국 관계를 한마디로 이렇게 설명했다.

> 오늘날 미국과 중국의 관계는 솔직하고, 긍정적이며, 포괄적이고, 협력적인 파트너 관계다.

미국 정부가 경제 주도권을 지키기 위해 중국과 무력 충돌을 벌일 가능성은 우발적이라 하더라도 극히 비현실적이다. 그들이 운영하는 수많은 대화 채널의 정점에는 양국 간 정상회담이 있다. 양국 정상은 세계 어느 나라 정상들보다 자주 만난다. 부시와 장쩌민, 오바마와 후진타오, 시진핑과 트럼프, 그들은 1년에 서너 차례씩 만난 적도 많다. 2017년의 경우, 시진핑과 트럼프는 정상회담 이외에도 10여 차례나 전화 통화를 했으며, 경제 전쟁으로 치달은 2018년과 2019년에도 양국 정상과 고위층 접촉은 계속해서 이어져왔다. 그만큼 양국은 상호의존적으로 변해가고 있는 것이다.

미중 정상회담은, 역대 정부들을 거치면서 차분하게 발전해왔다. 시진핑과 오바마는 넥타이를 풀고 여덟 시간씩 같이 산책하기도 했다.

그들은 양국 관계뿐 아니라, 한반도를 비롯한 세계 모든 지역의 분쟁과 자원, 시장에 관심을 갖는다. 어떤 글로벌 이슈도 그들만의 힘으로 해결할 수는 없지만, 어떤 중요한 국제 문제도 그들의 참여 없이는 해결하기 어려운 것이 현실이다. 이처럼 G2의 위력과 한계가 동시에 작용하는 양국 정상회담은 공동 이익을 추구하고 갈등을 조정하는 사령탑 역할을 한다.

아직도 양국은 이해가 맞지 않는다고 생각하면 가차 없이 으르렁거린다. 그러면서도 결코 대화의 중요성을 외면하지 않는다. 대화를 통한 이득이 충돌을 통한 손실보다 낫다는 것을 혹독한 역사적 대가를 치르고 나서 학습한 것이다. 그들이 과거 무력충돌로 배운 교훈이 있다면 상대방이 결코 녹록하지 않다는 사실이다. 양국 간에 뒤얽힌 문제는 산더미보다 많다. 앞으로도 그럴 것이다. 전쟁이 독이라면, 대화는 득이다.

전략 협의체 개설

미중 대화 채널 중 가장 눈여겨볼 대화는 2006년부터 시작한 '미중전략경제대화'이며, 이 대화는 2017년부터 4개 분야로 세분화되어 외교안보, 경제, 사이버, 그리고 인문 등 분야로 세분하여 운영하고 있다.

그들이 2006년 12월 14일, 베이징 인민대회당에서 개최한 첫 '대화'를 들여다보자. 미국의 부통령과 중국의 총리가 대표를 맡고, 양국의 경제관련 장관급 인사만 20여 명 그리고 국방, 외교 등 관련 부처의 장관과 고위 관료들이 각각 100명에서 150명씩 참석했다. 언론에서는 '미 행정부의 절반이 중국으로 옮겨왔다'고 표현했다. 미국은 헨리 폴

슨Henry Paulson 재무장관 등 주요 경제장관들과 벤 버냉키 연방준비
제도이사회 의장도 참석했다. 중국에서는 우이 경제담당 부총리와 마
카이馬凱 국가발전개혁위원회 주임, 저우샤오촨周小川 인민은행장 등
중국경제의 지도급 인사가 총출동했다.

이 대화의 초점은 중국 위안화의 환율이었다. 미국은 중국이 환율을
조작하여 폭리를 취한다고 주장했다. 미중경제전쟁의 서막이었다. 폴
슨 재무장관이 연단에 섰다.

> 양국 간의 기록적인 무역 격차를 좁히고 중국의 무역정책과 환율정책에
> 대한 미국 내의 비판 여론을 진정시킬 수 있도록 중국이 자유변동환율제
> 시행을 위해 노력해야 합니다.[22]

중국은 특유의 우회 전략으로 대응했다. '철의 여인'으로 통하는 부총
리 우이는 중국의 개방정책과 산업구조 개편을 상세히 설명하고 미국
과의 협력을 강조했다. 그리고 '세계의 번영은 중국을 필요로 한다'고
덧붙였다. 거대한 중국시장의 잠재력을 서로 활용하자는 메시지였다.

이외에도 지적재산권 보호, 기업 보조금 지급, 진입 장벽과 투자 규
제, 중국에 대한 시장경제 지위 부여, 에너지 확보를 둘러싼 갈등 같은
의제들이 올라왔다. 양국 교역 규모는 이미 3,000억 달러로 급증하고
있었다. 결국, 이 첫 '대화'를 통해 미국은 위안화 환율 조정 요구가 결
코 쉽게 관철되지 않을 것이라는 점을 알게 되었다.

대화는 1년에 두 차례씩 열렸지만, 다루어야 할 의제는 넘쳤다. 2014
년 7월의 대화에서는, 이틀 동안 무려 90여 개 항목을 합의하기도 했
다. 그중에는 동남아 영해 소유권을 다투는 댜오위다오(일본명 센카쿠 열

도) 문제나 난사군도 문제처럼 서로 날카롭게 대립하는 외교안보 의제가 있는가 하면, 위안화 환율 문제나 금융개혁처럼 경제 관련 의제도 많았다. 모두 이해관계가 첨예하게 대립되는 문제들이었다.[23]

이 대화에서 미국 측은 수시로 '우리는 동아시아에 많은 기득권을 축적해왔다'고 의미심장하게 주장했다. 동아시아의 이익 구조에서 결코 물러날 의사가 없다는 의지를 강조한 것이다. 그 이익 구조에 한반도가 포함되는 것은 물론이다. 한반도 문제에 대해 양국은 언제나 특별히 신중한 모습을 보였다.[24] 존 케리John Kerry 미 국무장관이 밝힌 추상적인 수사는 그들이 한반도 문제를 얼마나 껄끄럽고 다루기 힘들어하는지를 보여주었다.

> 비핵화되고 안정적이며 번영하는 한반도를 만드는 중요한 긴급성에 동의했습니다.[25]

그들은 때때로 낯 뜨거울 정도로 격렬하게 부딪히면서도 서로 속내를 드러내며 대화한다. 효율적인 대화를 위해서는 솔직함이 핵심이라는 데 공감한 것이다. 중국 급부상이라는 초유의 상황에서 서로의 국익을 위해, G2의 협력과 경쟁을 위해, 양국은 이보다 더 효율적인 방법은 없다는 데 동의하고 있는 것이다.

2017년에 새롭게 세분된 이 대화는[26] 여태까지 지속되어온 '미중전략 및 경제대화'를 '미중포괄적경제대화'와 '미중외교안보고위급대화'로 나누고, 여기에 '법집행 및 사이버안보대화', '사회인문대화'를 추가했다. 양국의 무역 규모가 7,000억 달러에 접근하고 있는 상황에서 조정하고 타협해야 할 일이 그만큼 많아지고 있는 것이다.

양국이 대화 채널을 구축한 이유는, 한마디로 양국 정부가 상호 공유할 거대 이익을 위한 것이었다. 중국시장이 고속 성장을 하는 초기 단계였다. 이 대화가 개설된 2006년은 중국이 WTO에 가입한 지 5년째 되는 해로, 무역 급증과 함께, 각종 통상 마찰이 걷잡을 수 없이 터져 나와 조정이 긴요했다. 거기에 이라크 침공도 작용했다. 당시, 중국의 대외무역은 마치 묶여 있던 성난 사자가 사슬을 끊고 질주하듯 초고속으로 달리고 있었다. 당시, 중국은 대외무역 의존도가 70퍼센트를 크게 상회하면서 경제발전의 동력을 거의 무역에 의존하고 있는 상황이었다.

그 무렵 중국의 무역 추세를 수치로 보면, WTO에 가입한 2001년, 중국의 대외무역 총규모는 5,000억 달러 선이었다. 5년 후인 2006년에는 1조 7,000억 달러를 넘어 세 배 이상 증가했다. 2013년에는 중국의 대외무역 규모가 4조 달러를 넘어서며 미국을 추월했다. 이 기간에 미국과의 무역도 800억 달러에서 2,600억 달러대로 역시 세 배 이상 뛰었다.[27]

미중, 군사협력의 진전

'미국과 중국이 군사협력을 하다니 무슨 소리냐?'라고 반문할 수도 있다. 가장 최근 미중 양국이 함께 참가한 군사훈련은 2019년 2월 12일부터 22일까지, 태국 북부 피산눌로크주 지역에서 실시되었다. 아시아 태평양 지역에서 실시되는 가장 큰 규모인 연례 '코브라 골드Cobra Gold' 훈련이었다. 여기에는 미국과 중국, 한국을 포함하여 적극 참여 9개국, 옵서버국 20개국이 참여했다. 싱가포르, 일본, 인도, 인도네시아,

말레이시아도 적극 참여국에 포함되었다. 훈련 목적은 '협력과 상호 작전 가능성의 증진'으로, 군사 야전훈련, 인도주의적 지원 및 재난 구조 훈련 등 세 부문으로 이루어졌다.

우리 한국에서는 북미 정상회담 전까지 한미 합동군사훈련이 매년 실시되어 왔고, 중국도 러시아와 함께 서해상에서 공동 군사훈련을 실시해왔다. 모두 군사적으로 미중 대결 구조를 반영하는 것이다.

그러나 실제 미중 양국의 다양한 협력에는 군사 분야도 포함된다. 군사 분야에서 미중 협력은 한반도에서도 잘 드러난다. 북미 간 첫 정상회담이 열리기 10개월 전, 북핵 및 미사일 문제로 양국이 벌인 군사 협력의 사례를 보자.

미국 합참의장 조지프 던퍼드Joseph Dunford가 베이징에 도착한 것은 2017년 8월 13일, 북한이 괌을 미사일로 공격하겠다고 위협한 지 사흘만이었다. 중국 군 수뇌부가 그를 기다렸다. 곧바로 중국 군 총참모장 팡펑후이房峰輝, 중앙군사위 부주석 판창룽範長龍, 외교담당 국무위원 양제츠楊潔篪 등과 협의를 마쳤다. 그리고 던퍼드는 이렇게 말했다.

> 한반도에서 비상사태가 발발하기 전, 있을 수 있을 만한 (비상계획에 관해) 초기 대화를 나누었습니다. (…) 미중 양국군의 협력체계를 강화하여 당면한 문제를 해결해야 합니다.[28]

이어서 그는 '미중연합참모부 대화체계 문건'에 서명했다. 북핵문제 등 양국이 예기치 못한 돌발사태에 대비하여 군사 협력을 더욱 체계화하기 위해서였다. 그리고 북한 국경에서 200킬로미터 떨어진 선양 북부 군구사령부를 방문했다.[29] 그리고 시진핑 주석을 만났다.

이번 던퍼드 의장님의 동북지방 방문은 미중 군사관계가 진전했음을 보여
줍니다.[30]

시진핑은 북한의 핵·미사일 개발에 대한 경고와 미국의 대북 선제공
격 방지를 동시에 촉구하는 뜻을 전했다. 던퍼드도 대북 군사 옵션에
반대한다고 화답했다.

미국은 군사 분야에서 중국과 솔직하고 전문적인 대화에 노력하고 있습니
다. 교류 협력을 지속적으로 확대해 리스크를 효과적으로 통제하고 상호
신뢰 증진에 힘써야 합니다.[31]

시진핑 주석이 말했다.

양국 관계의 발전 과정에서 어려움과 비바람이 있었지만, 비바람 뒤에 무
지개를 볼 수 있듯이 양국이 성의와 선의를 가지고 밀접히 소통하며, 갈등
을 원만히 처리해 더 아름다운 내일을 함께 만들어나갑시다.[32]

이보다 두 달 전, 양국은 워싱턴에서 한반도 핵문제에 대해서 협의
했다. 처음 개설한 '미중외교안보대화'에서였다(2017. 6). 이 자리에서
미국은 북한 제재 강화를 강조한 반면, 중국은 대화를 통한 협상을 내
세웠다. 중국은 구체적인 방안으로 쌍궤병행雙軌竝行과 쌍중단雙中斷을
재차 제안했다. 쌍궤병행은 한반도 비핵화와 평화협정 협상을 병행하
여 추진하자는 것이고, 쌍중단은 북한 핵·미사일 도발과 한미 연합 군
사훈련을 동시에 중단하자는 것이었다.

이 제안은 처음에는 미국과 대립되어온 부분이었다. 그러나 중국은 이 제안이 독일 등 유럽과 국제사회에서 광범위한 지지를 받고 있다면서 한반도 평화안정 유지에 가장 적합하다는 뜻을 고수해왔다.[33]

앞서 본 바와 같이, 이 '대화'에서 중국은 한국에 대한 사드 배치를 취소하라고 요구했다. 그러나 이에 대한 미국의 입장은 외부에 알려지지 않았다. 한국 정부의 핵심 안보 테마인 사드 배치가 양국 협력으로 합의하기 어려운, 그들 간에 숨겨진 쟁점으로 자리 잡은 것이다. 남중국해 문제에 관해서도 중국은 자신들의 입장을 다시 밝혔다.

중국은 난사군도와 그 부근 해역에 대해 논쟁의 여지가 없는 주권을 가지고 있다.[34]

양국은 첫 미중외교안보대화가 건설적이었다고 평가하고 이런 플랫폼을 계속적으로 잘 활용해 상호 협력을 촉진하기로 동의했다.

실제, 양국의 군사교류가 눈에 띄게 진전되기 시작한 것은 지난 2013년부터였다. 2013년 한 해 동안 60여 차례의 상호 군사교류가 있었고, 그중에는 상호 전함 방문, 공동 군사 훈련, 군 지도층 상호 방문 등이 포함되어 있다.[35] 중국 국방부가 제안한 '미중 양국의 주요 군사활동에 관한 사전 공개 협정 및 행동강령'(2013. 8)은 이듬해 7월 개최된 미중전략경제대화에서 받아들여졌다. 이 협정의 핵심은 양국의 이익을 위하여 군사협력을 제도화하자는 것이었다. 그리고 대규모 군사훈련에 관한 '핫라인' 구축 추진도 합의했다. 군사적 긴장을 최소화하고 경제협력에 더욱 박차를 가하자는 것이다.

이제 미중 협력은 경제 분야든 군사 분야든 기정사실이다. 그리고 협력과 대립은 늘 동전의 양면처럼 같이 움직인다. 미국 사회 한편에 여전히 중국에 대한 거부감이나 혐오감이 심각하게 남아 있고, 저항 세력도 만만치 않은 것이 현실이다. 그러나 미중 양국 지도부의 움직임을 보면 협력 분위기를 가늠하는 데 도움이 된다. 트럼프 정부가 최근 '코브라 골드' 훈련에 중국과 함께 공동훈련에 참가한 것도 좋은 시사가 되었다. 그들은 서로 최소한의 안전을 관리해가면서 각자 강대국의 위용을 자랑하는 것이다.

무역전쟁, 협력과 대결의 양면을 드러내다

미중 무역전쟁의 싹이 튼 것은 중국이 WTO 가입이 확실해진 1999년 말부터였다. 사실 수교 초기 양국의 무역 규모는 연간 50억 달러도 안 될 정도로 미미했으며, 미국은 약간의 흑자를 보고 있었다. 그러나 중국의 WTO 가입이 확정되자 사정이 급변했다. 가입이 확정된 이듬해인 2000년, 양국 무역은 처음으로 1,000억 달러를 돌파했으며, 이어서 2004년에 2,000억 달러, 2006년에 3,000억 달러를 넘어섰다. 중국의 WTO 가입이 양국 무역의 기폭제가 된 것이다(이 시기 한중 무역도 급증했다).

동시에 통상마찰과 미국의 무역적자도 급증했다. 무역적자는 2000년에 500억 달러를 넘어, 2002년에는 1,000억 달러, 2005년에는 2,000억 달러를 넘었다(미국 무역대표부 기준). 무역 급증이 무역전쟁의 단초가 된 것이다. 그 배경에는 그동안 내재되어 있던 양국의 절묘한 보완구조 분출, 중국에서 온 생필품에 대한 미국 소비자들의 폭발적인 반응, 중국의 경제 제도적 특성 등 여러 요인이 복합적으로 깔려 있었다. 반덤핑 제소가 이어지면서 한편에서는 중국이 쏟아내는 값싼 제품의 수출에 눈을 흘겼지만, 다른 한편에서는 세계적인 초국적 기업들이 팔을 걷고 중국시장에 뛰어들기 시작했다(여기에 한국의 대기업들도 포함된다). 그들은 중국에 생산 기지를 건설하여 자국의 소비자들에 값싸고 질 좋은 '메이드 인 차이나' 제품을 공급하는 데 앞을 다투어 집중하기 시작했다. 이것이 미국의 중국 무역적자에서 가장 큰 비중을 차지하게 되었으며, 이때부터 미중 양국을 중심으로 글로벌 밸류체인도 본격적으로 형성되기 시작했다.

미중 양국 정부는 이런 급변 상황에 대처하지 않으면 안 되었다. 이 무렵 미국의 무역적자는 중국으로 집중되고 있었다. 미국은 무역적자가 중국의 저평가된 환율에 있다고 주장했다. 미국의 이라크 침공의 와중에 양국 정부는 최고위 대화 채널을 상설화하는 작업을 서둘렀다. 2000년대에 들어오자마자 갑작스럽게 벌어진 일이었지만, 새로운 미중 시대는 이처럼 예고 없이 다가오고 있었다. 거기에 미국의 무역적자 급증과 중국의 견실한 성장이 나란히 진행되어온 것이다. 이런 현상을 두고 미국에서는 '공포의 불균형'이라는 말이 나돌기 시작했다.

이제 무역전쟁을 시작으로 양국은 글로벌 패권 전쟁의 문턱을 넘어섰다. 우리가 유의할 것은, 이 무역전쟁이 갑자기 거대해진 무역 규모에서 터져 나오는 무역불균형에서 시작되었다는 사실이다. 무역 급증이라는 협력과 패권 게임이라는 대결 구도가 맞닿아 있는 매우 불안정한 긴장 상태가 나타난 것이다. 거대 무역적자를 빌미로 트럼프 정부는 2018년부터 수천억 달러의 중국 제품에 25퍼센트의 고율 관세폭탄 꺼내들기를 반복하며 중국 공격에 나섰다. 하지만 시진핑 중국 정부의 방어 태세도 만만치 않은 것이 현실이다.

이런 상황이 올 것을 미국은 알았을까? 도대체 왜 미국은 중국 부상에 결정적 도움이 될 WTO 가입을 허용했을까? 이제 와서 미국이 땅을 치고 후회해도 이미 물 건너간 일이다. 이제 중국은 WTO를 딛고 제조업 대국을 넘어 세계 제일의 무역대국으로 우뚝 섰다. 시장 규모에서도 중국은 2018년 기준으로 미국의 70퍼센트에 다가섰다. 실질 구매력 기준으로 본 시장 규모는 이미 2014년에 미국을 앞질렀다. 중국의 추격전이 본격화하기 시작한 것이다. 추격의 중심에는 묵묵히 발전하는 중국의 수출과 경제성장 그리고 미국이 감당하는 거대 무역적자가 있다. 반중국을 목청껏 외치는 트럼프 정부는 뒤늦게 WTO의 무력화에 나서면서 보호주의의 길을 부르짖고 있다. 무슨 일이 있어도 '미국 제일'을 고수하겠다는 것이다.

중국의 부상에 미국처럼 민감하고 초조한 나라는 없다. 무역적자는 그 빌미에 불과한 것인지도 모른다. 그런 미국이 어떻게 중국경제에 도약대가 된 WTO 가입에 합의하는, 그런 후회막급한 일을 벌였을까? 클린턴 정부가 실수한 것일까? 아니다. 그 당시 상황과 과정을 무시한 섣부른 판단은 금물이다. 그렇다면, 트럼프 정부의 반중국 정책은 후에 어떤 판단을 받을지 단정할 수 있는가? 클린턴 정부로서는 그럴만한 이유가 결코 적지 않았으며, 중국을 압박하는데 최선을 다했다. 여기서, 앞 장에서 살펴본 WTO 무역협상 과정 전후를 토대로 당시 미국의 전략에 초점을 맞추어보자. 과거는 미래에 참고가 된다.

실제, 미국이 중국과 벌인 WTO 가입 협상은, 중국에게 결코 녹녹한 것이 아니었다. 미국은 전통적인 미치광이 전략을 최대한 활용했다. 미국은 상상을 뛰어넘는 험악한 장애물들을 깔아놓고 과연 중국이 헤어 나올까를 지켜보았다. 언제나 그렇듯이, 당시에도 미국은 중국에 대한 경계와 압박을 게을리 하지 않았다. 그 거친 협상 과정을 보면, 중국 정부가 이럴 바에는 WTO 가입을 포기하는 게 낫겠다고 스스로 주저앉도록 하겠다는 의도로 보일 정도였다. 협상이 마무리된 다음에도 압박은 지체 없이 이어졌다. 새로 집권한 부시 정부가 갖가지 수단을 동원하여 찬물을 끼얹는 역할을 이어받았다. 중국과 가까운 국가들을 '악의 축'으로 선언하기도 하고, 중국 연안에 최신예 정찰기도 띄웠다.

문제는 느닷없는 9·11 뉴욕테러였다. 부시 정부는 졸지에 이라크 침공에 빠져들고, 그 바람에 중국에 대한 압박은 좌절되었다. 반테러 전략에 중국의 협력이 필요했던 것이다. 이라크 침공 5년차에는 뉴욕발 금융위기가 겹쳤다. 사람들은 1930년대 공황을 떠올리며 공포에 휩싸였다. 오바마 정부는 후진타오 중국 정부에 금융 협력을 요청하면서 중국 압박은 뒤로 늦추어졌다. 결국 중국에 대한 압박은 오바마 정부 3년차, 2011년에야 '피봇 투 아시아'라는 이름을 달고 군사와 경제 양면에서 착수되었다.

중국은 WTO 가입 이후 10년 동안, 미국의 결정적인 압박을 받지 않고 세계 시장으로 순항해나갔다. 미 국방예산의 60퍼센트를 쏟아부은 오바마의 '피봇 투 아시아'의 성과도 신통치 않은 것이 현실이다. 그 중심 무대인 동남아시아의 말레이시아, 필리핀, 베트남 등 여러 나라가 국익을 앞세워 미국뿐 아니라 중국과도 협력하는 '실리 위주의 전략'이 뚜렷해지고 있는 것이 현실이다. 미국과 가까운 한국 정부도 남중국해 문제를 놓고 명확한 입장을 내놓지 않았다. 모두가 미중 양국의 대립 속에서 국가 실리를 찾는 경향이 뚜렷해진 것이다.

당초부터 미국은 중국의 세계시장 진출을 기꺼이 도울 의사는 없었다. 중국이 처음 WTO 가입(당시는 GATT)을 신청한 것은, 개혁개방 7년

이 지난 1986년이었으나 미국과 서방은 이를 무시했다. 시장경제 도입을 선언한 1992년 이후 중국의 가입 요구는 한층 강해져갔다. 그러나 서방은 중국 견제의 고삐를 늦추지 않았다. 그 당시 미국 사정은 어떠했는가? 1990년대 들어와 미국경제는 IT 산업이 일어나면서 역사상 최고의 호황기에 접어들고 있었다. 이와는 대조적으로 소련과 동구권을 비롯하여 공산권은 붕괴의 길로 빠져들었으며, 중국도 6·4 천안문 사건으로 전대미문의 위기를 맞이한 상태였다. 미국 입장에서는, 이제 마지막 사회주의 대국인 중국의 미래도 서구화의 길밖에 없는 것처럼 보였다. 중국경제가 발전한다 해도 어차피 그것은 미국과 서구 선진국들의 하청공장 수준일 것이라는 전망도 가세했다.

중국이 WTO 가입을 위해 미국과 무역협상을 시작할 수 있게 된 것은 1996년 중반이었다. 이 시기는 중국 정부가 살얼음을 딛듯이 신중하게 준비해온 홍콩 귀속을 1년 앞둔 시점이었다. 홍콩 귀속과 미중 무역협상이 동시에 막바지를 향해 가고 있었던 것이다. 중국 견제를 지속해온 미국은 홍콩 귀속 문제에도 나섰다. 홍콩 귀속 자체는 어쩔 수 없다 해도 홍콩의 국제 금융 기능을 중국에 순순히 넘겨주어서는 안 될 일이었다. 거대한 동남아 화교자본이 홍콩을 디딤돌 삼아 순조롭게 중국으로 유입되면 시장경제에 날개를 달아주는 격이 될 것이었다. 조지 소로스의 헤지펀드 출격과 미 국채 매도를 둘러싼 주룽지 총리의 경고, 그리고 홍콩을 우회한 동남아 외환위기의 발발은 모두 홍콩의 금융주도권을 둘러싸고 벌어진, 사실상 미중 자본전쟁이었다(이 살얼음 같은 시기에 한국은 IMF에 걸려들었다. 6장 참조).

홍콩 귀속이 마무리된 후, 미국은 중국과의 무역협상을 훨씬 더 험악하게 끌고 갔다. 3년 반 동안 지속된 협상은 막바지로 갈수록 돌발

변수가 이어졌다. 마침내 1999년 12월, 뉴 밀레니엄을 앞두고 그들은 합의에 도달했다. 협상 과정에서 미국은 까다로운 양허조건을 거는 데 초점을 맞추었다. 그 결과는 어떠했는가? 홍콩 귀속도, WTO 가입도, 중국의 완승이었다. 중국이 거대한 두 개의 과제를 거의 동시에 넘긴 것이다. 중국은 피 한 방울 흘리지 않고 덩샤오핑의 몇 마디 말로 홍콩을 순조롭게 귀속시켰다. 미국의 자본전쟁도 물리쳤다. 그리고 WTO 가입도 성공적으로 마무리해냈다. 그러나 이런 결과는 결코 미국이 너그러워서 중국이 쉽게 얻어낸 것이 아니었다. 언제나 그랬듯이, 중국은 방패를 단단히 들고 우회로를 찾는 전략을 그치지 않았다.

이제 미중 경제관계는 어떤 상황인가? 미국은 중국의 최대 수출국이 되었고, 중국은 미국의 최대 수입국으로 올라섰다. 양국이 이처럼 서로 중요한 무역 파트너가 된 것은 불과 최근 20년 사이의 일이다. 그동안 양국 무역은 초스피드로 급증했지만, 동시에 무역불균형도 크게 벌어졌다. 2018년의 경우, 관세전쟁에도 불구하고 미중 무역 규모는 6,000억 달러를 넘었으며, 미국의 무역적자는 사상 최초로 4,000억 달러를 넘어섰다. 무역불균형을 무역전쟁의 명분으로 삼은 트럼프 정부의 관세폭탄이 무색해진 것이다. 2019년 초 벌인 미중 고위급 회담에서 시진핑 정부는 미국의 무역적자 시정 요구를 받아들일 뜻을 비쳤다. 그러자 미국은 공격의 중심축을 무역불균형에서 불공정 무역관행으로 옮기고, 새롭게 압박의 강도를 높이기 시작했다. 무역전쟁에서 기술전쟁으로 확전이 시작된 것이다.

실제 미국이 공격하고자 하는 핵심은 무역불균형이 아니라, 미국의 패권을 위협하는 중국의 맹추격이라는 사실이 분명해졌다. 양국은 20년도 안 되는 짧은 기간에 초스피드로 최대 무역 파트너가 되었다. 양국 경제의 절묘한 보완 구조가 분출하고 있는 것이다. 과거 양 대국의 적대적 관계를 감안하면 상전벽해를 방불케 하는 변화다. 오늘날 그들의 대결을 이해하기 위해서는 먼저 그들이 어떻게 현 단계의 협력 관계에까지 오게 되었는지 살펴볼 필요가 있다. 지난 80년 동안, 그들이 밟아온 협력과 대결의 큰 틀을 다시 정리해보자.

- 미국, 중국공산당에 항일연합전선을 제안, 공동협력 2년 후 폐기(1944~1946년)
- 마오쩌둥, 미국에 관계 개선 및 워싱턴 방문 제안, 미 정부 무반응(1944년)
- 미국, 냉전 선언으로 중국 봉쇄 착수(1947년)
- 1950~1953년 미국, 중국 대륙에서 철수, 한국전쟁에서 중국과 충돌(1949년)
- 1979년 미중, 베트남전쟁 중 화해, 중국 개혁개방과 동시에 미중 수교(1972년)
- 중국, 소련 붕괴 직후 시장경제 착수에 미국 지지(1992년)
- 미중, 유고연방 중국 대사관 폭격 등 우여곡절 끝에 중국의 WTO 가입 합의(1999년)
- 미국, 미 정찰기 중국 전투기와 충돌, 불시착(2001년)
- 9·11 테러 이후, 반테러 전쟁에 상호 협력(2001년)
- 미국의 글로벌 금융위기에 중국 협력(2009년)
- 미국, 중국 포위–압박을 위한 '피봇 투 아시아' 선언(2011년)

여기에서 보는 것처럼, 양국의 협력과 대결은 어제오늘 일이 아니라 20세기부터 이어져왔다. 그들은 대결도 불사했지만, 협력은 언제나 양

미중 패권전쟁은 없다

국 관계 발전의 동력으로 작용했다. 그동안 미국 정부가 중국공산당에 협력을 요청하거나 제안한 것은 1944년 항일전쟁, 1972년 미중 화해, 2001년 9·11 테러 그리고 2008년 뉴욕발 금융위기 등 네 차례였으며, 그때마다 중국공산당은 적극적으로 협력했다. 모두 미국이 안보 또는 경제에서 위기 상황에 직면한 경우였으며, 상호 윈윈win-win의 실천이기도 했다. 미국이 중국공산당의 정책을 지지한 경우도 세 차례가 있다. 모두 중국의 시장경제 진전과 관련된 것으로, 1978년 덩샤오핑의 개혁개방, 1992년 시장경제 선언 그리고 1999년 중국의 WTO 가입이었다.

여기서 미국의 중국시장 접근을 들여다보자. 무엇보다 미국은 거대 중국시장의 기회를 열망하고 있었다. 1970년대부터 미 의회 '상하양원합동위원회'는 중국시장을 향하여 '아시아 특급을 타라'면서 '마지막 남은 세계 최대의 거대 시장'이라고 북을 쳤다. 정치인들과 기업들이 손을 잡고 뛰어든 것이다. 여기에 촉매가 된 것은 미국 초국적 기업들의 적극적인 로비와 투자 활동이었다. 그들은 미국 소비자들의 입맛에 맞는 상품을 중국에서 저렴하게 만들어 본국에 대량으로 공급해나갔다. 이렇게 공급된 중국의 생필품에 미국 소비자들이 빠져들기 시작했다. 중국도 기회를 만났다. 중국이 WTO에 가입한 다음 미국이 이라크 전쟁에 빠져든 덕분에 미중 양국관계는 10년간 안정을 유지할 수 있었다. 이것이 중국이 무역대국 실현을 앞당기고, 이를 토대로 중국 경제가 안정된 고속성장의 길을 질주하게 되는 커다란 역할을 했음은 물론이다.

이처럼 중국이 질풍 같은 성장을 지속하자, 오바마 정부는 이를 수용할 수 없는 추격으로 인식하기 시작했다. 그리고 이라크 전쟁에서 서둘러 철수를 선언하고, 중국을 압박하기 위해 군사력과 경제력을 총동원하여 중국 포위의 틀을 정비하기 시작했다. 무역적자를 내세워 환율전쟁도 병행해나갔다. 이어서 반중국을 기치로 출발한 트럼프 정부는 오바마 정부보다 좀 더 거칠게 나왔다. 오바마의 '피봇 투 아시아' 전략을 이어받아 남중국해에서 긴장 강도를 높이는 한편, 중국의 대미국 수출 제품에 25퍼센트의 고율 관세 폭탄을 내세워 무역전쟁을 한 단계 끌어올렸다.

그리고 한 발 더 나아가 기술전쟁에 불을 댕겼다. 중국의 장기 산업정책인 '중국제조 2025'를 견제하는 한편, 첨단통신 5G 분야에서 세계 선두로 치고 나가는 중국 기업 화웨이를 전면적으로 압박하기 시작한 것이다. 초조한 미국은 서방 동맹 국가들에게도 화웨이 압박에 공동전선을 요구했다. 예상하지 못한 일이 다시 터진 것이다. 개도국인 중국이 과학기술 분야에서 세계 최고 선진국인 미국과 경쟁을 벌인다는 것 자체가 놀라운 일이다. 얼마 전까지만 해도 자신들의 하청 공장 정도로 얕보던 중국이 아닌가? 이 기술전쟁은 단순한 미중 경쟁을 떠나 의미심장한 역사적 의의가 있다. 과연 중국의 과학기술은 어떻게 발전하고 있는 것일까? 오늘날 중국 과학기술의 발전은 단순히 5G 분야에 국한된 것이 아니라 전 방면에 걸쳐 진행되고 있다.

분명한 것은 미국이 아직 중국의 부상을 수용할 의사가 전혀 없을 뿐 아니라, 가능한 수단을 동원하여 중국의 추격을 저지하겠다는 전략에 변함이 없다는 것이다. 그러나 무역적자를 빌미로 패권 게임이 가속화하면서도 필요에 따라 타협을 거쳐 다시 대결을 되풀이해온 것이 그간의 미국의 전략 패턴이다. 이미 상호의존이 깊어지기 시작한 양국의 경제관계로 인하여 그만큼 중국의 발전에 제동을 걸기가 쉽지 않은

　　　　　　　　　　　　　　　　　　　　　미중 패권전쟁은 없다

것이다. 우리는 이 점을 놓쳐서는 안 된다.

무역 불균형은 어디서 오는가

1980년대 말까지는 미국이 중국에 대하여 무역수지 흑자를 기록하고 있었다. 미국 측의 대중국 무역적자가 확대되기 시작한 것은 2000년대 이후부터다. 양국 간에 무역 불균형이 커지면서 그 원인을 두고, 양국은 상당한 시각차를 보이고 있다. 먼저 중국의 입장을 보자.

첫째, 중국은 거대한 흑자를 인정하지만, 그러나 분명히 하고자 하는 것이 있다. 그들이 얻는 전체 흑자 중에 중국 자체가 얻는 흑자 부분은 그다지 크지 않다는 것이다. 먼저, 홍콩을 경유하는 수출 전체를 중국 수출로 보는 데 대해 중국은 이의를 제기한다. 홍콩 경유 제품에 대한 통계방식 차이가 무역의 과잉 흑자로 왜곡되어 나타난다는 것이다.

둘째, 미국의 중국에 대한 첨단제품 수출 제한 정책의 영향을 지적한다. 개도국인 중국이 미국의 첨단제품에 대한 수요는 엄청난 데 반해, 미국은 첨단제품의 수출통제를 지속하고 있다. 중국으로서는 경제발전에 따라 갈수록 대량의 선진기술이 필요한 입장이다. 중국 지도부는 미국의 대중국 수출에 대한 불합리한 통제가 최대 장애라고 주장한다. 이 부분은 그동안 미중전략경제대화에서 중국 쪽이 제기하는 단골 메뉴였으며 미국 측이 긍정적인 태도를 보인 적도 있었다. 기술 전쟁으로 중국을 압박하는 트럼프 정부가 펄쩍 뛸 얘기다.

셋째, 글로벌 무역 사슬 구조에 따른 분업 구조의 역할을 감안해야 한다는 것이다. 중국은 가공무역의 비중이 대단히 높다. 한국과 일본 그리고 동남아와 세계 각 지역에서 공급되는 중간재와 부품을 조립 가공하여 수출하는 비중이 엄청난데, 무역통계에서는 일단 중국의 수출에 포함된다. 스티글리츠 교수는 이런 수출 구조에서 중국이 얻는 이익은 주로 임가공 노임이며 그 비중은 매출의 30퍼센트 정도에 그친다고 분석한다.

마지막으로, 초국적 기업들의 활동을 고려해야 한다는 것이다. 앨런 그린스펀의 주장과 일치하는 이 문제는 무역 통계 방식의 차이에서 찾아낼 수 있다. 미국은 원산지를 기준으로 수입 통계를 작성한다. 따라서 중국 제품이 미국에 도착하면 중국 수출로 간주한다. 그러나 경제 세계화가 가속화하는 현실에서 원산지 규정에 따른 통계방식은 오늘날 국가 간의 무역을 객관적으로 반영하기 어렵다. 막강한 경쟁력을 갖춘 초국적 기업들을 보유한 미국은 경제 세계화의 최대 수익국가다. 이들이 중국에서 가공무역과 아웃소싱을 통해 미국으로 수출하는 것을 감안해야 한다는 것이다.

중국의 총 수출에서 외자기업의 수출이 차지하는 비중은 2007년에 57퍼센트로 정점에 달한 이후 점차 감소하여 2012년에 50퍼센트 아래로 내려온 후, 2016년에는 43.7퍼센트를 기록했으며, 이 중 대부분을 초국적 기업의 수출이 차지하고 있다(중국 국가통계국, 미 달러 기준).[36]

문제는 통계상 무역적자를 강조하는 미국의 시각이다. 재정적자와 무역적자가 누적되는 미국은 중국에 대한 무역불균형 문제를 무역적자의 가장 중요한 요인으로 보고 있다. 미국 정계는 중국 정부가 조작한 위안화 환율 탓이라고 말한다.[37] 이런 정치계와 다른 주장을 펴는 경제학자로는 컬럼비아대학 교수인 조지프 스티글리츠와 로버트 먼델 교수가 주목받고 있다. 이들은 미국의 경상 적자가 미국의 국내 경제 문제에 기인한 것이지 중국과의 무역역조 때문이 아니라고 분석한다.

'차이메리카' 현상은 끝나지 않았다

양국 무역이 가파르게 발전하면서 중국이 미국에서 거두어들이고 있는 엄청난 무역흑자는 미중 무역의 구조적 특성을 총체적으로 보여준다. 이 엄청난 흑자 통계에서, 앨런 그린스펀이 지적한 바와 같이, 중국에서 활동하는 미국의 초국적 기업의 생산과 미국으로의 수출은 제외된다. 어이없는 통계상의 흑자 현상이다. 사실 중국이 벌어들이는 수익은 그 상당 부분이 글로벌 밸류체인을 경유한 임가공 수익이다. 그동안 중국은 이렇게 벌어들인 돈의 상당 부분을 미 재무부 채권을 1조 달러 이상 매입하는 데 사용했다.

하버드대학의 경제사학자 니얼 퍼거슨Niall Ferguson은 이 현상을 한마디로 '차이메리카Chimerica'라는 새로운 용어로 규정했다. 미국과 중국이 '중미국中美國'이라는 이름을 가진 '하나의 국가'처럼 움직인다는 것이다. "미국은 수입해서 소비하고, 중국은 생산해서 수출한다. 마치 한 나라 안에서 생산하고 소비하는 것처럼 보인다."[38] 이 거대한 적자를 냉전시대 군사용어를 빌어 '공포의 불균형'이라고 부른 사람도 보수 성향의 퍼거슨이었다.

미중 협력에서 비롯된 파급효과는 양국에서도 그 양상이 복잡하다. 양국의 수입업계와 수출업계는 이해관계가 엇갈린다. 예컨대 무시할 수 없는 정치적인 영향력을 가진 미국의 농산물, 에너지, 자동차, 전자제품 업계는 달러와 위안화의 환율이 변동할 때마다 각각 이해관계가 상반된 방향으로 움직인다. 트럼프의 정치적 지지 기반인 미 동부의 러스트 벨트Rust Belt와 팜 벨트Farm Belt도 중국에 진출한 초국적 미 기업들과는 중국시장에 대한 이해가 다르다. 트럼프 정부가 중국을 거칠게 압박하면서도, 타협과 협상에 진지한 태도를 보이는 것은 이런 맥락에서 이해할 수 있다. 트럼프뿐만 아니라 역대 미 대통령들은 임기 중 내내 이런 갈등과 타협의 패턴을 밟아왔다. 이렇게 해서 양국은 지난 수십 년 동안 우여곡절을 거듭하면서 '글로벌 최대 이익 공동체'로 발전해온 것이다.[39]

2005년부터 미국의 대중 무역적자는 3년 연속 2,000억 달러대의 적자를 기록했고, 뉴욕발 금융위기 발발 직전인 2007년에는 2,500억 달러를 돌파했다.[40] 이처럼 급속하게 악화되는 무역불균형으로 환율절상 압력도 커져서, 중국 정부는 2005년 7월 관리변동환율제를 도입하여 대응했다. 이에 따라 대미 달러 환율은 2008년 3월, 1달러당 7.1위안대를 기록하며 2년 반 사이에 14.5퍼센트 절상되었다. 그러나 30퍼센트 절상을 주장해온 미국 입장에서는 이러한 절상 속도가 만족스러운 것은 아니었다.

힘겹기는 하지만, 양국 간에 이런 타협의 반복은 그들이 올라서 있는 '글로벌 최대 이익 공동체'를 지속시키는 기능을 한다. 그리고 이들 양국의 협력과 타협이 되풀이되는 한 그동안 그들의 이익을 배분하는 구조로 작동해온 '차이메리카' 현상도 패턴을 바꿔가며 이어질 것이다.

'중국 서구화'에 대한 낙관론의 정체

어떻게 이처럼 거대한 무역적가가 가능했을까? 중국이 개혁개방의 길로 들어서자, 서구에서는 중국이 서구화의 길을 걷게 될 것이라는 믿음을 의심하지 않았다. 미국인들은 중국을 관리할 수 있다며 자신감이 넘쳐흘렀다. 경제적으로는 더욱 낙관적이었다. 오랫동안 미국인들은 중국

시장이 순조롭게 발전하면, 미국 기업들의 요구에 따라 말 잘 듣는 하청 공장이 될 것이라고 생각했다. 이미 미국의 임금 수준은 천정으로 올라가 있었다. 낙후한 중국시장에서 값싼 임금으로 자신들의 마음에 드는 제품을 만들 수 있다는 것은 매우 바람직해 보였다. 그리고 머지않아 중국에도 서방식 정치체제가 들어설 거라는 견해가 상식처럼 퍼지고 있었다. 이러한 전제는 미국뿐 아니라, 유럽과 일본 그리고 한국에서도 거의 그대로 받아들여졌다. 그러나 시간이 흐르면서 중국의 사정은 이런 서방의 예상과는 다른 방향으로 가고 있음이 분명하게 나타나고 있다. 우선 미국이 중국을 관리하려 들던 시대는 지났다. 1970년대 미중 화해 당시, 형편없이 가난했던 중국이 이처럼 짧은 시간 내에 세계 최강국인 미국과 어깨를 나란히 하리라고 예상한 전문기관이나 전문가는 없었다.

중국이 단계적으로 시장경제 전략을 발전하는 동안, 미국의 역대 정부도 그때마다 중국 정부의 조치를 환영하고 지지했다. 왜 미국은 중국체제가 자신들과 다른 사회주의임을 잘 알면서도 중국이 직면한 시장경제를 향한 고비마다 중국 정부를 지지하고 환영했을까? 미국 입장에서는 세계 최대의 낙후한 거대 시장을 그들의 입맛에 맞는 하청 공장으로 키울 수 있다는 믿음이 확고했다.[41] 그러나 거대 중국의 입장은 달랐다. 한국이나 일본이 그랬던 것처럼 미국이라는 거대 선진국을 수출시장으로 활용하여 경제성장의 동력으로 삼는 동시에, 미국 자본주의를 벤치마킹할 절호의 기회로 삼아 미국을 뛰어넘을 수 있다는 점에 주목했다. 양국 협력은 이처럼 각각 서로 다른 기대와 꿈을 안고 움직여나갔다.

가장 결정적인 변화는 중국의 시장경제 도입이었다. 1991년 12월 소련이 붕괴했다는 소식을 접하고 환호하며 기뻐한 중난하이의 분위기를 이용하여, 다음 해 1월 덩샤오핑은 시장경제 도입을 선언했다. 이에 대해 부시 미 정부는 즉각 크게 환영했다. 그러나 당시 미국 정부의 내심은 달랐다. 당시 전 세계 공산권은 체제 붕괴 중이었다. 동구권에 이어 소련 체제가 붕괴된 것은 중국에 6·4 천안문 사건이 터진 지 2년 반이 지나는 시점이었다. 6·4 천안문 사건 이후, 미국 정부는 즉각 중국에 경제제재 조치를 취하고 중국과의 모든 외교 채널을 중단한 채 관망 자세로 들어갔다. 중국 체제는 그만큼 불안해 보였다. 그러나 양국의 정부 간 대화는 극비리에 순조롭게 이어지고 있었다.[42]

어쨌든 미국 입장에서, 중국이 시장경제를 도입한다는 것은 중국공산당도 이미 서구 자본주의의 승리를 인정하는 것이나 다름없었다. 공산당 일당독재 국가에서 시장경제를 한다는 것이 과연 가능한가? 중국이 개혁개방을 선언한 1978년, 서방에서 중국경제가 발전할 것이라고 예상한 전문가는 어디에도 없었다. 중국의 변화를 긍정적으로 보려 하지 않았다.[43]

개혁개방 당시, 세계은행이나 IMF 같은 국제금융기관들도 마찬가지로 중국의 미래를 부정적으로 보았다. '거대 중국이 경제를 발전시키려면 무엇보다도 엄청난 돈이 필요하다, 2000년까지 앞으로 20년 동안 최소 3,000억 달러가 투입되어야 할 것이다, 그런데 누가 중국공산당을 믿고 돈을 빌려주겠느냐, 공산당이 '붉은 자본주의'로 옷을 갈아입는다고 해서 될 일이 아니다.' 이것은 당시 미국과 서방의 일반적인 관점이기도 했다.

그러나 이런 부정적인 관점을 유지하면서도, 미국과 서방 투자자들은 결코 놓칠 수 없다는 듯이 거대 중국시장에 빨려 들어갔다. 외국인 투자자들, 특히 초국적 기업들은 시장경제 도입 선언과 뒤이은 WTO

가입을 기폭제로 하여 중국시장에 대한 직접투자에 박차를 가했다. 외자도입 누계도 2000년까지 국제금융기관들이 최소한 필요하다던 3,000억 달러를 훨씬 넘어 1조 달러를 돌파했다(이런 해외 직접투자를 견인한 것은 대부분 동남아 화교 자본이었다).

중국의 WTO 가입을 보는 입장도 전형적인 동상이몽이었다. 미국은 3년 반 동안 까다로운 조건들을 내세워 협상했으며, 협상이 타결되자 양국은 크게 환호했다. 그러나 서로 계산은 달랐다. WTO 가입 이후 중국의 외자 도입은 연간 1,000억 달러를 넘어섰다. 그동안 추진해온 개혁개방이 새롭게 업그레이드되는 계기를 맞은 것이다. 이와 달리 미국은 WTO 양허안 이행에 초점을 맞추었다.

시장경제 도입 이후 지난 20여 년 동안, 중국은 연평균 경제성장률 8~9퍼센트라는 경이적인 고속 성장의 길을 질주해왔다. 그리고 최근 서방에서 저성장의 경고가 이어지는 속에서도 6퍼센트대의 비교적 안정된 중속 성장을 지속 중이다. 중국의 성장률에 끊임없이 의문을 제기해온 서방의 상당수 전문기관들은 향후 전망에 대해서도 연 2~3퍼센트로 급속한 성장 하락을 점치는 등 비관적 시각을 계속 유지하고 있다. 베이징대학의 린이푸林毅夫 교수 같은 경제 전문가들이 예측하는 향후 10년간 6퍼센트대 성장 예측과는 사뭇 다르다. 어쨌든 중국경제가 이처럼 탄탄하게 질주하는 분위기를 바라보면서, 트럼프 정부가 보여주듯이 쫓기는 미국의 초조감은 갈수록 커져가고 견제도 거칠어져가고 있다.

이들 양국이 그리고 있는 꿈은 전혀 다르다. 거대 중국을 관리하려 드는 미국의 오랜 꿈은 트럼프 정부에서도 그대로 드러난다. 이런 태도에 대해 미국의 원로 외교관인 헨리 키신저는 중국을 '하청업자'처럼 대하지 말라고 충고한다.[44] 반면에 중국은 오래전부터 미국을 부러워하며 따라잡는 꿈을 키워왔다. 미국과 엄청난 격차가 벌어졌던 시기를 되돌아보면, 그런 중국의 꿈은 황당해 보일 수도 있지만, 중국 지도자들은 미국을 따라잡는 꿈을 접은 적이 없다. 잠시 과거를 돌이켜보자.

100여 년 전, 중국 혁명의 선구자인 쑨원은 하와이에 가서 기독교에 푹 빠져 미국에 열광했으며, 중국을 건국하고 미국과 화해한 마오쩌둥은 청년시절부터 조지 워싱턴 장군의 게릴라 정신과 의지력을 혁명기간 내내 잊지 않았다. 25년 전 시장경제를 선언한 덩샤오핑은 대만에 무기판매를 허용하면서까지 미국과 수교를 성사시켰고, 그 후계자들인 장쩌민과 후진타오 그리고 시진핑은 한결같이 '100퍼센트 따라하지는 않겠다'면서 미국을 벤치마킹하는 데 전략을 집중시켜왔다. 시장경제 선언 이래, 중국 지도부는 미국이 중국 대륙을 포위하며 여러 형태로 괴롭히는 상황에서도 미국 자본주의를 벤치마킹하는 작업을 포기하지 않고 있다. 중국체제의 발전과 안정이 시장경제 틀 안에 있다고 판단하는 것이다.

그들은 서로 상대방의 꿈을 잘 알고 있다. 그들은 빈번하게 만나는 회합 때마다 "페어플레이를 통해 실력을 가리자"라고 말한다.[45] 서로 치열한 경쟁에 합의한 것이다. 그러다 보면 21세기 패권은 공동 패권이든, 단독 패권이든 가려질 것이다.

위안화, 달러와의 공존 전략

2008년 글로벌 금융위기를 계기로, 중국은 미국의 최대 채권국이 되었다. 금융 협력은 미중 양국의 협력을 상징하는 핵심 기둥이다. 중국

미중 패권전쟁은 없다

이 미국 국채를 매입하는 자금은 미국과의 무역에서 벌어들인 흑자에서 나오는 것이다. 지금까지 중국이 매입한 미국 채권 규모는 국채와 공채를 합쳐 1조 5,000억~2조 달러 수준이다. 한국의 한 해 GDP 규모와 엇비슷한 규모다. 그중 미 재무부 채권이 1조~1조 3,000억 달러 (2018년 3월 현재 1조 1,700억 달러)이고, 나머지 수천억 달러는 주로 국책 모기지 회사인 프레디 맥Freddie Mac이나 패니 메이Fannie Mae 같은 기관 채권 매입이 대부분이다.[46]

왜 중국은 미국 채권을 이처럼 대량으로 매입했는가? 사실 전 세계 국가들이 미국 채권을 선호하고 있고, 총 규모는 5조 달러를 훨씬 넘는다. 이런 달러 선호 현상은 기축통화인 달러의 위력이기도 하다.[47]

중국이 달러 보유 자산을 늘리는 것으로 얻는 이득은 두 가지다. 우선 달러가 강세로 전환되면 그에 따른 이득을 누릴 수 있고, 위안화 환율을 안정시키는 효과를 얻는다. 위안화 환율 안정은 위안화 가치의 급락 우려를 막는 데 도움이 된다. 이렇게 해서 얻는 환율 안정은 중국에 들어온 해외 자본의 철수나 국내 자본의 이탈을 막는 효과도 함께 거둘 수 있다. 좀 더 큰 틀에서는 무역에서 얻은 흑자로 미국 채권을 매입하는 금융 협력을 통해 중국경제가 미국경제와 연동해서 움직이는 것이다. 미국이 망하면 중국이 흥한다거나, 중국이 망하면 미국이 득을 본다는 얘기는 그만큼 설득력이 약해진다. 달러를 매개로 양국이 서로 상호의존관계가 형성되어 있는 것이다.

물론, 중국이 미 채권을 무턱대고 매입하는 것은 아니다. 중국은 매입량을 조절하여 양국 간에 움직이는 미묘한 상황 변화에 대응해왔다. 그렇지만 미 국채를 매입하면 시장의 신뢰를 높일 수 있다는 관점은 계속 유지하고 있다.

최근 중국은 무역흑자를 이용한 해외투자도 늘리고 있다. 미 국채를 사들이던 흐름에서, 최근에는 미국과 선진국에 대한 직접투자를 증가시키는 방식으로 전환하는 흐름이 뚜렷하다. 목표는 첨단산업의 발전에 있다. 이에 대해 트럼프 정부는 강하게 경계하고 있다. 2018년, 트럼프는 재무부로 하여금 중국 투자를 규제하도록 지시했다. 이런 가운데 중국은 미 국채 매입 규모를 일정하게 유지하고 있다. 트럼프 정부가 중국을 압박하기 직전까지 중국의 미국 투자 속도는 크게 빨라지고 있었다.[48]

한 나라의 국력은 그 나라가 발행하는 화폐의 힘으로 나타난다. 중국도 마찬가지다. 위안화의 부상은, 마치 과거 제2차 세계대전 이후 미국 달러의 부상을 연상시킨다. 2016년 10월, 위안화는 IMF 특별인출권SDR[49]에 편입되었다. 위안화의 국제화가 시작된 것이다. 위안화의 국제화는 중국경제의 성장을 반영한 것으로 그 과정에서 미국과의 경제 협력이 큰 몫을 차지했다.

양국의 협력이 갈등을 동반한 복잡한 협력관계임은 앞에서 여러 차례 확인한 바 있다. 위안화의 국제화도 같은 길을 걷고 있다. 중국이 미 국채를 대규모로 사들이면서, 미국은 중국에 거대한 채무국이 되었다. 역으로 중국이 미 국채를 매입하는 것은 안전 자산을 확보하는 것이다. 미국 금융이 위기에 빠지면 중국도 낭패를 볼 처지가 된다. 달러화 가치가 폭락하면 미중 양국은 공동 재앙을 맞게 되는 구조다.

이러한 미중 협력 구조에 대하여《화폐전쟁貨幣戰爭》의 저자 쑹홍빈은 반문한다. 달러화 가치 하락은 그동안 미국 금융의 대부로 군림해온 그린스펀을 비롯한 미국 금융계가 중국을 겨냥하여 의도적으로 벌이는 전략이 아니냐는 것이다. 그런 개연성이 쑹홍빈의《화폐전쟁》을 베스트셀러로 올려놓았는지도 모른다.

중국의 부상은 위안화의 부상에 그대로 반영되어 나타나고 있다. 시장경제 도입 이래, 중국의 위안화는 지금까지 달러에 대해 30퍼센트 정도 절상되었고, 2014년 11월부터는 세계 5대 결제 통화로 자리 잡았다. 달러와 유로화, 파운드 및 엔화에 뒤이은 것이다. 2016년에 편입된 SDR에서 위안화 비중은 달러(41.73퍼센트), 유로화(30.93퍼센트)에 이어 3위(10.92퍼센트)다.

위안화로 결제하는 것이 눈에 띄게 증가한 지역은 중국과 가까운 홍콩을 비롯하여 싱가포르, 태국, 말레이시아 등 동남아 지역이지만, 유럽 등 여러 지역으로 확대되는 추세다. 2016년 1월 기준으로, 국제결제 비중을 보면 2.45퍼센트 수준이다(국제은행간통신협회[SWIFT] 보고서).

위안화는 빠른 속도로 국제화가 되어가고 있는 중이다. 외환거래, 자본거래, 결제통화 등 주요 지표에서 과거 일본보다 세 배 정도 빠르다. 세계 외환시장에서의 거래 비중이나 자본개방도, 자본결제 비중 등에서도 증가 속도 역시 상당히 빠르다. 이런 현상이 중국의 경제발전과 궤를 같이 하는 것은 물론이다.

위안화는 중국 대국화에 가장 앞에 선 깃발과도 같은 존재다. 21세기에 들어와 위안화 청산결제은행도 점차 확장되고 있다.[50] 현 추세가 계속되면, 앞으로 5~10년 내에 위안화가 세계 2위의 국제 무역 거래 및 보유 화폐로 부상할 것으로 전망된다. 위안화는 이미 무역금융 결제에서 세계 2위, 지급 결제에서 5~7위 수준을 보이고 있으며, 위안화 역외 시장도 빠르게 발전 중이다.[51]

위안화의 국제화는 2008년 뉴욕발 글로벌 금융위기가 터진 다음 해부터 본격화되었다. 이 시기는 중국의 시장 규모와 수출 규모가 급증하기 시작한 때와 일치한다. 2009년부터 2013년까지 5년 동안, 세계 GDP 중에서 중국이 차지하는 비중은 연평균 약 17퍼센트씩 증가했고, 세계 수출에서 차지하는 비중도 연평균 16.4퍼센트씩 증가했다. 환율 정책은 2005년 이래 관리변동환율제를 유지해오고 있고, 물가도 비교적 안정세를 이어간다.

이러한 상황을 토대로 중국 정부는 자본계정 자유화 여건 조성을 위하여 적격외국인기관투자자RQFII와 같은 외국인의 국내 자본시장 투자뿐 아니라 대출금리 자유화, 위안화 환율 변동폭 확대 등에도 진전을 보여왔다. 달러 대비 위안화의 일일 변동폭은 2010~2014년 기간 중 0.5퍼센트에서 2퍼센트로 네 배가 확대되었다. 2009년부터는 국가 간 통화스와프와 위안화 역외시장, IMF 의결권 등도 확대되었다.[52] 하지만 중국의 자본시장 개방도는 여전히 낮은 수준이다.[53] 통화 국제화 여건을 바탕으로 위안화의 국제화 수준을 보면, 미 달러 대비 약 30~40퍼센트 수준으로 평가되고 있다.

미국 대통령은 달러 파수꾼, 페트로 달러의 미래

트럼프를 포함하여 미국 대통령에게 부여된 가장 중요한 임무 중 하나는 기축통화인 달러의 가치를 지키는 일이다. 그것은 패권 유지의 대전제다. 이를 위해 언제든지 대통령은 미국이 보유한 군사력과 경제력을 동원할 수 있다. 그러나 금본위제를 벗어난 달러의 가치를 지키는 것은 결코 쉬운 일이 아니다.

21세기 초에 발생한 '9·11 테러'와 '글로벌 금융위기', 이 두 사건은 모두 달러와 연관된 사건으로 미국이 흔들리는 조짐을 보여준 신호였다. 세계의 경제 중심지 뉴욕에서 발발한 알카에다의 9·11 테러는 미국의 중동 석유 전략과 연관되어 있다. 중동과 중국의 공통점은 모두 달러 체제 유지와 관련된 가장 껄끄러운 핵심 지역이다.

미국이 중동 석유와 달러를 엮은 페트로 달러 체제를 운용하기 시작한 것은 1974년이었다. 1971년 금본위제를 폐기한 닉슨 미 정부는 백악관 안보보좌관 헨리 키신저를 사우디 왕정에 보내 그들과 손을 잡았다. 미국의 군사력으로 사우디 왕정의 안전을 보장하고, 그 대가로 사우디 왕정은 모든 원유 거래에 달러를 사용하기로 약속한 것이다. 이렇게 미국 달러는 금본위에서 석유와 연동하는 전략으로 전환하여 페트로 달러 시대를 여는 데 성공했다. 석유 대금을 달러로 결제하는 한, 수입국들은 늘 거액의 달러를 비축해야 한다. 그것은 미국경제의 건전성과 상관없이 달러 가치를 유지하는 장치가 된다. 그 장치를 기반으로 미국은 막대한 재정적자 속에서도 풍요를 지탱하고, 엄청난 국방예산을 투입하는 것이 가능하다. 금본위나 은본위를 벗어난 세계 최초의 페트로 달러 제국은 그렇게 탄생했다.

전쟁과 경제는 언제나 불가분의 관계에 있다. 2차 세계대전 후 치른 한국전쟁과 베트남 전쟁도 미국경제와 직접적인 관계에 있었다. 한국전쟁이 휴전으로 마무리되자, 1955년 미국 정부는 국립경제연구소 National Bureau of Economic Research, Inc.를 통해 각계의 일급 전문가를 망라하여 《한국전쟁과 미국의 경제 활동》을 보고서로 정리하도록 했다.[54] 그 내용 중에는 제2차 세계대전과 한국전쟁을 비교하여 미국경제와의 관계를 분석한 대목이 있다. 두 전쟁을 비교하면서 전쟁과 미국경제가 어떻게 맞물려 움직이는지를 조사한 것이다. 베트남전쟁이 미국경제에 미친 영향은, 1971년 달러의 금 태환 포기 선언으로 나타났다. 이런 움직임들은 미국의 세계전략에서 군사력과 달러를 기반으로 한 경제력이 어떤 방식으로 연결되어 있는지를 보여준다.

사우디 왕정과 손을 잡고 페트로 달러 체제를 만든 키신저는, 미중 화해를 위해 1971년 중국에 밀사로 파견되었던 바로 그 인물이다. 이 해는 베트남전쟁을 수행 중인 미국 정부가 금본위제 파기를 선언한 해였다(같은 해, 키신저는 미중 화해에 앞서 중국과 한반도 밀약을 체결했다). 닉슨과 키신저는 달러 제국을 위해 뛴 파수꾼이었던 것이다.

기축통화국인 미국 입장에서 볼 때, 중국은 미래의 거대한 달러 수요 고객이었다. 미국은, 한편으로는 달러의 금본위를 석유 연동으로 바꾸고, 다른 한편으로는 새로운 거대 달러 시장인 중국과 손을 잡은 것이다. 우리는 오늘날 미중 양국이 벌이는 무역과 금융 협력을 통해서 달러의 움직임을 보고 있다. 미국이 중동과 중국을 활용하여 '달러 3각 체제'를 만든 것이다.

그러나 이런 달러 체제의 운용에 문제가 터진 것은 2008년 베이징 올림픽이 끝난 다음 달 터진 뉴욕발 금융위기였다. 그 근본 원인은 달러 과소비에 중독된 미국경제의 구조적 문제에 있었다. 수습을 위해 미국 연방준비제도이사회의 벤 버냉키 의장은 '헬리콥터 밴'을 통해 4조 달러가 넘는 상상을 초월하는 대규모 달러를 살포했다. 미국의 대형 은행들과 자동차 회사들은 정부로부터 수천억 달러의 지원을 받기 위해 줄을 섰다. 사상 최대의 국가 보조금이었다. 그 원인과 처방에서 모두 기축통화인 달러가 요동친 것이다.

뉴욕발 금융위기는 사실 그 이전부터 잠재해 있던 미국 사회의 위기가 터져 나온 것에 불과하다. 미국 정부의 돌이킬 수 없는 잘못은, 위기 때마다 엄청난 은행 빚을 갚아준 일이다. 2015년 7월 14일《포브스》

온라인판 특별 기고자인 마이크 콜린스Mike Collins는 미국 정부가 대형 은행을 구제하기 위하여 쏟아부은 금액이 16조 8,000억 달러에 달한다고 추산했다.[55]

달러 체제가 직면한 도전은 앞으로 더욱 거세질 것이다. 세계 곳곳에서 확인되고 있는 엄청난 셰일 오일의 매장량과 생산이 사우디를 축으로 해온 페트로 달러 체제의 위상에 어떤 영향을 미칠 지 아직 불확실하다. 페트로 달러 체제에 도전했던 이라크의 사담 후세인이 미국의 이라크 침공으로 몰락했지만, 최근 미국과 대립하는 이란이나 베네수엘라도 달러 결제에 반기를 들고 있다.[56] 가장 결정적인 도전은 중국의 위안화다. 위안화의 국제화 진전이 세계 달러 시장에 미치는 파장도 서서히 드러나는 중이다. 우리는 앞으로 미국이 중국 위안화의 국제화 흐름을 저지하기 위하여 다각적인 방식으로 접근하는 모습을 보게 될 것이다.

그러나 군사력만큼은 여전히 미국이 세계를 압도한다. 그렇지만 미 정부는 군사력을 과시하기 위해 들어간 엄청난 비용 이외에도 더 큰 것을 잃고 있다. 수많은 국가들로부터 경외심을 잃은 것이다. 앨빈 토플러는 그의 저서 《부의 미래Revolutionary Wealth》에서 많은 나라들이 '미국의 부'가 다른 나라들로부터 강탈하거나 훔친 것이라 여기고 있다고 개탄했다. 화폐의 가치는 신용에서 나온다. 과연 미국은 언제까지 달러 패권을 지킬 수 있을 것인가?

시장 규모, 중국이 미국을 추월하면

2018년 7월, 트럼프 정부가 중국에 관세 폭탄 공격을 개시하고 나서 백악관이 발칵 뒤집혔다. 그다음 달, 세계 최고의 금융기관인 HSBC와

IMF가 시장 규모에서 중국이 미국을 추월하는 시기를 2030년으로 전망하는 보고서를 잇달아 발표한 것이다. 그 전망은 중국의 추격을 저지하려는 관세 폭탄에 찬물을 끼얹었다. 대응이 필요했다. 부통령과 국무장관 등을 비롯하여 고위 관리들이 줄지어 중국의 체제를 겨냥하여 맹비난하기 시작했다. 이런 격앙된 태도로 볼 때, 미국이 아직 중국의 추격을 받아들일 준비가 전혀 되어 있지 않았음은 물론, 앞으로 중국의 추격이 진행되는 동안 미중관계가 엄청난 갈등을 피하기 어렵다는 것을 예감하게 한다. 현재, 미국의 종합 국력은 중국과 비교가 되지 않을 정도로 압도적이다. 군사력은 말할 것도 없고 시장 규모 면에서도 중국은 2018년 기준으로 미국의 70퍼센트에 미달하는 수준이다.

문제는 거대 중국의 추격이 흔들림이 없다는 것이다. 많은 미국 전문가가 나서서 '중진국 함정론'과 '중국경제 부도론' 등으로 중국경제의 추락을 끊임없이 예상하며 북을 쳤으나 모두 빗나갔다. 수많은 미국 전문가들이 쏟아내는 어두운 중국 전망을 생각하면, 중국경제는 벌써 거덜이 났어야 앞뒤가 맞는다. 이처럼 미국의 부정적 평가와 끊임없는 견제에도 불구하고 중국은 묵묵히 견디면서, 지난 40년 동안 연평균 9.5퍼센트의 눈부신 성장을 질주해왔다. 초고속 성장에 이어 최근에는 6퍼센트대의 중속 성장으로 순조롭게 연착륙하는 데도 성공했다. 이런 거친 주변 환경에도 불구하고 눈부신 성과를 내고 있는 중국을 바라보며, 세계 금융기관들은 중국경제의 미래 전망을 밝게 내놓은 것이다.

시장 규모의 확장을 특별히 주목하는 이유는 무엇인가? 상당한 시간이 걸리겠지만, 일단 시장 규모에서 압도하면, 그것이 글로벌스탠더드에 영향을 미치게 되고, 나아가 문화 다원화의 길을 여는 디딤돌이 될 수 있다. 변화는 조용히 그러나 거대한 흐름으로 나타나게 될 것이다. 요컨대 미국 중심의 세계 체제가 다국 중심의 체제로 전환되는 것이다. 패권에 맛들인 미국으로서는 결코 달가운 일이 아니다.

런던정경대학의 중국 전문가인 마틴 자크Martin Jacques 연구위원도 이들 금융기관의 전망을 진지하게 생각하는 전문가다. 마틴 자크는 그의 저서《중국이 세계를 지배하면When China Rules the World》[57]에서, 앞으로 세계의 경제 헤게모니가 중국으로 이동할 것이라고 전망한다. 세계의 수도가 뉴욕에서 베이징으로 옮겨와 중국 중심의 세계사가 시작될 것이며, 새로운 문명국가와 새로운 무역제도 그리고 새로운 소프트 파워로 장식된 중국문화, 거기에 중국식 정치가 서구의 대안이 될 것이라고 점친다. 달러화 가치의 하락은 위안화 가치 상승과 동시에 진행될 것이다. 그리고 서구 사회는 그동안 누려온 패권을 상실하게 될 것이라고 바라본다.[58]

이보다 한발 더 구체적인 수치로 전망을 발표한 사람은 세계은행, 미 재무부 동아시아국과 카네기국제평화재단을 거쳐 지금은 대학에 재직 중인 앨버트 키델 교수다. 그는 2008년 7월, 카네기재단에서 발표한 그의 보고서〈중국경제의 부상China's Economic Rise—Fact and Fiction〉에서 2050년에 중국의 시장 규모는 미국의 두 배에 달할 것이라고 전망했다. 그 상황이 오면, 미국은 세계 전략은 물론 국내 각 분야에서 제도 개혁이 불가피할 것이라고 예고했다. 그는 중국경제의 발전 동력을 강력하고 거대한 내수라고 지적했다. 시장 규모 면에서 중국은 2030년대에 미국을 따라잡고, 2050년에는 82조 달러에 달해 미국의 44조 달러에 비해 두 배에 달한다는 것이다. 보고서의 내용을 들여다 보자.

시장 규모 면에서 중국이 크게 앞서가게 될 근거는 중국경제가 수출보다 내수가 강력한 데 있다. 이로 인하여 세계 경제가 어려워져도 상대적으로 충격을 덜 받을 것이다. 또 일본이나 한국 등 급속한 성장을 경험했던 국가들과는 달리, 중국 경기 사이클은 미국 경기와 별 관련이 없었다는 점도 중국경제의 '독립성'을 보여준다. (…) 그리고 중국은 군사나 외교 등 국제관계의 모든 분야에서 중요한 파워로 부상할 것이다. 국제기구의 리더십이 중국 쪽으로 쏠릴 것이며, 이에 따라 세계은행이나 유엔, IMF 등 국제기구들의 본부가 중국 베이징이나 상하이로 옮겨갈지도 모른다. 앞으로, 미국은 현재의 유럽처럼 중요한 2차적secondary 영향력을 행사하게 될 것이다. (…) 그러나 중국인이 누리는 삶의 질은 21세기에도 미국보다 높지는 못할 것이다. 2050년, 중국의 1인당 GDP는 5만 3,000달러로, 미국의 9만 5,000달러에 비하여 3분의 2 수준으로 추정된다. 1인당 GDP에서 중국이 미국을 앞지르는 시기는 2100년쯤으로 예상된다.[59]

이런 전망은 중국의 성장률이 어느 날 갑자기 뚝 떨어질 것으로 바라보는 서방의 분위기와는 사뭇 다르다. 중국 정부는 베이징대학의 린이푸 교수의 예상처럼, 연 6퍼센트대의 성장을 가능한 한 10년 정도 이어간다는 목표를 내세우고 있다. 여기에 향후 미국의 성장 속도를 2~3퍼센트 수준으로 예상하면, 중국이 미국을 추월하는 시기를 만날 수 있다. 그 구체적인 일정 시나리오는 IMF, HSBC 그리고 골드만삭스 같은 금융전문기관들이 이미 카운트다운에 들어가 있다.

새로운 변화를 받아들이는 것은 쉬운 일이 아니다. 마틴 자크도 중국의 부상에 세계의 반응은 그만큼 뒤늦을 것이라고 전망한다. 변화는 또 다른 변화로 이어진다. 전문가들이 시장 규모의 역전을 주목하는

미중 패권전쟁은 없다

이유는 그것이 글로벌스탠더드의 이동을 가져오게 되고, 그것이 다시 글로벌 문화의 다원화로 이어질 수 있기 때문이다. 거기에 소비 시장의 위력이 가세함은 물론이다. 미국 중심의 세계 문화가 동서양 문화로 다원화하는 전환점이 다가오고 있는 것이다.[60)]

그러나 미국 입장에서 중국이 미국을 딛고 올라선다는 것은 꿈에도 있을 수 없는 일이다. 과거 18~19세기, 유럽의 변화에 무지한 채 오만으로 일관했던 동양의 봉건제국은 나락으로 굴렀다. 하지만 지금은 글로벌 시대다. 오늘날 미국은 중국의 변화에 표면적으로는 등을 돌리면서도, 내부적으로는 예민하기 그지없다. 대화도 이어지고 있다. 이미 시장 협력을 통한 상호의존도 깊어지고 있는 상태다. 서로를 필요로 하는 시장 권력이 여론몰이에 빠진 정치 권력에 영향을 미치는 시대인 것이다.

앞으로 중국의 시장 추격이 미국인들에게 미치는 심리적인 영향은 쉽게 가라앉지 않을 것이다. 이런 미국의 분위기를 '투키디데스의 함정' 가설을 내세워 신흥국인 중국과 기존 패권국인 미국의 충돌이 불가피하다고 설명한 학자가 하버드대학의 그레이엄 앨리슨 교수다. 그런 앨리슨도 자신의 저서 《예정된 전쟁Destined for War》에서 이렇게 말한다.

우리는 중국의 부상을 어찌할 수 없는 조건으로 받아들여야 한다.

앨리슨 교수의 이런 인식은 일찍이 헨리 키신저가 '중국의 발전은 운명이다'라고 예언한 것과 같은 맥락이다.

중국, 성장전략을 전환하다

중국경제 부상에 대한 미국의 견제는 결코 트럼프 정부에서 끝날 일이 아니다. 중국경제가 발전을 지속하며 미국을 추격하는 한, 미국은 패권 상실의 초조감과 두려움에서 벗어나지 못한다. 중국 정부도 미국의 이런 사정을 훤히 꿰뚫어보고 있다. 미국과의 갈등과 대립이 어제오늘 시작된 일도 아니다. 시장경제로 시작한 중국의 부상은 이제 새로운 국면으로 들어가고 있다. 21세기에 들어와 중국의 성장전략은 어떻게 전환의 계기를 활용해왔는지 정리해보자.

- 2001년 WTO 가입 → 성장전략 전환 준비
- 2008년 뉴욕발 금융위기 → 미 국채 대량 매입, 성장전략 전환 본격화
- 2011년 오바마 정부의 이라크 철수 및 중국 포위 착수 → 중국제조 2025, 일대일로 착수
- 2018년 트럼프 정부 관세폭탄과 화웨이 공격 착수 → 미국과 협상 및 대결 양면 전략 전개

2000년에 대통령에 당선된 조지 W. 부시는 당초 중국의 WTO 가입을 지지한 인물이다. 그러던 그가 집권하자마자 중국을 거세게 몰아붙이기 시작한 이유는 WTO 가입이 중국 부상의 디딤돌이 되는 것을 저지하기 위해서였다. 바로 이 시기, 장쩌민 정부는 WTO 가입을 국가 발전의 일대 계기로 삼아 성장전략의 전환을 준비하기 시작했다. 그 핵심은 대외무역 위주로 발전해온 성장전략을 광활한 국내시장으로 눈을 돌려, 내수시장을 육성하고, 거기에 '중국제조 2025'의 싹이

된 산업고도화 전략의 추진도 덧붙였다. 오늘날 일대일로 전략의 받침돌이 된 '서부대개발 계획'도 이때 착수한 것이다. 이 계획도 중국제조 2025처럼 2050년까지의 장기 계획이다.

성장전략의 전환에 박차를 가하게 된 계기는 2008년 뉴욕발 금융위기 발발이었다. 뉴욕발 금융위기에 후진타오 중국 정부는 기민하게 대처했다. 성장전략 전환은 중국경제의 급부상과 이어져 있었다. 여기서 그 과정을 좀 더 들여다보자.

미국발 글로벌 금융위기가 심상치 않음을 감지한 중국은 성장 패러다임 전환에 가속 페달을 밟았다. 대외의존을 줄이고, 내수시장을 육성하는 일이 시급해진 것이다. 당시 중국경제는 서방 선진국에 대한 무역 의존도가 매우 높은 상태였다. 이 시기 미국에 대한 중국의 수출 비중은 20퍼센트 수준이었으나, 홍콩 재수출을 감안하면 그 비중은 훨씬 더 컸다. EU에 대해서도 비슷한 비중이었다. 글로벌 금융위기의 발발은 이런 과도한 수출의존형 발전 방식에 치명적이었다(이 충격은 한국의 대중국 수출에도 커다란 영향을 미쳤음은 물론이다). 당장 미국과 서방에 대한 수출 길이 벽에 부딪혔고, 이는 곧바로 중국경제의 취약점을 건드렸다. 투자 과열에 따른 공급 과잉, 투자와 소비의 불균형, 저부가가치 위주의 열악한 산업구조, 급속하게 벌어지는 빈부격차와 지역격차와 같은 구조적 모순들이 벌떼처럼 불거져 나왔다. WTO 가입으로 대외무역이 급증하고, 이로 인해 대외의존도가 높아진 상태에서 미국발 금융위기를 만난 것이다. 중국 정부는 내수시장 육성과 산업고도화의 필요성을 다시 한 번 절감했다. 새로운 성장 방식의 주요 특징은 산업구조 조정, 성장보다 분배, 도시화, 서비스화, 친환경 산업에 집중되었다. 이 시기의 정책을 정리해보자.

- 성장 방식을 수출 위주에서 내수 위주로 전환한다.
- 새로운 성장 동력으로 서비스산업과 전략적 신흥 산업을 육성한다.
- 분배 중시 전략으로 중·저소득층을 위한 사회보장제도를 구축한다.
- 지역 간 불균형 해소를 위해 도시화 추진과 고속철 건설을 추진한다.

그리고 유연한 통화정책과 내수 진작책이 뒤따랐다. 이런 전반적인 구조조정 과정은 중국경제가 고속성장에서 중속성장으로 연착륙 과정을 밟아가는 데 중요한 역할을 했다. 일부 서방 전문가들이 고대하며 예상하던 중진국 함정이나 갑작스러운 성장률 하락 현상은 지금까지 나타나지 않았다. 수출로 벌어들인 외환은 미 국채 매입과 적극적인 해외투자로 위기에 직면한 세계경제에서 중국경제의 위상이 보다 확고해지는 계기가 되었다. 이런 대외적인 위상 강화가 국내 성장전략의 전환에도 힘이 되었음은 물론이다. 미국발 금융위기가 중국경제의 발전에 전화위복으로 작용한 것이다. 중국의 시장 규모가 10조 달러를 넘어서자 연 6퍼센트대 성장으로도 시장 확장속도는 세계 최고 수준을 이어가는 데 아무런 걸림돌이 없었다. 그리고 시장의 구심력에서 나오는 '힘의 이동'은 여러 측면에서 감지되기 시작했다. 미국과의 시장 규모 격차도 점차 좁혀져, 2017년에는 중국의 시장 규모가 미국 시장 규모의 60퍼센트를 넘어섰고, 2018년에는 65퍼센트를 넘어서게 되었다.

이처럼 중국 정부가 미국발 금융위기에 기민하게 대처할 수 있었던 것은 WTO 가입 시기부터 준비를 서둘러 왔기 때문이다. 과도한 수출 주도형 성장 모델에서 벗어나고 있는 흐름은, 한때 70퍼센트를 상회하던 대외무역의존도가 이제 30퍼센트 초반으로 내려온 것으로 나타나

미중 패권전쟁은 없다

고 있다(2018년 현재, 대외무역은 4조 5,000억 달러, GDP는 13조 5,000억 달러다). 앞으로 미국이 서방 선진국 동맹을 동원하여 중국 압박을 지속한다면, 중국은 이들 국가들과의 교역을 감축할 수밖에 없을 것이다. 그리고 이런 추세는 중국의 대외의존도를 더욱 낮추는 효과로 나타날 것이다.

이제 중국은 대외전략 전반에 대한 재정비가 불가피한 상황을 맞이했다. 미국의 압박과 공세가 단기간에 마무리될 성질의 공격이 아니기 때문이다. 지금부터 10~20년, 또는 그 이상 미중 양국관계는 매우 험난한 시기를 맞이할 것이다. 미국이 사상 처음으로 중국보다 시장 규모에서 뒤처지는 것을 맛보게 되는 시기인 것이다. 세계 최대의 통신장비 업체인 화웨이를 사정없이 압박하는 데서 보듯이, 중국의 맹추격에 놀란 미국은 여야 없이 중국의 추격을 저지하는 일이라면 무엇이든 발 벗고 나설 태세다. 그동안 중국인들이 얘기해오던 '관건적 시기'가 온 것이다. 중국 정부가 또다시 새로운 성장전략을 모색해야 할 시기가 다가오고 있다.

미중, 새로운 패러다임을 향하여

시장경제를 선언하면서 덩샤오핑은 중난하이 안에 경제 싱크탱크인 국무원 발전연구중심을 개설했다. 그리고 장쩌민과 가까운 마홍을 주임으로 배치했다. 마홍은 둥베이에서 같이 지낸 후배 주룽지를 덩샤오핑에 천거하기도 했다. 한중 수교 이후, 필자는 마홍 주임과 여러 자리에서 수차례 만나는 기회가 있었다. 어느 날, 베이징의 한 만찬 자리였다. 한국경제의 원로 조순 전 부총리와 함께 밤늦게까지 담소를 나누던 중, 얘기가 한국의 새마을운동을 거쳐 중국의 향진기업으로 옮겨가자, 마훙 주임이 중국 농민들에 대해서 이렇게 말했다.

우리 정부도 놀랐습니다. 중국에서도 농민들의 의욕이 불타오르고 있습니다.

필자는 속으로 놀랐다. 인민들의 의욕이 정부 정책을 앞지르고 있다는 것이 아닌가? 그 수년 전인 1988년에 방문했던 향진기업이 떠올랐다. 향진기업은 도시 교외의 농민들이 간단한 제품을 가공하는 초보적인 공장들이다. 전 중국이 향진기업 열기가 가득한 때였다. 텐진 교외에 위치한 향진기업 다추좡大丘莊에서 하룻밤을 묵으며, 공장과 주택 그리고 직원 가족들이 사는 모습을 둘러보았다. 24시간 계속 공장이 가동되는 탓에 그날 밤 소음으로 잠을 설쳤다. 그들의 일하는 모습과 임금, 복지후생, 환경오염 등 모든 것이 다소 미흡해 보였지만 여태까지 본 중국 농촌과는 전혀 다른 새로운 모습이었다. 모두 의욕과 열기, 미래에 대한 믿음이 넘치고 있었다. 농촌뿐만이 아니었다. 다추좡을 다녀온 다음부터, 나는 중국에서 헛소문을 조심해야 한다는 것을 절감했다. 어디를 가나 그들은 '만만디慢慢地(천천히)'와는 전혀 딴판이었다. '만만디'는 계획을 침착하게 수행할 때 필요한 도구였다.

이처럼 지금까지 중국경제가 초고속으로 질주해온 싹은 중국 인민들의 가슴속에 들어 있던 열기에서 나온 것이다. 한국과 다를 바 없었다. 중국공산당의 역할은 단지 그 열기를 꺾지 않고 안내하면 충분한 것이었다. 이렇게 질주해온 중국경제가 이제 미국을 추격의 가시권에 두게 되었다. 누구도 예상 못한 일이다. 이제 중국은 다시 한 번 세계 제국과 '힘의 논리'로 맞서게 되었다. 21세기의 '힘의 논리'는 경제력이 최우선이고 군사력은 그 뒤를 따른다. 모두가 파멸하는 핵전쟁은 정신

병자가 아니면 불가능하기 때문이다.

헨리 키신저는 오늘날 중국 부상의 특징이 과거 제국들의 부상과 다른 점은 군사력이 아닌 경제력에 의한 부상이라고 지적한다. '중국의 발전은 운명'이라고 예언한 적이 있는 그는, 근대 이후 국제정치 구조를 '힘의 균형'으로 접근하는 전형적인 인물이다. 그는 모든 국제 문제를 미국의 국익에 최우선을 두고 접근한다. 그는 말한다. "중국을 견제하기보다는 협력하는 것이 미 국익에 유리하다."

세계적인 금융 전문기관들에 따르면, 앞으로 최대 20~30년이 지나면 미국이 중국을 압박할 수 있는 것은 불가능해질 것이다. 당장 제한된 임기 중에 여론을 살펴야 하는 미국 정치인들로서는 별 관심 없는 얘기일지도 모른다. 미국의 정치 구조는 짧은 집권기의 정책이 국가의 장기적인 비전으로 이어지는 가능성을 차단하고 있다. 일당독재의 중국처럼 수십 년 장기 계획을 세우는 것은 불가능하다.

수교 이후, 미중관계는 눈부신 경제협력을 이어오면서도 불안정한 관계를 지속해왔다. 주로 미국은 견제하고 중국은 반발하는 악순환이었다. 압도적인 종합 국력을 믿고 있는 미국은 중국에게 미국처럼 되라고 압박한다. 더구나 최근에는 셰일석유 생산으로 세계 1위의 산유국이 되면서 더욱 어깨가 올라갔다. 그러나 중국의 맹추격은 피하기 어려운 현실이다. 21세기에 들어와 중국은 시장 확장 속도에서 타의 추종을 불허한다. 그리고 그것이 세계 시장을 빨아들이는 동력으로 작용한다. 중국 정부가 주장하는 '신형대국관계'나 '중국몽'을 배후에서 받치는 힘은 바로 거대하고 빠른 시장 확장의 속도에서 나온다.

오랫동안 중국인들은 오랜 고난을 견디며 미국처럼 발전하고 싶었다. 그리고 팔을 걷었다. 반면에 미국인들은 그들이 중국 대륙을 통제해야 한다는 미련을 아직도 버리지 못했음이 분명해졌다. 패권 중독 현상이다. 거기에 중국 주변의 아시아 지역에 대한 통제도 포함되는 것은 물론이다. 이를 위해 미국은 지금 연간 6,000억 달러가 넘는 국방예산의 60퍼센트 이상을 아시아 지역에 쏟아붓고 있다. 이런 방식으로 중국과 아시아를 언제까지 통제할 수 있을까? 한국을 자주 방문하는 하버드대학의 폴 케네디 교수는 일찍이 의문을 제기했다. 아무리 달러를 찍어내기만 하면 되는 나라가 미국이기는 하지만, 과연 지속가능한 것인지 의문이라는 것이다. 역사적으로 보면, 제국도 흥망을 거치며 라이프 사이클을 그리는 데 예외가 없다.

중국을 견제하며 제국을 유지하는 데는 거대한 국방비용 이외에도, 미국이 직면한 문제들이 적지 않다. 우선 중국의 국제연대가 미국의 서방연대와 맞서기 시작하고 있다. 미국의 중요한 아시아 맹방인 한국과 일본이 중국과 활발한 역내 협력으로 중국 부상에 큰 힘이 되고 있는 것은 미국의 딜레마다. 여기에 북한이 비핵화의 길로 들어선다면 한반도는 동아시아 역내권에서 새로운 활력을 얻게 될 것이다. 대만에 대해서 미국은 이를 중국의 아킬레스건으로 활용하려 들지만 이미 대만은 중국경제권에 들어가 있다. 동남아 지역의 각국도 실리를 내세워 미중 사이에서 중국과 연대하는 조짐이 갈수록 두드러진다. 이것이 미국의 남중국해 전략을 복잡하게 만드는 요인이 되었다. 동남아와 중남미, 아프리카 그리고 절친이 된 러시아, 최근에는 G7의 이탈리아까지 중국의 '일대일로'에 참여했다. 현재 90여 개 나라가 이처럼 중국의 깃발 아래 모였다. 미국의 전통적인 G7 서방연대와 맞서는 형국이다. 중국도 이제 혼자가 아닌 것이다.

제국의 근원적 힘인 달러 체제도 변화를 기다리고 있다. 1970년대

미중 패권전쟁은 없다

초, 베트남전쟁 중에 금본위제를 버리고 사우디를 중심으로 성공시킨 페트로 달러 체제는 미국의 셰일석유 생산으로 새로운 변화에 직면하고 있다. 세계적 산유국인 이란과 베네수엘라와의 갈등도 해결의 단초가 보이지 않는다. 거기에 중국과 사우디의 접근도 가시화하고 있다. 기존의 중동정책을 재정비해야 하는 과제를 안고 있는 것이다. 뒤늦게 중국이 셰일석유 생산이 궤도에 오르게 되면 미국은 페트로 달러 체제에 더 이상 기대기 어려워진다. 여기에 중국의 시장 확장이 지속되면서 위안화 결제도 국제적으로 힘을 받으면 달러와의 경쟁은 불가피해진다.

2018년부터 트럼프 정부가 착수한 무차별적인 중국 압박은 미국 내부의 전폭적인 지지를 받고 있다. 이에 자극받은 중국은, 앞으로 미국 의존도를 가능한 한 줄여나가려 할 것이다. 아직도 미국은 사춘기 소년 같은 힘센 나라임에 틀림없다. 그러나 그런 미국에 대해 추월을 앞둔 나라가 중국이다. 이제 미국 중심의 시대가 저물고 미중 다원화 시대가 기다리고 있다. 여기에 필요한 새로운 패러다임은 미국의 압박과 중국의 반발로 이어지는 현재의 미중 패턴을 벗어나는 것이다. 중국은 이미 '신형대국관계'로 그 대안을 제시해놓았다. 이제 미국 차례다. 거기에는 '힘의 균형'에 대한 인식의 변화가 필요하다. 미국으로서는 난감한 일이다.

중국, 서구와 역방향의 길을 걷다

보론 2

중국을 깨운 건 유럽이었으나, 그 깨우는 방식과 과정은 험악했다. 그 때부터 중국과 서구는 서로 역방향의 길을 걷기 시작했다. 서구의 기회는 중국에 재앙이었고, 서구의 재앙은 중국이 재기하는 데 기회가 되어주었다.

중국에 기사회생의 기회가 찾아온 것은 두 차례 세계대전이었다. 유럽 대륙은 승패와 관계없이 순식간에 잿더미로 변했다. 끝없는 탐욕의 종말을 바라보며, 장 폴 사르트르처럼 제국주의를 반성하는 지식인들도 생겨나고, 그 영향이 '사회주의 열풍'으로 나타나기도 했다. 서구 세계는 전쟁의 승자인 미국 중심으로 재편되고, 미국은 뉴딜정책과 냉전 속에 한국전쟁과 베트남전쟁을 거치며 자본주의의 보루로 떠올랐다. 3류 채무국이었던 미국이 세계 제국으로 올라선 것이다.

세계대전이 미국을 제국으로 만들었다면, 중국에게는 기사회생의 기회로 작용했다. 그러나 수천 년 봉건제를 해체하고 공화제로 전환하는 작업은 쉽지 않았다. 서구가 500년 동안 이룬 것을 압축하여 따라

미중 패권전쟁은 없다

잡아야 했다. 중국이 봉건 제국을 해체하고 신중국을 건설한 시기는 거의 세계대전의 시기와 일치한다. 제1차 세계대전 직전, 신해혁명이 불타올랐다(1911). 이어서 신문화운동과 5·4 운동이 중국을 혁명의 용광로로 만들었고(1919), 제2차 세계대전 속에서 항일전쟁과 국공내전을 치르며 통일국가로 올라섰다(1949). 이런 움직임은 유럽 열강이 중국 대륙에서 떨어져나간 사이에 진행된 것이다. 그러자 미국과 소련이 손을 잡고 중국에 침을 흘렸다. 루스벨트와 스탈린은 장제스를 지지하며 중국공산당으로 결집하는 현상을 저지하려 했으나 역부족이었다. 한반도를 38선으로 자른 것처럼, 만리장성이나 양쯔강으로 대륙 분단선을 잡으려던 음험한 계략도 수포로 돌아갔다. 마침내 신중국이 떠올랐다. 중국공산당이 서구를 딛고 깃발을 올린 것이다. 이처럼 강대국의 통제를 뚫고 독립한 신생국은 중국 이외에는 거의 없다. 유럽 제국주의는 남은 힘을 미국에 넘긴 채 쇠퇴하고, 중국은 재기의 기반을 마련했다.

중국 건국 이후에도, 서구와의 역방향 흐름은 이어졌다. 사실상 제2차 세계대전의 최후 승자인 미국이 중국 대륙에서는 씁쓸하게 퇴각한 것이다. 놀라운 일이었다. 대륙에서 물러난 미국은 냉전을 내세워 다시 중국을 압박했다. 그러나 냉전 체제 속에서도 중국은 변화의 회오리를 이어갔다. 한국전쟁과 베트남전쟁도 치렀다. 그들은 대약진과 문혁 같은 엄청난 시행착오를 범하면서도 수천 년 묵은 봉건체제를 송두리째 뿌리 뽑아 재정비하며 새로운 체제를 수립하는 데 집중했다(한국을 비롯한 아시아, 중남미, 아프리카의 대부분의 신생 국가들이 비슷한 처지였다). 그리고 베트남전쟁에서 미국과 화해의 기회를 포착하여 오늘날 미중 시대의 출발점을 만들었다. 마오쩌둥에 뒤이은 덩샤오핑은 '사회주의 시장경제'와 '일국이체제' 같은 새로운 개념의 중국을 21세기 앞에 내놓았다.

중국이 부활하는 힘은 거대 시장에서 나온다. 서구 입장에서 중국의 부상은 착잡한 일이지만 거대 시장을 외면하기는 어렵다. 이율배반적인 현상이다. 오늘날 중국의 발전에 박수치는 서방 국가는 없다. 그들은 서로 연대하여 견제와 압박에 열을 올린다.

새로운 중국을 알리는 신호는 21세기와 함께 왔다. 2001년 WTO 가입과 2008년 뉴욕발 글로벌 금융위기였다. 이 시기 미국과 서구 경제는 휘청거렸으나, 중국은 이 기회를 성장 패러다임의 전면적인 정비에 이용하며 '나 홀로 성장'하며 세계경제의 견인차로 떠올랐다. 그러자 이라크 침공에 몰두하던 미국이 이라크에서 철수하며 중국 압박에 팔을 걷었다. 중국의 자신감이 커지면서, 미국의 중국 견제는 더욱 날카로워지기 시작했다. 중국은 '신형 대국'의 깃발을 내세워 미국의 포위와 압박에 대응해나갔다.

19세기 이래, 서구세력은 줄곧 '중국 위협론'과 '중국 붕괴론'에 집착해왔다. 중국이 그만큼 힘겨운 상대였던 것이다. 그들은 중국의 취약점들을 상상할 수 있는 데까지 들추어내는 데 그침이 없다. 서구의 예상대로라면, 중국은 벌써 이 세상에 없을 것이다. 식량문제와 인구문제가 터지고, 전 세계 석유가 고갈되고, 위안화가 폭락하고, 기업 부채로 나라가 흔들리고, 성장률이 급락하여 중진국 함정에 빠지고, 일자리 부족으로 청년들의 불만이 폭발하고, 권력투쟁으로 공산당이 끝장을 볼 것이고, 기필코 미국과 한판 벌일 것이고, 환경문제가 중국을 덮칠 것이었다. 그런 험악한 악담 속에서 중국은 지난 40년간 연 9.5퍼센트 성장률이라는 놀라운 고속성장의 길을 질주해왔다.

거대 중국이 아프리카보다 훨씬 못한 최빈국에서 개발도상국으로 올라서고 다시 강대국으로 발길을 옮기는 과정은 숨 가쁜 일이었음에 틀림없다. 중국처럼 가짜 뉴스와 정보가 횡행하는 소재도 없다. 중국 부상과 중국 거부감 그리고 중국시장에 대한 선망은 떼어서 보기 어려운 이 시대의 희극이다.

중국을 제대로 이해한다는 것은 장님이 코끼리를 만지는 것처럼 어려운 일이다. 아직 개발도상국 단계를 지나는 중국이 적지 않은 취약점을 안고 있는 것은 엄연한 현실이다. 서울이나 베이징에서 중국 고위층들을 만나면 대화 끝에 '우리 중국을 비판해 달라'는 얘기를 들을 때가 있다. 지금 중국 리더십의 중요한 특징 중의 하나는, 그들이 자신의 낙후성에 대한 철저한 자기 인식을 토대로 현실에 대처하고 있다는 것이다. 서구의 따가운 비판에도 귀를 기울인다. 중국을 비판하는 대표적인 친일본 성향의 프랑스 작가인 기 소르망Guy Sorman의 저서《중국이라는 거짓말L'année du Coq》에 대한 중국 정부의 진지한 태도는 중국 정부의 유연성을 보여준다.

그동안 중국경제는 얼마나 변했는가? 1978년, 1인당 국민소득 156달러에서 출발한 중국경제는 당시 아프리카 1인당 평균소득 490달러의 3분의 1도 안되는 수준이었다. 40년이 지난 지금은 1인당 소득 1만 달러에 근접하고 있다. 상하이를 비롯한 15개 대도시는 소득 2만 달러를 넘어섰다. 40년 전의 중국이 아니다. 지금 세계에서 가장 시장 확장이 빠른 나라는 중국이며, 그 확장 속도는 대략 미국의 두 배 정도다. 앞으로도 상당 기간 중국 거부감과 견제는 지속될 것이다. 아직 중국과 서방 간에 역사적 역류 현상이 남아 있는 것이다.

중국처럼 거대한 문명이 몰락의 위기를 벗어나 다시 일어난다는 것은 누구도 예상하지 못한 만화 같은 얘기다. 거부감을 참아내는 것도 그들 중국의 몫이다. 언젠가 의식의 장벽을 뚫고 거부감도 새로운 흐름을 만날 날이 오게 될 것이다. 그때가 오면 이미 시작된 상호 윈윈을 위한 노력이 재평가를 받게 될 것이다. 앞으로도, 중국은 미국 등 서방과의 협력을 이어갈 것이며 그리고 추월할 것이다. 영국의 마틴 자크가 예상하는 것처럼, 중국이 세상을 지배하면 세계는 한결 평화로워질지도 모른다.

중국의 미래가 이렇게 설계된 것은 200년 전이었다. 이 시기를 지나면 다시 제자리를 찾아가고 싶은 것이 중국이다. 앞으로 중국이 서방과 어떤 미래를 창조해나갈 것인지를 가늠할 필요가 있다. 어느 중국인이 필자에게 "한국과 중국은 같은 역사적 경험을 공유하고 있다"라고 말한 적이 있다. 그런 측면도 있고, 아닌 측면도 있다. 중국과 서구가 지나온 역방향의 길을 바라보는 안목으로, 우리가 미국 등 서구와 지나온 길을 비교해 볼 필요도 있다. 그것은 미중 양국과 우리의 미래를 함께 열어가는 작업에 보탬이 될 것이다.

한국경제,
미중 양대 시장을
최대한 활용하라

3부

이제 우리 한국은 인구 5,000만 명이 넘는 나라들 중에서 1인당 소득 3만 달러를 넘은 세계 7번째 나라가 되었다. 시장 규모와 경제수준 면에서 비교적 단기간에 괄목상대가 된 것이다. 이런 발전의 배경에는 미중 양국과의 경제 협력이 있다. 우리는 급부상하는 중국시장과 40년 동안 협력해왔으며, 미국과는 70년 동안 동맹을 이어오고 있다. 그러나 흔들리는 미중관계는 한국경제를 끊임없이 '불안한 곡예' 상태로 몰아넣곤 했다.

이로 인하여 그동안 우리가 겪은 재앙은 '10·26 정변'을 비롯하여 IMF 강제편입, 사드 배치와 보복 등이 있다. 이 사건들은 모두 미중관계의 격변과 연관된 것들이다. 그러나 한국사회는 이들 3대 재앙에 대해서 지금까지 상황에 대한 인식의 결여는 물론, 분석과 판단도 크게 미흡한 것이 현실이다.

우리의 아킬레스건은 '적대적 분단'에 있다. 분단 상태가 재앙의 빌미와 직결되어 있는 것이다. 미중 양국은 한국의 분단 상태를 '뜨거운 감자'로 밀어 놓은 당사국들이다. 최근 북한이 핵과 대륙간탄도미사일(ICBM)을 완성하면서 미중 양국의 태도에 변화가 시작되었다. 그들의 이해관계와 한국의 분단이 뒤얽혀 있는 것이다. 그 빗장을 누가 풀 것인가? 적대적 분단이 한국의 '장밋빛 미래'를 가로 막고 있다는 점을 가슴에 새기고 살아야 한다.

중국시장과
한미동맹의 외줄타기 곡예

한국은 미중 경쟁시대를 어떻게 활용해왔는가? 그 순조롭지 않았던 과정을 되돌아볼 필요가 있다. 미중 양국이 손잡을 무렵, 한반도는 소스라치게 요동쳤다. 1970년대 미중 양국의 역사적인 전환기에, 박정희 정부는 '반공'을 권력의 안전판으로 착각했다. 뒤이어 나타난 신군부는 그 착각이 얼마나 위험한 것인지를 인지하고, 공산권 국가들과 손을 잡는 데 총력을 다했다.

한중 양국은 중국의 시장경제 선언에 맞추어 수교했다. 이때부터 미국은 '한중 밀착'에 매서운 견제를 시작했다. 여기서 우리는 IMF와 사드 배치를 다시 주목할 필요가 있다. 지정학적 역학 구조를 외면하고 변화와 마주하는 것은 위험에 빠지는 첩경이다.

중국의 급부상에 가장 당황하고 있는 나라는 미국이다. 중국과 협력도 견제도 쉽지 않은 딜레마다. 중국경제가 곧 어떻게 될 것처럼 호들 갑 떠는 수많은 비관적 예상들과는 달리, 중국시장은 묵묵히 떠오르기를 멈추지 않고 있다. 미중 양국은 협력을 지속하면서도 대립 또한 치열하다. 여기에 북한도 비핵화를 내걸고 개방을 향해 움직인다. 앞으로 이들의 변화는 더욱 거세질 것이다. 지금까지 우리는 이런 격변의 흐름을 타면서도 경제적으로 나름 성공해왔다. 새로운 변화를 올바로 인식한다면 또 다른 성공도 가능할 것이다.

미중 수교와 10·26 정변

1969년 12월 19일, 윌리엄 포터William Porter 주한 미국 대사가 김형욱 중앙정보부장을 서울 광화문의 한 호텔로 불러냈다. 포터 대사가 말을 꺼냈다.

이제 한국도 북한과 대화에 나설 때가 되지 않았습니까? 군사와 산업 모든 측면에서 북한보다 우위에 선 한국이 독일이나 베트남처럼 적극적으로 남북 접촉에 응하지 않는 이유가 무엇인지 우방국들은 궁금해하고 있습니다. 한국 지도층은 이에 대해 어떤 의견을 갖고 있는지 알고 싶습니다.[1]

미국이 처음으로 한국 정부에 남북 긴장 완화를 권유한 것이다. 그러나 포터의 권유를 이해할 수 없었던 김형욱은 즉석에서 거절했다. 당시 한국 정부는 북한의 청와대 습격 사건(1968. 1)과 미국의 닉슨 독트린 선언(1969. 7)이라는 무거운 과제에 직면해 있었다. 하나는 남북 적대관계이고, 또 하나는 껄끄러운 한미관계였다. 이 면담 직후, 중앙정보부장은 이후락으로 경질되었다. 이 시점은 닉슨 독트린을 발표한 지 5개월이 지나는 무렵이었다. 이 독트린으로 닉슨 정부는 베트남전쟁을 마무리하고, 중국 정부에 화해 신호를 보냈다.[2] 포터 대사가 김형욱 부장을 만난 것은 중국과의 차질 없는 화해를 위한 사전 정지작업 차원이었다.

닉슨 독트린의 배경에는 베트남전쟁에 대한 미국 시민들의 분노가 있었다. 그들이 내는 세금으로 미국 군대가 아시아 정글에서 벌이는 잔인하고 야만적인 전쟁을 TV 화면으로 확인하고 시민들은 경악했다. 베트남 철수를 공약하며 대통령에 당선된 리처드 닉슨은 한발 더 나아가 미국의 아시아 전략 전체를 뜯어고치기 시작했다. 핵심은 중국과 적대 관계 청산이었다. 아시아 전략 구도를 다시 짜겠다는 것이었다. 그러나 박정희 정부는 이런 변화를 이해하지 못했다. 미국을 지원하기 위해 베트남에 이른바 '반공 십자군'을 파병 중이었다.

당시 미국 정부는 그들이 준비하는 중국과의 화해에 한반도의 적대적 분단이 걸림돌이 되어서는 안 된다고 생각했다. 새로운 미중관계를 위해서 남북 화해를 유도하고, 주한 미군을 감축한다는 구상이었다. 그러나 남북화해를 권유한 미국 정부는 한국 정부의 반대에 부딪쳤다. 당시 타이밍도 좋지 않았다. 북한군이 청와대를 습격했고, 미 해군 정보함 푸에블로호 나포사건(1968. 1)이 있었다. 그리고 한국은 베트남전쟁에 미국 다음으로 가장 많은 군대를 파병하고 있었다. 한국 정부로서는 북한으로부터 청와대 습격을 받은 상태에서 미국으로부터 북한과의 화해를 종용받는 어리둥절한 상황이었다. 게다가 비밀리에 추진 중이었던 장기집권 계획도 밀고 나가야 했다. 김형욱과 포터의 이날 대화는 미국이 미중 화해(1972. 2)로 시작하여 미중 수교(1979. 1)로 이어지는 1970년대 내내 한국 정부와 벌인 갈등의 출발점이 되었다.

닉슨 정부는 미중 화해를 통해 동아시아 냉전구조를 해체하고 미중 양국의 새로운 관계 정립에 몰두했다. 닉슨 정부는 한국 정부가 보인 거부 반응에 아랑곳하지 않고 '남북 직접대화'를 압박하며 한국 정부를 쉴 새 없이 몰아붙였다. 이런 상황에서 북한은 1970년 6월 22일, 남한보다 먼저 통일 방안을 제안했다. 북한이 남북연방제를 제안한 것이다. 이 해 광복절 축사에서 박정희 대통령은 통일의 장애 요인이 '북괴'라고 비난하면서 '남북 간 선의의 경쟁'을 제안하며 맞받아쳤다.

더 이상 전쟁 준비에 광분하는 죄악을 범하지 말고, 보다 선의의 경쟁, 즉 다시 말하자면 민주주의와 공산독재 중 그 어느 세계가 국민을 더 잘 살게 할 수 있으며, 더 잘 살게 할 수 있는 여건을 가진 사회인가를 입증하고 개발과 건설과 창조의 경쟁에 나설 용의는 없는가?[3]

미국은 이런 '미지근한 방식'으로는 남북대화로 이어지기 어렵다고 보았다. 주한 미군의 감축 명분을 찾던 미국으로서는 보다 획기적인 분위기 전환이 필요했다. 미국은 1971년 2월, 중국과의 협상을 앞두고 6만 6,000명의 주한 미군 중에서 우선 2만 2,000명을 철수시켰다. 4월, 주한 미국대사관은 본국 정부에 '보다 강력한 수단'을 요청하는 전문을 보냈다.

우리는 (한국 정부에 대해) 덜 소극적이고 (…) 덜 관용적이어야 한다. 미군 주둔으로 한국의 방위를 약속하고 있는 이상 한반도 긴장완화는 우리와 직접적인 이해를 갖고 있으며, 한국 정부가 우리를 경직된 적대 상태로 붙잡아두는 것을 허용할 수 없다. (…) 박정희가 선출되든 야당 후보(김대중)가 되든 (…) 이산가족 문제부터 시작해 문화 교류와 무역 등 북한과 실질적인 노력을 해야 한다. (…) 만약 한국 정부가 긴장 완화를 위한 만족할 만한 조치를 취하지 않는다면 (…) 우리가 북한과 비공식 대화를 위한 채널을 찾아나설 것이라고 통고해야 한다.[4]

미국 특사 헨리 키신저가 미중 화해 준비 작업을 위해 베이징을 비밀리에 방문한 것은 1971년 7월 10~11일이었다. 7월 15일, 키신저의 베이징 비밀 방문과 닉슨 대통령의 중국 방문 계획이 담긴 발표문은 미중 양국에서 동시에 발표되었다. 미국 정부는 미중 화해의 흐름에 따라 남북한도 화해를 해야 한다고 생각했으나 한국 정부는 그럴 생각이 없었다. 한국 정부는 반발했다. 미국이 대화를 압박할수록 한국 정부의 반발은 더욱 거세지고, 한미관계는 악화일로로 빠져들어갔다.[5]

9월에 김용식 외무장관이 워싱턴을 방문하고, 마셜 그린Marshall Green 동아시아·태평양 담당 차관보를 만나 닉슨 대통령에게 보내는 박 대통령의 서신을 전달했다. 직접 전달할 수 없는 분위기였다. 그 안에는 대중국 관계 개선과 주한 미군 감축을 추진하는 미국 정부에 대한 박정희 대통령의 분노가 담겨 있었다.

북한 공산주의자들은 무력으로 한반도를 공산화하려는 정책을 견지하고 있으며, 한국에 대해 끊임없이 침투 공작과 무력 도발을 자행하고 있습니다. 이러한 북한의 정책은 '중공'의 지원을 공공연히 받아왔습니다. (…) 중공은 북한에 대한 태도 변화를 보이지 않고 있으며 오히려 북한의 군사력을 더욱 증강시키려고 군사원조 합의를 통해 지원하고 있습니다. 중공의 목적이 한국과 여타 아시아에서의 미군 철수에 있다는 점이 심히 우려됩니다. (…) 한반도에서 외국군이 철수되어야 한다는 '붉은 중국'의 주장은 어떠한 경우에도 받아들여서는 안 됩니다.[6)]

한미 양국의 인식 격차는 매우 심각했다. 이 서신에서 유의할 점은 박 대통령이 당시 동아시아 국제 상황을 '긴장 완화'가 아닌 '긴장 고조'로 인식하고 있었다는 점이다. 그러나 실제 '긴장 고조'는 한반도 내부의 국지적 상황이었으며, 미중관계는 이전과는 다른 '화해 국면'으로 전환을 시작하고 있었다. 반면 한국 정부의 인식은 한반도 냉전에 갇혀 있었다.

이 서신이 전달된 다음 달, 미중 양국은 베이징에서 다시 열린 비밀 회담에서 주한 미군 철수문제에 합의했다. 한미 간의 시각차는 확연했다. 겨우 열리게 된 남북적십자회담을 놓고, 김용식 외무장관이 "북한이 한국의 적십자회담을 수락한 것은 한국을 약하다고 생각하기 때문"이라고 말하자, 마셜 그린 차관보는 이렇게 반박했다.

중국은 결코 한반도 전쟁 발발이 자신들에게 이익이 될 것으로 생각하지 않는다.

마셜 그린의 이 발언은 남북 협상 압박을 계속할 의사를 분명히 한 것이었다. 이 문제는 1970년대 내내 한국 정부가 미국 정부와 초긴장 상태로 머물게 한 핵심 쟁점이었다. 닉슨에게 박정희 서신을 전달한 다음 달(1971. 10), 키신저가 두 번째 중국 방문을 마치고 돌아와 미중 정상회담 계획이 공개되었다.

미중 화해가 가까워지자 미국의 발걸음은 더욱 빨라졌다. 뒤늦게 미국의 입장이 확고하다는 것을 인식한 한국 정부는 초조해졌다. 남북대화가 불가피하다는 것을 인지한 것이다. 아직도 7·4 남북공동성명을 우리 한국정부의 자발적인 노력의 산물로 아는 이들이 적지 않다. 실제 남북대화는 미국 정부가 강력하게 압박을 지속하여 쥐어짠 힘든 결과물이었으며 이런 사실이 밝혀진 것도 훨씬 뒤의 일이다. 껄끄러운 한미관계와는 대조적으로, 중국과 북한은 긴밀하게 정책을 조율하면서 주한 미군 철수를 주목했다. 키신저의 두 번째 방중 다음 달, 김일성은 베이징으로 가 저우언라이 총리와 미중관계 변화에 관해 협의했다 (1971. 11). 이렇게 되자 한국 정부는 뒤늦게 미국의 의도에 따르기로 생각을 바꾸었다.

그 첫 번째 작업은 남북 비밀접촉이었다. 김일성이 중국에서 돌아온 직후 남측은 북측에 비밀접촉을 제의했다. 이에 대해 미국은 전폭적으로 지지하며 흡족해했는데, 닉슨 대통령은 박정희 대통령을 격찬하며 격려 서신을 보냈다(1971. 11. 29).

> 북측과 대화와 교류를 더욱 발전시켜 나가길 희망한다. (…) 방위력 분담을 위한 한국 정부의 노력은 한국경제의 성숙도와 국민적 자부심을 보여준 것으로 미국과 전 세계의 존경을 받게 될 것이다.[7]

이로써 한미 간에 벌어진 갈등의 골은 봉합되어 갔다. 이 서신에서 닉슨은 박정희와 달리 중국을 공식 명칭인 '중화인민공화국'으로 일관되게 사용했다. 이 비밀접촉 제안에 이어 박정희 정부는 1971년 12월 국가비상사태를 선언하고 대통령에게 초법적인 비상 대권을 부여하는 조치를 취했다. 장기 집권의 길을 위한 준비 작업도 겸하는 조치였다. 그리고 닉슨이 베이징을 다녀간 다음 달인 1972년 3월 22일 남북은 회담 개최에 합의했다.[8]

그동안 완강하게 거부하던 남북대화에 대해 한국 정부가 입장을 바꾼 배경은 무엇일까? 전문가들의 시각을 정리하면 이렇다. 박 대통령은 미국의 입장에 반발하는 기본 태도는 변하지 않았으나 미국의 뜻을 더 이상 거부할 수 없는 상황에서 난마처럼 얽혀 있는 국내 정치 상황을 타개하기 위해 결국 남북협상을 수용했다는 것이다.[9]

미중 화해 이후 남북은 최초로 공식 접촉을 시작했는데 협상은 이상하리만큼 신속하게 진행되었다. 1972년 5월, 서울의 이후락 중앙정보부장이 먼저 평양을 방문하고, 이어서 평양의 박성철 제2부수상이 서울을 방문했다. 그리고 남북 당국자들은 접촉 두 달 만에, 그리고 미중 화해 4개월여 만에 초고속으로 남북 평화통일을 합의하는 공동성명을 발표했다.[10]

국민들은 환호했다. 평화 통일을 위해 노력하겠다는 최초의 남북 합의였다. 이 성명을 발표한 이후락 중앙정보부장은 남북한이 유엔에 동시 가입할 것이라고 기자회견에서 밝혔다. 여기서 유의할 점은 유엔 가입은 국가에게만 자격이 있다는 사실이다. 말하자면, 한국 정부가 북한을 국가로 승인한다는 것을 처음으로 공식 발표한 셈이다(그러나 실제 남북한의 유엔 동시 가입은 그로부터 19년이 지난 1991년에야 이루어졌다).

왜 남북 당국자들은 민족의 염원을 담은 중대한 통일 방안을 그토록 서둘러 합의하고 발표했을까? 그동안 미중 화해를 부정적 시각으로 바라보던 그들이 아닌가? 남북 당국자들은 미중 화해를 역으로 이용하는 기회로 삼았던 것이다. 박정희 정부는 초스피드로 '7·4 남북공동

미중 패권전쟁은 없다

성명'에 합의했다. 그렇게 만들어진 7·4 남북공동성명은 겉과 속이 달랐다. 겉은 평화통일을 표방했으나, 속은 독재 권력의 유지를 겨냥한 것이었다. 7·4 남북공동성명 발표 이후 남한은 '유신체제'(1972. 10)를, 북한은 '수령절대주의'(1972. 12)를 출범시켰다. 미중 화해가 한반도에서는 '악마의 선물'이 된 것이다. 박정희 정부는 '유신체제'를 통해 국민의 기본권을 억압하는 독재 체제를 구축했다. 그리고 임기 6년에 무한 연임이 가능한 대통령에 다시 취임했다. 여기서 유의할 점은 '10월 유신'을 선포하기 전, 한국 정부가 북한에 미리 이 사실을 알려 남북이 은밀하게 서로 협력했다는 사실이다. 연세대 박명림 교수는 5·16 쿠데타 50주년 학술대회에서 이와 관련된 미 국무부 자료를 공개했다.

> 박정희 전 대통령이 헌정 변개를 사전에 북한에 통고해주는 조치를 취했다. (…) 국가안보와 안정이 유신 쿠데타의 명분이었지만, 유신이 북한의 양해 하에 진행됐을 가능성을 담고 있다. (…) 한국은 박 대통령의 10월 17일 유신 계엄령의 의도, 집권 연장과 체제 강화 계획에 대해 미국에 알리기도 전에 평양에 통지했다.[11]

박명림 교수는 CIA의 미공개 자료를 근거로 당시 CIA 한국지부장을 막 끝낸 도널드 그레그가 1976년 10월 6일 텍사스주립대 강연에서 언급한 내용을 소개했다.

> 박 대통령이 추가 6년의 임기를 더할 경우 살아서 임기를 마치지 못할 것이다. (…) 최선의 결정은 대통령직을 사임하는 것이다. (…) CIA가 박정희에게 계속 쿠데타 시도에 대한 정보를 제공하고 있지만, 앞으로도 계속 이

렇게 할지는 불분명하다.[12]

세계 질서 변화에 역사적 계기가 된 미중 화해가 우리에게 허무하게 느껴지는 것은, 이 화해가 남북의 적대적 분단에 아무런 영향을 미치지 못하고 분단 기득권 세력이 이를 역이용하는 빌미가 되었기 때문이다.[13] 유신 7년 후, 10·26 정변이 발발했다. 그해는 미국과 중국이 역사적인 국교정상화를 선언한 해였다. 뒤이어 권력을 잡은 신군부는 반공이 권력의 안전판이 아니라는 것을 알아차렸다. 노태우의 북방정책은 그렇게 등장했다. 이것이 미중 화해가 한국의 권부에 미친 영향이었다.

미중, 화해 앞두고 한반도 밀약

헨리 키신저 미 안보 보좌관이 미중 화해를 4개월 앞둔 1971년 10월, 베이징을 다시 찾았다. 중국 총리 저우언라이와 한반도 밀약을 마무리하기 위해서였다. 당시 박정희 정부는 미국이 권유하는 남북화해를 완강하게 거부하고 미국과 격한 대립을 이어가고 있었다. 밀약의 핵심은 한반도 분단의 현상 유지였다. 이 밀약은 30년 후 미 기밀문서에서 해제되어 공개되었다.

저우언라이: 세 가지 말씀을 하신 것 같은데, 정리를 해봅시다. 언젠가 미군이 한반도 남쪽에서 철수할 때 미국은 일본 자위대 군사력이 한반도 남쪽에 진입하지 않도록 하겠다고 하셨죠?

키신저: 맞습니다.

저우언라이: 두 번째로 미국은 결국 한국에서 철수할 것이며, 그 이전에

한국군이 휴전선을 넘어 북쪽을 공격하지 않도록 하겠다고 하셨죠?

키신저: 정확하게 합시다. 공개되지 않은 비밀인데, 우리의 현재 계획은 내년(1972)에 주한 미군의 상당 부분을 철수시킨다는 것입니다. (…) 우리는 한국군이 휴전선을 넘지 않도록 최선을 다할 것입니다.

저우언라이: 세 번째로 미국은 유엔을 비롯한 국제사회에서 '조선민주주의인민공화국'의 법적지위를 인정하겠다고 하셨죠?

키신저: 그건 복잡한 얘긴데…. 당장 그렇게 하겠다는 게 아니라, 그런 목표를 갖고 있다는 것입니다.[14]

합의 내용은 세 가지였다. 미국이 주한 미군의 상당 부분을 철수하고 일본 자위대의 한국 진입을 방지하며, 한국군이 휴전선을 넘지 않도록 하고, 북한의 법적 지위 인정을 검토한다는 것이었다. 초점은 '한반도의 안정과 전쟁 위험 감소 그리고 러시아, 일본 등 다른 세력의 한반도 개입 방지라는 전제 아래서 미중 양국의 한반도에 대한 이익이 서로 공존할 수 있다'는 것이었다.

한국전쟁 휴전 이후 18년 만에 미중 양국이 다시 만나 맺은 밀약에서 우리가 주목할 점은 미중 양국이 역사적 화해를 앞두고 한반도 분단을 '뜨거운 감자'로 밀어두기로 합의했다는 것이다. 양국은 이 '뜨거운 감자' 전략을 2017년 연말까지 사실상 근 50년간 지속해왔다. 양국이 북핵 문제를 중대 현안으로 접근하는 태도 변화를 보인 것은 북한이 핵과 ICBM의 완성을 선언한 이후부터다. 미중 양국에게는 자신들의 문제가 우선이다. 우리에게는 우선 과제가 무엇인가?

군사작전을 방불케 한 IMF 강제편입

왜 클린턴 미국 정부는 그들 스스로 중요한 동맹국이라고 치켜세우는 한국을 마치 군사작전을 방불케 하는 방식을 동원하여 IMF 강제편입으로 몰아넣었을까?

"한국의 위기는 중남미와 달리 재정적자가 원인이 아닌데도 중남미와 같은 처방을 내리면 경기 위축만 부른다. (…) IMF가 감언이설로 한국을 구슬려 자산을 싼 가격에 매각하도록 했다." 이는 한국 학자가 아니라, 미국 컬럼비아대학의 조지프 스티글리츠 교수의 외침이었다. 요컨대, 한국은 남미가 아니라는 것이었다.[15]

그는 미국 정부가 IMF를 통해 한국경제를 고금리와 환율절하로 수술하려 들자, 그들의 행동을 어처구니없는 짓이라고 맹비난했다. 스티글리츠는 경제협력개발기구OECD 가입을 이용하여 강요된 금융개방으로 위기를 맞은 한국경제를, 미국이 IMF를 통해 또 한 번 죽이고 있다고 비난했다.

많은 국내 경제학자가 목청을 높였으나, 그들은 스티글리츠와는 전혀 다른 목소리를 냈다. 그들은 미국 정부와 IMF의 정책 방향에 발을 맞추어, 한국경제의 구조적 병폐를 '천민자본주의'라고 앞다투어 질타하기 시작했다. 미국의 IMF 처방이 이해할 수 없는 가혹한 처방이라고 반발하는 목소리는 극소수였다. 그중에 영국 케임브리지대학의 장하준 교수가 있다. 그는 미국의 행태를 이렇게 통박했다.

제2차 세계대전 직후 점령군 미국이 패전국가 일본과 독일에도 미국식 경제모델을 강제하지 않았는데, 1997년 한국에는 왜 미국식 경제제도를 강

미중 패권전쟁은 없다

요하고, 한국의 산업정책을 완전히 포기하도록 압박했는가?[16)

장 교수는 미국이 한국을 그들과 같은 위치에 올라오지 못하도록 '사다리를 걷어찼다'고 비판했다. 캐나다 오타와 대학의 미셸 초수도프스키Michel Chossudovsky 교수는 그의 저서《빈곤의 세계화The Globalisation of Poverty》에서 "백악관과 미국 투기자본이 통일 뒤의 한반도를 재식민지화하기 위해 IMF 강제 편입을 치밀하게 준비했다"고 비판했다.[17)

그러나 대부분 한국 학자들은 경쟁적으로 한국 자본주의의 문제점들을 새삼스레 열거하며, 미국 정부와 IMF를 대변했다. 친족과 인맥 중심 운영, 부정부패의 온상, 상상을 초월하는 정경유착 등을 비판했다. 부정할 수 없는 참담한 현실이었다. 'IMF 강제편입'이 차라리 축복이라는 말도 거침없이 나왔다. 그들은 노동자들이 내몰리고 중산층이 몰락하는 현실을 외면한 채, 비인간적이고, 부도덕한 사회의식을 여지없이 드러냈다. 미국에서 불어오는 바람의 향방을 가늠하면서 하염없이 고개를 숙였다.

미국 정부는 집요하게 한국 정부를 몰아붙였다. IMF 강제편입에 반대하는 고위 관료들은 새로운 관료들로 대치되었다. 그다음은 일사천리였다. 서울에 IMF 대표단이 기세등등하게 들어와 혹독한 구조조정 방안을 제시했다. 그들의 등 뒤에는 미국 재무부 부장관 로렌스 서머스가 있었다. 서머스는 소공동 조선호텔에서 협상을 막후에서 지휘했다. 서울 힐튼호텔에 진을 친 IMF 협상 대표들은 그의 부하 직원들이었다. 조선호텔과 힐튼호텔의 거리는 1킬로미터에 불과했다. 협상이 마음에 안 들면 서머스는 지령을 고쳐 내리곤 했다. 이런 사실을 폭로

한 사람이 바로 스티글리츠 교수였다.

당시 미국의 움직임은 공세적이었다. 1980년대 말, 연이은 사회주의권 붕괴로 자신감을 얻은 미국 정부는 홍콩반환 이후 중국과 아시아 경제에 대한 전략에도 날을 세웠다. 아시아 지역의 서방 금융 중심인 홍콩이 중국에 넘어가, 중국 부상의 도약대가 되어서는 곤란하다는 것이 미국의 우려였다. 공격 포인트는 당연히 홍콩이었다. 클린턴 정부는 달러 강세를 무기로 헤지펀드와 연합하여 새로운 아시아 전략을 구상했다. 금융 공격은 홍콩반환 다음 날 홍콩의 앞마당 격인 태국과 동남아 지역에서 시작되었다. 이 전략의 사령탑은 미 재무부였다.

이렇게 동남아 외환위기를 앞세워 홍콩을 중심으로 미중 자본전쟁이 진행되는 동안, 미 재무부는 로버트 루빈 장관 아래, 서머스 부장관, 립튼 차관, 가이스너 차관보 등이 트리오로 활약했다(이들 중 서머스와 가이스너는 후에 재무장관까지 올랐다). 당시 59세의 루빈을 제외하면 모두 30~40대 젊은이들이었다.

이 자본전쟁에서 미국은 냉전시대가 만들어낸 아시아식 경제발전 방식을 뒤흔들었다(냉전 시대 중국 주변의 많은 나라들은 이른바 '반공 근대화'를 추진해왔다). 정부와 기업의 협조는 정경유착, 관치금융으로 치부되고, 고도성장은 거품 경제로 매도되었다. 아시아식 발전 모델의 붕괴는 더 이상 국가주의적 발전 모델로는 국제시장에서 자금 조달이 어렵다는 것을 분명히 했다.

《화폐전쟁》의 저자 쑹훙빙은 미국이 한국뿐 아니라 아시아 통화 전반에 대한 통제를 위해 이렇게 움직인다고 설명한다.

아시아 통화 교살전은 이런 배경에서 일어났다. 그 취지는 '아시아 발전

모델'을 공격해서 아시아 화폐의 대달러 환율을 형편없이 평가절하함으로써 미국의 수입 가격을 내려 인플레이션을 조장하는 것이다. 또한 아시아 국가들의 핵심 자산을 헐값에 서구 기업들에 팔아넘기도록 함으로써 '통제하면서 해체하기' 작업에 박차를 가하는 것이다. 그 밖에 중요한 또 하나의 목적이 있었는데, 바로 아시아 국가들의 달러 수요를 자극하는 것이다. 금융위기를 겪은 아시아 지역은 달러를 비축해야 중요한 시기에 요긴하게 사용한다는 사실을 알고 나서 다시는 달러를 함부로 투매할 생각을 하지 못할 것이다.[18]

한국경제가 IMF 함정에 빠진 과정을 보면 쑹훙빙의 '아시아 통화 교살전'을 연상시킨다. 선진국 진입을 외쳐온 김영삼 정부는 그 징표로 OECD에 가입하기로 했고, OECD 가입 조건을 따르기 위해 세계 금융대국인 일본보다도 과도한 금융개방을 단행하는 돌이킬 수 없는 과오를 저지르고 말았다. 그것은 취약하고 작은 한국 금융을 외환위기에 말려들어 IMF로 직통하는 길이 되었다. 돌이켜보면 선진국병이 독이었다. 클린턴은 김영삼에게 전화를 걸어 IMF 강제편입을 재확인했다. 가히 신자유주의 폭풍이었다.

미국은 IMF 강제편입의 직접적인 빌미를 한국의 외환 고갈, 그중에서도 단기외채 문제에서 찾았다. 여기에 외환 고갈의 어두운 함정이 있다. 아시아에 나온 미국은행은 사전에 영향력이 큰 일본은행에게 압력을 넣었다. 모건스탠리의 〈아시아를 떠나라 Get out of Asia〉와 홍콩 페레그린증권의 〈지금 당장 한국을 떠나라 Get out of Korea, Right now〉는 보고서가 결정적인 신호탄 역할을 했다. 그리고 한국에 대출했던 단기자금을 작전을 펴듯 빼내갔다. 그들은 한국의 외환이 말라가는 것을 훤히 들여다보고 있었던 것이다. 결국 그들이 의도적으로 빠져나가 텅 비게 된 외환 창고를 구실 삼아 한국경제를 초토화한 것이다. 그들에게 남은 일은 헐값이 된 한국의 주식과 부동산을 주워 담는 일이었다. 장기적으로 보면, 그 주워 담는 행위는 중국시장과 교류가 시작된 한국의 기업과 금융에 미국이 빨대를 꽂는 작업이기도 했다(당시 대표적 한국 기업인 삼성전자와 국민은행의 주식 지분에서 외국인의 비중 변화를 보면 알 수 있다).

그들의 공격 앞에 한국 정부 관료들은 "우리 경제의 펀더멘털은 건강하다"는 말만 주문처럼 반복했다. 당시 외환 보유고는 39억 달러, 단기 외채는 250억 달러였다. 주식과 부동산이 폭락하고, 원화 환율은 치솟았다. 해외 투기자본에 대한 방어벽도 무너졌다. 우리의 경제주권을 접수한 IMF는 긴축과 고금리, 민영화 그리고 노동시장 유연화를 내세워 노동자를 대량 해고하고, 영미식 은행제도 도입을 강요했다. 그동안 가꾸어온 중산층이 피눈물을 뿌리며 무너져 내렸다. 7,000개의 흑자 기업이 도산하고, 실업자 220만 명이 거리로 내몰렸다. 대우를 비롯하여 대기업들은 분해되어 외국자본에 매각되는 작업도 착수되었다.

고갈된 외환을 거짓 발표했다는 것을 꼬투리 삼은 IMF는 마음껏 한국경제를 질타했다. IMF에 강제 편입되던 날, IMF 총재 미셸 캉드쉬 Michel Camdessus는 한국을 향해 거침없이 욕설을 내뱉었다.

> 한국은 아주 특별한 체제로 은행과 정부, 기업 사이에 거의 '근친상간적'인 관계가 맺어져 있다.[19]

캉드쉬는 한국경제의 핵심 동력인 재벌을 모두 해체하라고 요구하

　　　　　　　　　　　　　　　미중 패권전쟁은 없다

기도 했다. 한국 나름의 자본통제 경제 모델은 깡그리 매도당했다. '한국전쟁 이래 최대 국난'이었다. IMF에 고개를 숙인 한국은 그로부터 5년 후 사상 처음 반미를 표방한 노무현 정부가 들어서게 되었다.

이 위기에서 미국과 IMF의 관계는 일심동체와 다름없었다. 미국은 IMF에 대한 지분이 18퍼센트에 불과하지만, 뉴욕 월가라는 세계 최대의 금융시장을 보유한 미국의 요구가 곧 IMF의 요구였고, 국제금융시장의 논리였다. 지금도 그렇지만 당시 세계 주요 은행과 투자기관들은 미국 재무부의 눈치를 보며 투자를 결정하고 있었다. 이 시기, 미 재무부는 특히 일본 재무 당국을 견제하는 데 주력했다. 일본 관리들은 미국 재무부의 힘에 혀를 내둘렀다. 아시아 국가의 대외채무 중 일본에서 빌린 엔화 차관이 가장 많았기 때문에 아시아 위기 해결의 최대당사자는 일본이었다. 일본이 아시아 국가들을 중심으로 '아시아펀드' 창설을 주장하자 미국은 곧바로 반대했다.

미 재무부는 한국에 대해 영향력 행사를 이어갔다. 1997년 12월 3일, 한국 정부가 IMF와 협상을 벌일 때 서머스 부장관이 다녀갔다. 그리고 대통령 선거가 끝난 12월 말, 립튼 차관이 IMF와 아무런 사전 협의도 없이 한국을 찾아 김대중 당선자를 만났다. 그는 대통령 당선자가 취임 후 IMF 협정을 준수할 것인지, 경제 운용 철학이 무엇인지 등을 꼼꼼히 체크하고 떠났다. 이 대목이 미국 태도가 반전된 계기였다. 미 재무부는 한국의 차기 대통령을 믿게 되었고, 24일 루빈 장관은 한국에 대한 지원을 발표했다. 이른바 크리스마스 선물이었다. 해를 넘겨 1월에 뉴욕에서 열린 외채 협상에서, 일제히 자금회수를 멈추고 IMF는 100억 달러 조기 자금지원을 약속했다. 이른바 '크리스마스 패키지' 또는 'IMF 플러스 협상'이라는 것이었다.

왜 미국 정부는 쏟아지는 비난을 감수하면서 한국경제를 IMF 강제 편입의 길로 밀어 넣었을까? 사실 한국 자본주의는 고쳐야 할 병폐도 많고 나름대로 한국적 토양에서 발전한 독특하고 강인한 특징도 있었다. 그것들은 하루아침에 형성된 것이 아니라 반세기에 걸쳐 쌓아올린 것이었다. 그럼에도 불구하고, 미국 정부는 마치 기습 작전을 감행하듯, 범죄자를 다루듯, 한국경제를 거칠게 옥죄어왔다. 우방 관계라고 보기 어려운 행동이었다. 석연치 않은 대목이다.

그렇다면 도대체 미국은 무엇을 겨냥하고 있었던 것일까? 시간이 흐를수록 더욱 뚜렷해졌지만, 당시에도 미국의 최대 관심사는 중국이었다. 당시 중국은 시장경제를 표방한 지 5년이 지나고 있었다. 미국으로서는 홍콩반환이 중국의 시장경제에 도약대를 장착하는 일이 되어서는 중국관리가 곤란하다고 생각했다. 동남아 화교권 시장도 중화권 시장으로 통합될 것이다. 미국 정부는 긴장했다. 소련이 붕괴된 지 6년, 6·4 천안문 사건이 발생한 지 8년, 한중 수교로 경제협력의 열기가 타오르기 시작한 지 5년이 지나는 시점이었다. 때마침 중국은 시장경제 도입으로 해외자본 유치가 한결 순조로워지고 있었다.

미국은 중국 견제를 위해서 홍콩반환과 함께 무대 뒤로 내려간 영국을 대신하고 나섰다. 헤지펀드 조지 소로스와 재무장관 로버트 루빈의 공통점은 홍콩의 금융을 공격 목표로 잡았다는 것이다. 중국의 최대 자본 도입 창구로 떠오르는 홍콩을 잘 통제할 수 있어야 중국으로 유입되는 동남아 화교자본의 통제는 물론, 홍콩달러와 위안화에 대한 견제도 손쉬울 것이다. 세기적인 미중 금융전쟁은 이렇게 시작되었다.[20]

미국 헤지펀드들이 일제히 달려들어 홍콩달러를 공격하기 시작한 것은 홍콩이 공식적으로 반환되기 두 달 전인 1997년 5월이었다. 이때가 사실상 미중 금융전쟁의 서막이었다. 보고를 받은 주룽지 중국 총리는 지체 없이 미국 재무부의 로버트 루빈 장관에게 전화를 걸었다.

이런 식이라면 그동안 사들인 미 재무부 채권을 모조리 매각하겠다.[21]

주룽지는 언제나 간단명료했다. 이 무렵 중국은 6,000억 달러가 넘는 미 재무부 채권을 매입하여 미국에 대한 채권국으로 부상하고 있었다. 채무와 채권의 위치는 천당과 지옥을 가른다(어느 한국의 전직 금통위원은 베이징대학에서 열린 한중 수교 10주년 기념 세미나에서, '우리 한국도 IMF를 당하는데 당신네 중국도 당할 것'이라고 소리치기도 했다. 채권과 채무를 구분하지 못한 것이다). 주룽지가 단호하게 경고하자 조지 소로스와 헤지펀드들은 즉각 홍콩 공격을 중단하고, 방향을 동남아 화교경제권으로 선회했다. 동남아 공격은 홍콩반환 다음 날인 7월 2일 시작했다. 공격은 태국을 비롯하여 필리핀과 인도네시아, 말레이시아 등 4개국으로 퍼져나갔다. 공격은 순조로웠다. 태국 바트화가 폭락하자, 불똥은 인근 국가로 단번에 옮겨 붙었다. 마하티르 모하맛Mahathir Mohamad 말레이시아 총리와 수하르토Suharto 인도네시아 대통령은 조지 소로스를 '사악한 투기꾼'이라고 맹비난했다.

헤지펀드들은 다시 홍콩을 공격하기 시작했다. 그러나 상황이 녹록지 않았다. 홍콩 상황은 동남아 국가들과 전혀 달랐다. 당시 도널드 창Donald Tsang이 지휘하는 홍콩 금융 당국은 환율 방어에 1,180억 홍콩달러(19조 2,000억 원)를 투입했다. 주식시장과 부동산 시장의 폭락에 대한 방어를 포기한다는 전략을 지켰다. 당시 홍콩 당국은 환율과 주식, 부동산 사이에서 우왕좌왕하지 않은 것이었다. 침몰하는 선박의 마지막 풋대를 지키듯 오로지 홍콩달러의 환율을 붙잡고 지키는 데 역량을 집중했다.

이 과정에서 홍콩 당국이 베이징 금융 당국과 긴밀하게 협력했음은 물론이다. 마침내 홍콩 당국은 헤지펀드들의 수차에 걸친 공격을 막아내는 데 성공했다. 홍콩 금융관리국은 위기의 폭풍우가 지나간 다음 헤지펀드에 대한 자신들의 대응에 대하여 스스로 평가했다. 'A 플러스'였다.

그 무렵 필자는 베이징, 홍콩, 타이베이를 차례로 방문했다. 홍콩반환에 즈음한 중국의 현지 동향과 미중 금융전쟁, 동남아 외환위기의 움직임을 체크하기 위해서였다. 먼저, 베이징의 푸싱먼復興門에 위치한 중국인민은행을 찾았다. 홍콩과 중국 당국이 어떤 식으로 대처하고 있는지 확인하고 싶었다. 인민은행의 간부와 실무진들은 이렇게 얘기해주었다.

외환 사태에 대하여 내부적으로 홍콩 당국과 긴밀하게 24시간 협력하고 있습니다.

그들은 사태가 긴박하게 돌아가고 있다는 사실을 숨기지 않으면서도 여유와 친절을 잃지 않았다. 그들은 긴장감 속에서도 자신들의 대응을 확신하고 있었다. 실제, 동남아와 홍콩 공격에 앞장섰던 헤지펀드의 대부 조지 소로스는 패배를 인정했다. 자신의 퀀텀펀드가 홍콩달러와 홍콩 주식시장을 공격하다 큰 손실을 보자, 소로스는 중국 정부를 '금융이 폐쇄된 봉건국가'라며 맹비난했다가 후에 사과하고, 자신을 '은퇴한 늙은 발레리나'에 불과하다고 말하기도 했다. 그 무렵, 소로스는 IMF 위기를 맞은 김대중 정부의 초청으로 방한하기도 했다. 미국 헤지펀드의 홍콩 공격은 그 후에도 1998년 중반까지 서너 차례 계속 이어졌지만, 끝내 실패했다. 이를 지켜본 리콴유李光耀 싱가포르 전 총리는 중국 정부의 조치에 찬사를 보냈다. 자본계정의 자유화를 금지한 조치가 중국 경제를 살렸다는 것이다. 이 점에서도 중국은, OECD에 가입하면서 금융시장을 활짝 열어젖힌 한국과 대조적이었다.

그 후 중국의 위안화는 평가절하의 위기를 벗어나 안정을 찾았을 뿐만 아니라, 국제적인 신인도도 크게 높아지는 계기가 되었다. 김대중 정부는 위안화 안정에 대해 중국 정부에 여러 차례 감사를 표했다. 위안화 안정은 한국의 IMF 극복뿐 아니라, 아시아 각국의 경제 회복에도 큰 도움이 되었다(미련이 남아 있던 조지 소로스는 2016년에 중국의 경제위기를 경고하며 다시 홍콩을 공격했지만, 역시 실패했다).

IMF에 편입될 당시 위안화 절하는 그 가능성만으로도 한국경제를 크게 위축시킬 수 있었다. 1998년 소나기가 쏟아지는 어느 여름, 필자는 급한 전갈을 받고 과천 정부청사로 갔다. 위안화 대책회의가 열리고 있었다. 당시 한국 정부가 어떻게 대응하고 있는지 알 수 있는 기회였다. 회의실에는 관계 부처 국장 10명과 각 분야 중국 관계자 10명이 참석했다.

시간이 없어 미안합니다. 이 회의는 한 시간 내에 끝내겠습니다. 우리는 중국 위안화가 평가절하될 것이라는 믿을 만한 정보를 확보하고 있습니다. 여러분들, 기탄없이 얘기해주세요.

위안화 절하를 예단하는 설명을 마친 회의 주관자는 필자에게 발언을 권했다. 필자는 곧장 이렇게 말했다.

지금 얘기를 정반대로 뒤집어야 할 것 같습니다. 위안화 절하는 가능하지
도 않고 중국 정부가 의도하고 있지도 않습니다. 최근 중국 내에서 진행되
어온 위안화 환율과 대외무역에 대한 논의를 감안하면, 그동안 위안화는
절상 압력을 받아왔습니다.

잘못된 예단에 나타난 오류를 지적하며 두 시간 가량 토론이 이어
졌다. 당시, 중국 내 많은 경제전문가들과 학자들은 중국의 대미국달
러 환율(당시 1달러는 8.7위안이었다)이 지나치게 낮게 책정되어 환율을 상
향 보완할 필요가 있다는 견해를 보이고 있을 때였다. 중국의 수출이
나, 투자 유치, 외환 보유고 등 모두 순조로운 추세였다. 한국경제와
는 상황이나 추세가 달랐다. 우리 환율은 고평가되어 있는 데 반해 중
국 위안화는 저평가된 상태였다. 동남아 금융위기에서 중국 환율이 하
락한다면 미국의 헤지펀드들은 쾌재를 부를 것이 분명했다. 중국이 그
런 헤지펀드의 계략을 도와주거나, 넘어가야 할 아무런 이유도, 배경
도 없었던 것이다. 우리 정부는 중국을 너무 모르고 있었다. 결국 그 회
의는 없었던 일로 끝을 맺었다. 중국 위안화는 절하되지 않았고, 우리
는 강요된 신자유주의와 미중 금융전쟁이라는 족쇄에 얽혀들어 IMF
강제편입을 감내해야 했다. 그러나 위안화는 국제 신인도가 몰라보게
달라지는 전기를 맞게 되었다. 이때부터 중국 정부는 위안화의 국제화
채비를 착수했다. 우리가 당한 IMF 강제편입의 원인을 신자유주의만
으로 접근하는 것은 전혀 충분하지 않다. 거기에 지정학적 접근을 빠
뜨려서는 안 된다.

사드는 무엇을 겨냥한 것인가

2013년 6월, 당시 유력한 미 대선 후보였던 힐러리 클린턴이 한국에 사드를 배치한다는 구상을 밝혔다. 골드만삭스 임직원을 대상으로 한 강연이었다. 힐러리는 한국에 배치하는 사드가 중국을 겨냥한 것임을 분명히 했다.

> 우리는 북한이 계속해서 미사일을 개발해 소형 핵무기를 탑재할 수 있는 대륙간탄도미사일을 손에 넣는다면 참지 않겠다는 입장을 중국에 전했다. (…) 미사일이 한국과 일본 등 동맹국에 피해를 줄 뿐 아니라 이론상으로는 하와이와 미 서부 해안까지 도달할 수 있기 때문에 미사일 방어망으로 중국을 에워쌀 것이다.[22]

중국 정부는 즉각 반발했다. '사드의 한반도 배치는 북한을 겨냥한 것이 아니라 중국을 겨냥한 것이다. 중국의 이익을 심각하게 침해하는 것이며, 글로벌 전략 균형을 훼손할 것이다.' 처음 사드 배치가 거론된 것은 이명박 정부 때였다. 그때부터 중국 정부는 줄곧 사드 배치를 반대해왔다.

왜 미국은 중국이 그토록 강력하게 반발한 사드 배치를 강행했을까? 이 지정학적인 의문은 그보다 20년 전에 발발한 IMF 강제편입 사건과 어떤 관계에 있는 것일까? 미국이 한국을 IMF에 강제 편입한 것에 대해 강하게 비판적이었던 장하준 교수는 미 재무부가 마치 '군대가 진주하듯이' 한국경제를 IMF에 몰아넣었다고 비난했다. 사드 배치도 대통령 탄핵이라는 초비상 상황에서 강행했다는 점이 IMF 강제편입과 유사하다.

　미국이 강행한 두 전략은 의도와 관계없이 한중 경제협력에 매우 심각한 상처를 안겨주었다는 공통점이 있다. IMF는 한국전쟁 이래 최대의 경제적 피해를 안겨주었다. 사드 보복은 IMF 피해에 비할 바는 아니지만, 한중 양국 간 신뢰를 크게 손상시켰다는 점에서 단순히 숫자로 계산할 일은 아니다. 명분상으로 보면, IMF 강제편입은 한국의 부족한 외환 보유고를 지원하여 취약한 한국경제를 보호하는 조치였고, 사드 배치는 언제 날아들지 모를 북한 미사일을 방어하기 위한 안보상의 중대 조치였다. 하지만 현실적으로 나타난 결과는 어떤가?

　이들 두 전략을 강행하여 나타난 결과를 보면, 비슷한 점이 적지 않다. IMF 강제편입은, 결과적으로 한국에 반미 분위기가 고조되어 반미를 표방하는 정부가 들어서는 역풍을 맞았다. 그러나 미국은 얻은 것이 적지 않았다. 한국의 기업과 부동산을 헐값으로 주워 담고, 바닥으로 떨어진 자본시장의 주식을 쓸어 담았다. 한국은 경제뿐 아니라 사회 전체가 상상 이상의 피해를 입었다. 대외무역에서는, 특히 한중 경제협력이 입은 상처가 심각했다. IMF 강제편입을 당한 해는 한중 양국이 수교 5주년을 지나고 있던 시기였다. 그 5년은 한중 양국이 마치 막혔다 터진 봇물처럼 무역과, 투자, 그리고 엄청난 관광객 왕래로 뜨거워질 대로 뜨거워지고 있던 시기였다. 그 무렵 나는 베이징에서 6년 동안 대사관과 기업들에서 일하면서 그 광경을 생생하게 목격하고 체험했다.

　한중 수교를 계기로, 한중 양국은 급속하게 협력관계가 열기를 뿜고 있었다. 그러나 IMF가 상황을 바꾸어놓았다. 그처럼 북적이던 양국 관계는 IMF 한방으로 차디차게 식어내렸다. 중국에 투자한 한국 기업들의 철수가 줄을 잇고, 무역과 관광객 왕래도 얼어붙었다. 그러나 우리 경제가 IMF로부터 빠르게 탈출하면서 한중 경제협력도 언제 그랬냐는 듯이 다시 살아나기 시작했다. 세계적으로, 한중 관계처럼 전형적인 보완 구조는 찾기 힘들다. 지리와 역사, 문화가 오랜 역사를 통해 이어져 내려왔고, 거기에 산업구조까지 절묘한 보완구조를 갖추고 있는 것이다. '한중 밀착'을 통제하려는 미국 입장에서는 '코리아 딜레마'에 직면한 것이다.

이 점을 사드 배치와 비교해보자. IMF 강제편입이 한중 수교 5주년에 터진 것에 비해, 사드 배치 계획은 2015년 12월 한중 FTA가 발효된 지 반년 만에 발표되었다.[23] 한중 수교가 한중 경제협력에 신기원이었던 것처럼, 한중 FTA는 양국 간 경제협력을 획기적으로 끌어올릴 또 하나의 신기원으로 기대를 모았다. 미국의 입장에서 보면, 한중 밀착 속도가 지나친 것으로 우려되는 상황이었다.

사드 배치와 한중 FTA는 무슨 관계인가? 먼저 한중 FTA의 준비과정을 살펴보자. 중국 정부는 한미 FTA를 강하게 의식하고 있었다. 한국시장을 놓고 미중 양국의 영향력이 경쟁하는 양상이 시작된 것이다.

한미 FTA가 2011년 11월 국회에서 비준되고, 다음 해 1월, 이명박 대통령은 후진타오 중국 국가주석의 초청으로 중국을 국빈 방문했다. 이 방문에서, 후진타오의 요청으로 양국은 한중 FTA 협상 준비에 합의했다. 한미 FTA가 국회에서 비준되고 한 달여를 지나는 시기였다. 이는 중국 정부가 한미 FTA를 얼마나 강하게 의식하고 있었는지를 보여주는 것이다. 그 후, 한중 FTA는 4년의 준비 끝에 2015년 12월 20일 발효되었다.

한중 FTA 발효는 한중 관계에 새로운 이정표가 되는 신호로 받아들여졌다. 한국을 찾는 유커들이 줄을 이었고, 당시 중국 CCTV는 한국을 찾는 유커가 향후 5년 동안 세 배 이상 증가할 것이라고 전망하기도 했다. 대륙을 휘감는 한류 붐의 영향을 타고, 당시 유커는 연간 800만을 헤아렸다. 서울 명동이나 제주도 등에 중국 관광객들이 넘쳐나고 있었다. 당시에도 중국에 대한 한국의 수출 규모는 세계 1위였다. 그 무렵 통상 분야 한중 관리들이 서로 만나면, 중국 측에서 '중국 소비자들이 좋아하는 소비재를 다양하게 발굴하여 더 많이 만들어 달라'고 한국 관리들에게 요청할 정도였다.

그러나 사드 배치가 발표되면서 이런 한국 붐은 차디차게 식었다. 보복이 시작된 것이다. 이것이 사드 배치가 우리에게 가져다준 현실적인 결과였다. 가속화하는 한중 경제협력이, 미국 입장에서는 과도한 '한중 밀착'으로 보인 것이다. 한중 수교 이래, 미국에서는 한중 밀착이 지나친 속도로 가고 있다는 지적이 끊임없이 나오는 상황이다. 클린턴 힐러리는 상원의원 시절, "한국이 은혜를 잊었다"고 개탄하기도 했다.

그 무렵 북한은 핵실험과 미사일 발사 실험이 이어졌고, 우리 사회는 대통령 탄핵으로 들끓고 있었다.[24] 사드 배치를 놓고 여론이 양분된 상태에서 대통령 선거를 치러야 했다. 이와 반면에, 미국은 사드 배치에 전력을 다해 강행했다. 중국은 예고한 것처럼 사드에 대한 보복에 나섰다.

왜 중국은 중요한 경제 파트너인 한국에 대해 사드 보복에 나섰을까? 사드 배치로 가장 상처를 입은 것은 한중관계였고, 우리 사회의 여론도 심각한 분열로 상처를 입었다.

사드 배치 발표 이전을 돌아보면, 한중관계는 계속 호전 중이었다. 시진핑 주석은 전통적 우방인 북한보다 한국에 더 공을 들이고 있었다. 아직 김정은 조선노동당 위원장과는 만난 적이 없는 시진핑은 서울로 박근혜 대통령을 먼저 방문했다. 박근혜도 2015년 9월, 베이징 천안문 광장에서 열린 중국 전승절 열병식 행사에 참가하는 것으로 호의에 답했다. 미국 동맹국의 정상 가운데 중국 전승절 행사에 참가한 건 박 대통령이 유일했다(이런 움직임을 미국이 놓쳤을 리는 없다).

이런 상황이 돌변하게 된 계기는 기습적인 사드 배치 발표 한 방이었다. 중국 입장에서 보면, 한국정부의 기습적인 사드 배치 발표는 시진핑 주석이 공들여 쌓으려던 탑이 무너진 것이었다. 사드 배치를 계기로, 박근혜 정부는 한미관계를 더욱 돈독히 하고 중국에 기대지 않겠다는 신호를 명확하게 밝힌 것이나 다름없는 것이었다.

여기서, 실제 한미 간에 사드 배치를 위해 진행된 과정을 돌아보자. 그들은 신중하게 시작하고 기습적으로 마무리했다. 실제, 한국과 미국이 사드 배치를 위한 공론화 작업을 착수한 2014년 6월부터였다. 커티스 스캐퍼로티Curtis Scaparrotti 한미연합사령관이 "본국에 사드의 한반도 전개를 요청했다"고 운을 떼고, 이어서 김관진 청와대 국가안보실장이 "주한 미군이 사드를 전력화하는 것은 상관없다. 다만 우리가 구입해 배치할 계획은 없다"고 주고받았다. 그러자 중국 정부는 사드를 자국을 겨냥한 무기로 인식해 한국 정부에 우려를 표명했으며, 국내 여론도 찬반으로 나뉘기 시작했다.

여론 충격을 감지하기 위한 작업을 본격적으로 착수한 것은 2015년 10월부터였다(6월에 한중 FTA가 체결되고, 이어서 중국 유커가 몰려오기 시작했다). 미국 무기업체 록히드마틴이 '한미 양국 정부가 고고도高高度미사일방어체계, 사드 문제를 논의하고 있다'고 발표한 것이다. 록히드마틴은 최대 탐지거리 1,000~1,800킬로미터 지상 레이더로 미사일 발사를 탐지해 고도 40~150킬로미터에서 요격하는 사드를 개발한 세계 최대의 군수기업이다. 그러자 양국 정부가 즉각 '아무 결정도 내려지지 않았다'는 입장을 냈고, 이 회사는 하루 만에 다시 '양국 간 논의를 모른다'고 물러섰다. 그 6개월 전인 4월에는 '미국과 한국에 사드 관련 정보를 제공해 오고 있다'고 정보를 흘렸었다. 이처럼 정치적 민감성과 대중국 전략이라는 점을 감안하여 치고 빠지는 '치밀하게 짜여진 쇼'가 이어졌다.

미국 정부도 2015년 3월, 주한 미군 사령부를 통해 '사드 시스템이 배치될 가능성이 있는 장소를 찾는 조사가 진행 중'이라고 발표하고, 이어서 애슈턴 카터Ashton Carter 국방장관이 즉각 부인했다. 4월에도 같은 일이 반복되었다. 한국 여론을 들었다 놨다 하는 일을 반복한 것이다. 박근혜 정부가 사드 배치를 기습적으로 공식화한 것은 2016년 7월 8일이었다. 발표 3일 전에도 한민구 국방부장관은 국회에서 그런 계획이 없다고 말했었다.

사드 배치 발표도 문제였지만 배치 과정은 더욱 심각한 문제였다. 정부가 배치 계획을 발표하기 10일 전인 6월 29일, 당시 황교안 총리는 베이징에서 시진핑 중국 국가주석과 단독회담을 했다. 이 자리에서 시진핑 주석은 미국의 고고도 미사일방어체계인 사드의 한반도 배치에 대해, 한국이 중국의 안보 우려를 신경 써줄 것과 미국의 한반도 사드배치 계획을 신중하고 적절하게 다뤄줄 것을 촉구했다.

- 사드를 배치할 계획입니까?
- 아무것도 결정된 게 없습니다.

그리고 열흘 후 정부는 사드 배치를 발표했다. 최소 2년여 동안 계획을 논의한 사안을 총리가 몰랐을 리가 없었다. 이 대목에 관하여 2017년 3월, JTBC의 시사토크쇼 〈썰전〉에서 유시민 작가는 "중국 입장에서 보면, 국가주석이 물어본 사안에 대해 한국에서 온 총리가 거짓말을 하면서 속인 것이며, 중국으로서는 모욕으로 받아들일 수밖에 없는 외교적 실수였다"고 통박했다. 하지만 베이징에서는 '실수'가 아니라 한국 정부의 '외교적 실패'라고 보고 있었다.[25] 푸단대학교 미국연구소 우신보吳心伯 소장은 중국이 협상 과정에서 박 대통령에게 사드의 레이더 체계가 중국을 지나치게 들여다보지 못하도록 기술적으로 조정해줄 것을 요구해달라는 부탁을 여러 차례 했다고 말했다. 하지만 그러한 조정은 끝내 없었다.

한편, 미국 정부는 한국의 사드 배치에 정부와 의회, 군부와 학계의 거물들이 총동원되었다. 강경 보수주의자로 유명한 마이크 펜스 미 부통령도 2017년 4월 사드 배치를 촉구하기 위해 서울을 방문했다. 당시 한국은 탄핵으로 인한 대통령 부재 상황이었고, 사드에 대한 여론이 양분되는 등 정치적으로 대단히 민감한 시기였다. 그럼에도 불구하고 펜스는 사드 배치에 차질이 없도록 독려하는 데 급급했다. 결국 사드 배치는 강행되었으며, 중국의 사드 보복이 이어졌다. 중국에 대한 무역 의존도가 엄청 높은 한국으로서는 힘겨운 고통이 아닐 수 없었다. 중국 옌볜대학 국제정치연구소 퍄오둥쉰樸東勛 소장은 2018년 11월, 한국에서 열린 한 학술대회에서 이렇게 지적했다.

사드 후유증은 아직도 존재한다. 한국이 문화, 관광 분야에서 영향을 받았다면 중국은 정치, 군사 영역에서 손실을 보았다고 인식한다. 미국이 사드 배치를 공론화시킨 게 2014년 6월이라는 점에 유의해야 한다. 바로 시진핑 주석의 한국 방문 한 달 전이었다. 미국은 한중 관계 밀착을 경계해왔고, 그 일환으로 사드 배치를 위해 한국에 압력을 가했다. 북한은 그 사이 70여 차례나 미사일을 쐈고 한국은 결국 탄핵 정국에서 사드를 배치했다. 사드 문제는 남·북·미 정치 행위자들의 복잡한 이해관계의 결과로 봐야 한다. 사드 갈등으로 손실을 본 건 한국과 중국뿐이다.[26]

한국과 한반도를 둘러싸고 미중 간에 벌어지는 주도권 경쟁은, 남북이 적대적 관계에 있는 한, 그들에게는 꽃놀이패와 다름없다. 현실적으로 보면 '적대적' 분단을 '협력하고 상생하는' 분단으로 전환하는 것이 시급하다. 그렇지 않고는 이 치열한 G2 시대를 감당하면서 21세기를 헤쳐나가기가 '낙타가 바늘구멍에 들어가는 것'보다 어려울 것이다.

이 조그만 산악 국가를 보라

1995년 11월, 장쩌민이 한국을 방문했다. 중국 국가주석으로는 처음이었다. 한국에서 강렬한 인상을 받은 장쩌민은 떠나는 비행기 창밖을 내다보며 나지막하게 말했다.

> 이 조그만 산악 국가를 보세요. 우리가 본 서울 거리에는 모두 한국 자동차들로 꽉 차 있지 않았습니까? 외제차는 거의 없어요. 우리와는 다릅니다. (…) 한국은 나라도 작고 인구는 많고 자원도 없지만 30여 년의 짧은 세월 동안 이러한 수준까지 발전했어요. 원인이 무엇인지 생각하고, 앞으로 우리가 어떻게 해나가야 할지 교훈을 얻어야 합니다. 한국연구팀을 만듭시다.[27]

일찍이 기계공업부 부장을 지낸 그는 자동차 산업에 남다른 안목이 있었다. 당연히 한국 거리에는 미국 자동차가 넘쳐나고 있을 것으로 생각했다. 그는 놀라고 또 놀랐다. 한국의 거리에는 한국 자동차가 넘치고 있었다. 미국 등 선진국 기업들과 합자하여 만든 자동차가 도로를 뒤덮은 중국과는 전혀 달랐다. 그때까지 중국공산당 지도층은 한국을 직접 와서 보거나 경험하지 못했었다. 현장을 보고 나서 그들의 생각은 크게 변했다. '이게 한국이라니…'.

그는 한국 방문 5년 전에 북한을 방문했었다. 1990년 3월, 당 총서기 취임 후, 해외 첫 방문지로 북한을 택한 것이다. 평양 방문에서 그는 김일성 주석으로부터 파격적인 대접을 받았다. 고령의 김일성이 공항에 나와 직접 영접했는가 하면, 50만 명의 평양 시민들이 길거리에 나와 열렬하게 환영했다. 거기까지였다. 정상회담은 무거웠다. 장쩌민은 한국과의 관계를 설명했다.[28]

한국이 동구권 국가들과 외교관계를 맺고 있고, 특히 노태우 대통령이 덩샤오핑 동지에게 친서를 보내 양국관계 개선에 적극적인 태도를 보이고 있습니다.

한국과 무역이 활발해지고 있어 양국 간 무역대표부 개설을 더 이상 미루기 어렵다는 말도 건넸다. 즉답을 피한 김일성은 그해 9월 베이징을 방문했다.

중국이 그러고 싶다면 그렇게 하시오. 중국의 입장을 충분히 이해합니다.

2년 후 역사적인 한중 수교가 성사되었다. 그러나 북미 수교로 이어지지는 못했다. 장쩌민에 이어, 후진타오와 시진핑도 한국을 방문했다. 한국에 대한 이해가 더욱 깊어지는 계기가 되었음은 물론이다. 그들은 특히 남북의 격차를 직접 눈으로 확인하며 발전 방식과 체제를 비교하는 안목을 갖게 되었다.

근래 중국 지도부는 한국을 어떤 눈으로 보고 있는가? 한중 수교를 극비리에 준비한 사람은 덩샤오핑이었다. 그의 후배 지도자들도 한국과 협력에 집중하고 있다. 장쩌민에 이어 후진타오는 한중 FTA 협의를 끌어냈으며, 시진핑은 한중 FTA를 타결했다. 한중 FTA가 발효된 지 6개월 후, 미국의 사드 배치 발표에 직면했을 때는 보복으로 맞섰다. 서서히 보복을 풀고 있지만 쉬워보이지는 않는다. 현지 민심도 사드 이전과는 크게 다르다. 싸늘해진 것이다.

시진핑은 북핵 문제에도 적극적이다. 그가 제안한 '쌍중단·쌍궤병행'은 이미 북미 양측의 협상 경로가 되어 있다.[29] 무엇보다 평화롭게 대화로 풀어야 한다는 것이다. 미국도, 북한도, 중국의 이런 입장을 무시하기는 어렵다. 덩샤오핑과 장쩌민이 지적한 것처럼 한국은 중국의 매우 중요한 경제파트너인 것이다.

한류, 그 독특한 매력

상하이 근처에 있는 호수 타이호太湖 서편에 아담한 호반 도시 이싱宜興이 자리 잡고 있다. 뛰어난 인재들이 많이 나는 곳으로 유명하다. 필자가 이곳의 한 경제개발구를 방문했을 때 30대 후반의 여성이 웃으며 말했다.

미중 패권전쟁은 없다

– 다음 달에 서울 강남에 가서 성형하고 뉴욕에 가요.

– 지금도 예쁜데 성형을 왜 합니까?

– 더 예뻐지려구요! 그러면 뉴욕 여행이 더 재미있을 거예요.

그녀는 함박웃음을 터뜨렸다. 많은 중국인은 그녀처럼 한국 이미지를 미국과 연결 지어 생각한다. 그만큼 미국을 좋아한다. 그들은 한국에 와서 미국을 닮은, 그러면서도 동양적인 고유의 멋을 간직한 한국의 분위기를 즐긴다. 그들이 가장 좋아하는 것은 한국 드라마다.

여러분은 한국 드라마 〈별에서 온 그대〉를 보았습니까? 얼마나 잘 만들었습니까? 문화와 예술은 전통을 떠나지 못하는데 한국은 우리보다 전통을 더 잘 살리고 있습니다. 내용이나 형식이 모두 우리보다 앞서 있습니다.

이렇게 〈별에서 온 그대〉를 극찬한 사람은 중국공산당 정치국 상무위원을 지냈고, 이어서 2018년 3월 전인대에서 국가 부주석으로 선출된 왕치산王岐山이었다.[30] 시진핑과 동향 출신인 그는 1969년 하방 시절부터 시진핑 주석과 절친이다. 왕치산이 전인대의 베이징시 분임 토의장을 찾은 것은 2014년 3월 5일이었다.[31] 문화예술에 관한 사업보고 중이었다. 그가 말을 꺼냈다.

중간에 끼어들어 미안합니다. 여러분은 인터넷에서 유행하는 그 드라마를 알고 있습니까? 무슨 '별별星星'이라고 하던데….

누군가가 조그맣게 '來自星星的您(별에서 온 그대)'라고 대답했다.

맞습니다. 〈별에서 온 그대〉. 젊은 사람들은 다 아는데 공무원 여러분들은 이것도 모르고 있습니다. 나는 한국 드라마가 왜 중국을 점령했는지, 어떻게 바다를 넘나들며 미국과 심지어 유럽에서까지 유행하고 있는지를 깊이 생각해봤습니다. 때로는 나도 한국 드라마를 봅니다. 반나절을 보고 나서 한국드라마가 우리 앞에 와 있다는 것을 발견하게 되었습니다.

그는 한국 드라마를 이렇게 평했다.

한국 드라마는 우리보다 앞서 있습니다. 그 핵심과 영혼이 바로 전통문화를 승화했기 때문입니다.[32]

중국인들이 한국 드라마에 빠져드는 이유를 왕치산은 양국이 문화적으로 서로 가깝기 때문이라고 말한다. 금융 전문가이기도 한 왕치산은 시야가 넓고 예리한 것으로 정평이 나 있는 인물이다. 왕치산뿐 아니라, 오늘날 중국 지도자들은 한국이 미국의 강력한 영향을 받으면서도 자신들의 스타일을 지키며 발전해왔다는 것을 잘 알고 있다. 최근 떠오른 아이돌 그룹 '방탄소년단'이 미국 시장에서 열풍을 일으키는 것도 같은 맥락에서 이해한다.

중국 입장에서 볼 때, 한국은 대중문화를 포함하여 모든 면에서 미국의 영향에 푹 빠져 오랜 세월을 지내왔다. 그럼에도 불구하고 한국의 대중문화는 어떻게 자신의 독특한 전통을 '승화'하는 힘을 뿜어내고 있는 것일까? 왕치산의 한류 발언 다음 날인 3월 6일, 전국인민정치협상회의 문화예술계의 분임토론에서 역시 〈별에서 온 그대〉를 놓고 토론이 벌어졌다. 《붉은 수수밭紅高粱》으로 노벨문학상을 수상한 작가 모옌莫言도 참석했다.

창작 과정에서 관성을 탈피해 작품을 만들어야 하는데 우리는 그렇게 할 수가 없습니다. 스스로 날개와 상상력을 모두 끊어버렸습니다.

일찍이 《인민일보》는 한류에 대한 평을 여러 차례 기사로 실었다. 2001년 11월 4일자에 나온 칼럼을 보자.

한국문화 열기는 신선감 혹은 신비감을 감상하는 느낌이다. 중국에서 최근 수년간 일기 시작한 한류는 한국문화의 자랑스러운 성공을 보여주는 것이다. 한국문화 열기를 축하한다. (…) 한류의 실제 성공 이유는 사회와 인생에 대한 깊은 관심, 휴머니즘과 세태 풍자, 진실하고 농후한 생활의 맛을 시종일관 표현해내는 데 있다. (…) 한류는 중국인들에게 생각해볼 가치가 있는 문제들을 적지 않게 남겼다. 중국 내에서도 한국 드라마를 모방한 몇몇 청춘 멜로드라마가 만들어졌으나 신선하고도 생동감 있는 생활의 맛은 살려내지 못했다. (…) 중국 관중이 중국의 현재 예술은 어떤지 묻지 않을 수 없게 만들었다.[33]

당시 《인민일보》가 이러한 평가를 하고 있을 때, 한국 내에서는 한류에 대한 찬반 논쟁이 한창이었다. 다시 2005년 10월 21일자 《인민일보》에는 〈한류가 우리에게 무엇을 가져다 주었는가〉라는 글이 실렸다.

한국 드라마의 뜨거운 인기는 한국 문화를 전파했을 뿐 아니라 중국 대중문화가 나아갈 길의 방향점을 전해줬다. 글로벌 시대에서는 누가 제일 개방적이고 포용적인 자세로 서로 다른 문화적 뿌리를 지닌 사람들에게 감동을 전해주느냐가 중요하다. 한국은 건강하고 적극적인 대중문화를 통해 민족정신을 일구어왔고 그동안 다양하게 소화해낸 독특한 문화를 해외로 수출하여 할리우드와 대적할 수 있는 나라가 되었다.[34]

《인민일보》의 영문판 자매지인《글로벌타임스》는 2014년 2월 21일 〈별에서 온 그대〉에 열광하는 한류 현상을 소개하면서 〈한국 대중문화가 중국인의 심장을 정복했다〉는 기사를 올리기도 했다. 왕치산이 한류를 극찬한 것은 단순한 찬사가 아니다. 그 찬사 속에는 지금 중국의 대중문화가 겪는 혼란과 고뇌가 들어 있다.

한류의 저변에는 한국의 경제발전이 있다. 문화는 경제의 토양 위에서 꽃필 수 있는 것이다. 한국과 아시아의 경제발전은 동서양의 문화 다원화 시대를 예고하는 것이기도 하다. 아시아가 전쟁과 침체를 벗어나 새로운 에너지를 뿜으면서 떠오르고 있는 것이다. 중국에서는 한국을 '동서 문화의 교차로'라는 평가가 심심찮게 나온다. 그러나 지금, 중국에서의 한류는 사드 배치 이후 싸늘해졌다. 일본의 한류에도 혐한 기류가 있다. 한류 현상을 지정학적으로 접근해보면, 우리의 저력은 우리가 상상하는 이상임을 알 수 있다.

"중국이 안 망해요? 아니면 말고"

우리 한국인들은 미국을 얼마나 좋아할까? 세계에서 우리 한국인들만큼 미국을 좋아하는 나라도 드물다. 나이아가라 폭포와 로키산맥, 맨

해튼과 마천루, 그리고 울창한 삼나무 숲, 미시시피강과 대평원을 생각해보라. 거칠고 사나우면서도, 넘치는 풍요와 현란한 대중문화, 최첨단의 선진 기술로 사람을 끌어들이는 흡입력이 강한 나라가 바로 미국이다. 우리는 이 초강대국과 군사동맹과 FTA를 토대로 경제와 안보를 이어간다.

2003년 영국 공영방송 BBC가 세계 16개국의 여론을 조사한 결과(한국 KBS와 공동 조사), 한국과 이스라엘은 미국인들보다 미국을 더 좋아하는 것으로 나타났다. 이 조사는 미국이 아프칸과 이라크를 침공한 조지 W. 부시 정부 시절에 이루어진 것이다.

이 조사를 담당한 BBC의 앤드루 마Andrew Marr 정치부장은 "세계인구의 4퍼센트인 미국인들이 나머지 96퍼센트를 지배하고 있다"고 미국의 군사적 행태를 비난했다. 이 조사에 따르면, 한국인들도 다른 나라 사람들처럼 미국이 세계 평화에 위협이 되고 있다는 비판의 소리는 높았다. 그러면서도 한국인들은 이스라엘인들과 함께 미국인들보다 미국을 더 좋아하는 것으로 판명되었다. 미국의 군사적 위압에는 거부감이 있지만 미국 사회에는 호감이 높은 것이다. 중국이 잘나가던 시절, 우리 조상들은 중국에 환호했었다. 중국에서 가장 풍요로웠던 명 왕조가 대표적이다. 우리 선비들은 명 왕조가 망한 후에도 명에 대한 제사를 '만동묘萬東廟' 등에서 20세기 초까지 지냈었다. 거기에 그들의 기득권이 있었기 때문이다. 지금은 미국이 잘나간다.

오늘날 중국의 급부상에 환호하며 박수치는 나라는 서방에서는 어디에도 없다. 다만 거대 중국시장을 열망할 뿐이다. '반공'을 앞세워 근대화를 이루어온 우리 사회가 중국의 발전을 객관적 현실 그대로 보는데는 앞으로도 많은 시간이 필요할 것이다. 여기서 중국 거부감을 중심으로 필자가 본 사례를 몇 가지 소개해본다.

• "그럼, 중국이 안 망한다는 겁니까?"

중국이 건국 60주년을 맞이한 2009년, KBS는 '중국 기획 특집'을 준비했다. 10여 년째 KBS에서 방영하는 '중국 기획 특집'을 감수했던 필자는 늘 하던 대로 제작진에게 중국공산당의 60년 발자취를 대략 설명했다. 마오쩌둥의 폐쇄된 계획체제와 덩샤오핑의 개방된 시장경제 그리고 미중관계에 초점을 맞췄다. 얘기를 끝내자 한 담당자가 필자에게 바짝 다가와 내 귀에 대고 나직한 목소리로 말했다.

그럼, 중국이 정말 안 망한다는 겁니까?

이 얘기를 듣고 필자는 "정말 그렇게 생각하면 특집을 그렇게 만들어보시라"고 답했다. 당시는 '친미 혐중'이 휩쓸던 이명박 정부 시기였다. 우리 사회는 중국이 마치 풍전등화의 위기에 직면한 것처럼 소개하는 세미나와 조찬회가 대유행하고 있었다. 한국 특유의 풍경이었다. 실제, 그 무렵 미중관계는 전환기를 맞이하고 있었다. 미국발 글로벌 금융위기를 맞아 중국이 흔들리는 미국을 한편으로 지원하고, 다른 한편으로는 본격적으로 추격하는 발판을 만들고 있는 시기였다. G2 시대의 서막이었다. 미국은 중국의 지원을 바라고, 한국에서는 중국이 곧 망할 것이라고 생각하고 있었던 것이다. 이런 어처구니없는 상황에는 이명박 정부의 '친미 반중 전략'도 한몫했다. 중국이 망하면 어떻게 될까? 그래도 그곳은 중국이다.

• "중국시장 고급화 전략을 펴라"

2003년 어느 대기업 사장단 강연에서, 나는 '6자회담과 중국시장'의 관계를 소개하고 있었다. 지금도 그렇지만, 당시 중국은 미국보다 한 발 뒤에서 주변 인근 환경의 안정화를 전제로 경제발전에 총력을 집중하고 있었다. 질문이 이어졌다.

중국이 언제쯤 망할 것 같습니까? 그리고 중국이 분열될 가능성은 없나요?

중국 투자와 관련하여 리스크를 우려한다는 점에서 볼 때, 기업 CEO들 입장에서 당연한 질문이기도 했다. 그러나 그보다 2년 전, 이 대기업 회장은 상하이에서 연 사장단 회의에서 '중국시장 고급화 전략'을 선언했다. 그리고 지금까지 중국시장에서 대박을 터뜨리고 있다. '시장 고급화 전략'은 구체적이었다. 계열사들을 설득하여 신사복 쇼윈도에는 100만 원 이하 제품은 내걸지 않았고, TV와 스마트폰도 최고급품으로 승부했다. 중국산 제품과 품질을 비교하는 것은 금물이었다. 중국인들의 소비 심리와 행동양식을 정확히 읽어낸 것이다. 실패하는 기업들은 이와 정반대로 값싼 제품으로 승부하는 패턴을 보였다. 중국의 서부 내륙 지방에 대규모 투자를 결정한 것도 이 그룹이었다. 이처럼 대그룹의 회장과 사장들 간에도 중국시장을 보는 시각에는 격차가 있었다. 다양한 시각은 중요하다. 그러나 현장 파악은 더 중요하다.

• "시장경제를 도입하면 중국공산당의 장래는 어떻게 될까?"

1992년 중국공산당이 시장경제를 도입하자, 모두들 고개를 갸우뚱하는 분위기였다. 이때《니혼게이자이신문》은 동남아 화교 CEO들을 상대로 앙케트 조사를 벌였다. '시장경제 도입으로 중국공산당이 위태로워질 것인가'를 물었다. '2000년이 되면 중국공산당이 더욱 탄탄해질 것'이라는 응답이 90퍼센트를 넘었다. 그들이 보는 중국시장과 중국공산당의 관계는 서방 사람들의 시각과는 정반대였다. 동남아 화교 CEO들은 시장경제와 중국공산당이 조화롭게 어울릴 수 있다고 예상했던 것이다. 중국 대륙에 고향을 두고 온 화교 CEO들은 중국 현장에 대해서 누구보다도 친숙한 사람들이었다.

실제 해외 화교 기업인들은 중국이 시장경제를 선언한 그때부터 대륙 투자의 선봉에 섰다. 그들은 중국시장에 대한 전체 해외 직접투자의 3분의 2 이상을 앞장서 주도해왔으며, 그런 흐름은 '세계화상대회'로 이어졌다. 지난 40년 동안 중국은 1조 달러가 훌쩍 넘는 해외 직접투자를 끌어들였고, 최근에는 매년 1,000억 달러를 넘는 투자가 들어오고 있다. 핵심은 이들 동남아 화교 자본이었다. 수많은 서방 자본들이 화교 자본가를 따라 들어오기 시작했다. 바야흐로 화교 네트워크 시대가 도래한 것이다.

• "중국의 저축률이 그렇게 높다니요? 이해가 안 됩니다"

저축과 투자는 경제의 균형 발전에 기본 축으로 작용한다. 1988년, 서울올림픽을 앞두고, 20여 명의 한국 시중은행장들이 중국 금융계를 방문하게 되었다. 필자는 중국의 금융개혁에 대해서 그들에게 설명했다. 중국이 계획체제를 벗어나 4대 국유 상업은행들이 시동을 걸었으며, 장기적으로는 미국 연방준비제도이사회와 월스트리트 같은 자본주의 메커니즘을 벤치마킹하려는 목표를 갖고 준비하고 있다고 한 시간 남짓 소개했다.

설명이 끝나자 좌장을 맡은 한국의 전직 경제부총리는 중국의 저축률이 높다는 사실을 도저히 믿지 못하겠다고 의아해했다. 시간에 쫓겼던 조찬회는 그렇게 마무리되었다. 그 모임이 있은 지 9년 후, 한국경제는 IMF에 강제로 편입되었다. 그 자리에 참석했던 은행장들 중에는 IMF로 은행 문을 자기 손으로 닫은 사람들도 있었다. 금융은 안보다. 그리고 정보다.

•"왜 이렇게 중국 걱정이 많아요? 우리 일이나 잘하지"

2000년대 내내 박태준 포스코 명예회장 사무실은 광화문에 있었다. 그 무렵 박 회장의 중국 고문으로 일하던 필자는 자주 광화문 사무실에 들렀다. 박 회장은 곧잘 이렇게 말했다.

큰일입니다. 우리 사회는 왜 이렇게 중국 걱정이 많아요? 우리 일이나 잘하지.

중국이 위기라는 의식에 사로잡힌 한국 사회를 빗댄 말이었다(미중 경제전쟁이 한창인 요즈음도 별반 다르지 않다). 박태준 회장은 2003년 봄, 후진타오 국가주석이 집권하던 시기에 중국 국무원으로부터 고문으로 위촉되었다. 그 후 나는 8년여 동안 박 회장의 중국 업무를 도왔다. 때때로 박 회장은 회상에 잠겨 몇 시간씩 그가 겪은 일들을 생생하게 들려주곤 했다. 특히 중국의 변화에 대해 한국의 허술한 대비를 우려했다. 체계적인 중국연구소가 필요하다는 필자의 제안을 전경련 부회장에게 전하여 중국 연구를 위한 중장기 계획을 세운 적도 있었다. 좋은 계획이었다. 하지만 계획으로 끝났다.

• "왜 마오쩌둥의 초상화가 아직도 천안문에 걸려 있나요?"

상하이에서 귀국하는 비행기 안에서 동행한 어느 대기업 회장이 필자에게 물었다.

> 마오쩌둥은 대약진과 문화혁명이라는 엄청난 잘못을 저지른 인물인데 어떻게 그의 초상화가 아직도 천안문에 걸려 있습니까? 이해가 안 됩니다.

우리에게 마오쩌둥은 한국전쟁의 기억으로 남아 있는 인물이다. 필자는 그 기업인에게 칭화대 평유란 교수가 지적한 '마오처럼 공과가 극명한 인물도 없다'는 말을 소개했다. 마오에 대한 평가는 간단하지 않다. 마오 스스로도 자신의 '공功은 7이고 과過는 3'이라고 자평하기도 했다. 덩샤오핑은 이를 그대로 받아 마오를 평가했다. 말년의 마오는 미중 화해를 성공시켰다. 이를 출발점으로 하여 중국은 오늘날 G2로 올라섰다. 앞으로도 미중관계는 험난한 협력을 이어갈 것이다. 마오쩌둥의 초상화는 앞으로도 오랫동안 천안문에 걸려 있게 될 것이다. 그리고 미중 시대도 계속될 것이다.

• "이제 중국시장도 끝난 거 아닙니까?"

2006년 어느 이름난 경제연구소 소장이 필자에게 말을 건넸다. 한국의 일부 대기업들이 중국의 인건비가 상승하자 동남아 지역으로 투자를 옮겨가던 무렵이었다. 그에게 "지금 중국시장은 끝난 게 아니고 부상의 초기단계"라고 답해주었다.

지금 중국시장처럼 규모가 빠르게 커나가는 시장은 없다. 2018년 현재, 1인당 GDP가 아직 9,000달러 선에 있는 중국시장은 6퍼센트

중반의 성장률을 이어가면서 연간 시장 규모가 7,000∼8,000억 달러씩 확대되고 있다. 중국 정부는 내심 앞으로 10년간 6퍼센트대의 성장을 유지하려 한다. 중국시장은 끝난 것이 아니라 발전하는 중이다. 중국의 발전을 달가워하지 않는 수많은 견해처럼 중국의 경제성장률이 갑자기 3∼4퍼센트로 떨어질 것이라는 가정은 비현실적인 접근이다. 중국경제는 지금 연착륙 중에 있다. 중국시장은 계속 발전한다. 미국을 추격하고 있지 않은가?

• "차이나 머니가 우리 자본시장을 공습하고 있어요!"

중국에 진출한 우리나라의 직접투자 규모가 500억 달러를 넘어선 지 오래다. 그러나 거꾸로 중국의 한국 직접투자는 쉽지 않다. 중국이 해외투자에 열을 올리고 있지만, 중국의 한국 투자에 대해 한국 사회는 무척 예민하게 반응한다. 제주도에 중국 기업의 부동산 투자가 시작되자, 이를 '인천상륙작전'에 빗대어 중국인들의 '제주도상륙작전'이라는 말도 생겼다. 한국 금융시장에 진출하는 중국 자본에 대해서도 시선이 따갑기는 마찬가지다.

2013년 6월, 한국 언론은 중국 자본이 우리 주식과 채권을 마구 사들이고 있다면서 '중국 자본의 공습'이라고 표현했다. 중국 자본이 한국 자본시장에서 그동안 사들인 주식과 채권이 200억 달러가 넘었다는 당국의 발표가 나온 직후였다. 거기에 한국에 대한 직접투자액 50억 달러를 합하면, 중국은 모두 250억 달러 정도를 한국에 투자한 것이다. 이 규모는 한국 기업이 당시 중국에 직접투자하고 있는 규모의 절반 정도의 수준이었다.

요즘 중국의 해외투자는 연간 1,000억 달러를 넘는다. 그러나 한국에 대해서는 조심스럽다. 아직까지 한국에는 일부 금융투자를 제외하면 소규모 직접투자에 머물러 있다. 한국은 중국을 어떻게 활용할 것인가?

• "중국은 베이징올림픽을 빚으로 치르는 겁니다"

올림픽 유치가 결정되자 베이징 시민들은 천안문으로 뛰쳐나와 환호했다. 장쩌민도 시민들과 감격을 같이 나눴다. 중국인들이 올림픽 유치에 그토록 환호하는 이유를 다른 나라 사람들은 도저히 헤아리기 어렵다. 반면에, 많은 서방국가에서는 베이징올림픽에 대한 거부감이 회오리쳤다. 그 거부감은 올림픽 성화가 한국을 지나가면서 최고조를 맞았다. 빌미는 티베트 독립운동이 문제였으나, 평소 쌓였던 체질적 거부감과 비호감이 가세하여 폭발한 것이다. 거기에는 '가난한 중국'이라는 이미지도 가세했다. 베이징올림픽 직전, 강남 테헤란로에서 어느 대기업 회장을 그의 사무실에서 만났다.

> 베이징올림픽이 끝나면 중국경제는 그동안 축적된 거대한 거품이 터져 푹 가라앉게 됩니다. 그때 중국에 투자할 좋은 기회가 올 겁니다.

실제 베이징올림픽이 끝나자, 바로 다음 달 거품이 터지기 시작했다. 그러나 베이징이 아닌 뉴욕이었다. 글로벌 금융위기였다. 이듬해, 중국 정부는 새로 들어선 오바마 정부의 긴급 요청에 따라 미 국채를 사들이며 미국을 지원했다. 그리고 이를 전환점으로 중국경제는 G2로 올라서기 시작했다. 중국은 돈 없이 올림픽을 치른 것이 아니라, 쌓아놓은 돈으로 미국 지원에 나서고 있었다. 중국의 변화를 받아들이는 것은 쉽지 않은 일이다.

• "요즘 중국인들 왜 이렇게 많이 와요?"

IMF가 들이닥치자, 중국에서는 한국경제를 안타까워하는 분위기가 가득했다. 그 무렵 한국 경제부처 어느 장관이 그의 집무실에서 중국 국무원 싱크탱크의 장관급 주임과 마주 앉아서 혼잣말로 "요즘 중국인들 왜 이렇게 많이 와?"라고 말했다. 그날 저녁 그 중국 주임을 수행한 비서실장과 식사를 같이 했다. 그는 하소연하며 고개를 내저었다.

왜 하필 면전에서 그럽니까? 그분은 한국말도 잘 알아듣는데….

• "이런 황무지에 투자하라고요? 우리가 봉입니까?"

1991년 봄, 상하이 시정부는 한국 투자를 유치하기 위해 밀려드는 한국의 기업인, 관리, 언론인들을 접대하느라 바빴다. 중국 정부가 상하이 푸둥에 '푸둥신구 설립'을 막 발표한 시점이었다. 그러나 황량한 벌판인 푸둥 현장을 방문한 한국인들은 입을 모았다.

이런 황무지에 투자하라고요? 우리가 무슨 봉입니까?

당시 우리 한국인들은 자국 정부가 섣부르게 소련에 차관을 제공한 문제로 공산권 투자에 거부감을 갖고 있었다. 중국 정부가 상하이 푸둥신구를 발표하기 1년 전인 1990년 6월, 노태우 정부는 소련과 30억 달러의 차관 제공과 수교의 빅딜을 성사시킨 것이다.

바로 이 무렵, 상하이를 방문한 미국 투자은행 메릴린치의 회장은 "이곳 상하이에 월스트리트를 옮기고 싶다"고 소회를 피력했고, 중국 대륙을 순회한 일본경제단체연합회 회장은 '끝없는 시장'이라며 경탄과 함께 의욕을 내비치고 있었다. 그로부터 2년 후인 1993년, 국내 언론들은 '푸둥 투자는 이미 늦었다'고 대대적으로 보도하고 있었다. 2010년 가을, 어느 언론사의 기자들 10여 명과 밤늦게까지 얘기하다가 '왜 중국 기사를 그런 식으로 쓰느냐'고 물었다. 그들도 같이 개탄했다.

• "한국을 따라오려면 100년 이상 걸릴 겁니다"

1991년 봄, 한중 수교를 준비하면서 베이징에 한국 무역대표부가 설립되었다. 현지에 출장소 이름으로 사무실을 연 한국의 주요 은행 주재원들이 이구동성으로 말했다.

중국이 한국의 은행들을 따라오려면 100년 이상 걸릴 겁니다.

모두들 고개를 끄덕이며 낙후한 중국 은행 얘기에 공감했다. 그로부터 20여 년이 지난 후, 중국공상은행을 비롯하여 중국의 국유 상업은행들은 시가총액과 영업이익 기준으로 세계랭킹 톱클래스에 올라섰다. 그들은 동남아 외환위기에 이어 글로벌 금융위기 대응에서도 저력을 보여주었다.

IMF에 빠진 우리에게 중국 정부는 100억 달러 지원을 제안했다는 외신도 있었다(당시 미국이 한국 정부의 단기 외채 연장 노력을 차단한 상황에서 중국의 제안은 무시되었다). 지레짐작했던 위안화의 환율 폭락은 없었다. 글로벌 금융위기 상황에서도 7퍼센트 성장을 지키는 데 이 은행들은 버팀목 역할을 했다. 그리고 2008년 글로벌 금융위기가 발발하자, 미국과

미중 패권전쟁은 없다

함께 우리 한국에 통화스와프를 제공하기도 했다. 베이징이나 상하이에서 열리는 각종 국제금융회의에 참석하는 IMF와 세계은행 전문가들은 이렇게 말한다.

중국 금융이 아직 미흡한 점이 많은 것은 사실이다. 그러나 금융 마인드는 천부적이다.

북한의 변화, 동아시아 지정학의 격변 예고

싱가포르에서 첫 북미정상회담이 열리기 직전, 브루스 커밍스 시카고 대학 교수는 "북한이 포기한 만큼, 미국이 포기하면 된다"고 말했다. 그는 한국전쟁 연구의 세계적 권위자다. 그가 지적한 것은 북미관계에서 미국이 얼마나 열쇠를 쥔 위치에 있는가를 강조한 것이다.

2017년 말, 북한은 핵과 미국 본토에 도달 가능한 ICBM을 손에 쥐었다고 선언했다. 이를 계기로, 미국과 중국의 태도 변화가 시작되었다. 평창올림픽을 활용한 남북대화에 이어, 미중 양국이 북한과 잇달아 정상회담을 열기 시작했다.[35] 비핵화와 북한제재를 놓고 치열한 게임이 시작된 것이다.

역동적으로 발전하는 동아시아에서 유일하게 고립된 채 70년을 버틴 북한 체제가 이제 개방의 길로 나서는 갈림길에 선 것이다. 북한이 비핵화하고 미국이 북한과 손을 잡게 되면, 그것은 한국과 동북아 지정학의 지각 변동으로 직결된다. 김정은 위원장은 문재인 정부와 손을 잡은 데 이어, 미국의 트럼프 정부 그리고 중국의 시진핑 정부와도 긴밀하게 접촉을 이어가고 있다. 최근에는 러시아 푸틴과도 만났다. 북한 입장에서 중국은 오랫동안 믿을 수 없는 나라로 남아 있었고, 미국은 북한 봉쇄와 제재에 열쇠를 쥐고 있는 나라다. 지금 북한은 한국과 적대관계를 종식하고, 미중 양국과 새로운 길을 개척해야 하는 과제에 직면해 있다. 선택은 북한 몫이다.

북한의 경제발전에 개방은 필수요소다. 특히, 미국, 중국, 한국이 핵심 대상이다. 이런 전제 아래 김정은 위원장은 그동안 광폭 행보를 이어왔다. 2018년 이래, 김정은은 미중 양국을 모두 중시하는 태도로 접근해왔다. 이처럼 미중 양국을 동시에 중시하는 행보에 대해, 많은 사람들이 의외라는 반응을 보이기도 한다. 미중 양 시장을 동시에 활용하고 있는 한국의 경우가 큰 참고가 되었을 것이다. 한국은 수많은 곤혹과 불안정을 겪으면서도 미국과의 동맹, 그리고 중국과의 시장 협력을 추진해온 나라다. 분단 당사자인 북한에 한국 모델은 가장 가까운 벤치마킹 대상이다. 2차 북미정상회담이 열린 베트남도 중요한 참고가 된다. 베트남은 적국이었던 미국이 우호국으로 바뀌어 경제협력 파트너가 되었다는 점에서 두고두고 도움을 얻을 수 있는 모델이다.

지금은 비핵화를 두고, 낙관과 비관이 교차하는 지점을 지나고 있다. 그러나 분명한 것은, 한 발씩 앞으로 나가면서 변화 에너지가 분출하기 시작하고 있다는 사실이다. 북한은 이미 미국과 비핵화를 두고 협상 테이블을 여러 차례 경험했다. 거기서 축적된 좌절과 실패를 거울로 삼는 것이 중요하다. 전문가들은 북한 개방이 순조로울 경우, 한반도는 '글로벌 제조기지'로 부상하리라 전망한다. 그만큼 남북은 절묘한 보완구조를 지니고 있다. 북한이 개방된다면, 한반도를 중심에 두고 미·일·중·러 4강의 역학구조도 새롭게 재정비 과정에 들어가며 격변할 것이다. 그 변화는 어두운 '전쟁 공포'를 벗어나는 역사적 계기가 될 것이다. 물론, 우리가 주체적이고 적극적으로 행동하는 것이 이 변화의 가장 필수적 요소다. 우리는 구경하는 관중이 아니다.

그러나 북미관계 개선을 쉬울 것이라고 예상하는 전문가는 없다. 그것은 세계의 중심으로 떠오르는 동아시아 지역에 대한 미국의 전략과 맞물려 있는 가장 핵심 테마인 것이다. 여기서 커밍스 교수가 "북한이 포기한 만큼 미국도 포기하면 된다"는 의미심장한 지적을 검토해보자.

2018년 북미 양국이 비핵화와 대북제재를 놓고 양 정상이 마주앉기까지, 핵을 둘러싼 북미 간 대립과 협상은 지난 20여 년 동안 지속되었으나 모두 실패했다.

한반도에 핵이 처음 언급된 것은 한국전쟁 때였다. 한미 양국군이 평양에 진입하자(1950. 10. 19), 중공군이 압록강을 도하했다(1950. 10. 26). 한 달 후, 트루먼 미 대통령은 기자들에게 핵무기 사용을 언급했다(1950. 11. 30). 이 발표는 전 세계를 경악케 했으며, 곧바로 핵폭탄을 피하려는 수백만 명의 피난민 행렬이 북에서 남으로 이어졌다. 이른바 '1·4 후퇴'였다. 북한이 원자탄의 위력을 절감하는 일대 사건이었다. 이어서 유엔군 총사령관 더글러스 맥아더는 원자탄 34발을 요청했고, 그 후임인 매슈 리지웨이는 38발을 요청했다. 타격 목표로는 북한 지역과 만주와 연해주 일대 21개 도시를 지정했다.

북핵 문제에 관하여, 북미 양국이 처음으로 협상 테이블에 마주 앉은 것은 1994년 제네바 협상이었다. 클린턴 미 정부와 김정일 북한 정부가 합의한 주요 내용에는 북한의 핵개발 포기의 대가로 북미 수교, 북미 간 평화협정, 북한에 대한 경수로 발전소 건설과 대체 에너지인 중유 공급 등이 포함되었다. 그러나 2001년 새로 취임한 조지 W. 부시 미 대통령은 북한을 '악의 축'이라고 비난하며 합의를 파기했다. 당초 제네바 합의를 이끌어냈던 클린턴 정부도 향후 경수로 프로젝트가 제공되기 전에 북한체제가 붕괴될 것으로 예상하고, 붕괴 전까지 핵 개발을 중단하도록 하기 위해 합의한 거라는 사실이 드러났다.[36] 클린턴 정부가 북한의 붕괴 가능성을 전제로 북한과 합의했다는 것이다.

제네바 합의의 폐기 조짐이 확실해지자, 1998년 북한은 대포동 미사일을 발사했다. 이를 계기로, 미 의회는 북폭론을 주장했던 윌리엄 페리 전 국방장관을 대북정책 조정관으로 임명하여 '페리 프로세스 Perry Process'를 제출하도록 했다(1999. 10. 12). '6 · 15 공동선언'이 나오기 8개월 전에 제출된 페리 프로세스는 북한 포용을 골자로 하는 3단계 접근 방식을 제시했다.

- 1단계: 북한의 미사일 발사 중단과 미국의 대북 경제제재 완화
- 2단계: 북한의 핵과 미사일 개발 중지
- 3단계: 북미, 북일 관계 정상화 및 한반도 평화체제 구축

이를 토대로 미국은 대북 경제제재를 완화했고 북한은 미사일 발사를 중단했다. 이 페리 프로세스는 6 · 15 선언과 북미 협상으로 발전하여 북한의 조명록 차수가 특사로 워싱턴을 방문하여 북미 적대관계 종식을 포함한 '북미 공동코뮈니케'를 발표하고, 이어서 올브라이트 Madeleine Albright 국무부장관의 평양 방문이 성사되었다. 북미 간에 새로운 역사가 시작되는 듯 활기찬 분위기가 이어졌다. 클린턴 대통령의 평양 방문도 예정되었다. 그러나 부시 정부는 이런 노력을 수포로 돌려놓았다. 이에 대응하여 북한은 2003년 핵확산금지조약NPT을 탈퇴하고, 2005년 2월 10일 핵 보유를 선언했다.[37]

'악의 축'을 내세워 북한 봉쇄에 집중한 부시 정부는, 2002년 7월 북한이 중국의 개혁개방과 상응하는 대대적인 시장경제 개혁조치를 발표하자 기민하게 대처했다.[38] 부시 정부는 국무차관보 제임스 켈리 James Kelly를 평양으로 보내 북한의 핵개발 의혹을 부각시키는 데 집중했다. 제임스 켈리의 이런 행동에 대해 당시 양성철 주미 한국대사의 생생한 증언이 있다.[39] 당시 일본 수상 고이즈미 준이치로는 북한의 시장개혁을 환영하며 북한을 두 차례 방문하여 김정일 위원장과 '평양선언'에 합의하는 등 새로운 움직임을 보였으나, 결국 미국의 견제로 좌절되었다. 북한의 시장개혁조치도 별다른 성과 없이 묻혀져 갔음은 물론이다.

　2005년의 '9·19 공동선언'은 지금 보아도 충분히 만족스러운 내용이다. 9·19 공동선언을 처음 제안한 것은 미 국무부였다. 당시 미중 양국은 중국의 WTO 가입을 계기로 급증하는 미중 경제협력을 지원하기 위해 최고위급 대화인 '미중전략경제대화'의 개막을 준비하고 있었다. 그들은 이 '대화'의 성공을 위해 북핵 문제를 6자회담에서 만장일치로 합의했다. 만일 그때 '9·19 공동선언'에 담긴 약속이 그대로 이행됐다면 오늘날 한반도 사정은 이미 크게 달라졌을 것이다. 공동선언의 주요 내용은, 북한이 핵을 포기하고, 북한에 경수로를 제공하는 것을 비롯하여, 북미관계 정상화, 한반도 평화체제 구축 등 모두가 만족할 만한 것이었다. 그러나 애써 합의한 '9·19 공동선언'은 합의한 이튿날 곧바로 깨져버리고 말았다.[40] 제동을 건 쪽은 미 재무부였다.[41] 그들은 북한이 마카오에서 불법 국제금융거래를 하고 있다면서 '매우 중대한 이유'라고 주장했다. 그러자 마카오 정부가 미국 회계법인 '언스트& 영'에 의뢰하여 북한 자금 2,500만 달러가 문제가 없는 것으로 판명났다. 결국 2007년 3월 19일, 미 국무부는 북한 자금 전액 해제를 발표했으며 북한은 이 자금을 인출할 수 있었다. '9·19 공동선언'은 물 건너간 뒤였다.

이제 우리가 지켜보는 것은 트럼프 정부와 김정은 정부의 담판이다. 이전과 사정이 달라진 점이 있다면, 북한이 핵과 ICBM을 완성했다는 것이다. 브루스 커밍스 교수의 '서로 포기하면'이라는 지적이 다시 생각난다.

미중 시대,
한국경제의 미래

21세기에 들어와 서방 전문가들은 한국경제의 미래를 '장밋빛'으로 전망한다. 왜 그럴까? 그들은 그 근거로 거대 중국시장의 활용을 든다. 한국처럼 중국시장 접근이 용이하고 유리한 나라는 없다는 것이다. 그러나 여기서 전제조건은 한반도 통일이다. 가장 어려운 조건이다. 분단 상태에서는 중국시장 접근도 '불안한 곡예' 수준을 벗어나기 힘들다. 통일로 가는 길이 멀고 험한 것을 모르는 한국인은 없다. 그 첫 출발은 북한의 고립이 풀려야 시작된다. 그러나 북핵 문제를 놓고 지난 25년 동안 북미 양국이 머리를 맞대고 협상을 반복했지만 결과는 아직도 빈탕이다. 최근 그들은 비핵화를 걸고, 마치 처음처럼 다시 긴 여정을 시작했다.

근래 미국에서도 인식의 변화가 일어나고 있다. 흡수통일이나 선제

공격 같은 험악한 방향과 다른 흐름이 나타난 것이다. 그런 전망을 발표한 기관은 골드만삭스다. 그들은 10여 년 전부터 남북의 홍콩식 점진적 통일 가능성을 점치기 시작했다. 그것이 미치광이 전략의 일부인지 한반도에 대한 깊은 성찰의 산물인지는 알 수 없다.

미중 양국이 편안한 공존의 길을 찾기까지는 앞으로도 많은 시간이 걸릴 것이다. 서방은 끈질기게 '중국비관론'이나 '중국위협론'을 들고 나오지만, 중국의 발전을 뒤집을 만한 근거는 찾기 어렵다. 앞으로도 중국시장은 계속해서 확장해나갈 것이다. 미국과 시장 규모 격차는 계속 좁혀지고, 머지않아 미국을 추월한 다음, 그 확장 추세를 이어갈 것이다. 그 과정은 조용하고 거대한 흐름이 될 것이다. 이런 전망은 세계적인 수많은 금융기관들의 예상과도 같은 맥락이다.

미중 양국이 대립과 타협을 반복하는 동안에도 우리는 치우침 없이 양국 시장을 최대한 활용해나가야 한다. 어느 시장도 소홀히 해서는 안 된다. 무엇보다 남북이 손을 잡아야 한다. 그러면 일본과 독일을 누르고 경제 강국으로 올라서는 길도 열릴 것이다. 남북이 손을 잡으면.

'장밋빛' 한국경제의 미래와 전제조건

신뢰할 만한 과거의 전망이 있다면 그런 전망은 미래에도 참고가 될 것이다. 그동안 서구는 우리 한국 경제를 어떻게 전망했던가? 영국의 국제전략문제연구소IISS[1]는 덩샤오핑이 개혁개방을 선언하자 곧바로 '중국 개방으로 가장 큰 혜택을 볼 나라'로 한국을 꼽았다. 실제 한국은 미국보다 13년, 일본보다는 20년 늦게 중국과 수교했으나 매우 빠른 속도로 그들을 따라잡으며 중국시장에 다가갔다. 거기에는 한국의 대류 시장에 대한 열망과 함께, 중국의 실력자 덩샤오핑의 관심이 있었다. 개혁개방을 선언하기 전부터 그가 한국경제를 주목했다는 사실은, 1978년 일본 방문 중에 포항제철 박태준에 대한 그의 관심에서 드러나 있다. 후에 시장경제 착수를 앞두고 극비리에 한국과 수교 준비를 직접 지휘한 사람도 덩샤오핑이었다.

그 후 중국이 WTO에 가입하자, 서방은 다시 한국경제를 '장밋빛'으로 바라보기 시작했다. 미국의 투자은행 골드만삭스, 영국 언론《이코노미스트》, 일본이 주도하는 아시아개발은행Asia Development Bank 등 세계적인 금융 및 언론 기관들이 그들이다. 지금까지 한중 경제협력 추세를 보면, 그들의 전망은 구조적인 측면에서 틀리지 않았다. 하지만 치열한 미중 경쟁이 한국경제에 미치는 충격적인 영향은 송두리째 빠져 있다.

한국을 보는 미국의 눈길과 세 가지 전제

문제는 한중관계를 바라보는 미국의 눈길이다. 미국 입장에서 보면, 한국은 그들의 도움으로 경제발전도 하고 민주화도 이룬 나라다. 은혜를 잊으면 안 되는 것이다. 중국의 맹추격을 우려하는 미국 정부와 언론은 한중 경제협력의 '지나친' 속도에 대해 일찍부터 줄곧 우려를 표명해왔다.

이런 상황에서도 미국 금융기관 등 서방은 한국의 미래를 밝게 보고 있다. 거기에는 세 가지 전제가 있다. 중국시장의 발전, 한중관계, 그리고 남북통일이다. 그들은 이 세 가지를 어떻게 보고 있을까?

첫째, 중국시장의 발전은 계속 이어질 것이다. 미국의 집요한 견제가 있겠지만, 그렇다고 중국경제가 발전하는 데 결정적인 지장을 주지는 못할 것이다. 미국은 자신들의 중국 견제가 당연하다고 생각한다. 만일 중국이 힘이 있다면 그 견제를 뚫을 것이고 힘이 없다면 그만이다. 그러나 미국도 견제에만 집중할 수는 없는 입장이다. 2018년 트럼프가 중국에게 관세폭탄으로 한바탕 창을 휘둘렀지만, 5개월 만에 미중 양국은 협상 테이블에 마주 앉았다. 트럼프가 앉아 있는 자리가 월스트리트보다 높은 위치는 아니었다. 월스트리트의 금융 재벌들을 대결만 하는 바보로 보면 곤란하다. 미국은 언제나 창을 휘두르지만 타협을 찾고, 중국은 방패를 들고 있지만 우회로를 찾아 새로운 협력의 길을 모색해왔다. 이런 대결과 타협의 반복은 버전을 바꾸어가며 21세기 내내 계속될 것이다. 양국이 타협할 때마다 그들의 경제협력은 다시 한 단계 업그레이드되곤 한다. 우리는 이미 그들을 단순한 견제나 대립 시각으로만 보다가 위험에 빠진 적이 한두 번이 아니었다. 타협은 중국경제를 다시 새로운 국제화 국면으로 이끈다. 다시 또 다른 대결로 이어지는 건 시간문제다.

둘째, 한중 경제협력은 지난 40년 동안 몇 차례 큰 고비를 넘기면서 상호 협력의 큰 흐름을 이어왔다. 중국의 시장 발전으로 한국이 기회를 누릴 근거는 풍부하다. 우선 거리가 가깝다. 비행기로 두세 시간이면 중국의 웬만한 대도시들에 도착한다. 경제지리학 연구로 노벨 경제학상을 받은 폴 크루그먼 교수는, 무역이나 경제에 가장 큰 영향을 미치는 요인으로 지리적 조건을 꼽는다. 산업구조의 보완성도 절묘하다. 반도체, 석유화학 그리고 가공수출로 통하는 중간재와 소재 등이 양국 무역을 받쳐주고 있다. 문화적으로도 동아시아 전통문화를 공유해온 공동문화권이다. 요컨대 한중 양국은 가장 전형적인 자연적 무역파트너 관계Natural Trade Partnership에 있다. 앞으로도 한중경제의 협력과 발전은 운명이다. 다만, 중국과 경쟁하는 미국을 설득하는 일이 우리에게 주어진 과제이다.

세 번째, 통일 문제다. 이 문제는 앞의 두 가지 전제에 비해 많은 기다림이 필요한 사안이다. 통일은 우리의 염원이지만 열강의 이해가 깊이 엮여 있다. 19세기 후반부터 서구 열강은 이 땅, 한반도를 세계적인 분쟁 지역으로 몰아넣었다. 그동안 한반도에 영향력을 행사한 핵심 세력은 미국이었다. 그리고 지난 100여 년 동안 미국이 한반도를 놓고 가장 잘 활용한 파트너는 일본이었다. 그 덕에 일본은 지난 한 세기 남짓 한반도의 역경을 이용하며 발전의 길을 질주할 수 있었다. 20세기 초, 미국의 시어도어 루스벨트 대통령은 일본의 한국 점령 과정에서 러일전쟁을 차관으로 지원하고, 포츠머스 회담과 가쓰라–태프트 밀약으로 일본의 한국 점령을 전폭적으로 지원하며 노벨 평화상까지 받았다. 제2차 세계대전 종전 이후, 미국은 핵폭탄으로 굴복시킨 일본을 다시 아시아의 베이스캠프로 만들었다. 1947년 냉전 기획자 조지 케넌 George Kennan은 한국을 다시 일본 아래에 두는 전략을 수립하고, 냉전 전략인 '케넌 프로젝트'에 포함시켰다. 그것은 대중국 전략에 중요한 조치였다.

요컨대 지난 100여 년 동안, 한반도 문제는 미국이 주도하고 일본, 소련, 중국이 차례로 공동 참여하는 형태로 이어져왔다. 한국전쟁은 분단 고착의 토대가 되었다. 그러나 한국전쟁을 계기로 일본경제가 부흥하고, 중국의 국제적 위상이 재인식되었으며, 핵실험을 감행한 스탈린은 교활한 술수로 날카로워진 미국의 예봉을 피할 수 있었다. 또한 제2차 세계대전의 후유증을 앓던 미국경제도 재정비하는 여유를 얻었다.[2] 우리 민족은 전쟁과 학살로 350만 동포를 잃었다.

그리고 70여 년의 시간이 흘렀다. 오랜 분단은 한국 사회를 병리현상이 가득한 곳으로 바꾸어놓았다. 분단 기득권층은 외세에 의존하면서 온갖 특권을 당연시했다. '피식민 근대화'에 이은 '반공 근대화'가 한 세기를 지배해온 것이다.

이제 적대적 분단을 협력 공동체로 전환하는 것은 이 시대 우리가 당면한 지상 과제가 되었다. 열쇠를 쥔 것은 미국이다. 트럼프 미 정부가 북한과 정상회담을 통해 북한 문제에 기민하게 반응하는 것은 70년 분단사에 처음 있는 일이다. 무엇보다도 북한의 ICBM이 핵탄두를 싣고 미국 본토까지 날아갈 능력을 갖춘 것이 계기가 된 것이다.

북미 양국 사이에는 이미 제네바 합의, 페리 프로세스, 9·19 공동선언 등 지난 20여 년 동안 실패한 협상이 축적되어 있다. 남북 양측도 2018년 4월 판문점 선언을 시작으로 적대적 긴장을 풀기 위한 노력을 다시 시작하고 있다.

남북문제가 어려운 것처럼 중국시장 접근도 그다지 순조롭지 못하다. 우리 사회는 한중 무역의 발전에도 불구하고, 여전히 중국의 급부상에 줄곧 초조해하거나 '아니면 말고' 식의 부정적인 시각이 여전하다. 지속적인 사드 압박에서 보는 것처럼, 중국시장 접근에 대한 미국의 견제도 변함없이 굳건하다.

이런 한국 분위기에 대하여, 미국의 저명한 전문가들은 고개를 갸우뚱한다. 중국 최고위층과도 절친한 존 나이스비트 교수와 손턴 브루킹스연구소 이사장 같은 미국 인사들은 이런 한국 사회를 향해 '도저히 이해할 수 없다. 주저 없이 활용하라'고 조언한다. 그들이 한국에 보내는 신호를 이해하기 위해서는 서방이 쏟아내는 한국경제에 대한 장기적인 전망을 참고할 필요가 있다. 그들이 주목하는 것은 특히 남북

관계다. 중국시장과 직결되어 있는 남북문제 안에 그들이 전하고 싶은 시사점이 들어 있음은 물론이다.

한국, 미래 경제 강국의 길

여기서는 골드만삭스가 바라보는 한국경제 전망을 참고하기로 하자. 골드만삭스는 한국경제의 미래를 밝게 보는 은행이지만, 그렇다고 무조건적인 낙관론은 아니다. 그들의 한반도 인식이 오늘날 북미관계 진전과 맥락을 같이 한다는 점을 주목할 필요가 있다. 특히 남북의 통일 방식에 대해서, 미국에서는 처음으로 독일식 흡수가 아닌 중국-홍콩식의 점진적 방식을 전망했다.

　월스트리트의 황제 은행인 골드만삭스는 어떤 곳인가? 그들은 역대 미국 정부와 밀착하여 협력해왔다. 그들이 정부와 전략적 마인드를 공유하는 방식은 정부 요직을 점령하는 것이다. 미국 대통령들은 모두 골드만삭스에 포위되어 '거버넌스 삭스Governance Sachs'라는 눈총을 받을 정도다. 백악관 비서실장을 비롯하여 재무부장관과 세계은행 총재, 유럽에서도 유럽중앙은행 총재와 이탈리아 총리 등 주요 요직을 배출하기도 했다. 미국이 세계 전략을 펼치는 데 가장 중요한 경제 사령탑인 것이다. 트럼프 정부에서도 재무장관 스티븐 므누신Steven Mnuchin을 비롯하여 6명이 경제 요직을 싹쓸이했다. 우리 한국에도 권력과 맞닿는 여러 조직과 연결되어 있다. 근래 골드만삭스가 우리 한국경제 전망의 큰 틀을 내놓은 것은 2005년부터였다.

　한국경제는 2050년이 되면 미국에 이어 1인당 국민소득 기준으로 세계 2위 국가가 될 것이다.[3]

이 전망의 대전제는 중국시장 활용이다. 이후에도 골드만삭스는 줄곧 '한국의 1인당 GDP가 장차 세계 2위에 오를 것'이라고 발표해왔다. 2007년의 보고서에서는 '한국의 1인당 GDP가 2050년에 9만 달러를 넘어설 것'이라고 전망했다. 2008년의 전망을 보자.[4]

해외투자자들은 한국 투자에 북한을 핵심 리스크 요인으로 보는데, 이는 주로 전쟁과 막대한 통일 비용에 집중되어 있다. 그러나 최근 북한의 권력 변화 가능성과 동북아시아의 경제구도 역학에 비춰볼 때 이는 재평가할 필요가 있다.

이 분석은 아직 김정은 체제가 등장하기 전, 1차 핵실험 이후에 나왔다. 한국경제의 아킬레스건이 분단이라는 점을 지적하고, 북한경제의 발전 잠재력에 대해서도 매우 높게 평가했다. 이 보고서에서 유의할 대목은 남북한 통합 방식에 대한 전망이다. 미국에서 북한체제의 취약성을 붕괴 가능성으로 해석하지 않았다는 점도 주목된다.

독일 스타일의 통일보다는 중국과 홍콩처럼 점진적 통합으로 이뤄질 것이다. 이 과정에서 적절한 정책들이 마련된다면 남북 통합비용은 적절한 수준으로 감소될 수 있을 것이다.

2009년에는 보고서 〈통합 한국은? 북한의 리스크에 대한 재평가 Part1 A United Korea? Reassessing North Korea Risks Part1〉에서 '한국에게 있어 북한은 리스크이자 동시에 기회'이며 통일이 위험보다 기회요인으로 작용할 것이라고 했다. 2008년에 이어 남북한 문제를 긍정적으로 전망했다.

중국과 홍콩이 50년을 두고 경제협력으로 시작하여 서서히 통합해나가듯
이 점진적인 통일 방식으로 접근하면, 한국도 통일 비용을 충분히 관리할
수 있으며, 7,000조 원 정도로 추정되는 북한의 자원과 세계적으로 우수,
근면, 저렴한 북한 노동력이 거대한 잠재력이 될 것이다.

점진적 방식으로 남북한이 통일되면, 한국경제는 GDP 규모면에서
30~40년 내에 독일과 프랑스, 일본 등 주요 G7 국가들을 모두 앞지를
것으로 보았다.[5] 우리 사회 내에서도 2018년 판문점 선언 이후, 남북
한 통일에 점진적이고 평화적인 접근 방식을 취하는 것이 현실에 부합
한다는 분위기가 자리 잡기 시작했다.

이러한 움직임은 미중 시대가 발전하면서, 한국의 전략적 가치가 변
화하고 있다는 신호로 해석된다. 그동안 군사적 완충지대로 지목되었
던 한반도가 이제는 경제발전 지역으로 전환되고 있는 것이다. 미중
양국이 한국과 비슷한 시기에 자유무역협정을 체결하고, 북한과 비핵
화와 경제발전을 논하는 협상으로 태도를 전환한 것은 모두 이런 변
화에 속한다. 이미 미중 양국은 한반도 남북이 양국 중에 어느 쪽과 더
가까운 이웃이 될 것인지에 관심을 두기 시작하는 분위기도 감지된다.

그러나 한반도 상황의 진전은 누구도 사전에 가늠하기 힘들다. 한반
도 문제는 미국의 동북아 전략과 직결된 것이다. 미국은 세계 경제 중
심으로 떠오르는 동북아 지역을 놓고 신중할 수밖에 없다. 사업가 출
신 트럼프와 워싱턴 정가가 북한을 바라보는 시선이 사뭇 다른 점도
미국 내 여론 분포의 다양성을 말해준다.

트럼프는 북핵 제재를 미중 무역협상과 연계하여 중국 정부에 협력을 요구했고, 중국은 미국의 요구를 받아들였다. 중국은 한편으로 북한에 대한 제재 완화를 요구하면서도, 다른 한편으로는 미국의 요구를 받아들이는 양면 전략을 사용한다.

한국경제, 미중 시대에 당면한 과제들

미국은 중국이 얼마나 놀라운 발전을 하고 있는지 잘 알고 있다. 중국을 다녀온 미국의 정치인들이나 고위 관료들은 중국의 발전이 너무 빠르다고 혀를 찬다. 세계 경제에서 중국이 차지하는 경제 규모도 빠르게 확장되고 있다. 1978년에 1.8퍼센트에 불과하던 세계경제에서의 비중이 2017년에는 15.2퍼센트로 커졌다. 구매력 기준으로는 이미 2014년에 미국을 추월했고, 2018년 시장 규모는 20조 달러를 넘어섰으며, 사회기반시설은 대부분 서구보다 더 최신식으로 건설되고 있다. 이런 발전에 힘입어 중국 정부가 얻은 것은 무엇보다도 국민의 높은 지지율이다. 퓨리서치 센터가 조사한 각국의 중국 호감도에서도 호감을 가진 나라가 49퍼센트로, 비호감 32퍼센트를 앞질렀다. 중국경제가 자국에 미치는 영향에 대해서도 긍정적이라는 반응이 53퍼센트, 부정적 반응이 27퍼센트로 나타났다.

중국의 이런 발전에 직면하여 미국은 압박과 타협을 반복하는 불안정한 중국 전략을 되풀이해왔다. 우리가 유념할 것은 이런 대립에도 불구하고 양국은 놀라울 정도로 상호 경제협력을 발전시켜왔다는 사실이다. 이런 현상은 무엇을 의미하는가? 미국으로서는 패권 경쟁을 피할 수 없고, 절묘한 경제적 보완구조를 통한 협력도 외면할 수 없는 것이다. 그런 가운데 미중 양국은 상호 수출 1위, 수입 1위 국가로 자리 잡았다.

우리에게 중요한 것은 미중 양국의 대결과 타협을 편협하지 않은 시각으로 관찰하고, 판단하고, 전략을 수립하는 일이다. 이제 우리가 유의해야 할 과제를 정리해보자.

미중 양대 시장에 집중하라

어떤 이들은 중국에 대한 지나친 무역의존도를 낮추어야 한다고 주장하고, 어떤 이들은 중국경제가 내리막길이라고 주장한다. 그러나 현재 중국의 경제발전은 뒤집힐 만한 근거가 없다. 시장 규모의 확장속도가 그런 사실을 말해준다.

지금 한국경제의 발전 동력은 세계 최대 시장인 미중 양국을 동시에 활용하는 데서 나온다. 이 추세는 앞으로도 계속될 것이다. 세계 시장의 40퍼센트를 차지하는 미중 시장은, 치열하게 경쟁하면서도 시간이 흐를수록 상호 연결고리가 굵어지고 있다. 양국은 대결만 하는 바보들이 아니다.

미중 양대 시장의 활용은 우리 한국경제만의 독특한 현상은 아니다. 수많은 나라가 미중 양국과 글로벌 밸류체인으로 연결되어 있다. 하지만 한국의 위상이 여느 국가들과 다른 점은 미중 양국의 이해가 가장 민감하게 대립하는 지리적, 정치적, 경제적 위치에 놓여 있다는 점이다. 한국은 동아시아에 몇 안 되는 비화교 국가이면서도 중국시장과 가장 긴밀하게 연결되어 있다. 그리고 미중 양국과 FTA를 체결한 특이한 나라다. 이를 계기로 미중 양국은 한국경제에 대한 주도적 영향력을 놓고 더욱 치열하게 경쟁한다. 미국의 사드 배치 발표는 한중

FTA 발효 6개월 후 단행되었고, 뒤이어 중국의 보복을 불러오면서 그 피해는 고스란히 우리의 몫이 되었다. 미국은 사드 배치가 중국을 겨냥한 것이라고 분명히 밝혔으며, 중국은 안보 침해를 이유로 보복에 나섰으나 제한적이었다.

한중 협력을 바라보는 미국의 시선은 매섭다. 미국 입장에서 한중 경제 협력은 결국 중국의 부상을 돕는 결과로 이어지기 때문이다. 오늘날 한국이 달성한 정치 민주화와 경제성공에 대해 미국은 그들이 지원하여 성공한 대표적인 국가라고 자부한다. 그런 한국이 중국과 경제적으로 '지나치게' 빨리 가까워진다는 것은 우려스러운 일이라는 것이다.

중요한 것은 이런 격변의 회오리 속에서도 한국의 최선책은 미중 양국 시장을 모두 활용하는 것이다. 무엇보다도 미중 양국은 서로 단절된 시장이 아니고 연결된 시장이다. 그리고 한국은 양국 시장을 잘 활용해온 경험과 역량을 보유하고 있다. 불안한 곡예는 남북관계가 안정될 때까지 불가피하겠지만, 양국 시장의 동시 활용이 최선책임을 잊어서는 안 된다. 정권에 따라 미중 사이에서 오락가락하는 것은 금지된 장난이다.

미중, 그들의 대립 속 협력을 주시하라

중국이 추격하고 미국은 견제하는 험악한 흐름은 앞으로 더욱 거세어질 것이다. 양국의 대립은 그침 없이 수시로 터질 것이다. 이런 그들의 대립에 우리가 촉각을 세우고 유의해야 함은 물론이다. 그러나 그들은 지난 40년 동안 서로 할퀴면서도 동시에 꺼안는 희한한 방식으로 협력을 진전시켜왔다. 1990년대 WTO 가입을 둘러싸고 벌어진 3년 반

동안의 양국의 협상 과정은 전쟁을 방불케 했다. 2018~2019년 무역 협상과는 비교도 안 될 만큼 험악했다. 앞으로도 미국이 이런 패턴을 되풀이하면서 미치광이 전략을 구사할 가능성은 언제든지 열려 있다. 그들의 협력은 그런 방식으로 굴러왔다.

지난 200년의 암흑 기간 동안, 중국이 가장 주목한 나라는 미국이었다. 미국도 중국을 주목했다. 미국이 본격적으로 중국 대륙에 발을 디딘 계기는 아편전쟁이었다. 이때부터 '중국시장'은 미국의 꿈으로 자리 잡았다. 중국에서도 혁명가 쑨원을 비롯하여 미국에 집중하지 않은 지도자는 없었다. 몰락의 위기를 넘어 신해혁명과 신문화운동을 계기로 다시 일어나는 과정에서 중국 지식인들은 사회주의 혁명으로 타오르는 러시아와 함께, 떠오르는 풍요의 나라 미국을 주목했으며, 그들 중에는 조지 워싱턴을 존경한 마오쩌둥도 포함되어 있었다. 1장에서 본 바와 같이, 건국 이전부터 현재까지 중국공산당이 추구해온 미국에 대한 전략을 이해하는 일은 과거에서 미래로 흐르는 미중관계의 큰 궤적을 인식하는 일이다. 그것은 오늘날 미중 양국의 경쟁을 이해하는 데도 필요한 작업이다. 혼란과 혁명을 거치면서 100여 년간 중국이 추구해 마지않은 목표는 '통일과 독립'이었다. 건국 이후에도 미국처럼 중국의 이런 목표에 심대한 영향을 미친 나라는 없다.

건국 이전부터 중국은 미국과 협력에 관심을 집중했으나, 실제로 협력에 이르기까지는 길고 험난한 과정을 거쳐야 했다. 미국이 지닌 '중국을 관리하겠다는 미련'과 체제 갈등은 앞으로도 상당 기간 이어질 가능성이 매우 높다. 그럼에도 지금 우리는 양국의 경제 협력이 거대한 규모로 계속해서 발전하고 있음을 보고 있다. 이것이 현실이다. 미중 양국이 협력을 전제로 대립하고 있음을 잊으면 곤란하다. 앞에서 살펴본 미중전략경제대화에 그들이 협력하는 진면목이 들어 있다. 우리 한국이 찾는 기회도 그들의 협력 안에 들어 있음은 물론이다.

중국 체제의 특성을 주목하라

언제 어디서나 미래를 정확하게 예측하는 것은 쉽지 않다. 중국의 개혁개방 선언을 바라보면서, 서방에서는 앞으로 중국이 서방과 같은 자본주의 민주체제가 될 것이라고 믿으며, 박수 치고 환영했다. 그러나 예상은 빗나갔다. 우리가 할 수 있는 일은 다만 다가오는 미래의 징표를 찾아내는 것뿐이다. 앞으로 중국경제가 지속적으로, 그리고 독특하게 발전하게 될 근거는 적지 않다. 필자는 그 근거를 찾기 위해, 중국 지도부 리더십의 특성과 그들의 세계 전략 그리고 글로벌 경제의 흐름을 고려하여 중국의 발전 추세를 살폈다. 그리고 그것을 다음 세 가지로 정리했다.

첫째, 중국의 '대일통大一統'을 주목하자. '대일통'은 중국 대륙이 하나로 통일된 국가를 지향하는 현상을 말한다. '대일통'은 진시황이 첫 통일국가를 이룬 이래 내려온 역사적 정체성이다. 중국인들은 '거대함'과 중국을 결코 떼어서 생각하는 법이 없다(이 점은 도시 문명 중심의 유럽과 매우 대조적이다). 통일이 안 된 중국은 중국이 아니다. 19세기와 20세기 전반, '대일통'은 서구에 의해 크게 위협받았지만 이제 위협은 거의 사라져 간다. 오늘날 우리가 중국의 '대일통'에 새삼 주목하는 이유는, 중국이 세계 최대의 거대 시장으로 부상하는 데 가장 중요한 토대가 바로 이 '대일통'으로부터 시작되기 때문이다. 중국공산당 정부가 내세우는 외교의 첫 번째 원칙도 '하나의 중국', 곧 '대일통'이다. 아직도 미국과 일부 서구세력들은 홍콩과 대만, 티베트 그리고 몇몇 변방 지역에 대하여 갖가지 방식으로 수시로 찔러보며 자극하는 움직임이 남아 있기는 하다. 그러나 그 위협 수준은 낮고, 중국 정부도 적절히 대응하고 있다.

최근에는 '대일통' 현상이 '해외 화교 네트워크'로 확장되고 있다. 세계화상대회 등이 경제적 토대 위에서 더욱 활력을 더하고 있는 것이 오늘날 '대일통' 현상이다.

다음으로, 중국인들의 고조되는 자신감과 열망을 주목하자. 지난 40년 동안 경제적 성공을 쌓아올린 중국인들은 그 어느 때보다 자신감과 열망으로 고조되어 있다. 무거웠던 과거와는 결별했다. 중국의 변화와 성공에 대해 일부 국가들 사이에 반감과 거부감이 뿌리 깊이 박혀 있기는 하다. 그러나 중국은 그런 국가들에 대해 '친구도 아니고, 적도 아니다'라는 태도로 묵묵히 경제협력을 이어간다. 오늘날 중국이 집중하는 것은 오로지 하나, 경제발전인 것이다. '친구도 적도 아닌' 나라가 적지 않지만, 그중 가장 대표적인 나라는 바로 미국이다. 그들은 "친미, 반미는 전략이 아니다"라고 말한다.

성공을 향한 중국인들의 기대와 열망은, 정부에 대한 신뢰와 어려움을 극복해나가는 인내심으로도 작용한다. 중국경제는 쉽지 않은 경제 연착륙에 성공하며 현재 6퍼센트대의 경제성장률을 이어가고 있다. 이런 성공을 이끄는 힘은 정부의 정교한 정책뿐 아니라, 미래에 대한 사회의 믿음에서 나온다. 이 연착륙은 앞으로 중국경제가 안정된 성장을 이어가는 데 중요한 토대가 될 것이다.

셋째, 중국 리더십의 유연성을 주목하자. 미국이 창을 내밀면 중국은 방패로 막고 우회 전략을 구사한다. 대결보다 경제 목표를 달성하는 게 더 중요한 것이다. 미국은 점점 초조해한다. 미국의 이러한 견제 심리가 어떤 변화를 일으킬지 예상하기 어렵다. 그러나 미국이 일정한

선을 넘지 않는 한, 중국이 앞서서 정면으로 맞짱을 뜨는 태도를 보일 가능성은 매우 낮다.

이제 거대 중국의 앞날은 그동안의 경제적 성공으로 얻은 자신감을 얼마나 유연하게 발휘해나가느냐에 달렸다. 중국은 미국의 집요한 견제와 압박을 이겨낼 수 있을까? 미국의 힘은 어디서 나오는 것인가?

미국의 위력은 기축통화인 달러와 막강한 군사력에서 나온다. 1971년 금본위제를 벗어난 달러는 지금까지 그 가치를 지키는 데 성공하고 있다. 그러나 달러의 위력은 이전만 못해, 점차 그 빛을 잃어가고 있는 게 현실이다. 역대 미국 정부들이 세계를 상대로 경제와 안보 양면에서 과도하게 에너지를 소모해 피로감이 쌓이고 있음이 역력하다. 오바마 정부 이래로 미국의 위축된 모습은 더욱 뚜렷해지고 있으며, 유일 초강대국이면서도 세계를 상대로 스스로 보호주의를 강화하는 희한한 일을 벌이고 있다. 지금의 미국은 이전의 미국이 아니다. 성장 동력과 취약점을 내부에서 찾으려는 노력은 찾기 어렵고 모든 문제를 해외로 떠넘긴다. '미국은 제일'인데, 너희들이 문제라는 것이다.

이와 대조적으로, 중국은 다자주의와 개방주의를 더욱 강조한다. 동남아를 비롯하여, 아프리카, 중남미의 90여 개 국가들과 경제협력의 수준을 점차 높여나가며 연대감을 끌어올리고 있다. 거기에 고대 실크로드를 연상시키는 '일대일로' 전략이 유럽으로까지 뻗어가고 있다.

개인의 자유를 중시하는 서구에서는 '중국이 발전을 한다고 해도 일당독재 체제하에서 자유를 구속받는다면 무슨 의미가 있는가'라고 묻곤 한다. 실제, 오늘날 중국인들이 그들의 생활에서 가장 중요하게 생각하는 것은 무엇일까? 그들이 중시하는 것은 중국 정부가 지난 40년간 이어온 경제발전과 경제활동의 자유를 계속해서 유지하고 보장하는 것이다. 이 점이 중국공산당에 대한 높은 지지율로 이어져 있다. 많은 중국인들은 '마오쩌둥이 조국과 민족의 자존심을 돌려주었고, 덩샤오핑이 삶의 경제적 여유를 갖게 해주었다'고 생각한다. 중국인들은 마오쩌둥이 공과 과가 뒤얽힌 인물이지만, 그가 아니었으면 오늘날 중국의 '통일과 독립'은 어려웠을 것이라고 생각한다. 중국공산당의 절대적 권위는 여기서부터 출발한다. 중국공산당은 14억 인구 중 1억에 가까운 인구가 당원인 세계 최대의, 어느 조직과도 비교하기 어려운 특수 조직이다. 우리가 생각하는 서방 사회의 정당 개념과 비교하는 것은 무리다. 서양 체제와는 그 역사적, 문화적 DNA가 다르다. 중국문화는 집단을 중시하는 역사적, 문화적 특성이 있다. 서구가 개인 문화라면, 중국은 집단 문화다. 이 집단 문화는 그들의 정체성인 '대일통'으로 맥락이 이어진다. 그리고 이 '대일통'은 거대한 통일 시장으로 나타난다. 필자는 중국인들과 많은 회식 자리에 참석했다. 거기서 그들 중에 술잔을 혼자서 홀짝거리는 모습은 단 한 번도 본 적이 없다. 그들은 회식 내내 매번 다 같이 일제히 잔을 들어 부딪치며 '건배'를 합창한다.

　대부분의 서구인들은 중국도 언젠가 서구식 민주주의를 원할 것이라고 생각한다. 중국인들 역시 자유의 소중함에 대하여 서구인들의 의견에 반대하지 않을 것이다. 다만, 자유는 사람에 따라 각기 다른 의미로 다가온다. 서구와는 다른 독특하고 유구한 역사와 문화적 전통, 그리고 지난 200년 동안 쓰라린 고난과 격동을 겪어온 중국인들에게 자유의 개념이 서구와는 차이가 날 수도 있다. 지금 중국인들은 모처럼 비교적 안정된 사회에서 경제 발전의 길을 질주하고 있다. 대부분의 중국인들은 이런 사회안정과 경제발전이 계속해서 이어지기를 바란다. 이 점이 개인적 자유보다 특별히 강조된다면 통치 방식도 서구와 같을 수는 없을 것이다. 중국에서 생각하는 자유와 서구 사회에서 받아들이는 자유가 기본적으로는 다르지 않지만, 사회적으로 표출되는 양식은 서로 다른 특성을 지닐 수 있음을 인정하고 받아들일 수 있어야 한다. 중국과 미국, 중국과 서구의 대결과 타협에도 이런 전제가 필요할 것이다.

상인국가 중국을 유의하라

"지금 중국은 군사력이 아닌 경제력으로 부상하고 있다." 헨리 키신저의 말이다. 이 점은 미중 대결의 한계로 작용한다. 경제력으로 부상하는 중국을 겨냥하여 '투키디데스의 함정'이라는 수천 년 전 그리스 전쟁사를 내세우며 전쟁이라도 불사하려는 속내를 숨기지 않는 미국으로서는 다소 초점이 엇갈리는 상대를 만난 것이다. 미국이 해외 군사기지로 글로벌 네트워크를 만들었다면, 중국은 화교 상인으로 연결되어 있다. 미국은 중국 주변에서 항공모함과 신무기를 내세우며 군사적 위용을 과시하며 긴장을 고조시켜나갈 것이다. 과거 소련은 군사력으로 미국과 맞서다 허술한 경제력이 바닥나며 스스로 붕괴되었다. 그러나 중국은 그런 소련과는 다른 시장경제로 사회주의의 길을 걷고 있다. 미국 군사전문가들은 중국의 군사력이 미국의 8분의 1 수준이라고 말한다. 중국의 국방예산도 미국에 턱없이 모자란다. 다만 핵과 우주, 해양 등 다양한 전쟁에 대비하여 방어 수준은 충분히 갖추고 있다는 것이 정설이다.

고대 이래 중국은 전통적인 상인국가다. 실크로드가 군인의 길이 아니라 상인의 길이었듯이 오늘날 일대일로도 세계로 나가는 무역의 통로다. 중국 부상에 기폭제 역할을 한 것도, 전쟁이 아니고, 2001년에 실현된 WTO 가입이었다. 이 시기는 9·11 테러 발발시기와 일치하는데, 그 후 2008년 미국발 글로벌 금융위기가 겹쳐 미국은 안보와 경제 양 측면에서 혼란을 겪게 되었다. WTO 가입을 계기로 중국의 대외무역은 하늘 높이 비상하며 중국경제에 예상하지 못한 활력을 불어넣었고, 거기에 서방 경제의 위축이 겹치자, 중국은 '나 홀로' 성장으로 세계 경제를 견인하는 새로운 위상을 확립했다. 미국과는 역방향의 길을 걸은 것이다.

9·11 테러나 미국발 금융위기가 발발했을 때, 미국 정부가 가장 먼저 찾은 것은 중국이었다. 2001년에는 부시 대통령이, 2009년에는 오바마 정부의 힐러리 국무장관이 중국을 찾았다. 그리고 부시는 반테러 협력을, 힐러리는 금융 협력을 요청했다. 중국 정부는 미국의 요청에 기꺼이 협력을 약속하고 이행했다. 중국은 9·11 테러가 발발한 지 석달 후 WTO 정식 회원국이 되었다.

중국이 부상하고 미국과 시장 규모가 역전된다고 해서 중국이 미국처럼 되는 것은 결코 아니다. 다만 미국 일방주의는 서서히 막을 내리고, 이미 시작되고 있는 다원화 시대가 점차 확산될 것이다. 그리고 중국은 상인 국가의 길을 계속 걸어갈 것이다.

중국시장, 서비스산업과 첨단산업에 주목하라

뒤늦게 제조업 대국으로 부상한 중국은 이제 서비스와 첨단 중심 국가로의 전환을 계획하고 있다. 서비스업의 육성과 경쟁력 강화에 나선 중국은, 2013년부터 미국에 이어 세계 2위의 서비스 수입국이 되었다. 전체 GDP에서 서비스업이 차지하는 비중도 미국의 76퍼센트에는 크게 뒤지지만 58퍼센트(2017년 기준)까지 올라섰으며, 서비스 분야 고용

도 전체 고용의 절반을 넘어섰다.[6]

그러나 중국 서비스산업의 질적 수준은 아직 상당히 낮은 편이다. 2016년 7월에 발표된 HSBC 보고서에서는 "중국의 서비스업은 저부가가치 산업 비중이 높아 그 생산성이 제조업의 80퍼센트 수준 정도다. (…) 서비스업의 비중을 지나치게 빠른 속도로 확대하는 것이 중장기적으로는 생산성을 떨어뜨릴 수도 있다"고 지적했다. 그 대안으로 중국 정부는 스타트업 기업의 창업을 지원하는 한편,[7] 산업구조 고도화 전략의 일환으로 4차 산업혁명과 연계하여 제조업과 정보통신기술 ICT의 융합에 초점을 맞추고 있다. '중국제조 2025' 전략도 서비스산업 육성과 연계되어 있음은 물론이다.

중국 서비스 시장의 이런 움직임은 그동안 제조업 위주로 진출해온 한국 기업에게도 새로운 기회 요소가 될 것이다. 한국의 제조업 가동률은 2010년 이후 내리막길로 접어들었다. 중국과 동남아의 영향이 반영된 것이다. 한국이 할 일은 한편으로 제조업의 비교 우위를 계속해서 활용하면서도, 서비스 분야의 중국시장 진출에 보다 전략을 집중할 필요가 있다.[8] 우리 업계에서 가장 기대하는 분야는 콘텐츠와 레저 등이지만, 현재 중국시장에서 가장 발전 속도가 빠른 서비스 분야는 금융업과 부동산업을 비롯하여 공공관리, 교육, 정보·소프트웨어, 상업서비스, 위생, 사회보장, 문화 등이 꼽힌다.

남북 경제협력, 우리 미래의 명운이 달렸다

남북이 손을 잡으면 한반도에 장밋빛 미래가 펼쳐진다는 것을 모르는 사람은 없다. 그러나 그리로 가는 길은 잘 포장된 페이브먼트가 아니다. 우리 사회에서는 1990년대 초부터 동서독 통일 방식을 닮은 '흡수

통일' 방식이 유행하기 시작했다(그때 북한은 아직 핵실험 전이었다). 그 당시 사석에서 만난 전직 중국 외교부 관리는 이 얘기를 듣고 무거운 표정을 지었다.

그건 어려울 겁니다. 독일식 흡수가 현실적으로 가능할지도 모르겠지만, 아마 흡수하기 전에 미·일·중·러 4개국의 간섭이 시작될 가능성이 있지 않을까요?

다행히 황당한 '흡수통일론'은 물 건너가고, 홍콩의 '일국양제'와 유사한 '연방제'가 등장했다. 무엇보다 우선, 적대 관계를 협력 관계로 전환해야 한다. 그러나 쉽지 않다. 미국은 남북한이 통일 이후 친중국화할 가능성을 우려하는 반면, 중국은 통일 한반도가 친미국화할 것을 염려한다는 얘기도 떠돈다. 한반도에 대한 영향력을 두고 이들 양국이 벌이는 주도권 다툼은 앞으로도 그침이 없을 것이다. 25년이 넘도록 북미 양국은 비핵화 협상을 했지만 아직 이렇다 할 아무런 성과도 없다. 주도권을 쥔 쪽은 미국이다. 미국이 지금껏 '적대적 분단의 현상유지'를 뛰어넘는 결단을 내리지 못하는 모습을 주목할 필요가 있다.

동북아는 세계의 경제 중심으로 떠오르고, 북한은 비핵화를 담보로 타협을 원한다. 이제 북미 간 결단이 남았다. 많은 핵 전문가는 합리적인 접근을 권한다. 트럼프 정부가 강경파에 귀를 기울인다면, 그것은 또 다른 '현상유지 전략'이다.

"그럼 통일이 그렇게 쉽게 될 거라 생각했나?" 북한의 삼지연 관현악단 현송월 단장의 말이다. 통일은 경제협력으로 시작해야 한다. 그러나 '반공 근대화'의 길을 걸어오면서 그동안 남북의 경제협력은 밀려나 있었던 것이 사실이다. 사석에서 중국인들은 이렇게 말한다. "우리 중국도 미국과 경제협력을 하는데, 남북한도 경제협력으로 길을 찾아야지요." 중국은 온갖 험난한 과정을 거치면서도 40년 넘게 미국과 경제협력의 끈을 단단히 붙들고 가는 중이다. 남북관계 개선에 국력을 집중하는 것은 한국의 미래를 위한 최선의 길이다.

세계 최고 수준의 외교 역량을 보유하라

한반도가 세계 분쟁의 출발점이라고 지적한 대표적인 인물은 중국 총리 저우언라이와 미국 학자 한스 모겐소Hans Morgenthau였다. 그들이 아니더라도 수많은 사람들이 이 점을 강조했다. 그런 한국이 많은 사람들로부터 '한국의 발전이 경이롭다'는 평을 듣고 있다. 쉬운 일이 아니었다. 우리 한국처럼 열강의 이해가 끊임없이 충돌하고, 대외 경제 의존도가 높은 나라는 세계적으로도 찾아보기 어렵다. 거기에 70여 년의 적대적 분단과 이를 빌미로 한 정치판의 혼란도 그친 적이 없다. 그럼에도 불구하고 한국은 세계적인 무역 강국으로 부상한 데 이어, 경제와 문화의 창의력도 주목받는 나라로 올라섰다.

여기서 우리에게 가장 큰 영향을 미치는 미중 양국을 보자. 아직 미국은 중국 발전을 받아들일 준비가 전혀 되어 있지 않다. 그럴 의사도 없다. 안보를 내세워 중국의 추격을 견제하는 데 전력을 기울이는 한편, 북핵 문제에서도 중국에 대해 북핵 제재에 참여를 압박한다. 미중 관계와 북핵 문제가 뒤얽혀 있는 것이다. 이것이 우리가 직면한 핵심적인 대외 환경이다.

북핵 문제는 변화 에너지가 거대한 테마다. 거기에는 남북관계 개선뿐 아니라, 고립된 북한의 개방을 통해 동아시아의 긴장구조를 평화구조로 전환할 수 있는 연결고리가 들어 있다. 이제 그동안 미중 양국이 지켜오던 '한반도의 적대적 분단에 대한 현상 유지'는 변화를 향한 임계점에 도달했음이 분명해졌다. 이 길이 가야 할 목표는 뚜렷하다. 모처럼 한반도와 동아시아가 평화와 번영을 꿈꾸기 시작한 것이다. 그러나 목표를 달성하기 위해서는 제대로 된 인식에서 출발해야 한다. 일찍이 '4대국 보장 중립국'을 주장하고, '6·15 남북공동선언'을 주도한 김대중 전 대통령은 1988년 여름, 필자와의 대담에서 이렇게 말했다.

우리나라처럼 열강으로부터 영향을 많이 받는 나라는 없어요. 그러면서도 세계의 움직임에 대해서 이처럼 무관심하게 살아가는 현상은 세계 7대 불가사의에 추가해야 할 일입니다.

한 세기 이전부터, 우리 한반도는 미국 등 열강의 이해가 맞물려 세계적인 분쟁 지역으로 고통을 겪어왔다. 그들은 진작부터 한반도를 협상이나 밀약의 대상으로 삼았다. 1945년 분단을 비롯하여, 1953년 한국전쟁 휴전, 1971년 미중 화해 직전 한반도 밀약 그리고 2000년대 북핵 제재와 미중경제협력 연계 등에 그들의 발자취가 드러나 있다. 이런 과정은 우리가 북핵 외교를 접근하는 데 북미관계와 함께, 미중관계에 대한 제대로 된 인식이 얼마나 중요한가를 말해주는 것이다. 가장 관건이 되는 나라는 미국이다.

서구에서 본 한국은 어떤 인상을 주는가? 유럽의 정복자 나폴레옹은 한국을 어떻게 생각했을까? 1817년, 세인트헬레나에서 유배생활을 하던 나폴레옹이 인사차 방문한 영국 동인도회사의 한 선장으로부터 선물로 받은 조선 장죽을 물고 한국(조선)에 대한 얘기를 들었다. 그는 그

선장에게 '내가 세계를 다시 통일한 다음 한국을 꼭 찾아보리라'고 말했다.[9] 카이사르와 알렉산더에 이어 정복자로 군림한 나폴레옹에게는, 단 한 차례도 대외공격 없이 수천 년 동안 나라를 유지해온 한국인들의 역사와 문화가 신기했던 것이다(공격을 당한 것은 1,000회에 가깝다). 전쟁을 생활의 일부로 아는 그들에게 조선은 '독특한' 나라였다.

2019년 5월 30일, 제주포럼에 참석한 하버드대 그레이엄 엘리슨은 "북핵을 조속히 해결하여 미중 간에 우발적인 전쟁을 막아야 한다"고 말했다. 중국경제의 추격 때문에, 아니면 북핵 때문에 미중 전쟁이 우려된다는 것이었다. 미국이 한반도를 포함한 동아시아의 부상에 어떤 태도로 접근하는지를 알게 해주는 대목이다. 근래 한국을 오가며 관찰한 폴 케네디 예일대 석좌교수는 이렇게 말한다.

> 한국은 세계적인 외교력을 갖추어야 한다. 그리고 강력한 경제력이 뒷받침되어야 한다. 한국은 자신의 독특한 상황에 맞추어 한국만의 독자적인 방식을 추구할 수도 있다. (…) 그리고 모든 주변 강국들과 대화해야 한다. 한중 관계도 중요하다는 것을 미국에 설득해야 한다. 한국의 의회 정치는 형편없는지lousy 모르지만 경제나 외교는 인상적이다. 한국은 강점과 약점을 포함해 여러 가지 특성이 혼합적으로 나타나는 나라다. 그렇기 때문에 세계의 지정학적 공간에서 부상하려는 한국은 스스로를 다른 나라들과 비교하지 않는 게 좋을 수도 있다. (…) 한국은 너무나도 독특한 나라다. 억지로 다른 나라와 비교할 필요는 없다.[10]

요컨대, 대중국 외교를 강화하기 위해 미국을 설득하라는 충고다. 중국 정부와 긴밀한 관계를 유지해온 브루킹스연구소의 존 손턴 이사장

　　　　　　　　　　　　　　　미중 패권전쟁은 없다

도 같은 견해다. 손턴은 한국 정부와 기업이 중국을 잘 알지 못해 문제라고 지적한다.[11] 이런 지적에 대해 미래학자이자 중국 전문가인 존 나이스비트도 동의한다. 그는 한국에 와서 중국을 경계하는 한국의 분위기에 깜짝 놀라는 미국인 중 한 사람이다. 서구의 석학들이 보는 중국은 어떻게 변하고 있는가? 영국 케임브리지대학 선임연구원 마틴 자크는 이렇게 지적한다.

> 쇠퇴하는 미국은 중국의 경쟁적 공격(추격)에 대한 두려움을 갖고 있다. 무역전쟁이 끝난 후 미국은 더 큰 패배자가 될 것이다. (…) 미국은 세계의 다원성을 거부하는 퇴행적인 모습을 보이고 있다.[12]

이런 시각은 미국 우세를 점치는 일부 한국의 국내 분위기와는 사뭇 다르다. 외교의 기본은 상대를 인식하는 능력에서 출발한다. 그래서 외교 전략에는 국가의 종합적인 역량이 총동원된다. 미국에 헨리 키신저가 있다면, 중국에는 왕후닝이 있다. 키신저는 1970년대 초, 베트남전쟁으로 수렁에 빠진 미국을 위해 중국과 사우디를 무대로 동분서주한 외교관이었다. 키신저는 중국과는 화해체제를, 사우디와는 페트로달러 체제를 구축하는 데 집중했다. 1971년 10월, 화해를 앞두고 키신저는 비밀리에 저우언라이 중국 총리와 만나 한반도 분단의 현상 유지를 약속했다. 이 밀약은 지금도 여전히 작동하는 분위기다. 90세가 훌쩍 넘은 키신저는 지금도 베이징과 워싱턴을 오가며 미중 양국 사이의 외교 밀사로 반세기를 뛰고 있다. 왕후닝은 누구인가? 중국 최고의 미국 전문가인 왕후닝은 장쩌민과 후진타오, 시진핑 3대 국가주석을 보좌하며 30년 가까이 중국이 초강대국으로 가는 길을 안내하고 있다. 그의 손에서 당이 시장경제를 주도해야 한다는 논리도 나왔고, '아메리칸 드림'에 맞서는 '차이나 드림'으로 새로운 미중관계의 깃발을 올리기도 했다. 키신저와 왕후닝, 이들은 지금도 한반도 문제에 깊숙이 간여한다. 이런 전문가들이 나오기까지 풍부한 지적 인프라가 지원하고 있음은 물론이다. 참고할 일이다.

분야별 쟁점, 그들의 타협을 주목하라

중국의 추격이 거세지면서 미중 양국의 대립이 더욱 치열해지고는 있지만, 그들은 결코 대립에만 집중하지 않는다. 물론, 협력으로 가는 타협의 길은 언제나 험난하다. 특히, 미국 외교는 '미치광이 협상'으로 효과를 극대화하는 전략으로 이름이 높다. 오랜 기간 미국에 단련된 중국은 이 점을 익히 알고 있다. 더욱이 미국과 중국은 문화적 DNA부터 걸어온 역사와 체제가 판이하다. 하지만 상대 시장에 대한 기대 열기와 수요는 외면할 수 없다. 이런 양국이 타협하는 데는 상호 이질성을 인식하고 이해하는 것이 중요하지만, 힘의 논리가 먼저 작용하는 것이 현실 세계다.

힘의 논리에서 가장 먼저 떠올리는 것은 군사력이다. 하지만 오늘날 군사력은 위협과 과시를 위해서 활용하는 수준에서 머물러 있다. 문제는 시장이다. 양국의 국력은 우선 시장 규모로 나타난다. 구매력 기준으로 시장 규모가 20조 달러를 넘어선 양국은 앞으로 계속해서 대결과 타협을 이어갈 것이다. 여기서 양국 간 쟁점들을 분야별로 살펴보자. 현 시점에서 그들이 대립하고 타협하는 배경에 주목할 필요가 있다. 대립만 본다면 한쪽 눈을 감은 것과 같다.

• 체제 갈등

트럼프 정부가 중국을 시장이 아닌 체제를 겨냥하여 맹공격하기 시작한 것은 2018년 가을부터였다. 미국의 마이크 펜스 부통령과 마이크 폼페이오 국무장관 등 관료들이 줄지어 나섰다. 이들은 '중국은 호전적인 전체주의 공산국가이며, 자유를 탄압하고, 국가중심 경제 모델을 운영하고 있는 나라'라고 비판했다. 이처럼 미국 정부가 흥분하여 중국을 공격하는 일은 드문 일이었다. 그 계기는 '중국에 대한 미래 전망'이었다. 2018년 여름, 미국 정부가 관세폭탄으로 중국을 압박하던 무렵, 세계적인 주요 금융기관들이 2030년이 되면 중국의 시장 규모가 미국을 추월하리라고 전망한 것이다. 트럼프 정부는 발끈했고, 중국은 조용히 듣고 있었다. 미국 정부가 시장 경쟁과 체제 경쟁을 동시에 벌이고 있는 것이다.

　미중 양국의 체제 갈등은 언제나 수면 아래 잠복해 있다. 미국으로서는, 그들과는 이질적인 중국 체제가 놀라운 경제발전을 이어가는 모습이 당혹스럽기 짝이 없는 일인 것이다. 중국경제가 서방의 온갖 부정적 시각과 견제에도 불구하고, 이처럼 묵묵히 발전하는 모습에 수많은 개도국들은 '우리도 저렇게 할 수 있지 않을까' 하는 기대와 관심을 진작부터 보여왔다. 개도국들은 미국이 내세우는 신자유주의 모델이 세계 제국인 미국의 국익을 위한 것일 뿐이라며 오래전부터 외면했다. 그들은 중국의 발전 모델이 정부 주도로 점진적이고 단계적인 경제개혁을 추진하고, 조화롭고 균형 잡힌 발전전략에 집중하며, 타국의 주권을 존중하고 내정불간섭을 원칙으로 한다는 내용에 관심을 보인다.[13] 이런 원칙을 바탕으로 한 '베이징 컨센서스'는 1989년에 신자유주의를 앞세워 작은 정부를 들고 나온 '워싱턴 컨센서스'

와 대비되는 개념으로, 동남아와 중남미, 아프리카의 개도국들로부터 많은 호응을 얻고 있다. 신자유주의 개념은 이미 IMF 강제편입이라는 회오리가 지나간 한국에서도 사라진 개념이다. 미국 자체도 2008년 뉴욕발 글로벌 금융위기를 계기로 신자유주의를 상징하는 '작은 정부' 개념은 사라졌고, 오히려 보호주의와 '미국 제일주의'로 뒷걸음치며, 우방인 유럽 선진국들에서조차 눈총을 받고 있는 게 현실이다. 그러나 미국은 여전히 미국식 민주주의를 토대로 세계와 중국을 바라본다. "미국이 원하는 것은 중국경제 구조를 근본적으로 바꾸는 것"이라고 베이징대학 교수였던 크리스토퍼 발딩은 말한다. 이처럼 불가능한 요구를 하는 이유가 중국의 추격에 있음은 물론이다. 중국의 추격과 미중 체제 갈등은 앞으로도 계속될 동전의 양면이다.

• 무역 갈등

무역적자는 미국이 중국에 가진 불만의 출발점이다. 2018년 말, 트럼프 정부의 일방적인 요구를 의제로 삼아 미중 무역협상을 시작한 것도 연간 3,000억 달러가 넘는 거대한 무역적자가 빌미였다. 당초 반발하던 중국의 태도도 미국의 요구를 수용하는 쪽으로 선회했다. 미국의 압박이 작용했지만, 중국 내에서도 이번 협상을 계기로 시장의 개방 구조를 한 단계 업그레이드하자는 내부 개혁의 목소리도 반영되었다. 미국의 압박을 기회로 활용하자는 것이다. 이런 중국의 자세 전환은 미국의 요구 사항을 대체로 수용하는 태도로 나타나고 있다.

미국이 주장하는 무역적자란 그 내용이 어떤 것인가? 미국 금융의 황제로 군림했던 전 연방준비제도이사회 의장 앨런 그린스펀의 주장을 다시 들어보자. 역대 미국 정부들이 외치는 중국에 대한 무역적자에 대해서, 그린스펀은 고개를 가로젓는다. 통계 기준을 초국적 기업의 해외 활동으로 하면, 미국은 오히려 '행복한 흑자' 상태라는 것이다(5장 참조). 그린스펀은 원산지 기준으로 발표하는 현 무역통계의 허점을 짚은 것이다(중국 정부는 일찍부터 이 점을 누누이 지적해왔다). 사실, 미국 정부가 겨냥하는 실제 목표는 무역적자가 아니다. 관세폭탄으로 중국을 겨냥한 트럼프 정부도 그들의 목표가 무역적자가 아닌 중국 부상에 있음을 분명히 했다. 2019년 초에는, 양국 협상에서 이미 무역적자 해소 방안에 거의 합의했다는 발표도 나왔다. 거대한 무역적자의 저변에는 미국이 기축통화국으로서 누리는 기득권이 크게 반영되어 있기도 하다.

미국 정부가 주장하는 무역적자의 배경에는 보잘것없이 취약해진 미국 제조업의 붕괴가 자리 잡고 있다. 트럼프가 2016년 대선에서, 제조업이 무너진 미 동부 러스트 벨트에서 주장한 전략은 그 전형적인 사례. 미국은 자유무역과 세계화를 통해 혜택을 보는 소비 계층과 근로자들이 미국 전역에 확산되어 있으며, 중국으로부터의 수입 때문에 피해를 보는 산업은 특정 공업지대에 집중되어 있다. 오하이오주, 펜실베이니아주, 위스콘신주 등 소위 '러스트 벨트'인데 이곳이 트럼프 당선에 가장 기여를 한 지역들이다. 그러나 미국 내에서도 트럼프 정부의 중국 압박과 제조업 육성 노력을 곱게 보는 시각은 많지 않다. 시장논리를 역행한다는 비판이 잇따랐다.

중국이 미국산 수입을 늘리는 것도 쉽지 않다. 중국이 일찍부터 미국으로부터 가장 수입을 희망했던 첨단제품은, 미국이 중국에 대한 수출을 가장 꺼리는 분야. 미중관계가 고비를 넘어 첨단제품 분야 교역까지 활성화되기까지는 많은 시간을 기다려야 할 것으로 예상된다.

·금융 갈등

쑹훙빈은 그의 저서 《화폐전쟁》에서 중국에 대한 미국의 금융전략을 이렇게 서술했다.

> (미국은) 무역 불균형을 구실로 중국의 화폐를 공격하고 중국경제를 혼란에 빠뜨린 다음 중국의 금융 시스템에 손을 뻗쳐 궁극적으로 중국의 금융 하이프런티어金融高邊疆를 장악할 목적을 가지고 있다. (…) 영국이 중국을 정복하기 위해서는 먼저 중국의 화폐시스템을 공략해야만 했다. 이것이 아편전쟁을 발동한 이유다.[14]

쑹훙빙의 이런 지적은 오늘날 중국이 미국의 금융전략을 바라보는 시각이기도 하다. 달러의 독보적인 위력은 발권력에 있다. 세계 기축통화인 달러에 대해, 중국은 달러를 땀 흘려 벌어들여 미 재무부 채권을 매입하거나 사용하고 비축하는 게 고작이다. 중국은 달러를 비축하여 위안화의 안정을 도모하고 해외투자자들이 안심하고 중국에 투자하도록 유도하는 효과를 누린다. 달러 가치가 폭락하면 중국이 보유한 1조 달러가 넘는 미 채권도 같은 운명이다. 미국금융과 중국금융이 미 정부 채권을 통해 연동되어 있는 것이다. 이런 연동 구조에서 미국이 망하면 중국이 흥할까? 그런 구조가 아니다.

미국의 통화정책은 중국의 기업 활동에 커다란 영향을 미친다. 미 연준이 통화정책을 완화하면 투자를 계획하는 중국 기업이 해외 차입에 나서지만, 미 연준이 태도를 바꾸어 달러 긴축으로 돌아서면, 빚이 많은 중국 기업은 부채를 감당하지 못하고 압박을 받는 구조다. 미국의 금융전략에 따라 중국과 신흥국 기업들이 춤을 추게 되어 있는 것

미중 패권전쟁은 없다

이다. 미국 달러가 발권력의 위력을 마음껏 휘두르는 데 반해, 중국은 그 달러를 사용하거나 저장할 수 있을 뿐이다. 미국은 이런 기축통화의 특권을 앞으로도 오랫동안 누리게 될 것이다. 그리고 중국은 수십 년 앞을 보면서 장기적인 안목으로 위안화의 국제화에 공을 들일 것이다(5장 참조).

중국은 많은 부분에서 한국이나 일본보다 개방에 적극적인 나라라는 평가를 받고 있다. 그러나 금융은 예외다. 1930년대 혁명시절부터 '금융은 안보'라는 원칙을 지켜온 중국은 미국의 금융개혁 요구에도 이 원칙을 내세워 대응해왔다. 자본계정의 자유화에도 그만큼 신중하게 접근하여 동남아 외환위기의 충격을 피하기도 했다. 그러나 중국이 금융개방에 손을 놓고 있는 것은 아니다. 중국은 금융체제의 필요에 따라 금융개혁을 진행한다고 수없이 강조해왔다. 최근 들어 중국 당국이 금융시장 개방에 적극적인 자세로 전환하는 조짐은 분명하다. 2019년 3월 중국 인민은행장은 "중국 금융시장 대외 개방의 수준이 높지 않다. 중국 금융시장 접근을 높일 여지가 있다. 외국 금융기관에 대해 주식 보유 비율과 사업 범위, 라이선스 면에서 중국 금융기관과 동등하게 대우하겠다"고 밝혔다. 미국이 요구하는 속도보다는 느리지만 자신의 페이스에 따라 개방을 이어가는 것이다. 이런 흐름은 앞으로도 계속될 것이다.

• 환율 갈등

미국에서 앞다투어 중국을 환율조작국으로 몰아붙이는 것은 모두 정치인들이다. 오바마와 트럼프도 예외가 아니다. 2018년 가을, 트럼프는 중국을 환율조작국으로 지정해야 한다고 주장했으나 실무진의 반대로 실패하기도 했다. 스티글리츠 교수를 비롯한 경제 전문가들은 미국의 이런 환율 압박에 고개를 가로젓는다. 미 의회 조사국이나 미 재무부의 의견도 경제 전문가들과 일치한다. 의회와 재무부 실무자들은 중국이 환율을 조작하지 않았다는 근거를 정리하여 미 대통령을 설득해왔다. 이런 미국에 대해 중국은 "환율이 정치 문제냐"라고 반박하며 경제는 경제로 풀자고 대응한다.

1985년, 미국은 승승장구하던 일본경제를 '플라자 합의Plaza agreement'[15]로 끌어내린 바 있다. 그 수단은 엔화의 대폭적인 절상 압박이었다. 그 후, 일본경제는 '잃어버린 20년'을 헤매게 되었다. 중국판 '플라자 합의'도 가능할까? 중국과 일본은 다르다. 우선 중국은 미국에 대해 군사적으로 의존하는 나라가 아니다. 경제적 부채도 없다. 거기에 자국의 거대한 내수 시장이 외부 충격에 스펀지 역할을 한다. 꿀릴 게 없는 것이다. 다만 중국도 미국 시장을 활용하는 것은 중요하다.

앞으로도 미국 정치인들은 중국에 대해 수시로 환율 조작을 카드로 사용하려 들 것이다. 환율 조작의 주장은 정치판에서 유권자들에게 그럴싸하게 들리기 때문이다. 그리고 중국은 종전처럼 대응할 것이다. 다만 관리변동환율제를 변동환율제 방향으로 점차 이동시켜나갈 것으로 예상된다.

• 기술 및 지적재산권 갈등

2018년 미중 간 갈등은 무역 분쟁으로 시작했으나, 결국 기술 전쟁으로 옮겨갔다. 기나긴 대결이 예상되는 이 게임의 최종 승부는 첨단 기술의 우위를 누가 선점하느냐에 달려 있는 것이다. 미국은 중국의 기술 이전 강요와 기술 도용을 제기하며 안보를 내걸고 팔을 걷어붙였다.

실제, 중국은 시장경제 착수 이래 그동안 '시장으로 기술을 바꿔 들인다以市場煥技術'는 정책을 추진해왔다. 현실적으로 미국 등 선진 각국은 중국의 거대한 시장 규모에 매료되어 왔으며, 중국이 선진국 기업들을 특별히 환영하는 이유는 그들의 선진 기술을 습득할 수 있는 기회 때문이다. 이런 과정은 영국 18세기 산업혁명 이래 지금까지 굴곡을 거치며 내려온 보편적인 글로벌 흐름이기도 하다.

이제 중국은 '세계의 공장'을 넘어 혁신을 주도하는 '첨단 기술 대국'을 향하고 있다. 인공지능을 비롯하여 로봇, 이동통신 5G, 산업 인터넷, 친환경 자동차 등 4차 산업혁명을 이끄는 여러 분야에서 이미 부분적으로나마 세계 선두 그룹에 합류한 모습이다. 2019년 4월 열린 '제18회 상하이 모터쇼'에서 BYD, 상하이자동차 등 70여 개 중국 업체는 규모와 혁신 속도로 해외전문가들을 놀라게 했다. 다양한 전기차는 물론 수소차에서도 경차까지 만들어냈다.

짝퉁으로 시작한 중국은 점차 역공학Reverse Engineering[16]을 통해 외국선진 수준에 다다랐고 각종 정책 지원과 연구개발에 힘입어 혁신의 길을 질주한다. 이런 성장이 가능한 배경에는 무엇보다 광활한 시장과 정부의 일관된 경제정책 그리고 과감한 마케팅 등이 주효하고 있다. 낙후한 개도국이었던 중국이 첨단 기술 분야에서 최근 발 빠른 성과로 주목을 받고 있는 것이다. 이런 현상은 권위주의적 일당 지배의 정치체제가 오히려 안정적인 산업 성장에 긍정적으로 기여하고 있는 것으로 보인다. 우주 탐사선이 달 이면에 착륙하고, 미국을 능가하는 슈퍼컴을 만들고, 일반 상거래는 화폐와 수표, 카드를 건너뛰어 QR Quick Response 결제 시대를 미국보다 크게 앞서가고 있다. 구멍가게도, 거리의 좌판에서도 QR 결제가 아니면 통하지 않는다. 세계에서 가장 앞선 우수한 상거래 방식이 중국시장에서 일상화되고 있는 것이다.

오늘날 중국의 첨단 기술 분야 발전에 크게 당황한 미국은 우선 역공학을 이용하여 해외 기술을 습득하는 것을 방지하기 위한 기술 개발에 착수했다.[17] 그리고 4차 산업혁명의 핵심 기술인 5G에서 중국의 대표 기업 화웨이를 공격하기 시작했다(5장 참조). 트럼프는 앞장서서 '화웨이의 5G를 쓰지 말라'고 동맹국들까지 압박했는데, 이는 미국의 다급한 현실을 말해준다. 미중 기술경쟁은 이제 시작일 것이다. 앞으로 양국의 미래를 걸고 벌일 진검 승부는 기술 분야에서 판가름 날 가능성이 높다.

이 밖에도 양국은 지적재산권, 시장 접근, 중국의 산업정책인 '중국 제조 2025' 등 분야별로 다툼을 벌이고 있지만, 이들 문제도 여타 분야들처럼 향후 오랜 기간에 걸쳐 대립과 타협을 되풀이해나갈 것이다. 요컨대, 중국은 최대한 갈등을 봉합하면서 미국의 협력을 끌어내는 데 초점을 맞추고 있다. 어차피 중국으로서도 글로벌화가 진전되는 과정에서 시장 개방은 진전되어야 하는 것이다. 중국에게 미국은 '친구도 적도 아니다.' 그보다 중요한 것은 경제발전이다.

미중관계,
새로운 길

시대의 변화를 인식하는 것은 쉽지 않은 일이다. 그것을 받아들이기는 더욱 어렵다. 지금 세계에서 가장 거대한 변화는 미중관계에 있다. 그중에서도 초점은 미국의 거친 견제와 압박에도 불구하고 꿋꿋하게 발전하는 중국시장이다. 이미 세계적인 금융기관들은 2030년이면 중국의 시장 규모가 미국을 추월할 것이라고 일제히, 그리고 지속적으로 전망하고 있다(국제환율 기준). 21세기 중반이 되면, 중국의 시장 규모가 미국의 두 배에 달할 것이라는 전망도 있다. 미 재무부와 세계은행에서 일하고, 한·중·일 3국에서 경력을 쌓은 앨버트 키델 교수가 카네기평화연구소에서 일하던 2008년에 발표한 것이다. 그렇게 되면 미국은 세계전략과 국내 체제를 전면적으로 개편해야 할 것이라는 충고도 곁들였다.

중국의 시장 확장 속도는 미국의 두 배를 웃돈다. 구매력 평가 기준으로 한 시장 규모에서 중국은 이미 2014년에 미국을 추월했다. 2019년 1월 IMF 발표에 따르면, 2017년 GDP 구매력 평가 기준, 중국은

23조 1,600억 달러로 미국의 19조 9,300억 달러를 크게 앞질렀다. 양국 간 격차는 갈수록 더 벌어질 것이다.

중국시장의 확장은 화폐의 힘으로도 서서히 나타나고 있다. 비록 속도는 느리지만, 위안화가 달러에 도전하는 시대로 진입한 것이다. 초조한 것은 기축통화의 위력을 지키려는 미국이다. 어떤 일이 있어도 달러의 가치를 지켜야 하는 자리가 미국 대통령이다. 트럼프 정부는 두 차례 관세전쟁과 휴전으로 중국시장을 압박했지만, 시진핑 정부는 시장에서 위안화가 제 가치를 인정받기 원한다. 오바마 대통령 이후, 중국에 대한 군사적 긴장도 고조시켜왔다. 남중국해를 비롯해 바다와 육지에서 미국은 끊임없이 군사적 위력을 과시하고 있지만, 중국의 방어 역량도 과거와는 전혀 다르다. 현재 중국의 발전 특성이 역사상 전례 없는, 군사력이 아닌 경제력에 의한 점도 유의할 대목이다.

'중국의 발전은 운명'이라고 예언했던 헨리 키신저는 사우디 왕정과 사상 초유의 페트로 달러 체제를 만들었고, 동시에 미중 화해로 중국을 달러 시장으로 안내했다. 모두 성공적이었다. 그리고 반세기가 흘러, 이제 페트로 달러 체제는 변곡점 앞에 서 있다. 이 변화의 배경에는 떠오르는 중국시장이 있다. 석유의 최대 수입국이 된 중국과 중동의 접근 움직임이 이를 말해준다. 이들은 서로 긴밀하게 연결되어 있다. 요컨대 미국과 중국 그리고 중동의 원유가 뒤얽힌 '페트로 삼각체제'라고 말할 수 있다. 갈등과 협력의 요소가 복잡하게 뒤얽혀 있는 이 삼각체제 안에서, 그들이 어떻게 대결하고 타협하는지에 따라 군사적 긴장과 정치적 타협이 되풀이된다.

중국은 지난 40년 동안 서방의 폭풍우 같은 '중국비관론'과 '중국위협론' 속에서도 연평균 9.5퍼센트의 속도로 시장경제를 발전시켰다.

미중 패권전쟁은 없다

미국과 손을 잡았지만 그 길은 결코 순탄하지 않았다. 중국 발전의 기폭제가 된 WTO 가입 협상을 벌일 때는, 유고연방에 있는 중국 대사관이 미국 전투기로부터 폭격을 당하기도 했다. 뒤늦게 미국은 WTO 무력화에 나섰다.

앞으로도 중국은 인내를 앞세워 묵묵히 발전해나갈 것이다. 지난 40년 동안 중국은 경제발전을 지상과제로 삼아왔으며, 앞으로도 이 목표는 변함이 없을 것이다. 이를 위해서 중국은 '친구도 아니고 적도 아닌' 수많은 파트너 국가와 손잡기를 주저하지 않을 것이다. 미국이 언제나 서방 선진국들과 손잡고 가듯이, 중국도 적지 않은 연합 세력을 확보하고 있다. 거기에는 아시아, 아프리카, 중남미, 러시아 등 많은 나라가 포함된다.

중국이 지속적으로 발전하면 세계는 어떤 변화를 겪을까? 영국 정경대학의 마틴 자크는 그의 저서 《중국이 세계를 지배하면》에서 이렇게 말한다.

중국의 발전을 가장 충격적으로 받아들이는 쪽은 서구 사회일 것이다. 오랫동안 누려온 역사적 입지를 빼앗겨야 하기 때문이다. 문화적으로나 정치적으로 중국과는 공통점이라고는 찾아볼 수 없는 미국으로서는 자신의 자리를 중국에 강탈당한 기분이 들 것이다.[1]

떠오르는 중국, 떠오르는 아시아에 대해 서구 사회가 갖고 있는 복잡한 심리상태를 있는 그대로 드러낸 표현이다. 미중 갈등의 앞날이 어두울 가능성도 있다. 그러나 21세기 내내, 미중관계가 현재와 같은 소모적 갈등 관계를 무한정 되풀이할 수는 없다. 양국 관계 악화는 그대로 세계 경제에도 악영향을 준다. 미중 양국은 공격과 방어, 대립과 타협의 반복에서 교훈을 얻어, 결국 보다 건강한 상호 관계를 탐색할 것으로 기대한다. 새로운 패러다임을 모색하는 데 필요한 나침반 역할은, 무엇보다도 양국의 거대 시장이 담당할 것이다. 다원화된 세계는 그렇게 다가올 것이다. 한국경제와 한반도의 미래도 그 패러다임의 변화와 함께 움직여나갈 것이다.

미주

머리말

1) 존 나이스비트·도리스 나이스비트, 우진하 역, 《미래의 단서(Mastering Megatrends)》, 부키, 2018, 94~95쪽.

2) '서양 오랑캐' 표현은 중국 현대철학의 거두인 칭화대학교 펑유란 교수가 처음 사용한 것이다. 펑유란, 정인재 역, 《현대중국철학사(中國現代哲學史)》, 이제이북스, 2006 참조.

프롤로그

1) HSBC는 2018년 9월 세계 75개국을 분석한 세계경제보고서에서, 중국이 향후 10년간 세계 경제성장에 가장 많이 기여하는 독보적 국가의 지위를 지킬 것으로 예상했다. IMF의 전망도 7월에 나왔다.

2) https://www.hudson.org/events/1610-vice-president-mike-pence-s-remarks-on-the-administration-s-policy-towards-china102018

3) 〈[김민석의 Mr. 밀리터리] 미·중 무역전쟁에 엮인 북핵, 트럼프 무역카드가 승부수〉, 《중앙일보》, 2019. 1. 18.

4) 〈폼페이오 "中 정책이 세계 위협"… 중국 "아메리카 퍼스트가 문제"〉, 《매일경제》, 2019. 1. 23.

5) 왕지스, 〈트럼프 행정부 출범 이후 미중관계〉, 성균중국연구소 초청특강, 2017.

10. 18.

6) 〈[박현영의 글로벌 인사이트] '누구 편이냐' 배틀한 미·중, APEC 회원국 공포로 몰았다〉, 《중앙일보》, 2018. 11. 22.

7) http://blog.naver.com/6303120/40010816740

8) 필자, 중국 외교부 고위관리(상하이국제문제연구소)와의 대화.

9) 〈짐 로저스 "美·中, 손잡으면 엄청난 성취 이룰 수 있어"〉, 《연합인포맥스》, 2019. 1. 17.

10) 미중 무역은 2000년에 1,000억 달러, 2004년 2,000억 달러, 2006년에는 3,000억 달러를 돌파했다. 동시에 중국의 대미 무역흑자는 눈덩이처럼 커져나갔다.

1장

1) http://www.chinawatch.co.kr/chinawatch.php3?_Number=40485 마오는 영어 발음이 어려웠다. 영어가 아닌 중국어 발음도 고향인 후난성 사투리가 심해 소통이 쉽지 않았다. 중국어로 말할 때도 통역이 자주 동원되었으며, 통역이 2명 이상 있을 때도 있었다. 혁명 기간 내내, 토속어를 현지어로 통역하고 다시 이를 베이징어로 옮기는 식의 상황이 이어졌다. 이런 일은 마오뿐 아니라 중국 지도부에 흔히 있는 일이었다.

2) 헨리 키신저, 권기대 역, 《헨리 키신저의 중국 이야기(On China)》, 민음사, 2012, 386쪽. 기독교인이 아닌 마오가 이런 표현을 쓴 데 대해 키신저는 신기하게 생각했다. 후에 키신저는 마오쩌둥을 '자신이 만난 가장 명석한 이지력을 가진 지도자'라고 회상했다.

3) 마오는 조용한 밤을 이용하여 독서하는 것이 일과였으며 잠은 주로 오전에 잤다. 우한의 개방된 그의 별장을 방문했을 때 그의 침대를 본 적이 있다. 그의 침대는 비스듬히 누워 밤새 독서하기에 알맞게 기울어져 있었다.

4) 아래 인용들은 다음 책을 참고했다. 꿍위즈 외, 조경희 역, 《마오의 독서생활》, 글항아리, 2011.

5) 이를 이른바 '창사결책(長沙決策, 1974)이라고 한다.

6) 장스자오는 본래 1949년 국민당 대표로 공산당과 협상한 인물로, 그 후 '하나의 중국'을 위해 노력한 인물이다. 그는 마오의 지원을 받아 1956년과 1973년 두 차례 홍콩에서 대만 당국과 접촉하면서 새로운 국공합작을 위해 노력하다가 90세를 일기로 그곳에서 숨졌다.

7) 1894년 봄에 출판된 이 책은 광서제를 비롯하여 관료와 백성들 사이에 큰 반향을 일으켰다. 1900년 8월, 수정본이 출판되어 10만 권 넘게 팔리며 중국 근대 출판 사에 큰 족적을 남긴 책이다. 소년 마오는 의화단 사건으로 8개 연합군이 베이징을 함락한 직후 출판된 수정본을 읽은 것으로 보인다.

8) 여기 인용한 부분은 주로 아래 도서를 참고했다. 唐洲雁, 《毛澤東的美國觀》, 陝西人民出版社, 2009; 唐洲雁, 〈青年毛澤東的美國觀〉, 《毛澤東研究》, 湖南人民出版社, 2006年 第1期 總第1輯, pp.128~146.

9) 이 일을 기념하여 지금 베이징대학 도서관에는 마오의 흉상이 보존되어 있다. 창사 사범학교 교사였던 양창지는 마오쩌둥의 스승이자 장인이며, 양카이후이(楊開慧)의 아버지로, 후에 베이징대학 교수를 지냈다.

10) 후스는 〈연구할 문제는 많고, 얘기할 주의(主義)는 적다〉라는 글에서 '인력거꾼의 생계에서 대총통의 권한 문제까지, 매음 문제에서 매관매국 문제까지, 안복(安福)총부 해산문제에서 국제연맹 가입 문제까지, 부녀해방 문제에서 남자해방 문제까지 지금 중국은 화급을 다투는 문제가 실로 너무 많다'고 지적했다. 이에 대하여 마오는 그가 쓴 〈문제연구회 장정(章程)〉에서 후스가 지적한 문제들을 구체적으로 다루었다.

11) 학교에서 신교육으로 농촌 학생들이 '절반은 일하고 절반은 공부(半工半讀)'하면서, 이들 신학생들이 신가정을 꾸미고, 이들 신가정이 모여 일종의 신사회를 창조한다는 구상이다. 이 신사회에 공공 육아원, 공공 학교, 공공 도서관, 공공 은행, 공공 농장, 공공 공장, 공공 극장, 공공 병원 등을 세우고, 이런 신사회가 모여 보다 큰 신사회를 만들고, 그렇게 해서 국가를 근본적으로 개조하여 하나의 이상적인 '신촌'을 건설한다는 내용이다. 구체적으로 실천하지는 못했다.

12) 李永春, 〈從'理想'到現實: 毛澤凍創辦湖南自修大學的幾個問題〉, 《毛澤凍研究》, 湖南人民出版社, 2006, pp.164~175.

13) 1919년 7월 소련 정부는 〈중국 인민 및 중국 남북 양 정부에 보내는 호소〉라는 제목으로 중국에서의 제국주의 특권을 포기한다는 선언문을 발표했다. 당시 외무 인민위원장을 대리한 카라한(L. M. Karakhan)의 이름을 따서 〈카라한선언〉이라 부른다.

14) 마오쩌둥이 본격적으로 마르크스주의를 수용하고, 사회주의청년단 후난 지회를 결성한 것은 1920~1921년 사이이다. 이 무렵 마오쩌둥은 중국공산당 창당을 이끈 리다자오와 천두슈의 영향을 받았다. 당시 마르크스주의를 호의적으로 받아들

인 중국사회는 5·4 운동 두 달 후 발표한 소련의 대중국 카라한선언을 크게 환영했다. 그로부터 9개월 후인 1920년 3월 중국 정부에 정식으로 전달되었고, 전국의 학생 연합회, 국회의원단, 중화실업협회 등 소련 정부에 감사의 전보를 보냈다. 같은 해 9월, 보다 구체적인 내용을 담은 〈제2차 카라한선언〉이 발표되었다.

15) 지셴린, 허유영 역, 《다 지나간다》, 추수밭, 2007. 지셴린(季羨林, 1911~2009) 교수는 중국 국학의 대가로 12개 언어에 능통했다. 후스는 결국, 장제스의 편에 서서 말년을 미국에서 보냈다.

16) 唐洲雁(2009), p.5.

17) 웨이웬은 아편전쟁 패전의 책임을 지고 물러난 선배 린저쉬가 물려준 수많은 자료를 토대로 이 《해국도지》를 저술하였다.

18) 唐洲雁, 〈青年毛澤東的美國觀〉, 《毛澤東硏究》, 湖南人民出版社, 第1輯, 2006, p.130.

19) 唐洲雁(2006), p.131. 마오가 호남성립제1사범학교를 다닐 때였다.

20) 11세에 아버지를 잃은 조지 워싱턴은 목수, 대장장이, 뱃사공, 그리고 군인이 되기까지 다양한 직업을 거쳐, 미 독립군 총사령관이 되었다. 독립군 사정은 열악하기 짝이 없었다.

21) 唐洲雁(2006), p.134.

22) 접촉을 주도한 주요 인물들은 존 서비스(John Service), 데이비스(John Davies), 루덴(Raymond Ludden), 에머슨(John Emmerson) 등이었다.

23) 入江 昭, 《美中關係のいめじ》, 平凡社, 2002, pp.146~159.

24) 이후에도 마오는 미국에 적극적으로 접근했다. 마오는 미국 방문을 여러 차례 희망했다. The Department of State, U.S.A., 《United States Relations with CHINA, with Special Reference to the Period 1944~1949》, 1949, p.8.

25) 陶文劍·何興强, 《中美關係史》, 中國社會科學出版社, 2009, pp.126~133; 入江 昭(2002), pp.104~167.

26) 1942년 창설된 OSS는 1947년에 CIA로 개편되었다.

27) 히스토리채널 〈세계대전 비사 – 모택동의 비밀〉 참조.

28) 唐洲雁(2009), p.111.

29) 唐洲雁, 《毛澤東的美國觀》, 陝西人民出版社, 2009, p.111; 入江 昭(2002), pp.104~167; The Department of State, U.S.A., 《United States Relations with CHINA, with Special Reference to the Period 1944~1949》, 1949.

30) 入江 昭(2002), pp.164~169.

31) 패트릭 헐리는 필리핀과 아프가니스탄 등 주로 아시아와 중동지역에서 활동했으며, 루스벨트 대통령의 개인특사로 활동하기도 했다.

32) 唐洲雁(2009), p.119.

33) 入江 昭(2002), pp.164~169.

34) 모택동선집 제3권, 〈련합정부에 대하여〉, 민족출판사, 1299~1385쪽, 1992.

35) 〈Special Report〉, 《Newsweek》 제397호, 1999. 9. 22.

36) 〈Special Report〉, 《Newsweek》, 제397호, 1999. 9. 22.

37) 히스토리채널 〈세계대전 비사 − 모택동의 비밀〉 참조.

38) 필자가 베이징대학 및 당교 원로교수들과의 대화에서 들은 것이다.

39) 해리슨 솔즈베리, 박월라 외 역, 《새로운 황제들》, 다섯수레, 1993, 42쪽. 김일성은 이 양쯔강 도하작전에서 남침의 유혹을 강하게 느꼈다고 한다. 그러나 그가 한강을 건너 남침하자 미국 트루먼은 즉각 군대를 보냈다. 미국은 중국대륙과 전혀 다른 카드를 한반도에서 사용한 것이다.

40) 미 국무성 편, 리영희 역, 《중국백서》, 전예원, 1982, 106~108쪽. 소련 외상 뱌체슬라프 몰로토프(Vyacheslav Molotov) 발언 참조. 1944년 8월 몰로토프는 미국의 중국 특사인 도널드 넬슨과 헐리 장군에게 '지금 중국의 일부 지역에서 거지꼴이 되다시피 궁핍한 사람들이 모여 공산주의자를 자처하고 있는데, 그들은 공산주의와는 아무런 인연도 없는 사람들'이라고 말했다.

41) 당시 스탈린의 양다리 전략은 이런 표현에 남아 있다. '소련은 국민당에는 탱크를 주고, 공산당에는 삐라를 주었다.'

42) 미소의 간여를 받지 않은 나라들이 오늘날 비동맹 제3세계를 형성하고 있다. 험난한 건국과정에 이어서 1950~1960년대에도 중국은 미소 양국의 봉쇄와 견제를 견디며 냉전시대를 극복해 나가야 했으며, 미중 화해 이후에도 서방과 껄끄러운 관계로 이어져오고 있다.

43) 군인들이 불렀던 그 가사는 이렇다. '일어나라! 노예가 되기를 원치 않는 사람들이여! 우리의 혈육으로 새로운 만리장성을 세우자! 중화민족에 가장 위험한 시기가 왔을 때, 억압받는 한 사람마다 마지막 함성을 외친다네. 일어나라! 일어나라! 일어나라!'(起來! 不願做奴隸的人們! 把我們的血肉, 築成我們新的長城! 中華民族到了最危險的時候, 每個人被迫著發出最後的吼聲. 起來! 起來! 起來! 我們萬眾一心, 冒著敵人的炮火, 前進! 冒著敵人的炮火, 前進! 前進! 前進, 進!)

44) 2014년 3월, 시진핑이 프랑스와의 국교 수립 50주년을 기념하여 행한 파리 연설

에서 말한 것이다. 이는 200년 전 '잠자는 사자를 그대로 두라'고 말했다는 프랑스의 황제 나폴레옹의 말을 되받은 것이기도 하다.

45) 존 나이스비트 · 도리스 나이스비트, 《미래의 단서》, 68쪽.

46) 베트남전 당시 미국 국방장관이었던 로버트 맥나마라(Robert McNamara)는 1995년 그의 회고록에서 이 전투가 미국의 자작극이었음을 고백하였다. 1964년 8월 북베트남 통킹만 앞 공해상을 지나던 미 구축함 매독스호와 터너조이호가 공격을 당했다는 것이었다(이 무렵 미국은 이미 10만 명의 병력을 파견한 상태였다). 이를 계기로 미국 의회로부터 만장일치로 베트남에 대한 재량권을 부여받은 대통령 존슨은 북베트남에 대한 전면공습을 명령했다. 전쟁은 선전포고 없이 북폭으로 시작되었다. 이후 미국은 1972년까지 120만 번의 출격으로 200만 톤의 폭탄을 북베트남 전역에 퍼부었다. 한국은 1965년에 파병을 시작했다.

47) 최근 미국에서는 존슨이 케네디를 암살한 배후라는 당시 퍼스트레이디 재클린 여사의 비밀증언이 공개되었다. 이 점이 존슨 정부가 베트남전쟁으로 케네디 암살 사건을 은폐하는데 이용했는지는 의문으로 남아 있다. 케네디 대통령은 상원의원 시절부터 중국과 인도 등 아시아 문제에 관심을 보인 젊고 진보적인 정치인이었다. 그런 케네디가 베트남전쟁을 원했는지 여하는 미궁에 빠져 있다.

48) 헨리 키신저, 《헨리 키신저의 중국 이야기》, 256쪽.

49) 에드거 스노(1905~1972)는 《중국의 붉은 별》의 저자다. 1936년 아직 서구세계에 중국공산당의 실체가 제대로 알려져 있지 않았을 때, 31세의 미국 저널리스트 스노는 목숨을 걸고 마오쩌둥과 중국공산당의 붉은 군대에 잠입하여 마오쩌둥과 면담했다. 이 책은 인터뷰에 대한 기록이 실렸다. 그들의 청렴한 생활방식부터 혁명의식까지 예찬에 가깝게 서술했다. 유럽과 미국에서 중국공산당을 새롭게 인식할 정도로 대단한 반향을 일으켰다. 필명 님 웨일스로 유명한 그의 부인 헬렌 포스터 스노(Helen Foster Snow, 1907~1997)는 조선 독립운동가 김산을 주인공으로 한 《아리랑(The Song of Ariran)》을 저술했다.

50) 헨리 키신저, 《헨리 키신저의 중국 이야기》, 254쪽.

51) 위의 책, 255쪽.

52) 위의 책, 255쪽.

53) '문화혁명'은 1966년 5월부터 1976년 10월까지 마오쩌둥이 주도한 극좌 사회주의 대중 운동이자 권력 재탈환을 위한 일종의 권력 투쟁이었다. 후에 덩샤오핑은 이를 대재앙으로 규정했다. 일부 학계에서는 문화혁명의 발발 원인 중에 외부 요

미중 패권전쟁은 없다

인의 비중을 훨씬 크게 보는 시각도 있다.

54) 헨리 키신저, 《헨리 키신저의 중국 이야기》, 260~261쪽

55) 최초의 중소 간 국경분쟁은 1969년 3월부터 9월까지 6개월간 계속되었다. 우수리강의 진보도(珍寶島)를 비롯한 세 곳의 중소 국경지역에서 영유권을 둘러싸고 충돌했다. 양국은 4,380킬로미터에 달하는 국경선에 각각 80만과 60만 대군을 대치시켰다.

56) Henry Kissnger, 《On China》, The Penguin Press, New York, 2011, pp.210~213.

57) 헨리 키신저, 《헨리 키신저의 중국 이야기》, 262~263쪽.

58) 위의 책, 264~265쪽.

59) 미중 화해에 안절부절못하던 남과 북은 마지못해 '7·4 남북공동성명'을 내걸었고, 이를 빌미 삼아 상호 독재체제를 굳히는 데 비밀 합의했다. 그리고 일대 공포와 혼란 속에서 10·26 정변으로 치달았다.

60) 1954년 10월, 마오쩌둥은 베이징을 방문한 니키타 흐루쇼프에게 핵무기 개발을 도와달라고 제안했으나 즉석에서 거절당했다. 마오는 이듬해 1월, 핵물리학자 첸싼창(錢三强) 등이 참석한 회의에서 핵개발 착수를 결정했다. 첸싼창은 프랑스의 마리 퀴리(Marie Curie) 제자였다. 그는 1948년 귀국하여, 중국 과학계의 대부 첸쉐썬(錢學森)과 함께 원자폭탄과 수소폭탄 제조에 참여했다. 미국 MIT와 캘리포니아 공대에서 공부한 첸쉐썬은 미국이 한때 감금시키기도 했지만, 한국전쟁이 끝난 1955년, 중공군에 포로로 억류된 미군 전투기 조종사들과 맞교환되어 중국으로 돌아왔다. 그 후 중국은 1964년 10월 16일 핵실험에 성공했다.

61) 이런 신중한 접근은 오늘날 양국 관계에서도 잘 나타난다. 지금도 양국 정부는 그들의 관계가 구조적인 불안정성 속에서 수시로 흔들리는 것이 불가피하다는 점을 분명하게 인식하고 있다. 그런 인식의 기초는 미중 화해의 협상 과정에서부터 다져진 것이다.

62) 닉슨 대통령은 베이징을 방문하기 전, 미국 대학의 저명한 역사학자 등을 몇 차례씩 중국에 파견하여 자문을 구했다.

63) 이 대화는 장덕환·이재방, 《미중화해》, 법영사, 2005에서 인용.

64) 이 무렵 눈에 띄는 일화가 있다. 미중 화해에 대한 미국의 한 여론조사에 의하면, '미중 화해가 성공할 것인가?'라는 물음에 대해 회담 전에는 '실패할 것이다'가 80퍼센트, 회담 후에는 '성공할 줄 알았다'가 80퍼센트였다. 민심이 변하고 있었다는

방증이다.

65) 후에 덩샤오핑은 닉슨 탄핵을 도저히 이해할 수 없다고 말하기도 했다. 에드워드 케네디(Edward Kennedy)는 닉슨을 '미국의 마지막 사회주의자'라고 표현했다.

66) 펑유란, 《현대중국철학사》 참조. 펑유란이 95세에 탈고한 이 책에서 주목받은 대목은 마오의 문혁에 대한 비판 부분이었다.

67) 이 평가는 2003년 하버드대학에서 슈람 교수의 업적을 기념하여 '마오쩌둥 재평가'를 주제로 한 학술회의에서 나온 것이다.

68) 슈람은 중국 학술지 《China Quaterly》를 창간하기도 했다.

69) https://essohn.blog.me/140204483737

70) http://blog.naver.com/atena02/220996124096

2장

1) 덩과 마오의 관계에 관하여 집중적으로 분석한 자료로는 餘伯流, 《毛澤東與鄧小平》, 江西人民出版社, 2011.

2) 중국공산당 제11기 중앙위원회 제3차 전체회의(1978. 12. 18).

3) 에즈라 보걸, 심규호·유소영 역, 《덩샤오핑 평전》, 민음사, 2014, 122쪽.

4) 이 글은 1985년 무렵 입수하여 시사월간지 《신동아》의 제안으로 정리한 것인데, 당시 당국의 재제로 등재가 저지되었다. 나는 2007년 상하이 국제문제연구소와 푸단대학에 체류하면서 국제문제연구소 류신텐 소장과 이에 관해 많은 얘기를 나누었다. 이 자료도 이 연구소에서 나온 것이다.

5) 이 '새로운 황제들(The New Emperors)'이라는 표현은 《뉴욕 타임스》의 대기자 솔즈베리가 마오와 덩을 가리킨 말로, 후에 그의 저서명으로 태어났다.

6) 중국은 1964～1980년 기간 중, 극비리에 중서부 13개성(3선)에 대규모로 국방, 과학, 공업, 교통 인프라를 건설했는데 이를 '3선 건설 전략'이라 한다. 주목적 중의 하나는 미국의 핵 공격에 대한 대비였다.

7) 마오는 10대 젊은 나이에 '시(時)'를 중시하는 주역을 3년간 공부한 적이 있다.

8) 미국의 유명한 학자들은 이런 정보를 입수하는 데 중국 내부에 정통한 중국인 전문가들의 도움을 받는다. 중국은 서방이 궁금해 하는 정보들을 이런 방식으로 공개하는데 익숙하다. Ezra E. Vogel, 《Deng Xiaoping and the Transformation of China》, Cambridge, MA, and London, The Belknap Press of Harvard University Press, 2011. Chap.4. 한국어판은 에즈라 보걸, 심규호·유소영 역,

《덩샤오핑 평전》, 민음사, 2014.

9) 마오 자신도 문혁 3년이 지날 무렵부터 문혁에 대한 회의감을 나타내기 시작하였으며, 대중 앞에서 '이렇게 하려고 문화혁명 하자고 한 것이 아니다'며 눈물을 흘리기도 했다.

10) 〈덩샤오핑, 유엔총회 3개의 세계론… 차기 지도자 부상〉, 《미디어오늘》, 2012. 5. 13.

11) 마오는 늘 덩의 이러한 성향을 우려하고 있었다. 결국 마오쩌둥으로부터 미운털이 박히게 되어, 문화혁명 시절 3년간의 농촌 하방을 견디어야 했고, 마오의 서거 직전에도 험한 풍파를 겪었다.

12) 에즈라 보걸, 《덩샤오핑 평전》, 193쪽.

13) 이는 베이징대학 경제학원과 중앙당교 원로 교수들이 시장경제에 대한 회고담을 나누는 자리에 필자가 참석해 들은 얘기다.

14) 에즈라 보걸, 《덩샤오핑 평전》, 70~91쪽.

15) 공식 명칭은 '건국 이래 당의 약간의 역사문제에 관한 결의(關於建國以來黨的若幹歷史問題的決議)'다. 한국어판은 중국공산당 중앙문헌연구실 편, 허원 역 《정통중국현대사》, 사계절, 1990. 중국공산당은 마오쩌둥 주도로 1945년에도 '약간의 역사문제에 대한 결의'를 채택한 적이 있다.

16) 1957년부터 1959년까지 중국 정부가 전개한 사상개조운동으로, 성향을 의심받은 많은 지식인들이 주요 대상이었다.

17) 수교 협상 내내 줄곧 문제가 된 세 가지 원칙은 다음과 같다. ① 대만과 국교를 끊을 것. ② 미국은 대만과 상호방위조약을 철폐할 것. ③ 미국은 대만에서 미군을 철수시킬 것. 결국 카터 정부는 이들 원칙을 수용하고 중국과 수교했다.

18) 에즈라 보걸, 《덩샤오핑 평전》, 439쪽.

19) 허베이성 출신인 황화는 한국전쟁 정전 교섭 대표, 유엔 안전보장이사회 상임대표를 지냈고, 미중 수교 협상에 공헌했다. 황화와 함께 미중 채널 역할을 한 키신저는 그를 '외교적 재능과 정교하고 집요한 외교관의 자질을 갖춘 것은 물론, 인간적인 따뜻함과 신뢰성까지 지닌 인물'이라고 평했다. 개혁개방 초기 외교부장을 맡았다. 그 후 국무원 부총리, 당 중앙위원, 전인대 상무위원회 부위원장을 역임했다. 고령의 나이에도 컴퓨터를 배우는 등 평생을 학습자로 산 그는 2007년 한국을 다녀갔으며 2010년 97세로 서거했다.

20) 에즈라 보걸, 《덩샤오핑 평전》, 447~448쪽.

21) 아래 대화는 에즈라 보걸, 《덩샤오핑 평전》, 449~451쪽 참조.

22) 〈카터, '덩샤오핑 결단으로 미중국교 정상화'〉, 《연합뉴스》, 2007. 12. 6.

23) 〈카터, '미·중 정상화는 덩샤오핑 결단'〉, 《한겨레》, 2007. 12. 6.

24) 에즈라 보걸, 《덩샤오핑 평전》, 834쪽.

25) 위의 책, 831~841쪽.

26) 이는 1970년 4월 중국 총리 저우언라이가 중국과 통상을 원하는 비적성 자본주의 국가들에게 밝힌 것으로, 아래 4개항에 해당되는 기업과는 거래하지 않겠다는 것이다. 중일 수교를 계기로 1973년 3월 7일부로 폐지되었다. ① 한국, 대만, 남아공, 이스라엘과 거래하는 메이커, 무역회사. ② 이들 4개국에 투자하고 있는 회사. ③ 베트남전쟁 때 미군에 무기를 지원한 회사. ④ 미국 기업의 일본법인 혹은 일본 소재 자회사.

27) 수교 이전에도, 비공식 차원의 한중 간 무역 거래 등 접촉은 개혁개방을 선언한 1970년대 말부터 곧바로 시작되었다.

28) 이스라엘은 중국과 특별한 관계다. 제2차 세계대전 중 나치 박해를 피하려는 유대인들을 세계 모든 나라가 외면할 때, 비자도 없는 이들을 개방도시 상하이에서 받아들였다. 유대인 5만여 명은 종전 후, 이스라엘로 돌아가 건국에 참여했다. 그들이 세운 기념비에는 '중국인, 우리는 당신들의 은혜를 잊을 수 없습니다'라고 쓰여 있다. 그 후 이스라엘은 40여 년 동안 대만과 수교하지 않은 채 중화인민공화국과의 외교관계를 기다려왔다. 이스라엘은 1992년 한국과 같은 해 중국과 수교했으며, 지금도 여러 면에서 중국을 특별히 대우하며 밀접한 관계를 맺고 있다.

29) 당시 대부분의 우리 기업인들은 중국 사정에 어둡거나, 왜곡된 정보를 지닌 경우가 적지 않았다. 당시 무역협회 베이징 사무소는 원활한 활동을 위해 내게 편리한 사무 공간을 제공해 주었다. 감사한 일이다.

30) 한광수, 《중공의 '경제특구' 개발현황과 우리의 대응》, 국제경제연구원, 1981.

31) 에즈라 보걸, 《덩샤오핑 평전》, 869~871쪽.

32) 덩샤오핑은 시장경제의 지휘자 주룽지를 앞세워 무역, 금융, 재정, 가격, 기업 등으로 나누어 분야별로 관리체제 개혁에 나섰다.

33) 〈"중국에도 박태준 있었더라면…" 덩샤오핑도 인정〉, 《매일경제》, 2011. 12. 14.

34) 〈['한국의 상징' 릴레이 인터뷰(1)] "샌드위치 위기론? 지독하게 붙으면 日 따라잡는다"〉, 《월간중앙》, 2008. 2. 8.

35) 〈新한일협력 시대 '박태준 정신'이 필요한 이유〉, 《신동아》, 2011. 3. 22.

36) 필자가 중국 고위층과의 대화에서 청취.

37) 이 얘기는 필자가 2003년부터 박태준 명예회장의 중국 고문을 하던 시기 박 회장으로부터 직접 들었다.

38) 박태준 회장처럼 중국 정부가 국무원 고문으로 위촉한 경우는 싱가포르의 리콴유 총리와 미중 화해를 이끈 미국의 헨리 키신저가 있다. 박 회장은 중국 국가주석 후진타오가 매년 봄 주최하는 세계 석학 포럼에 참석하고, 중국 CCTV 인터뷰에 출연하기도 했다. 포럼에는 빌 게이츠를 비롯한 세계적 기업인과 석학 10명 내외가 초청받았다.

39) 이 무렵 중국은 북한과 거리를 두고 있었다. 한중 수교를 계기로 북미 간 교차 수교 제의도 나오지 않았다. 미국은 반대를 분명히 했다.

40) IMF 강제편입을 앞두고 우리 정부와 언론이 미국의 선처를 기다리던 의존 현상과 대비된다.

3장

1) 이런 속설은 '돈을 번다'는 뜻을 가진 단어 발재(發財[facai])의 '發'의 중국어 발음[fa]과 '8(八)'의 발음[ba]이 비슷한 데서 유래되었다.

2) 〈서양 패션, 만리장성을 걷다〉, 《중앙일보》, 2007. 10. 22.

3) 펜디의 의상디자이너 칼 라거펠트를 비롯한 경영진, 그리고 중국 정부 관계자들이 대거 참석했다.

4) 쥐융관은 우리 한국 관광객들도 많이 찾는 빠다링 부근으로, 대리석 조각의 명운대(名雲臺)가 유명하다. 펜디는 쥐융관 구간 산등성이 전체에 불을 밝히고 성벽을 따라 펜디 기둥을 세우고 캣워크를 설치했다. 현장에는 리셉션장, 캣워크, 백스테이지, 포토라인 등을 갖추고, 기온이 떨어지는 저녁 날씨를 고려해 좌석에 열선이 들어오도록 배려했다.

5) 이를 '덩샤오핑의 남순강화'라고 말한다. 덩은 1992년 1월 18일부터 2월 22일까지 우한, 선전, 주하이, 상하이 등을 시찰하고 시장경제 착수를 공식화했다.

6) 당시 그는 중앙재정경제위원회의 비서장이었다.

7) 1949년 건국 직전까지 중국 내에서 유통된 미국달러는 약 3억 달러, 홍콩달러는 약 5억 8,000만 달러에 달했다.

8) 이들 상품은 '중등 백미 1리터, 12파운드 굵은 흰 천 1자, 식용유 500g, 일반 알탄(석탄의 일종) 500g' 등으로 구성되었다. 은행은 매일 환산단위 결과를 공시하고, 사

람들은 공시가격대로 위안화를 실물가격 단위로 환산해 저축했고, 저축 인출 시에
는 저축된 단위를 공시된 실물가격으로 환산해 찾을 수 있었다.

9) 이 무렵 중국공산당은 '국공연합정부론'을 제안한 미국 정부와 연합하여 항일전쟁
을 수행 중이었다. 이 협력은 미국 특사 조지 마셜이 중국공산당을 화나게 한 1946
년 7월 동북지방 쓰핑(四平)전투 때까지 지속되었다.

10) 쑹훙빙, 홍순도 역, 《화폐전쟁 3: 금융 하이 프런티어》, 랜덤하우스코리아, 2011,
407~408쪽.

11) 미국은 이보다 26년 뒤인 1971년 금본위제를 폐지하고 통화량 조절을 통해 물가
를 안정시키는 방법을 택했다. 서구의 주류 이론으로 자리 잡은 프리드먼 이른바
통화주의 학설이 그것이다(쑹훙빙, 《화폐전쟁 3: 금융 하이 프런티어》, 408쪽 참조).

12) 쉐무차오는 한국발전을 주목했고, 우징리엔은 예리하고, 마홍은 너그럽고, 유궈광
은 포용적인 느낌을 주는 석학들이다. 이들은 중국 시장경제의 초석들이다.

13) 국유기업을 통합하여 관리하는 기구를 설립한 것은 그 10년 후인 2003년이었
다. 국무원 산하의 국유자산감독관리위원회(State-owned Assets Supervision and
Administration Commission, SASAC)이다. 이 기구는 국유기업의 최고경영진 임명을
비롯하여 국유기업의 관리를 맡고 있다. 이 기구는 중앙급 국유 기업 100여 개와
지방급 국유기업 1,000여 개를 관리하고 있으며 그 수를 점차 줄여나가면서 민간
기업으로 전환을 추진하고 있다.

14) 당시 러시아 옐친 정부의 경제고문은 하버드대학 경제학 교수 제프리 삭스(Jeffrey
Sachs)였다. 그는 동구권과 개도국들의 경제개혁에 많이 참여했다. 한국의 IMF 강
제편입 당시, IMF의 정책을 강력히 비판한 것으로 우리에게 널리 알려진 학자다.

15) 〈中 시진핑 "개혁개방 안하면 죽는 길밖에 없다"〉, 《한국경제》, 2013. 11. 17.

16) 《人民日報》, 1998. 3. 19.

17) 한솔제지 상하이 투자 진행과정에서 필자가 중국 경공업부 측으로부터 직접 전해
들은 것이다.

18) http://blog.naver.com/kihwani22/80007148915

19) 〈"주룽지만큼은 해야 될 텐데…"〉, 《주간동아》, 2003. 4. 3.

20) http://blog.naver.com/kihwani22/80007148915

21) http://blog.naver.com/kihwani22/80007148915

22) 왕후닝은 문재인 정부의 첫 한중 정상회담과 김정은 방중 시 북중 정상회담에도
배석했다. 2016년 6월, 미국 캘리포니아주 랜초미라지의 서니랜즈에서 버락 오

　　　　　　　　　　　　　　　　　미중 패권전쟁은 없다

바마 미국 대통령과 시진핑 주석의 넥타이를 푼 끝장대화를 막후에서 연출하기도 했다(2016. 6).

23) 그는 근대에 쇠락한 '중국 현상'을 연구해 중국이 강성해지는 길을 찾는 것이 학자의 책임이라고 말한다. 그는 미국의 권력 교체를 탐구했다. '어떤 정치체제건 가장 근본적인 문제는 권력 교체'라는 것이다. 후진타오·시진핑의 성공적인 권력 교체에는 왕후닝의 역할이 컸다는 평도 있다.

24) 〈중국 '은둔의 책사' 왕후닝, 막후서 개혁 총지휘… 주석 3명 보좌 '살아있는 제갈량'〉, 《LA중앙일보》, 2014. 10. 5. 후진타오·시진핑의 성공적인 권력 교체에 왕후닝의 역할이 컸다는 평도 있다.

25) 미국의 서부 개척이 1900년 초, 시어도어 루스벨트 대통령 주도 아래 진행되었는데 반해, 중국의 서부대개발은 2000년 장쩌민 정부 아래 착수되었다. 물론, 개발 방식은 판이하게 다르다.

26) 한광수, 〈중국 서부개발 전략의 성격 분석〉, 《현대중국학회》, 2001. 12.

27) 지금 서부대개발에 가장 적극적으로 참여하는 국가는 독일이다. 독일은 중국 동부 연안지역 투자에도 집중하고 있다. 중국을 10여 차례 방문한 독일 총리 메르켈은 2016년에도 중국 서부지역을 방문하여 기업 투자를 독려했다. 한국은 삼성전자가 시안에 최대 규모의 반도체 공장을 투자하여 중국 정부로부터 크게 환영받았다.

28) 가격체계가 시장에서 결정된다고 상대 교역국이 인정하는 것을 말한다. 시장경제 지위를 인정받지 못하면 반덤핑 제소를 당했을 때 불이익을 당한다.

29) '3개 대표론'은 당 15차 6중전회에서 당의 새로운 지도 이념으로 채택되었고 (2001. 9), 이듬해 중국공산당 16전대에서 당장(党章)으로 채택되었다(2002. 11).

30) 새로운 규정은 출신 계급과 관계없이 '당의 노선과 강령을 실현하기 위한 투쟁'을 입당 기준으로 제시했다.

31) 이와 비슷한 주장은 조선 후기(중국 한자로 바꾸자)와 우리 한국(영어 알파벳으로 바꾸자)에서도 있었다. 역사적 고난 속에서, 문자에 관한 정체성까지 외면하려 했던 역사적 사례들이다.

32) 간체자는 1956년 중국공산당이 제정한 한자로 기존 한자를 크게 간략화한 것이다.

33) '대일통(大一統)'은 하나로 통일됨을 추구한다는 의미로 《춘추공양전(春秋公羊傳)》에 처음 사용되었다. 본래 주나라를 중심으로 모든 제후가 통일되는 것을 의미했는데, 역대 왕조를 거치며 융합을 통해 거대 국가를 이룬 중국의 특성을 잘 보여주는 사상이다. 그들은 삼국시대 같은 분열의 시대에도 전통적으로 통일제국을 꿈꿨다.

34) 자세한 것은 리궈룽, 이화승 역, 《제국의 상점(帝國商行)》, 소나무, 2008; 하오옌핑, 이화승 역, 《중국의 상업혁명(Commercial revolution nineteenth-century China)》, 소나무, 2001 참조.

35) 이와 관련하여 중국문화를 현대 철학적 접근방식으로 정리한 저서로는, 餘英時, 《從價値系統看中國文化的現代意義》, 1989, (한국어판은 위잉스, 김병환 역, 《동양적 가치의 재발견》, 동아시아, 2007) 특히 동서 문화의 비교가 뛰어나다. '우리 세대의 가장 위대한 중국 지성'이라는 칭송을 받는 저자는 2006년, 인문학의 노벨상이라는 '클러지(Kluge)상'을 받아 학문적 권위를 공인받았다.

36) 〈후진타오 방미 첫날 빌 게이츠 만나〉, 《한겨레》, 2006. 4. 19.

37) http://cafe.daum.net/hsc1225/HqQQ/757

38) 헨리 키신저 전 국무장관을 자문으로 영입하고, 중국 정부가 최우선 정책으로 삼고 있는 소프트웨어 산업 발전에 기여하고 싶다는 뜻을 전달하였다. 세계적 컨설팅 업체인 맥킨지에 지적재산권 보호와 관련한 연구를 의뢰하기도 하고, 중국 보안 관계자들을 만나 MS의 소프트웨어 사용에 따른 정보 유출 가능성이 없다는 것도 확신시켰다.

보론 1

1) '서양 오랑캐' 표현은 중국 현대철학의 거두인 칭화대학교 펑유란 교수가 처음 사용한 것이다. 펑유란, 정인재 역, 《현대중국철학사》, 이제이북스, 2006 참조.

2) 당시 홍수전의 태평천국군은 1851년 9월 25일 영안(永安)을 점령하면서 나라의 기틀을 다졌다. 이듬해 중앙정부의 공격을 돌파하고, 1853년 3월에는 남경을 점령하여 수도로 삼았다. 태평천국군은 2년 만에 강남 6성을 모두 차지했고, 신도는 100만 명에 육박했다.

3) 이 운동은 19세기 말에 일어난 우리의 동학농민운동과 유사한 점이 많다. 동학농민혁명기념재단과 중국태평천국역사박물관은 지난 2012년 양해각서를 체결하고, 민중운동사 학술연구에 협력하고 있다.

4) http://blog.daum.net/spsky/586725

5) 이때 청의 대신 이홍장은 서양 11개국과 배상금 4억 5,000만 냥을 1940년까지 연리 4퍼센트로 배상하기로 합의했다.

6) 서울대 고병익 교수, 1976년 '중국 현대사' 강연 중.

4장

1) 〈중국 차세대 지도자 20인: 우이-우관정〉,《연합뉴스》, 2002. 11. 11.

2) 홍콩은 3차에 걸쳐 영국에 할양되었다. 1차 아편전쟁으로 홍콩섬, 2차 아편전쟁으로 구룡반도 및 부속도서들을 영구 조차하고, 1898년 청일전쟁 후, 신계지를 99년간 조차했다.

3) 〈특집: 홍콩반환 10주년 ⑤ 아듀! 퀸즈피어〉,《연합뉴스》, 2007. 6. 17. 대처 총리는 홍콩에 대한 중국의 주권을 인정하고 행정권을 유지하고자 했으나 결국 중국이 제시한 일국양제 방안으로 합의했다.

4) 이 합의 직후부터 양국은 피를 말리는 신경전을 홍콩반환 때까지 13년 동안 벌였다. 영국 정부는 홍콩 주민의 해외 탈출과 민주화 등으로 압박하였고, 중국 정부는 1,000여 명의 최정예 준비요원을 홍콩에 파견하여 '순조로운 홍콩 귀속'에 매진했다.

5) 한광수,《중국의 경제특구 개발과 우리의 대응》, 국제경제연구원, 1981.

6) 이 시기, 한국은 한보 등 일부 대기업들이 잇달아 도산의 위기에 빠져 들어가고 있었다.

7) 로버트 루빈 재무부 장관은 '강한 달러'를 지키는 수문장이었고, 그의 직속 부하인 부장관 로렌스 서머스는 중국이 무역흑자로 너무 많은 돈을 쌓아놓고 있다는 생각을 버린 적이 없다.

8) 광둥성 광저우의 독일 영사관도 기습을 받았으며, 베이징의 미 대사관 주변의 차들이 부서졌다. 다른 도시에서도 목표가 된 건물 대부분의 창문들이 깨졌다. 산시성 시안에서는 클린턴 대통령이 한 해 전 방문하여 묵었던 하얏트 호텔을 기습, 호텔 경영진으로부터 클린턴의 사진을 내리고 불태우기 위한 용도로 성조기를 제공하겠다는 약속을 받고서야 물러났다. 여러 도시에서 맥도널드와 켄터키 프라이드치킨 가게들도 공격받았다. 그들은 미국과 NATO의 행위가 중국 주권을 침범하는 횡포이자 외교 협약 및 국제 관계의 기본 준칙을 짓밟는 행위라고 항의했다.

9) 이 사건은 WTO 가입 협상의 마무리에 임박한 1999년 12월, 사건 발생 7개월여 만에 일단락되었다. 미국은 2,800만 달러의 배상금 지급에 합의했다. 결국 외교부의 요구는 선언적 요구로 끝났다. 미국은 이에 앞서 사망자 3명, 중상자 6명에 대하여 인명피해 보상금으로 450만 달러를 지급했다. 중국은 이 돈으로 사망한 기자 3명에게 각 50만 달러씩, 중상자 각 30만 달러씩 지급하고, 나머지는 부상자들에게 나누어주었다.

10) 〈미, 중국의 미 핵기술 절취 재확인〉,《연합뉴스》, 1999. 4. 21.

11) 〈美-中 관계 급속 복원 조짐〉, 《연합뉴스》, 1999. 7. 31.

12) CCTV 경제 30분팀, 홍순도 역, 《무역전쟁(貿易戰爭)》, 랜덤하우스코리아, 2011, 255쪽.

13) 위의 책, 255쪽.

14) 중국 총리 주룽지는 이 무역 협상에서 미국이 원하는 것이 무엇인지, 중국이 결코 내주어서는 안 되는 것이 무엇인지를 분명히 했다. 양보할 것은 양보한다, 그러나 양보할 수 없는 것은 끝까지 안 한다. 이것이 그가 미국 쪽에 보여준 태도였다.

15) CCTV 경제 30분팀, 《무역전쟁》, 254〜255쪽.

16) 위의 책, 259쪽.

17) 위의 책, 259쪽.

18) 2000년 6·15 남북공동선언 다음 해 벌어진 일로, 남북관계 개선에도 심각한 악영향을 미쳤다. 미국의 중국 전략이 남북의 협력을 향한 새로운 변화를 가로막은 것이다.

19) 그 후, 버락 오바마 전 대통령과 시진핑 주석은 양국 항공기들의 공중 충돌을 막기 위한 협정에 서명하기도 했지만(2009. 9), 두 나라 항공기들은 그 후에도 중국 동남부 해안 일대에서 여전히 아슬아슬한 곡예비행을 계속해오고 있다.

20) 그러나 빈 라덴과 9·11 테러의 연관성에 관해서는 여러 의혹이 떠돌고 있다. 영화감독 마이클 무어는 이 의혹을 영화 〈화씨 9·11〉로 제작하여 미국에서만 1억 달러 이상을 벌어들이기도 했다.

21) 부시의 중국 방문은 제9차 아시아태평양경제협력체(APEC) 정상회의에 참석하기 위한 것이었으나, 핵심은 양국 경제협력관계에 대한 사전 조정과 테러와의 전쟁에 대한 양국의 협력이었다. 중국의 WTO 가입을 한 달 앞둔 시점이었다.

22) 중국 국가통계국의 2013년 〈국민경제 및 사회발전통계〉 보고서는, 중국의 상품(화물) 무역총액이 4조 1,600억 달러로 발표했다. 미국 상무부 사이트는, 2013년 미국의 상품무역 규모가 3조 8,839억 달러로 나타났다. 상품무역 규모에서 중국이 미국을 추월하기 시작한 것이다.

23) 중국은 미국과 합의한 'WTO 가입을 위한 의정서'의 시장 접근 일정에 따라 연도별로 시장개방 조치를 이행하기로 했다.

24) 이때부터 한중 무역도 새로운 시대가 열렸다. 부품과 중간재를 중국 시장에 보내고 재가공 수출기지로 이용하는 구조적 틀이 발전하기 시작한 것이다.

25) 그 대표적인 사례가 2005년 미국과의 방직제품 수출 분쟁이었다. 양국은 7차례

의 협상 끝에 양해각서를 체결했으나, 불똥은 철강과 완구, 자동차, 환율, 지적재
산권 등으로 확산되어 나갔다.

26) 중국 상무부는 2011년 대외무역 규모를 10년 전의 7배인 3조 5,000억 달러(전년
   대비 20퍼센트 증가, 흑자 1,500억 달러)로 발표하였다.《新京報》, 2011. 4. 16.

5장

1) 세계은행 베이징 사무소의 수석 경제학자, 2001년부터 미 재무부 동아시아 담당
   실장 및 부국장, 2004년에는 카네기 기금에 합류하여 중국의 경제 체제개혁, 거시
   경제, 지역 개발 및 빈곤 문제 등을 연구했다. 그는 한국과 일본, 싱가포르 등에서도
   근무한 아시아 전문가다. 현직은 조지타운대학 중국경제 교수다.

2) 동주공제(同舟共濟)는 '같은 배를 타고 함께 강을 건너다'는 뜻으로, 춘추시대 서로 원
   수였던 오(吳)와 월(越) 양국의 고사에서 비롯된 것이다.

3) 1940년대 항일전쟁 시기, 중국공산당과 협력한 미중 연합을 파기했을 때와 유사하
   다(1장 참조).

4) Costs of War: US Budgetary Costs of Wars through 2016: $4.79
   Trillion and Counting Summary of Costs of the US Wars in Iraq, Syria,
   Afghanistan and Pakistan and Homeland Security 1. 크로포드 박사는 국방
   예산으로 아프간 이라크 두 전쟁에서 사용된 예산 총액은 1조 7,420억 달러지만,
   퇴역 군인 비용과 국가 안보부 관련 대테러 경비, 전쟁 비용 조달에 따른 이자 지급
   금 퇴역군인의 건강 의료 혜택, 그리고 2017년 예산으로 계상된 두 전쟁 비용까지
   합하면 4조 7,900억 달러가 된다고 설명했다.

5) http://blog.naver.com/wind7star/221456338271. 천문학적 돈을 뿌린 양적완
   화는 미국 경제 회복에 효과가 있었다. 사람들은 이것을 '뉴 노멀(New Normal)'이라
   고 불렀다. 금융위기 이후 퇴조하던 미국경제는 경제성장률과 고용사정, 주택경기
   등에서 뚜렷한 회복세를 보였다. 최대 난제인 경상수지와 재정수지 적자도 개선되
   었다.

6) 2015년 5월 22일, 마크 리퍼트(Mark Lippert) 주한 미국대사는 한국의 한 포럼에서
   아시아 회귀전략과 관련하여 '2017년에 미 해군의 60퍼센트, 2020년까지는 공군
   력의 60퍼센트가 아시아에서 일할 것'이라고 밝혔다.

7) 아시아, 태평양 지역의 관세 철폐와 경제통합이라는 목표를 가진 TPP의 창립 회원
   국은 뉴질랜드, 싱가포르, 호주, 일본, 캐나다, 베트남, 멕시코 등 11개 국가로 구성

되었으며, 한국은 고심 끝에 빠졌다. 미국 트럼프 정부는 2019년 1월 탈퇴했다. 주요 내용은 농수산물·공산품 역내 관세 철폐, 전자상거래 등 역내 온라인 거래 활성화 등이다.

8) 시간이 지나면서 중국 정부는 대외무역의 질을 끌어올리기 위해 이런 가공무역 방식을 점차 줄여나가는 정책을 펴고 있으나, 지금도 중국의 대외수출에서 가장 중요한 부분으로 남아 있다.

9) 중국 상무부 외자 담당 마슈훙(馬秀紅) 차관은 2003년 10월 30일 '미 서부 지역 중미 비즈니스 관계 세미나'에서, 미국 500대 기업 중 400개 기업 이상이 중국에 투자하고 있다고 밝혔다.

10) 중국 상무부, 〈미국의 대중국 투자기업 현황〉, 2004. 7. 14.

11) 존 나이스비트·도리스 나이스비트, 《미래의 단서》, 73쪽.

12) 李長久, 〈中美經濟前景與兩國經貿關係〉, 《太平洋學報》, 2004年 第9期.

13) 王勇, 《中美貿易關係》, 中國市場出版社, 北京, 2007, pp.28~32.

14) 2016년 미중 무역 5,786억 달러에서 미국 수출은 1,158억 달러, 중국 수출은 4,628억 달러를 차지했다(미 통계국).

15) United States Census Bureau 발표. 한국의 중국 투자 누계는 1992~2016년 동안 565억 달러였다(한국 수출입은행).

16) 근래 매년 약 300만 명의 중국 관광객이 미국에서 300억 달러를 소비해왔다(National Travel and Tourism Office, part of the U.S. Department of Commerce's International Trade Administration agency, 2018. 7). 2018년에는 미중 무역전쟁의 여파로 중국인의 미국관광이 290만 명으로 감소했다. 미중 분쟁이 악화된 2019년 6월, 중국 정부도 유커의 미국 방문을 제한하는 조치를 내놓기 시작했다.

17) https://en.m.wikipedia.org/wiki/Chinese_Americans

18) 트럼프 정부가 지나치게 거칠다는 평가는 같은 공화당내에서도 나온다. 2018년 12월, 48세의 젊은 나이에 정계를 은퇴한 공화당의 폴 라이언 하원 의장은 고별사에서 도널드 트럼프 대통령의 이름을 언급하지는 않은 채, '사람들의 공포와 분노를 확대 재생산하는 기술에 의해 분열이 증폭되며, 무례는 하나의 브랜드가 되고 있다'고 비판했다. 미국의 망가진 정치 현실을 개탄한 것이다. 이런 행태는 최근 미중관계에서 더욱 잘 나타나고 있다.

19) 한국고등교육재단이 주최한 'Trilateral Conference on Northeast Asia and the United States'였다(2014년 4월 4일). 이 재단은 2019년 2월 14~15일에도

미중 패권전쟁은 없다

유사한 컨퍼런스를 개최했다.

20) 리버설 박사는 미국 최고위층 중국 전문가다. 클린턴 정부에서 백악관 국가안보담당 특별보좌관, 국가안전보장회의 선임 국장 등을 지냈으며, 올브라이트 스톤브릿지 그룹 선임국장 및 중국 국가행정학원의 초빙교수로 활동했다. 브루킹스연구소 중국연구센터 소장은 2009~2012년에 역임했다.

21) 니펑 박사는 베이징대학과 중국사회과학원 그리고 미국 존스홉킨스대학에서 연구했다.

22) 〈美-中 전략대화, 美 압박에 中 선물보따리 풀어〉, 《매일경제》, 2006. 12. 14.

23) 2014년 7월 9~10일 베이징에서 열린 '대화'에는, 쌍방투자협정의 주요 항목 타결, 상대국 기업에 대한 개방적 투자환경 조성, 민간용 첨단 상품의 수출 허용 등이 포함되었다.

24) 그들은 1971년 미중 화해를 준비하면서도 한반도 분단 현실을 그대로 유지하는 큰 틀을 밀약으로 처리한 바 있다. 본서 4장 참조.

25) 〈美·中 '북핵' 전략적 공조… '사이버 해킹·영유권' 격돌〉, 《국민일보》, 2014. 7. 11.

26) 이 변화는 2009년 7월 '전략 및 경제대화'로 한 차례 조정을 거친 후 다시 세분된 변화다.

27) 같은 기간 한중 무역도 360억 달러에서 1,340억 달러로 역시 세 배를 훨씬 뛰어넘는 급증 추세를 보였다. 당초 한국의 유관기관들이 한결같이 우려했던 한중 무역적자 전망도 기우에 불과했다.

28) 〈美 합참의장 "대북 군사해법 끔찍… 평화적 옵션 선호"〉, 《연합뉴스》, 2017. 8. 17.

29) 미군 최고 지휘관의 중국 동북군 방문은 2007년 이후 10년 만이다.

30) 〈시진핑, 미 합참의장에 "미중 군사관계 진전"〉, 《아시아경제》, 2017. 8. 19.

31) 〈시진핑, 미 합참의장에 "미중 군사관계 진전"〉, 《아시아경제》, 2017. 8. 19.

32) 〈시진핑 주석 "미 합참의장 동북 방문은 미·중 군사 관계 발전 상징"〉, 《중앙일보》, 2017. 8. 17.

33) 실제, 2018년 4월 판문점 남북정상회담과 6월 싱가포르 북미정상회담을 거치면서 이 제안이 점차 현실화되고 있어 주목받고 있다.

34) 〈외교부, "난사군도 인근해역에 대한 주권 논쟁의 여지 없어"〉, 《인민망》, 2012. 2. 28.

35) 이는 서울 세미나에 참석한 중국사회과학원 미국연구소의 니펑 부소장이 공개한 것이다.

36) 이들은 대량의 원자재와 부품을 들여와 완성품을 만들어 수출함으로써, 개방 초기에 중국이 얻는 것은 가공임 정도였으나, WTO 가입 이후 중국이 가공무역 품목 제한 조치 등을 취해 나가면서, 2015년부터는 수출 제품의 고부가 가치화가 본격적으로 나타나고 있다.

37) 이에 대해 중국 외교부의 친강(秦剛) 대변인은 "미국이 양국 간 무역 불균형 문제를 정치화하지 말라"고 말했다.

38) 이 용어로 중국과 미국의 공생관계를 설명한 니얼 퍼거슨은 앞으로 중국이 경제적으로 미국이 쥐고 있는 패권을 이어 받아 지난 500년간 서양이 주도하던 거대한 영향을 중단할 수 있다고 전망했다. 니얼 퍼거슨, 이현주 역 《증오의 세기(War of the World)》, 민음사, 2010.

39) 洗國明·陳繼勇, 《中美經貿關係》, 中國經濟出版社, 2007; 王勇, 《中美經貿關係》, 中國市場出版社, 2007.

40) 트럼프가 관세 폭탄으로 공격하기 시작한 2018년에는 적자가 4,000억 달러를 돌파했다.

41) Edward S. Steinfeld, 《Playing Our Game: Why China's Rise Doesn't Threaten the West》, Oxford University Press, 2010. 한국어판은 에드워드 스타인펠드, 《왜 중국은 서구를 위협할 수 없나》, 글항아리, 2010.

42) 중국통인 당시 조지 부시 미 대통령(아버지 부시)은 중국 지도부와 내밀한 연락을 취하고 있었다. 우젠민(吳建民) 중국외교학원 원장이 2007년 12월 출판한 《외교안례(外交案例)》에 의하면 사건 발발 17일 후인 6월 21일, 부시는 덩샤오핑에게 전화를 걸어 "미국은 중국과의 관계를 중요시하고 있으나 의회와 국제사회의 압력 때문에 제재 조치를 취하는 것이니 양해해주기 바란다"고 말했다. 그 직후 브렌트 스코크로프트(Brent Scowcroft) 백악관 안보 부보좌관이 극비리에 중국에 특사로 갔다.

43) 서구의 이런 경향은 19세기 이래 생겨난 것이다. '동양에 대한 인식은 사실상 유럽인들의 머릿속에서 조작된 것'이라고 팔레스타인 출신 에드워드 사이드 교수는 말한다. 19세기부터 유럽인들은 아시아를 식민지로 인식해왔고, 제2차 세계대전 이후에는 미국이 유럽을 대체하여 아시아와 접촉해왔다. 중국에 대한 인식도 마찬가지였다. Edward W. Said, 《Orientalism》, Patheon book, New york, 1978 참조. 하버드대의 존 킹 페어뱅크 교수도 '미국 관료들 중에는 중국을 관리하려는 미련을 아직도 가지고 있는 경향이 있다'고 지적했다(John K. Fairbank, 《China: A New History》, Harvard University Press, 1992).

44) 《월스트리트저널》의 2017년 8월 12일자 기사. 헨리 키신저 기고문 참조. 2017
년 당시 94세인 헨리 키신저는 1972년 미중 화해 이래 지금까지 양국의 가교이
자 미국외교의 밀사로서 활약 중이다.

45) 이런 대화를 가장 솔직하게 나누는 자리는 주로 '미중전략경제대화'에서였다.

46) 2018년 9월 기준. 미국의 국채 규모는 약 21조 3,000억 달러, 이 중 해외 보유가
6조 2,000억 달러, 그중 1조 3,000억 달러를 중국이 보유하고 있다. 황재철ㆍ김
윤경, 〈미 국채 수급 동향 및 전망〉, 국제금융센터, 2018. 9. 6.

47) 일본은 중국과 비슷한 규모의 미 국채 2위 보유국이다. 한국도 미 국채를 보유하
고 있다. 동아시아 3국이 모두 미국의 채권국인 것이다.

48) 2016년 미중 양방향 투자는 총 600억 달러, 그중 미국의 중국 투자는 138억 달
러, 중국의 미국 투자는 460억 달러였다. 중국의 미국 투자는 전년 대비 세 배 증
가했다(미중관계 전국위원회와 컨설팅 회사인 로디움 그룹 발표).

49) SDR(Special Drawing Right)은 IMF가 창설한 일종의 국제준비자산으로, 기존
SDR 기반통화는 달러화, 유로화, 파운드, 엔화 등 네 가지였다. IMF 집행이사회
는 위안화를 자유사용 가능통화로 간주하고, 2016년 10월 1일부터 SDR 기반통
화에 위안화를 편입했다.

50) 위안화 청산결제은행의 지정 현황을 보면, 한국은 중국교통은행 서울지점(2004),
홍콩(2003), 일본(2012), 대만(2013), 싱가포르(2013), 영국(2014), 독일(2014), 프랑스
(2014), 룩셈부르크(2014) 등이다. 청산결재은행은 중국 본토 밖에서 위안화 결제
대금의 청산을 담당하는 은행을 말한다.

51) 전 세계 무역금융 결제에서 위안화 비중은 2012년 1월 1.9퍼센트로부터, 2013
년 10월 현재 8.7퍼센트로 급증하면서 세계 2위로 도약했다.

52) 2010년. IMF는 중국을 세계에서 세 번째 쿼터 보유국으로 격상시켰다.

53) 2013년 말, 중국의 자본시장 개방도는 67.4퍼센트로 미국 288.5퍼센트, 일본
193.8퍼센트와는 격차가 있다.

54) Bert G. Hickman, 〈The Korean War and United States Economic
Activity, 1950~1952〉, National Bureau of Economic Research, Inc.,
Occaional Paper 49. 1955. 이 연구에는 예산국, 미국경영협회, 미국노동연맹,
시티은행, 포드자동차, 경제사협회 등 20여 개 주요 국가기관과 은행, 기업 그리
고 하버드대학, 예일대학, 컬럼비아대학, 코넬대학 등 유명 대학 10여 곳이 참여
했다. 주요 내용은 한국전쟁 이전의 경제활동, 군사력 동원 수준, 첫 9개월의 확장

과 인플레이션, 디플레 국면(1951: 소비재 공급, 가계 주식, 유동자산, 기대의 변화), 정부 지출과 정부 통제, 1952년의 균형 확장, 두 동원 기간 비교(1940~1941, 1950~1951), 2차 세계대전의 구매력, 소비자 저축의 역할(1941, 1951), 정부 운용과 공급 병목(1940~1941), 전쟁과 평화의 순환 등이 포함되어 있다. 총 64쪽이다.

55) 존 나이스비트 · 도리스 나이스비트, 《미래의 단서》, 70쪽.

56) 일찍부터 이란은 미국과 유럽에 맞서 석유 결제에서 달러와 유로화 비중을 낮추고 이란 리알화 혹은 제3국 화폐로 대체하겠다는 입장을 밝혀왔다.

57) 마크 자틴, 안세민 역, 《중국이 세계를 지배하면》, 부키, 2010.

58) 위의 책, 481~543쪽.

59) Albert Keidel, 〈China's Economic Rise-Fact and Fiction〉, 《Carnegie Policy Brief 61》, Featured Publication: ENDOWMENT FOR INTERNATIONAL PEACE, July 2008.

60) 세계가 주목하는 한국의 K-pop과 드라마 등 한류가 다원화 시대의 신호를 예고하고 있기도 하다.

6장

1) 이 대화는 포터 대사가 미 국무부에 보고한 전문 내용을 재구성한 것이다(From Amembassy Seoul to Department of State, 1970. 1. 2, 〈Conversation with General Kim Hyung Wook, former Director, ROK CIA〉).

2) 미중 화해가 성사되기까지 그로부터 2년 반이 걸렸다. 이 과정에서 닉슨 정부는 사전에 수많은 전문가를 베이징에 보내며 매우 신중하게 접근했다. 1940년대, 미국은 중국공산당과 항일전쟁 시기에 협력한 적이 있었으나 2년여 만에 좌절된 경험이 있었다. 그때의 실패는 미국이 결국 대륙에서 물러나 한국전쟁에서 맞붙는 단초가 되고 말았다.

3) 제25주년 광복절 경축사 中, 1970. 8. 15.

4) From Amebassy Seoul to SecState, 1971. 2. 18, 〈Proposal for Increased Display of U.S. Interest in Dialogue between ROK and North Korea〉

5) 이런 와중에 1971년 8월 12일, 대한적십자사 최두선 총재가 이산가족 재결합을 위해 남북적십자회담을 개최할 것을 북한적십자사에 제의하기도 했다. 1970년대 말까지 지지부진하게 이어진 이 회담은 첫 남북대화로 기록되었다.

6) Fm: EA-Marshall Green to: The Secretary, 1971. 9. 20, 〈Letter from

President Park to President Nixon〉.

7) Fm: The White House to Amembassy Seoul, 1971. 11. 29. 〈Text of the Letter from Nixon to Park Chung Hee〉.

8) 남측은 중앙정보부장 이후락, 북측은 노동당 조직지도부장 김영주가 대표로 합의했다.

9) 〈미 국무부 비밀문서로 밝혀진 7·4 남북공동성명 내막〉, 《신동아》, 2004년 1월호 참조.

10) 첫째, 통일은 외세에 의존하거나 외세의 간섭을 받음이 없이 자주적으로 해결해야 한다. 둘째, 통일은 서로 상대방을 반대하는 무력행사에 의거하지 않고 평화적 방법으로 실현해야 한다. 셋째, 사상과 이념, 제도의 차이를 초월하여 우선 하나의 민족으로서 민족적 대단결을 도모해야 한다.

11) 〈[5·16 쿠데타 50년 학술대회] "朴정권, 10월 유신 선포 북한에 미리 알렸다"〉, 《경향신문》, 2011. 3. 14.

12) 〈"이승만 제거해야… 한국군 협력을" 박명림 교수, 미국 비밀자료 공개〉, 《한겨레》, 2011. 3. 14.

13) 가톨릭대 박건영 교수 등은 논문 〈제3공화국 시기 국제정치와 남북관계: 7·4 공동성명과 미국의 역할을 중심으로〉에서 미 국립문서보관소에 비밀문서로 묶여 있다가 공개된 자료를 분석해 박 대통령이 남북협상을 결심하게 된 배경에 미국의 강한 회유와 압박이 있었음을 밝혔다〈(미 국무부 비밀문서로 밝혀진 7·4 남북공동성명 내막〉, 《신동아》, 2004년 1월호 참조).

14) 이 밀약 내용은 체결 30년 만인 2001년 백악관 1급 비밀문서에서 해제되어 공개되었다. 그들은 양국 화해에 한반도 문제가 걸림돌이 되어서는 안 된다는 데 공감한 것이다.

15) http://blog.daum.net/windada11/8754057

16) https://futureplan.tistory.com/212

17) 미셸 초수도프스키는 저서 《빈곤의 세계화》로 유명하다. 그 내용은 국제 금융기관의 경제개혁조치가 제3세계와 동유럽 국가들에 가져온 냉혹한 결과를 다룬 것으로, IMF의 개혁조치가 국가의 정책수립과 민주주의의 운용을 불가능하게 하고 사회보장정책을 약화시키는가를 분석했다.

18) 宋鴻兵, 《貨幣戰爭》, 中國國際投資信託公司出版部, 2007. 한글어판 쑹훙빙, 차혜정 역, 《화폐전쟁》, 랜덤하우스코리아, 2008, 339쪽.

19) 〈말말말〉,《중앙일보》, 1997. 12. 15.

20) 이 시기, 한국은 한보 등 일부 대기업들이 잇달아 도산의 위기에 빠져 들어가고 있었다.

21) http://blog.daum.net/yoizu/17036585

22) 이 내용은 위키리크스(Wikileaks)가 공개한 것이다.

23) 2016년 7월 8일, 류제승 국방부 국방정책실장과 토머스 밴달 주한미군사령부 참모장이 국방부 브리핑실에서 사드 1개 포대의 한반도 배치를 공식 발표한 것이다.

24) 그 무렵의 북한 핵실험 및 미사일 발사와 박근혜 대통령 탄핵 관련 주요 일지는 다음과 같다. 북한 4차 핵실험. 최초의 수소폭탄 핵실험(2016. 1) / 북한 광명성 4호 발사(2016. 2) / 한국 국방부 사드 배치 발표. 북·중·러 강력 반발(2016. 7) / 북한 5차 핵실험. 모든 운반수단에 수소폭탄을 탑재할 수 있다고 주장(2016. 9) / 전국 촛불집회 시작(2016. 10) / 대통령 탄핵소추안 국회 가결. 박근혜 대통령 직무정지(2016. 12) / 대통령 박근혜 탄핵 소추안 인용. 박근혜, 대통령직에서 파면 (2017. 3)

25) 그 무렵 중국은 사드 배치에 대해 러시아와도 협력했다. 시진핑 국가주석은 푸틴 러시아 대통령과 정상회담 후, 공동성명에서 미국의 사드 배치는 중국과 러시아의 '전략적 안전 이익을 심각하게 훼손하는 행위'라는 입장을 발표했다.

26) 〈[차이나 인사이트] 사드 갈등… "죄는 도깨비가 짓고 벼락은 고목이 맞은 셈"〉, 《중앙일보》, 2018. 11. 27.

27) 〈장쩌민 외교방문 실록 남북한 부분 내용〉,《연합뉴스》, 2006. 7. 31. 이 당시 필자와 접촉한 베이징대학 경제학원 쇼주오지 교수, 류웨이 교수와 대담.

28) 〈장쩌민 외교방문 실록 남북한 부분 내용〉,《연합뉴스》, 2006. 7. 31.

29) 쌍중단·쌍궤병행은 시진핑 중국 국가주석이 북한 핵 문제 해법으로 제시한 방안이다. '쌍중단'은 북한의 핵·미사일 개발과 한미 연합훈련을 동시에 중단하는 것이고, '쌍궤병행'은 비핵화와 북미 평화협정체제 구축을 병행 추진하는 것을 의미한다. 중국 특사로도 활동한 민주당 이해찬 의원은 2017년 12월, 한 학술대회 기조연설에서 "한국과 중국은 북핵 문제에 관해서는 입장이 똑같다. 쌍중단에서 입장이 같고 쌍궤병행도 같은 입장"이라고 밝혔다

30) 왕치산은 그동안 베이징시장, 인민은행장, 경제담당 부총리 등을 역임했다. 그는 최고 사정(司正)기구인 중앙기율검사위원회 서기를 2017년까지 역임했다. 이 기구는 시진핑 정부가 강력히 추진하는 부정부패 척결에 가장 선봉에 선 지휘탑이다.

"호랑이건 토끼건 다 때려잡겠다"라는 유명한 말을 남겼다. 중국 정부가 위기에 닥칠 때마다 해결사로 투입돼 '소방대장'이라는 별명을 얻었다. 난제를 확실히 해결하는 능력을 갖춘 인물로 알려져 있다.

31) 이보다 석 달 후인 같은 해 7월 초, 국가주석 시진핑이 한국을 방문했다.

32) 영국의 역사학자 폴 케네디는 한국을 아시아 태평양 시대의 중심국가라면서 사회 도덕심이 있고 문화에 혼이 있는 민족이라고 평가했다.

33) 仲言, 〈'韓風'刮過之後〉, 《人民日報》, 2001. 11. 4.

34) 〈중국 인민일보, "한류가 대중문화 고정관념 깨뜨렸다"〉, 《마이데일리》, 2005. 10. 22.

35) 2019년 7월 현재, 트럼프는 김정은과 세 차례, 시진핑은 다섯 차례 정상회담을 열면서 대화에 나섰다. 미중 양국이 이처럼 나선 것은 전례 없는 일이다.

36) 이런 실토는 김정일 재임 기간 중 나온 것이다. Glenn Kessler, 〈South Korea Offers To Supply Energy if North Gives Up Arms〉, 《Washington post》, 2005. 7. 13 참조.

37) 당시 북한 외무성 성명을 보자. "우리는 이미 부시 행정부의 증대되는 대조선 고립압살정책에 맞서 핵무기 전파방지조약에서 단호히 탈퇴했고 자위를 위해 핵무기를 만들었다. (…) 대화와 협상을 통하여 문제를 해결하려는 우리의 원칙적 립장과 조선반도를 비핵화하려는 최종 목표에는 변함이 없다."

38) 공식 명칭은 '시장관리개선조치'였다. 이 '조치' 수립을 위해 북한은 특별팀을 만들어 2년 이상 준비했다. 팀의 규모는 70명 내외로 내각 소속의 국가계획위원회 경제관료들과 인민경제대학, 김일성종합대학, 사회과학원의 주요 경제학자들이 망라되었다. 그 무렵, 심각한 경제 위기를 극복하기 위해 북한은 단계적인 경제개혁을 이어오고 있었다.

39) 〈[북핵 심층리포트] HEU 정보조작 의혹─양성철 전 주미대사 인터뷰〉, 《오마이뉴스》, 2007. 3. 22.

40) 이런 현실을 가장 안타까워하는 사람들 중에는 카터 전 미국 대통령도 포함되었다.

41) 미 재무부에는 테러·금융정보국 산하에 해외자산통제실이 있다. 기축통화인 달러의 가치를 지키는 데는 군사력도 동원된다. 북한 재제를 주도하는 곳이기도 하다. 이 통제실은 세계 각 국가는 물론 개인과 단체, 테러리스트, 마약조직, 대량살상무기와 관련 있는 조직을 대상으로 모든 제재조치를 총괄한다. 당초 해외자산통제실은 1950년 한국전쟁 당시 북한과 중국의 모든 해외 자산을 차단하는 명령을

내리면서 창설되었다. 이 통제실은 은행 등 금융 거래에서부터 석유 거래까지 달러화로 이뤄지는 모든 행위와 자산을 동결할 수 있다.

7장

1) 1962년에 설립된 미국의 국제전략연구소(Center for Strategic and International Studies)는 영국의 국제전략문제연구소를 본떠서 만들었다.

2) Bert G. Hickman(1955), 본서 4장 참조.

3) Goldman Sachs, 〈How Solid Are the BRICs?〉, Global Economics Paper, No: 134, 2005.

4) Goldman Sachs, 〈The N–11: More Than an Acronym〉, 2007. 'N–11'은 새롭게 주목받는 11개 신흥국가를 말한다. 이 보고서는 1인당 GDP에서 한국에 뒤이어 독일 6만 8,000달러, 일본 6만 7,000달러 순으로 꼽았다. 중국은 2050년에 세계 최대 경제 대국으로, 1인당 GDP도 5만 달러에 육박할 것으로 추산했다.

5) 2019년 4월, 세계적인 투자가 짐 로저스(Jim Rogers)도 '한국이 통일되면 일본이 따라오기 힘들 것'이라며 비슷한 맥락의 예측을 내놓았다.

6) 중국의 제조업(생산액 기준)은 2010년 미국을 추월해 세계 1위로 올라섰다. 이제 제조업 전략은 경공업 중심에서 중화학 공업 중심으로 옮겨갔으며, 이를 토대로 서비스 산업 육성을 시작했다.

7) 2015년 중국의 대학 졸업자 749만 명 중 21만 명(2.89퍼센트)이 창업을 선택했다(2016년은 2.93퍼센트).

8) 한국무역협회는 중국의 소득 증대, 문화소비 성향 등을 고려하여, 유망 서비스 진출 분야로 의료 및 헬스케어, 문화콘텐츠, 교육 및 e-러닝, 관광, 디자인 등 다섯 가지 분야를 꼽았다(심혜정, 〈중국 서비스 시장 진출 유망 분야와 수출전략〉, 한국무역협회, ISSN 2093-3118, 2019. 2)

9) http://blog.naver.com/PostView.nhn?blogId=kcmoon2&logNo=140169582360

10) 〈한국, 독일·프랑스는 따라잡을 수 있다〉, 《중앙일보》, 2009. 8. 2.

11) 〈중국은 美·日 아닌 제3의 경제 모델을 찾고 있다〉, 《중앙일보》, 2010. 2. 28.

12) 〈앨리슨 "북핵 조속히 해결, 미·중 우발적인 전쟁 막아야"〉, 《중앙일보》, 2019. 5. 31.

13) 이를 '베이징 컨센서스'라는 이름으로 정리한 학자는 2004년 중국 칭화대학의 겸

임교수를 역임한 조슈아 라모(Joshua Ramo)였다.

14) 쑹훙빈, 《화폐전쟁 3: 금융 하이 프런티어》, 448쪽.

15) 1985년 9월 미국 뉴욕에 위치한 플라자 호텔에서 미국, 영국, 일본, 독일, 프랑스 등 주요 5개국(G5) 재무장관들이 외환시장 개입으로 야기된 달러화 강세를 시정하기로 합의한 조치를 말한다.

16) 제품의 통상적인 공정을 역으로 추적한다는 의미에서 '역공학'이라 한다. 완성된 제품을 분석하여 그 기본적인 설계 내용을 추적하는 것을 의미한다. 미국과 EU도 산업적 측면에서 플러스효과를 인정하여 역공학을 허용하고 있다.

17) 미국은 국립과학재단을 중심으로 스탠퍼드대학, 컬럼비아대학 등 5개 대학 연구팀이 역공학(reverse engineering) 이용을 방지하는 '코드 난독화' 기술 개발을 진행하고 있다. 〈글로벌 5G 도입 논쟁과 정보 보호〉, 《KISA Report》, 2019 Vol.4.

보론 3

1) 마틴 자크, 《중국이 세계를 지배하면》, 480쪽.

미중 패권전쟁은 없다
G2 시대 한국의 생존 전략
ⓒ 한광수

초판 1쇄 발행 2019년 10월 11일
초판 2쇄 발행 2020년 2월 28일

지은이 한광수
펴낸이 이상훈
편집인 김수영
본부장 정진항
편집1팀 고우리 김단희
마케팅 천용호 조재성 박신영 조은별 노유리
경영지원 정혜진 이송이

펴낸곳 한겨레출판(주) www.hanibook.co.kr
등록 2006년 1월 4일 제313-2006-00003호
주소 서울시 마포구 창전로 70 (신수동) 화수목빌딩 5층

전화 02) 6383-1602~1603
팩스 02) 6383-1610
대표메일 book@hanibook.co.kr
ISBN 979-11-6040-302-2 03320